名师名校名校长书系

陇原名师秦安一中尹明德中学物理工作室首席导师成果

耕耘与创新

尹明德物理教学研究集

尹明德 ◎ 著

光明日报出版社

图书在版编目（CIP）数据

耕耘与创新：尹明德物理教学研究集 / 尹明德著.
—北京：光明日报出版社，2016.2
ISBN 978-7-5194-0005-7

Ⅰ.①耕… Ⅱ.①尹… Ⅲ.①中学物理课—教学研究—文集 Ⅳ.①G633.72-53

中国版本图书馆CIP数据核字（2016）第029623号

耕耘与创新：尹明德物理教学研究集

著　　者：尹明德	
责任编辑：靳鹤琼	封面设计：北京言之凿文化
责任校对：傅泉泽	责任印制：曹　净

出版发行：光明日报出版社
地　　址：北京市东城区珠市口东大街5号，100062
电　　话：010-67022197（咨询），67078870（发行），67019571（邮购）
传　　真：010-67078227，67078255
网　　址：http://book.gmw.cn
E-mail：gmcbs@gmw.cn　　caoy@gmw.cn
法律顾问：北京德恒律师事务所龚柳方律师

印　　刷：北京市华审彩色印刷厂
装　　订：北京市华审彩色印刷厂
本书如有破损、缺页、装订错误，请与本社联系调换

开　　本：787×1092　1/16	
字　　数：256千字	印　张：16
版　　次：2016年3月第1版	印　次：2018年6月第2次印刷
书　　号：ISBN 978-7-5194-0005-7	

定　　价：36.00

版权所有　翻印必究

序言

书写中学物理教学的精彩

能有幸先品读尹老师的书稿，教了三十多年中学物理的我，油然而生肃然起敬之心。他的著作，字里行间是那么的切合实际又充满着智慧和创新，可见他在物理教学中做到了"深挖细掘、活用教材，深入浅出、循序渐进，举一反三、融会贯通，高屋建瓴、画龙点睛"，他主导的物理课堂无疑是"兴趣浓、思维活"的大餐盛宴。

一、解疑释难　切中命脉

在繁重的教育教学岗位上，作者凭着对教育事业的挚爱，挑灯夜战，努力钻研中学物理课堂教学中遇到的重难点问题，并把它们归纳成具有代表性、启发性、探究性的典型问题。翻开目录，映入眼帘的是平衡问题、直线运动、图像问题、追击与相遇、传送带问题、引力与航天、功能关系、电场与磁场、电磁感应、实验分析等，这些内容切中物理教学的命脉。细嚼内容后，我由衷地为他解题方法的普适性、列举问题的概括性、思维品质的发散性而叫好。我坚信，本书既是中学物理教师的好帮手，也是中学生学习物理的"好导师"。

二、方法灵活　思想深刻

作者不仅是新课程、新教材、新教法的践行者，而且是推陈出新的高手。他对每一类问题的研究总是"以小见大"，并且符合从普遍到特殊的辩证规律，其研究问题的递进性、严密性、逻辑性、科学性、综合性都渗透在每个篇章和每个问题中，如2.1中对追击与相遇问题的探究、3.4中探究求解传送带问题的策略、5.2感悟探究分析的美、7.1对电磁感应模型的研究、10.9滑块与滑板模型的研究、10.10解答物理题要诀、11.2电阻的特殊测量方法等，都体现了作者在日常教学中，能灵活多变地调动学生去积极思考问题，能把物理课程标准要求的五种能力植根于教学实践中，在教学中渗透物理思想与方法，这是最难能可贵之处，值得广大中学物理教师借鉴和学习。

三、利于减负 提高效率

在著作中，作者能把难点问题谈得通透，如 6.1 等效电路的方法模型，他从学生熟知的串并联电路开始，螺旋式上升到无限网络电路，其中的短路法、断路法、等势法、节点电流法、对称法，能很好地指导学生探究式学习。循序渐进的教学思想很自然的流露出来，像这样的篇章枚不胜举，读者切莫浅尝辄止，而是要细筋入骨地去品。著作第 9 章作者把基础知识创新加工后，如数家珍地归纳在表格内，还深入剖析了绳波模型、碰撞模型等典型问题，把他对教材的自我化再创造彰显得淋漓尽致。作者对高考题的研究可谓入木三分，10.1、10.2、10.3、10.4 的内容是那么的"亲切"有味，试题的启示和导向分析得非常精到，在 10.2 文中说"物理教学只能老老实实重概念、重联系、重应用、重思维、重实验"，这不正是作者出版此书的目的吗！

四、功底扎实 理念先进

作者善于抓住问题的本质，善于把复杂问题化为若干简单问题的组合，善于运用由此及彼的思维迁移，善于导学"基本模型"，更善于层层推进直到核心，把先进的教学理念渗透到物理问题的每个角落，这种真功夫绝对不是朝夕之功，是他三十年如一日勤耕细研的结果，是他悉心领悟了物理教学的精髓并能发扬光大的结果。本书的出版正应验了"功夫不负有心人"的老话，我为作者的教研成果能如此的接地气和丰硕而由衷的高兴。

五、笔耕不辍 成果喜人

认识作者，先是通过"陇原名师"的交流材料，后是一起共同研修时的面对面交流。得知他发表六十余篇论文，字数达二十余万，鉴定通过了数项省市课题，至今还坚守讲坛、笔耕不辍！这种敬业精神堪为楷模，他诚实说话和做事，有思想、有见地、有成果、有风骨，不愧是"陇原名师"。正如他自己所说："就让书中的浅见成为同道您深入思考的起点，成为莘莘学子取精用闳的参考吧。"

受请作序，深感惶恐，因文笔有限，不能尽表大作之精华，实为憾事。唯真心希望作者在注意健康的情况下持续研究，再续佳作，以便更多的师生受益！

上述所谈，不妥之处敬请海涵。

黄永丰
2016 年 3 月 18 日于西北师大教育学院

自 序

1982年秋初，正值古成纪秦安瓜果飘香之际，年华19岁的我，踏上了甘肃省秦安县第一中学的讲台。弹指一挥间，已然年过半百。回首往昔岁月，除了守着课堂和学生，别无能事。

幸喜桃李芬芳，偶得一遇，总是畅叙衷肠。面对学生，我常常不由会想：教了三十多年物理，该拿出些什么呢？

讲坛圣地，从未敢轻看，常以求新为己任。我自觉天资愚钝，只能勤奋学习，反思课堂勤耕耘。至今天，凡课题研究均获得鉴定通过，六十余篇论文发表，"陇原名师"、"领军人才"荣誉之到来，首先是守好了课堂阵地，一切均为学生；其次是耕耘不辍、浸透汗水地总结点滴所获；再次是一星半点的光彩，要政府给予肯定和鼓励。

在从事教学的过程中，我一直思考物理与生活怎样结合？教什么？学什么？重难点是什么？高考与教学如何关联？实验与考试、前沿科技热点问题，等等，随着年复一年地琢磨、提炼、撰写，攒起来居然也是一大摞子，如今得以悉心镶嵌于著作中，欣慰之情溢于言表。

凡所思所作，均不敢妄作猜测，皆求言必有据，来自课堂。书中以"模型"为重是基于"最近发展区和构建理论"，也是中学物理特征所在；以正向迁移运用为线是基于"学习和思维理论"。其目标是围绕物理主干知识来培养学生的理解能力、推理能力和综合分析问题的能力。

奋战在中学物理教学岗位的同行们，你们见刊的研究成果，亦使我受益匪浅，对借鉴于书中的方法、思路等，我深表谢意。

若专家俯瞰给予指导，同行审阅相得益彰，学子阅读兴利除弊，那么，这本小书出世，定是赏心乐事！深愿读我书者审问思辨，能跟我相互交流。就让书中的浅见成为同道您深入思考的起点，成为莘莘学子领悟默想、取精用宏的参考吧。

诚望各位不吝赐教。

尹明德
二〇一六年三月十五日于秦安

目录 Contents

第1章 物体的平衡及变化 ……………………………………………………………… 1
    1.1 三力平衡问题的解法模型 ……………………………………………………… 1
    1.2 常见"挂件"模型的动力学问题 ……………………………………………… 6

第2章 直线运动 ……………………………………………………………………… 13
    2.1 图像情景交融　探究追及相遇 ……………………………………………… 13
    2.2 追及相遇模型归类分析 ……………………………………………………… 16

第3章 力与运动 ……………………………………………………………………… 22
    3.1 相关弹簧模型问题的综合探究 ……………………………………………… 22
    3.2 平动连接体模型的迁移应用 ………………………………………………… 28
    3.3 倾斜传送带模型的迁移应用 ………………………………………………… 35
    3.4 注意开放条件　全面周密思维 ……………………………………………… 39
    3.5 水平传送带模型的迁移应用 ………………………………………………… 43
    3.6 斜面连接体模型的迁移应用 ………………………………………………… 46

第4章 圆周运动　引力与航天 ……………………………………………………… 50
    4.1 变速圆周运动特殊点的处理模型及迁移 …………………………………… 50
    4.2 行星模型的迁移应用 ………………………………………………………… 55
    4.3 引力与航天中的"2、1、5、3、2" ………………………………………… 59

第5章 电场与磁场 …………………………………………………………………… 63
    5.1 "地—卫"模型在电磁场中迁移应用 ……………………………………… 63
    5.2 感悟探究分析的美 …………………………………………………………… 66
    5.3 等效场模型的迁移应用 ……………………………………………………… 72

第6章 电　路 ………………………………………………………………………… 75
    6.1 等效电路的方法模型 ………………………………………………………… 75
    6.2 电路的动态变化分析模型 …………………………………………………… 80
    6.3 传感器模型的工作原理及其应用 …………………………………………… 85

第7章 电磁感应 ········ 90
7.1 电磁感应模型及应用 ········ 90

第8章 交流电 ········ 104
8.1 交变电流的产生模型的迁移应用 ········ 104
8.2 变压器 电能输送的迁移应用 ········ 108

第9章 选学模块中的物理模型 ········ 113
9.1 动量及动量守恒中的物理模型 ········ 113
9.2 几何光学模型及应用 ········ 123
9.3 近代物理模型 ········ 135
9.4 振动与波动模型 ········ 147

第10章 方法和能力 ········ 165
10.1 抓纲务本的压轴题 ········ 165
10.2 重基础 求变化 含思想 ········ 168
10.3 知识过程做利剑 思维能力显神通 ········ 171
10.4 注重过程细分析 抓住关联难化易 ········ 179
10.5 抽象物理模型 速解物理难题 ········ 181
10.6 对称性模型的迁移应用 ········ 184
10.7 高中物理常见临界条件归纳表 ········ 189
10.8 功能关系模型的迁移应用 ········ 190
10.9 滑块与滑板连接体模型的分析 ········ 197
10.10 解答物理题要诀 ········ 200
10.11 例说对物理概念和规律的理解 ········ 205
10.12 巧用模型复合 速解物理难题 ········ 210
10.13 小题大作 开放思维 ········ 214
10.14 波动图像中的规律及应用 ········ 217
10.15 子弹打木块模型的综合分析 ········ 221

第11章 物理实验 ········ 226
11.1 电阻测量的常规方法 ········ 226
11.2 电阻的特殊测量方法 ········ 231
11.3 实验题的解答要领 ········ 235

第12章 物理教学 ········ 243
12.1 物理复习的误区和对策 ········ 243
12.2 物理教学应遵循的十个原则 ········ 245

第1章 物体的平衡及变化

1.1 三力平衡问题的解法模型

一、模型概述

（1）合成法：将三力平衡变为一对二力平衡，如图1-1所示，将 F_1、F_2 合成为 F_{12}，则 $F_{12} = F_3$ 是一对平衡力。

（2）分解法：将三力平衡变为两对平衡力，如图1-2所示，将 F_3 沿另外两个力的反方向分解为 F_{31} 和 F_{32}（当另外两力互相垂直时，F_3 的分解就是正交分解了），则 $F_{31} = F_1$、$F_{32} = F_2$ 是两对平衡力；还有两种分解法……

（3）正弦定理法：如图1-1所示，在同一三角形中有 $\dfrac{F_1}{\sin(\pi-\alpha)} = \dfrac{F_2}{\sin(\pi-\beta)} = \dfrac{F_{12}}{\sin(\pi-\gamma)}$，即

$$\frac{F_1}{\sin\alpha} = \frac{F_2}{\sin\beta} = \frac{F_3}{\sin\gamma}$$

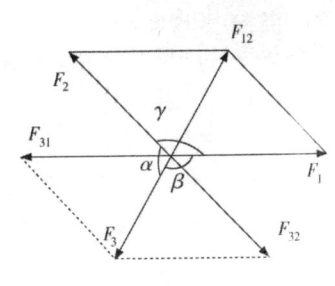

图1-1

（4）相似三角形法：应用时先分析物体的受力，再由合成法或分解法画出力的矢量三角形，而后寻找与力的三角形相似的几何三角形，由两个三角形相似，来建立对应边的比例关系进行求解。

（5）动态平衡问题：所谓动态平衡问题是指通过控制某些变量，使物体发生缓慢的变化，而这个过程中物体始终处于准平衡状态，①图解法：对研究对象在状态

图1-2

变化过程中的若干状态进行受力分析，依据某一参量的变化，在同一图中作出若干状态下的平衡矢量图，再由边角变化关系确定某些力的大小及方向的变化情况（要能熟练运用它）；②代数解析法：对研究对象的任一状态进行受力分析，建立平衡方程和几何关系，求出因变量与自变量的一般函数关系，然后根据自变量变化情况来确定因变量的变化情况。

（6）对四个或更多的共点力平衡问题，本着把多个力简化成三个力的原则，也可以考虑用上述方法来解决：①把有本质关联的两个力进行合成，如弹力和动摩擦力

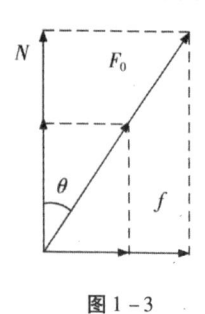

（或最大静摩擦力）满足：$f=\mu N$，即 $\frac{f}{N}=\mu=\tan\theta$ 一定，如图 1-3 所示，θ 为定值，叫摩擦角（因 $\mu<1$，故 $\theta<45°$），不随 N、f 的大小变化而变化，所以 N、f 两个力的合力 F_0 的方向不会变化，这样的问题可以用图解法求解；②如果多力之间互无关联，常用正交分解法来求解，以分解力的个数最少为原则建立坐标系，满足：$\Sigma F_x=0$，$\Sigma F_y=0$.

图 1-3

二、模型迁移

例1：如图 1-4 所示，一轻杆两端固定两个小球 A、B，$m_A=4m_B$，跨过定滑轮连接 A、B 的轻绳长为 L，则平衡时 OA、OB 分别为多长？

解析：采用隔离法分别以小球 A、B 为研究对象并对它们进行受力分析（图 1-5），可以看出，如果用正交分解法列方程求解，要已知各力的方向，求解麻烦。此时采用相似三角形法就相当简单。

△AOE（力）∽△AOC（几何），T 是绳子对小球的拉力，满足

$$\frac{4mg}{T}=\frac{x}{L_1} \quad ①$$

△BPQ（力）∽△OCB（几何） ②

$$L_1+L_2=L \quad ③$$

由①②③解得：$L_1=L/5$，$L_2=4L/5$.

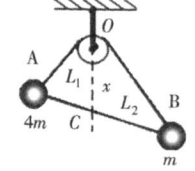

图 1-4

图 1-5

例2：如图 1-6 所示，物体 m 静止于倾斜放置的木板上，当倾角 θ 由很小缓慢增大到 90°的过程中，木块对物体的支持力 F_N 和摩擦力 F_f 的变化情况是（　　）。

A. F_N、F_f 都增大　　　　　　B. F_N、F_f 都减小

C. F_N 增大，F_f 减小　　　　　D. F_N 减小，F_f 先增大后减小

解析：木板倾角较小时，物体相对木板静止且处于动态平衡状态，把重力沿斜面向下和垂直斜面正交分解，由平衡条件得

$$F_N=mg\cos\theta, \quad F_{f静}=mg\sin\theta$$

所以在 θ 逐渐增大过程中，F_N 减小，F_f 增大。

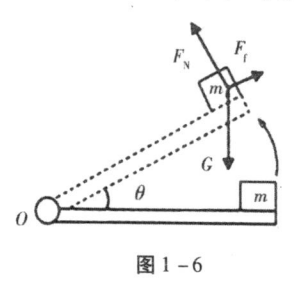

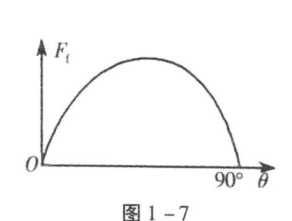

图 1-6

图 1-7

当倾角 θ 增大到一定程度时，物体开始相对木板滑动，则 $F_{f动} = \mu F_N = \mu mg\cos\theta$.

所以在 θ 继续增大的过程中，F_N 继续减小，F_f 也逐渐减小。故 D 选项正确，$F_f - \theta$ 函数图像关系如图 1-7 所示。

例3：如图 1-8 所示，两个截面为直角三角形的实心铁块 A、B 并排放在粗糙水平地面上，一截面为矩形的实心铁块 C 水平地架在两铁块的光滑斜面上，系统处于静止状态，已知三个铁块的重力分别为 $G_A = G_B = 100N$、$G_C = 10N$，$\theta = 60°$，求：

(1) 地面对铁块 A 的摩擦力 f 的大小。

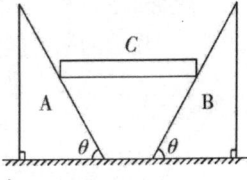

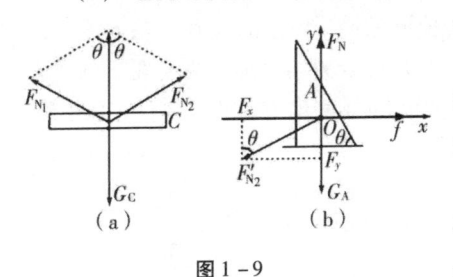

图 1-8

(2) 铁块 A 对地面的压力 F_N 的大小。

解析：(1) 以 C 为研究对象进行受力分析，如图 1-9 (a) 所示，由平行四边形定则知：$F_{N_1} = F_{N_2} = G_C$；对 A 进行受力分析，如图 1-9 (b) 所示，由牛顿第三定律有 $F'_{N_2} = F_{N_2}$；将 F'_{N_2} 进行正交分解有 $F_x = F'_{N_2}\sin60°$，$f = F_x$，则 $f = 5\sqrt{3}$N.

图 1-9

(2) 由图 1-9 (b) 乙可知：$F_y = F'_{N_2}\cos60°$，$F_N = G_A + F_y$ 解得：$F_N = 105$N. 或对 A + C + B 整体：$2F_N = 2G_A + G_C$ 亦然。

例4：如图 1-10 所示，一个半球形的碗放在桌面上，碗口水平，O 是球心，碗的内表面光滑。一根轻质杆的两端固定有两个小球，质量分别是 m_1、m_2。当它们静止时，m_1、m_2 与球心的连线跟水平面分别成 $60°$、$30°$，则两小球的质量之比是（　　）。

A. $1:2$ 　　　　　　　　B. $\sqrt{3}:1$

C. $1:\sqrt{3}$ 　　　　　　　D. $\sqrt{3}:2$

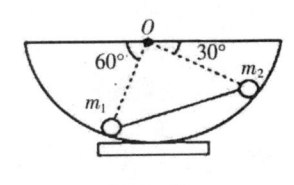

图 1-10

解析：对 m_1 受力分析如图 1-11 所示，由正弦定理可知：

$$\frac{F}{\sin30°} = \frac{m_1 g}{\sin45°}$$

同理对 m_2 受力分析可知：

$$\frac{F}{\sin60°} = \frac{m_2 g}{\sin45°}$$

由①②得：$\dfrac{m_1}{m_2} = \dfrac{\sqrt{3}}{1}$，所以选项 B 正确。

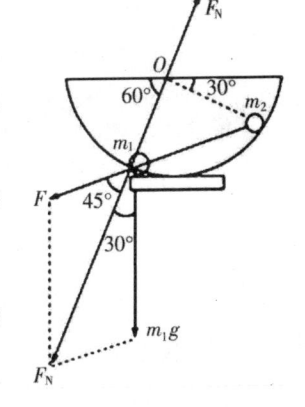

图 1-11

例5：如图 1-12 所示，用轻绳吊一个重为 G 的小球，欲施一力 F 使小球在图示位置平衡（$\theta < 30°$），下列说法正确的是（　　）。

A. 力 F 最小值为 $G\sin\theta$

B. 若力 F 与绳拉力大小相等，力 F 方向与竖直方向必成 θ 角

3

C. 若力 F 与 G 大小相等，力 F 方向与竖直方向可能成 θ 角

D. 若力 F 与 G 大小相等，力 F 方向与竖直方向可能成 2θ 角

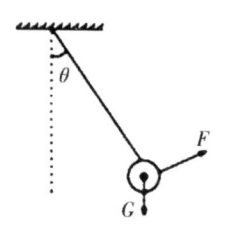

解析：F、F_T 的合力是重力的平衡力，F_T 方向不变，如图 1-13 作力的平行四边形，当力 F 与轻绳垂直斜向上时，力 F 有最小值，根据物体的平衡条件可知，其值为 $G\sin\theta$，故 A 正确。若力 F 与绳拉力大小相等，则力 F 的方向与轻绳中拉力的方向应该关于合力作用线对称，所以力 F 方向与竖直方向必成 θ 角，故 B 正确。若力 F 与 G 大小相等，则有两种情况，一种情况是力 F 与 G 是一对平衡力；另一种情况是力 F 与 G 的合力与轻绳中拉力是一对平衡力，此时力 F 方向与竖直方向成 2θ 角斜向下，故 C 错误、D 正确。

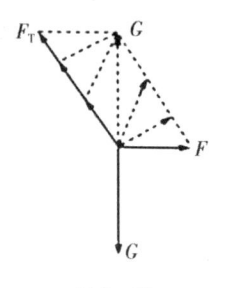

图 1-13

例 6：如图 1-14 所示，一水平导轨处于与水平方向成 $\theta=45°$ 向左上方的匀强磁场中，一根通有恒定电流的金属棒，由于受到安培力的作用在粗糙的导轨向右做匀速运动。现将磁场沿顺时针方向缓慢转动至竖直向上，在此过程中，金属棒始终保持匀速运动，已知棒与导轨间的动摩擦因数 $\mu<1$，则磁感应强度 B 的大小变化情况是（　）。

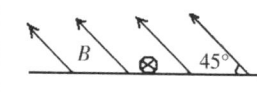

A. 不变　　　　　　　　B. 一直增大

C. 一直减小　　　　　　D. 先变小后变大

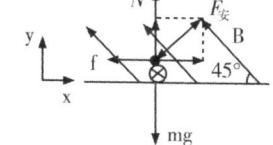

图 1-14

解法 1：对金属棒受力分析，如图 1-15 所示，沿 y 轴方向有 $N+F_{安}\sin\theta=mg$，沿 x 轴方向有 $F_{安}\cos\theta=f$，由 $F_{安}=BIL$ 和 $f=\mu N$，令 $\tan\phi=1/\mu$，则 $\tan\phi>1$，即 $\phi>45°$；联立以上各式可得 $B=\dfrac{\mu mg}{IL\sqrt{\mu^2+1}\sin(\theta+\phi)}$，因为 θ 从 $45°$ 减小到 0，所以 B 先变小后变大，选择 D。

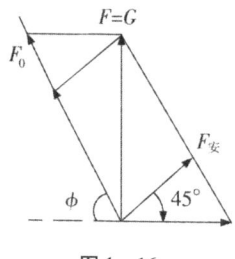

图 1-15

解法 2：如图 1-16 所示，把 N、f 合成为 F_0，则 F_0 方向不变，再把 F_0 与 $F_{安}$ 合成为 F，则 F 是重力的平衡力，F_0 与起始时的 $F_{安}$ 夹角小于 $90°$，故磁场方向顺转 $45°$，安培力从与水平方向成 $45°$ 的位置变化到水平位置，$F_{安}$ 先减小后增大，B 亦然。

图 1-16

三、模型练习

练习 1：如图 1-17 所示，小圆环重 G，固定的竖直大环的半径为 R。轻弹簧原长为 L（$L<2R$）其劲度系数为 k，接触面光滑，求小环静止弹簧与竖直方向的夹角 θ？

解析：选取小球为研究对象，对它进行受力分析：

重力 G（使小球尽量要到最低处）、弹簧的拉力 T（伸长）和大环对它的弹力 N（背向圆心）共三个力作用，如图 1-18 所示，T、N 两力的合力 F 与重力 G 平衡，由

△TFC（力）∽△ACO（几何）得

$\dfrac{G}{AO} = \dfrac{T}{AC} = \dfrac{N}{AD}$，$AO = R$，$AC = 2R\cos\theta$

据胡克定律：$T = k(2R\cos\theta - L)$

解得 $\cos\theta = \dfrac{kL}{2(kR-G)}$ 或 $\theta = \arccos\dfrac{kL}{2(kR-G)}$。

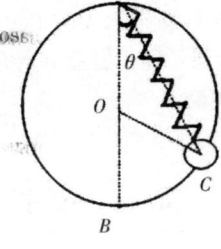

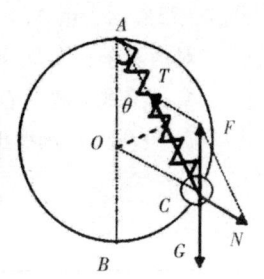

练习2：如图1-19所示，两个相同的光滑小球，质量均为 m，半径都为 r，置于半径为 R 的圆柱形容器中，容器的重力不计，容器静止在粗糙的水平地面上，则容器对地面的摩擦力和压力的大小各是多少？小球对容器侧壁的压力大小又是多少？

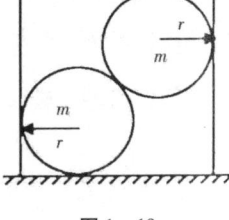

解析：将两球和容器看成一个整体，由整体法得 $N_{地} = 2mg$，$f_{地} = 0$。由牛顿第三定律有 $N_{压} = N_{地}$。

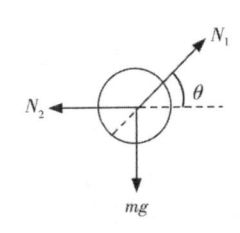

隔离出上面的小球，如图1-20所示，正交分解 N_1，由共点力平衡条件得

$N_1\sin\theta = mg$，$N_1\cos\theta = N_2$

又

$\cos\theta = \dfrac{2R-2r}{2r} = \dfrac{R-r}{r}$，$\sin\theta = \sqrt{1-\cos^2\theta} = \dfrac{\sqrt{2Rr-R^2}}{r}$

解得 $N_2 = \dfrac{R-r}{\sqrt{2Rr-R^2}} = mg$。

练习3：如图1-21所示，在灭火抢险的过程中，消防队员有时要借助消防车上的梯子爬到高处进行救人或灭火作业，已知梯子的下端放置在粗糙的车厢表面上，上端靠在摩擦力很小的竖直玻璃幕墙上。在消防队员沿梯子匀速向上爬的过程中，下列说法正确的是（　）。

A. 车厢对梯子的作用力大小不变
B. 墙对梯子的弹力大小不变
C. 地面对车的摩擦力逐渐增大
D. 地面对车的弹力大小不变

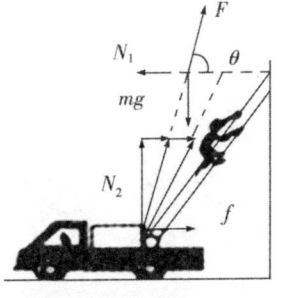

解析：本题考查共点力平衡问题。以梯子及消防队员为整体进行分析，墙对梯子的弹力 N_1、人梯总重力 mg 及车厢对梯子的作用力 F（箱底对梯子的支持力 N_2 和静摩擦力 f 的合力），随着人的重心沿梯上移：$N_2 = mg$ 不变，但 f 增大，使得 F 也增大，由 $N_1 = f$ 知 N_1 也增大，故 A、B 选项均错；或三个力（N_1、mg、F）必定相交于一点且这一点沿 N_1 的反方向向右移动（θ 在减小，$\cos\theta$ 在增大），如

图 1-22 所示,由 $N_1 = F\cos\theta$ 可知墙对梯子的弹力在增大。

对消防车、人及梯子整体受力分析:水平向右有地面对车的静摩擦力 $f_{地}$,且 $f_{地} = N_1$ 在增大,故 C 选项正确;竖直方向有整体的重力 G 被地面对车的弹力 $N_{地}$ 平衡,即 $N_{地} = G$,故 D 选项正确。

1.2 常见"挂件"模型的动力学问题

一、模型概述

挂件问题是力学中极为常见的模型,其中轻绳件、轻弹簧件更是这一模型中的主要模具,相关试题在高考中一直连续不断。它们间的共同之处是均不计重力,但是它们在许多方面有较大的差别。

二、模型比较(见表 1-1)

表 1-1

模型(质量不计)	轻绳(柔软)	轻杆(刚硬)	轻弹簧($F=kx$)	挡板	滑轮、挂钩、光滑的凸面(杆端、球、瓶口等)
形变情况	微小形变可忽略	不可伸长或压缩	伸长或压缩	板面几乎无形变	光滑无形变
施力与受力	能施能受拉力、不能施压或施侧向力	能压(推或顶)、能拉、能"弯曲"	能压(推或顶)、能拉	能压、能挡(拦)	动、定滑轮两侧绳索拉力相等,轴支撑轮的力与绳索合力相等
方向	沿绳收缩方向	不一定沿杆方向	沿弹簧反抗形变	垂直于挡板	与滑轮放置有关
大小变化	可突然变化	可突然变化	只能渐变	可突然变化	可突变

三、模型迁移

例 1:如图 1-23(a)所示,一质量为 m 的物体系于长度分别为 l_1、l_2 的两根细线上,l_1 的一端悬挂在天花板上,与竖直方向夹角为 θ,l_2 水平拉直,物体处于平衡状态。现将 l_2 线剪断,求剪断瞬时物体的加速度。

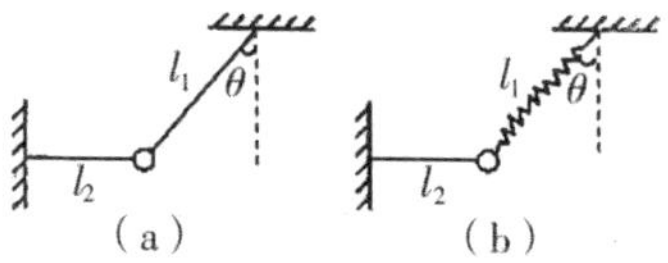

(1)下面是某同学对题的一种解法:

设 l_1 线上拉力为 F_{T1},l_2 线上拉力为 F_{T2},重力为 mg,物体在三力作用下保持平衡 $F_{T1}\cos\theta = mg$,$F_{T1}\sin\theta = F_{T2}$,$F_{T2} = mg\tan\theta$.

剪断线的瞬间,F_{T2} 突然消失,物体即在 F_{T2} 反方向获得加速度。

图 1-23

因为 $mg\tan\theta = ma$，所以加速度 $a = g\tan\theta$，方向沿 F_{T2} 反方向。

你认为这个结果正确吗？请对该解法做出评价并说明理由。

（2）若将图 1 – 23（a）的细线 l_1 改为长度相同、质量不计的轻弹簧，如图 1 – 23（b）所示，其他条件不变，求解的步骤和结果与（1）完全相同，即 $a = g\tan\theta$，你认为这个结果正确吗？请说明理由。

解析：因为 l_2 被剪断的瞬间，l_1 上的张力发生突变，故物体获得的瞬间加速度由重力的分力提供，大小为 $g\sin\theta$，方向垂直 l_1 斜向下，所以（1）错。

因为 l_2 被剪断的瞬间，弹簧的长度不能发生突变而导致弹力不能突变，所以（2）对。

拓展：在（1）中，若 l_1、l_2 皆为弹性绳，剪断 l_2 的瞬间，小球的加速度为多少？（参考答案 $a = g\tan\theta$）

若 l_1、l_2 皆为弹性绳，剪断 l_1 的瞬间，小球的加速度为多少？（参考答案 $a = g/\cos\theta$）

在（2）中剪断 l_1 的瞬间，小球的加速度为多少？（参考答案 $a = g$）

例2：如图 1 – 24 所示，斜面与水平面间的夹角 $\theta = 30°$，物体 A 和 B 的质量分别为 $m_A = 10\text{kg}$、$m_B = 5\text{kg}$。两者之间用质量可以不计的细绳相连。求：

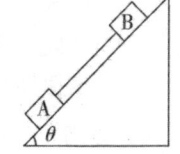

（1）如 A 和 B 对斜面的动摩擦因数分别为 $\mu_A = 0.6$，$\mu_B = 0.2$ 时，两物体的加速度各为多大？绳的张力为多少？

（2）如果把 A 和 B 位置互换，两个物体的加速度及绳的张力各是多少？

图 1 – 24

（3）如果斜面为光滑，则两个物体的加速度及绳的张力又各是多少？

解析：（1）设绳子的张力为 F_T，物体 A 和 B 沿斜面下滑的加速度分别为 a_A 和 a_B，根据牛顿第二定律：对 A 有 $m_A g\sin\theta - F_T - \mu_A m_A g\cos\theta = m_A a_A$，对 B 有 $m_B g\sin\theta + F_T - \mu_B m_B g\cos\theta = m_B a_B$。

设 $F_T = 0$，即假设绳子没有张力，联立求解得 $g\cos\theta(\mu_A - \mu_B) = a_B - a_A$，因为 $\mu_A > \mu_B$，故 $a_B > a_A$，说明物体 B 运动比物体 A 的运动快，绳松弛，所以 $F_T = 0$ 的假设成立。故有 $a_A = g(\sin\theta - \mu_A\cos\theta) = -0.196$（m/s²），因而与实际不符，则 A 静止。$a_B = g(\sin\theta - \mu_B\cos\theta) = 3.27$（m/s²）。

（2）如 B 与 A 互换，则 $g\cos\theta(\mu_A - \mu_B) = a_B - a_A > 0$，即 B 物运动得比 A 物快，所以 A、B 之间有拉力且共速，用整体法 $m_A g\sin\theta + m_B g\sin\theta - \mu_A m_A g\cos\theta - \mu_B m_B g\cos\theta = (m_A + m_B)a$，代入数据求出 $a = 0.96\text{m/s}^2$，对 B 用隔离法：$m_B g\sin\theta - \mu_B m_B g\cos\theta - F_T = m_B a$，代入数据求出 $F_T = 11.5\text{N}$。

（3）如斜面光滑（摩擦不计），则 A 和 B 沿斜面的加速度均为 $a = g\sin\theta = 5$（m/s²），两物间无作用力。

拓展：如 A、B 之间为轻杆，上面三问情况如何？

如 A、B 之间为轻质弹簧，试分析在上述三种情况下物体 A、B 的运动情况。

例3：如图1-25所示，固定在小车上的支架的斜杆与竖直杆的夹角为θ，在斜杆下端固定有质量为m的小球，下列关于杆对球的作用力F的判断中，正确的是( )。

A. 小车静止时，$F = mg\sin\theta$，方向沿杆向上
B. 小车静止时，$F = mg\cos\theta$，方向垂直杆向上
C. 小车向右以加速度a运动时，一定有$F = ma/\sin\theta$
D. 小车向左以加速度a运动时，$F = \sqrt{(ma)^2 + (mg)^2}$，方向斜向左上方，与竖直方向的夹角为$\alpha = \arctan(a/g)$

解析：小车静止时，由物体的平衡条件知杆对球的作用力方向竖直向上，且大小等于球的重力mg。

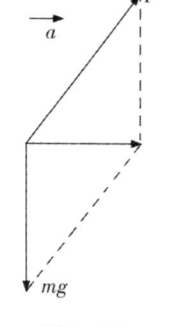

小车向右以加速度a运动，设小球受杆的作用力方向与竖直方向的夹角为α，如图1-26所示，根据牛顿第二定律有$F\sin\alpha = ma$，$F\cos\alpha = mg$，两式相除得$\tan\alpha = a/g$.

只有当球的加速度$a = g\tan\theta$且向右时，杆对球的作用力才沿杆的方向，此时才有$F = ma/\sin\theta$. 小车向左以加速度a运动，根据牛顿第二定律知小球所受重力mg和杆对球的作用力F的合力大小为ma，方向水平向左。根据力的合成知$F = \sqrt{(ma)^2 + (mg)^2}$，方向斜向左上方，与竖直方向的夹角为$\alpha = \arctan(a/g)$.

例4：一根细绳，长度为L，一端系一个质量为m的小球，在竖直面内做圆周运动，求小球通过最高点时的速度至少是多少？若将绳换为一根匀质细杆，结果又如何？

解析：

（1）细绳是个柔软的物体，只产生拉力，不能产生支持作用，小球在最高点时，弹力只可能向下，如图1-27所示。

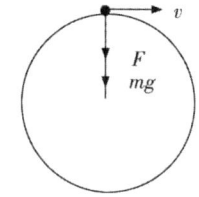

这种情况下有$F + mg = \dfrac{mv^2}{L} \geq mg$，即$v \geq \sqrt{gL}$，否则不能通过最高点。

（2）细杆是坚硬的物体，弹力既可能向上又可能向下，速度v大小可以取任意值。

可以进一步讨论：

①杆对小球的作用力为向下的拉力时：

$F + mg = \dfrac{mv^2}{L} > mg$，所以$v > \sqrt{gL}$.

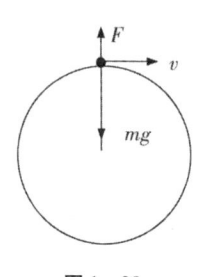

②当杆对小球的作用力为向上的支持力时，如图1-28所示：

$mg - F = \dfrac{mv^2}{L} < mg$，所以$v < \sqrt{gL}$.

当 $N = mg$ 时，v 可以等于零。

③当弹力恰好为零时，如图 1-29 所示：

$mg = \dfrac{mv^2}{L}$，所以 $v = \sqrt{gL}$.

图 1-29

四、模型练习

练习1：细线拴一质量为 m 的小球，小球将固定在墙上的弹簧压缩，压缩距离为 x，如图 1-30 所示，若弹簧和小球不拴接，将细线烧断后（　　）。

A. 小球做平抛运动

B. 小球加速度立即为 g

C. 弹簧完全恢复原长后小球做匀加速运动

D. 小球落地时动能为 mgh

答案：C。

图 1-30

练习2：如图 1-31 所示，在动力小车上固定一直角硬杆 ABC，分别系在水平直杆 AB 两端的轻弹簧和细线将小球 P 悬吊起来。轻弹簧的劲度系数为 k，小球 P 的质量为 m，当小车沿水平地面以加速度 a 向右运动而达到稳定状态时，轻弹簧保持竖直，而细线与杆的竖直部分的夹角为 θ，试求此时弹簧的形变量。

解析：由 $F_T\sin\theta = ma$，$F_T\cos\theta + F = mg$，$F = kx$，得 $x = m(g - a\cot\theta)/k$，讨论如下：

①若 $a < g\tan\theta$，则弹簧伸长 $x = m(g - a\cot\theta)/k$.

②若 $a = g\tan\theta$，则弹簧伸长 $x = 0$.

③若 $a > g\tan\theta$，则弹簧压缩 $x = m(a\cot\theta - g)/k$.

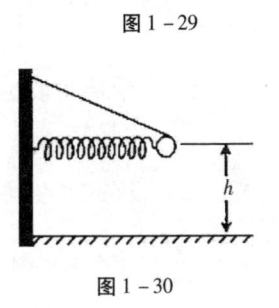

图 1-31

练习3：两个相同的小球 A 和 B，质量均为 m，用长度相同的两根细线把 A、B 两球悬挂在水平天花板上的同一点 O，并用长度相同的细线连接 A、B 两小球，然后用一水平方向的力 F 作用在小球 A 上，此时三根细线均处于直线状态，且 OB 细线恰好处于竖直方向，如图 1-32 所示，如果不考虑小球的大小，两球均处于静止状态，则力 F 的大小为（　　）。

A. 0　　B. mg　　C. $\sqrt{3}mg$　　D. $\dfrac{\sqrt{3}mg}{3}$

图 1-32

答案：C。

练习4：如图 1-33（a）所示，一根轻绳上端固定在 O 点，下端拴一个重为 G 的钢球 A，球处于静止状态。现对球施加一个方向向右的外力 F，使球缓慢偏移，在移动中的每一刻，都可以认为球处于平衡状态，如果外力 F 方向始终水平，最大值为 $2G$，试求：

（1）轻绳张力 F_T 的大小取值范围；

(2) 在图 1-33（b）中画出轻绳张力与 $\cos\theta$ 的关系图像。

解析：（1）当水平拉力 $F=0$，轻绳处于竖直位置时，绳子张力最小：
$$F_{T1}=G$$
当水平拉力 $F=2G$ 时，绳子张力最大：
$$F_{T2}=\sqrt{G^2+(2G)^2}=\sqrt{5}G$$
因此，轻绳的张力范围是
$$G\leqslant F_T\leqslant\sqrt{5}G$$

(2) 设在某位置球处于平衡状态，由平衡条件得 $F_T\cos\theta=G$，所以 $F_T=\dfrac{G}{\cos\theta}$，即 $F_T\propto\dfrac{1}{\cos\theta}$，得图像如图 1-34 所示。

练习5：如图 1-35 所示，AB、AC 为不可伸长的轻绳，小球质量为 $m=0.4$kg。当小车静止时，AC 水平，AB 与竖直方向夹角为 $\theta=37°$，试求小车分别以下列加速度向右匀加速运动时，两绳上的张力 F_{AC}、F_{AB} 分别为多少（取 $g=10$m/s²），（1）$a_1=5$m/s²；（2）$a_2=10$m/s²。

解析：设绳 AC 水平且拉力刚好为零时，临界加速度为 a_0。
根据牛顿第二定律 $F_{AB}\sin\theta=ma$，$F_{AB}\cos\theta=mg$。
联立两式并代入数据得 $a_0=7.5$m/s²。
当 $a_1=5$m/s²$<a_0$，此时 AC 绳伸直且有拉力。
根据牛顿第二定律 $F_{AB}\sin\theta-F_{AC}=ma_1$；$F_{AB}\cos\theta=mg$，联立两式并代入数据得 $F_{AB}=5$N，$F_{AC}=1$N。
当 $a_2=10$m/s²$>a_0$，此时 A 球"飞"起，AC 绳弯曲，$F'_{AC}=0$。（AC 绳短、θ 角较大时，也可能伸直）
AB 绳与竖直方向夹角 $\alpha>\theta$，据牛顿第二定律 $F'_{AB}\sin\alpha=ma_2$，$F'_{AB}\cos\alpha=mg$。联立两式并代入数据得 $F'_{AB}=5.7$N。

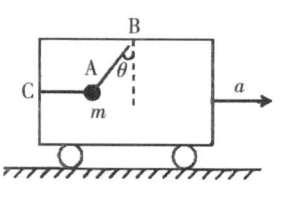

练习6：如图 1-36 所示，四个完全相同的弹簧都处于水平位置，它们的右端受到大小皆为 F 的拉力作用，而左端的情况各不相同：（a）中弹簧的左端固定在墙上；（b）中弹簧的左端受大小也为 F 的拉力作用；（c）中弹簧的左端拴一小物块，物块在光滑的桌面上滑动；（d）中弹簧的左端拴一小物块，物块在有摩擦的桌面上滑动。若认为弹簧的质量都为零，以 l_1、l_2、l_3、l_4 依次表示四个弹簧的伸长量，则有（　）。

A. $l_2>l_1$　　B. $l_4>l_3$　　C. $l_1>l_3$　　D. $l_2=l_4$

解析：以图 1-36（c）为例来分析，把弹簧分成 m_1、m_2 两段（若分成无数小段即是"微元法"），如图 1-37 所示，其间的作用力为 T_1；并设物体质量为 m，与弹簧间的作用力为 T_2，则对 $(m+m_1+m_2)$ 整体有 $F=(m+m_1+m_2)a$ ①，对 $(m+m_2)$

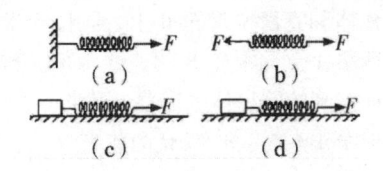

整体有 $T_1 = (m + m_2) a$ ②，对 m 有 $T_2 = ma$ ③．

解得 $T_1 = \dfrac{m + m_2}{m + m_2 + m_1} F$，$T_2 = \dfrac{m}{m + m_2 + m_1} F$．

对轻（质量不计）弹簧有 $m_1 = m_2 = 0$，故 $T_2 = T_1 = F$ ④．

显然对图 1 – 36 中的（a）、（b），只是上述讨论中的 $a = 0$，④式不变；对图 1 – 36 中的（d），只是 a 的大小与（c）不同，④式仍然成立；可见（a）～（d）中弹簧的伸长量均为 $x = \dfrac{F}{k}$，长度均相同且为 $l = l_0 + x$，所以正确选项为 D。

迁移：火车各节车厢之间的作用力是不相等的！为什么呢？

练习7：如图 1 – 38 所示，将一根不可伸长、柔软的轻绳左、右两端分别系于 A、B 两点上，一物体用动滑轮悬挂在轻绳上，达到平衡时，两段绳子间的夹角为 θ_1，绳子张力为 F_1；将绳子右端移到 C 点，待系统达到平衡时，两段绳子间的夹角为 θ_2，绳子张力为 F_2；将绳子右端再由 C 点移到 D 点，待系统达到平衡时，两段绳子间的夹角为 θ_3，绳子张力为 F_3，不计摩擦，并且 BC 为竖直线，则（　　）。

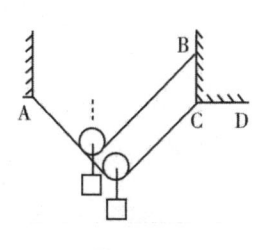

A. $\theta_1 = \theta_2 < \theta_3$
B. $\theta_1 = \theta_2 = \theta_3$
C. $F_1 > F_2 > F_3$
D. $F_1 = F_2 > F_3$

解析：由于跨过滑轮上绳上各点的张力相同，而它们的合力与重力为一对平衡力，所以从 B 点移到 C 点的过程中，通过滑轮的移动，$\theta_1 = \theta_2$，$F_1 = F_2$，再从 C 点移到 D 点，θ_3 肯定大于 θ_2，由于竖直方向上必须有 $2F\cos\dfrac{\theta}{2} = mg$，所以 $F_3 > F_2$。故只有 A 选项正确。

练习8：在图 1 – 39 所示的装置中，绳子与滑轮的质量不计，摩擦不计，悬点 a 与 b 之间的距离远大于两轮的直径，两个物体的质量分别为 m_1 和 m_2，若装置处于静止状态，则下列说法错误的是（　　）。

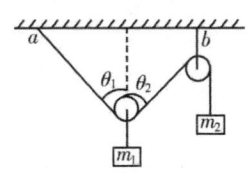

A. m_2 可以大于 m_1
B. m_2 必定大于 $\dfrac{m_1}{2}$
C. m_2 必定等于 m_1
D. θ_1 与 θ_2 必定相等

答案：C。

练习9：如图 1 – 40 所示，质量分别为 M 和 m（$M > m$）的小物体用轻绳连接；跨

放在半径为 R 的光滑半圆柱体和光滑定滑轮 B 上，m 位于半圆柱体底端 C 点，半圆柱体顶端 A 点与滑轮 B 的连线水平。整个系统从静止开始运动。设 m 能到达圆柱体的顶端，试求：

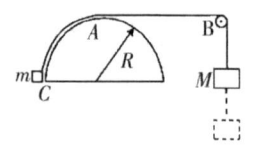

（1）m 到达圆柱体的顶端 A 点时，m 和 M 的速度。

（2）m 到达 A 点时，对圆柱体的压力。

图 1-40

答案：（1）$Mg\dfrac{1}{2}\pi R - mgR = \dfrac{1}{2}(M+m)v^2$，$v = \sqrt{\dfrac{Mg\pi R - 2mgR}{M+m}}$.

（2）由 $mg - F_N = \dfrac{mv^2}{R}$，得 $F_N = \dfrac{3m-(\pi-1)M}{M+m}mg$.

练习10：如图 1-41 所示在车厢中有一条光滑的带子（质量不计），带子中放上一个圆柱体，车子静止时带子两边的夹角 $\angle ACB = 90°$，若车厢以加速度 $a = 7.5\text{m/s}^2$ 向左做匀加速运动，则带子的两边与车厢顶面夹角分别为多少？

解析：设车静止时 AC 长为 l，则 AB 长为 $\sqrt{2}l$；当小车以 $a = 7.5\text{m/s}^2$ 向左做匀加速运动时，由于 ACB 带子类似于轻绳，之间的圆柱体类似于滑轮，故两侧带子拉力相等，设为 F_T，圆柱体（设质量为 m）所受到的合力为 ma，在向左做匀加速运动中 AC 长为 $l + \Delta l$，BC 长为 $l - \Delta l$，由正弦定理得 $\dfrac{l-\Delta l}{\sin\alpha}$

$= \dfrac{l+\Delta l}{\sin\beta} = \dfrac{\sqrt{2}l}{\sin(\pi-\alpha-\beta)}$.

对圆柱体由牛顿运动定律知水平方向有 $\Sigma F_x = ma$，即 $F_T\cos\alpha - F_T\cos\beta = ma$，竖直方向有 $F_T\sin\alpha + F_T\sin\beta = mg$；代入数据求得 $\alpha = 19°$，$\beta = 93°$.

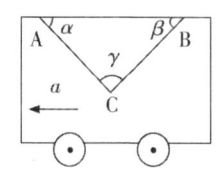

图 1-41

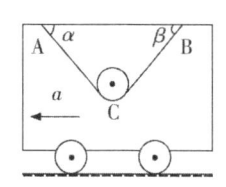

图 1-42

点评：本题受力分析并不难，但是用数学工具解决物理问题的能力要求较高，也容易受平衡类问题的思维干扰。

第2章 直线运动

2.1 图像情景交融 探究追及相遇

追及相遇问题是运动学中综合性很强的一类习题,往往涉及两个以上物体的运动过程,每个物体的运动规律又不尽相同。对此类问题的求解,除了要透彻理解基本物理概念,熟练运用运动学公式外,还应仔细审题,挖掘出题目文本和图像中隐含的重要条件,画出运动情景草图,抓住速度关系、位移关系和时间关系来分析求解。

例:甲、乙两车在一平直道路上同向运动,其 $v-t$ 图像如图2-1所示,图中 $\triangle OPQ$ 和 $\triangle OPT$ 的面积分别为 S_1 和 S_2 ($S_2 > S_1$)。计时开始时,甲、乙两车相距 S_0,在两车运动过程中,下列说法正确的是( )。

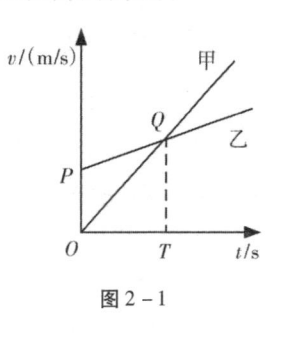

A. 若甲车在乙车前方且 $S_0 = S_1 + S_2$,两车相遇一次
B. 若甲车在乙车前方且 $S_0 > S_1$,两车相遇两次
C. 若乙车在甲车前方且 $S_0 = S_2$,两车不会相遇
D. 若乙车在甲车前方且 $S_1 = S_0$,甲追上乙前 T 时刻相距最近

图2-1

分析:图像告诉了甲做初速度为零的匀加速直线运动,乙做初速度不为零的匀加速直线运动,且甲的加速度大于乙的加速度。如图2-2所示,当作辅助线 QN 时,因矩形 $NOTQ$ 的面积是 $2S_2$,$\triangle NOQ$ 的面积是 S_2,且大于 $\triangle POQ$ 的面积 S_1,即 $S_1 < S_2$。在 T 前任选两个时刻 t_1 和 t_2,因乙的速度大于甲的速度,有平行四边形 at_1t_2b 的面积大于 et_1t_2f 的面积,即乙的位移大于甲的位移;在 T 后任选两个时刻 t_3 和 t_4,因甲的速度大于乙的速度,有平行四边形 gt_3t_4h 的面积大于 ct_3t_4d 的面积,即甲的位移大于乙的位移,T 时刻,甲乙的速度相等。下面我们用 $v-t$ 图像和运动情景图来分析作答本题。

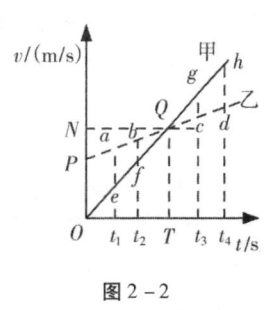

图2-2

解析:(1)甲车在乙车前方,$S_0 = S_1 + S_2$ 时。
运动情景图如图2-3所示,在 $0 \to T$ 内,甲从 $B \to C$ 发生位移 S_2;乙从 $A \to B$ 发生位移 $S_0 = S_1 + S_2$ 且大于

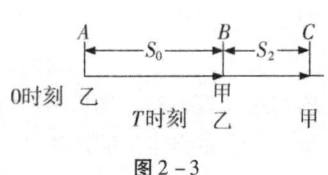

图2-3

13

S_2；T 时刻甲在 C 处、乙在 B 处，即乙仍在甲的后面，此时速度相等，之后因甲的位移总大于乙的位移，乙车无法追上甲车，两车不会相遇，故 A 选项错误。

(2) 甲车在乙车前方，$S_0 < S_1$ 时。

运动情景图如图 2-4 所示，在 $0 \to T$ 内，甲从 $B \to C$ 发生位移 S_2；乙从 $A \to D$ 发生位移 $S_1 + S_2$ 且大于 $S_0 + S_2$；其间当乙车比甲车多发生位移 S_0 时，乙车追上甲车相遇一次（相遇时间小于 T）；T 时刻之后，虽然甲在后，乙在前，但因甲的位移总大于乙的位移，总会有甲追上乙，又相遇一次（相遇时间大于 T），即这种情况，会相遇两次，故 B 选项正确。

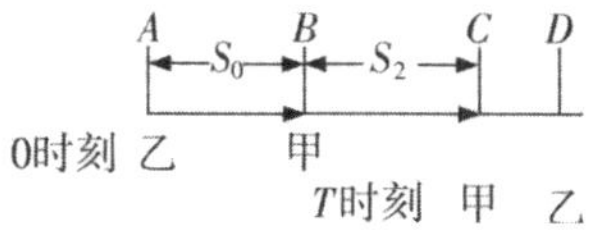

(3) 乙车在甲车前方，$S_0 = S_2$ 时。

运动情景图如图 2-5 所示，在 $0 \to T$ 内，甲从 $A \to B$ 发生位移 $S_2 = S_0$；乙从 $B \to C$ 发生位移 $S_1 + S_2$ 且大于 S_0；故 T 之前甲无法追上乙。T 时刻，乙在甲前 $S_1 + S_2$ 处，之后，当甲的位移比乙的位移多出 $S_1 + S_2$ 时，甲追上乙相遇一次（相遇时间大于 T），故 C 选项错误。

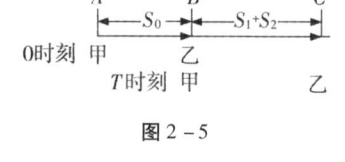

(4) 乙车在甲车前方，$S_1 = S_0$ 时。

运动情景图如图 2-6 所示，在 $0 \to T$ 内，甲从 $A \to D$ 发生位移 S_2（大于 $S_1 = S_0$，D 点在 B 点前）；乙从 $B \to C$ 发生位移 $S_1 + S_2$（大于 S_0，乙在甲前 $S_0 + S_1 + S_2 - S_2 = 2S_1$ 处）；因 T 之前乙的位移总大于甲的位移，甲不仅没有追上乙，而且它们之间的距离在增大。T 时刻后，因甲的位移总比乙的位移大，它们间距离在缩小，且甲的位移比乙的位移多出 $2S_1$ 时，甲追上乙相遇一次（相遇时间大于 T），可见甲乙相遇前的距离是先增大后减小，$2S_1$ 是它们间距离的最大值，故 D 选项错误。

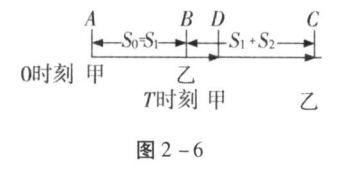

从上述分析求解可知：利用 $v-t$ 图像巧解追及相遇问题要做好以下几点：

(1) 全面理解 $v-t$ 图像的物理意义，包括坐标点、直线或曲线、面积、截距、斜率、切线六个方面。

(2) 用 $v-t$ 图像解题可使解题过程简化，物理意义清晰、思路顺畅，比代数分析节省时间，但很难得出相遇时间的大小。

(3) 利用图像分析物体的运动时，关键是从图像中找出有用的信息或将题目中的信息通过图像直观反映出来，还要配合运动情景图来使思维显性化。

(4) 追及物体与被追及物体的速度相等，是这类问题隐含的临界条件。

发散： ①对于速度大的匀减速直线运动追及速度小的匀速直线运动（图 2-7，设二者距离为 x_0），开始追及时，后面物体与前面物体间的距离在减小，当两物体

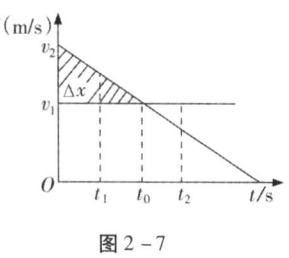

速度相等时，即 $t = t_0$ 时刻：(a) 若 $\Delta x = x_0$，则恰能追上，两物体只能相遇一次；(b) 若 $\Delta x < x_0$，则不能追上，此时两物体间距离有最小值 $x_0 - \Delta x$；(c) 若 $\Delta x > x_0$，相遇两次，当匀速运动的速度较大时，设 t_1（小于 t_0）时刻 $\Delta x_1 = x_0$，匀减速物体追上匀速物体，第一次相遇；在 t_2（大于 t_0 但小于或等于 $\frac{v_2}{a_2}$）时刻匀速物体又追上匀减速物体，第二次相遇。当匀速运动的速度较小时，第二次相遇的可能情况是：匀速运动的物体追上已经静止等待的物体（如汽车刹车，这时代数法易出现错误列式）。

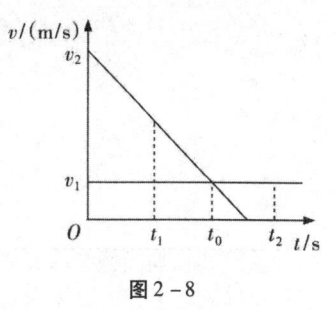

图 2-8

数学探究：两物体的相遇方程为 $v_2 t - \frac{1}{2} a_2 t^2 = x_0 + v_1 t$ 或 $\frac{1}{2} a_2 t^2 - (v_2 - v_1) t + x_0 = 0$，此式成立的条件是 $0 < t \leq \frac{v_2}{a_2}$，依判别式知 $\Delta = (v_2 - v_1)^2 - 4 \times \frac{1}{2} a_2$，当 $x_0 > 0$ 时，t 将有两个解，相遇两次，即 $x_0 < \frac{(v_2 - v_1)^2}{2 a_2}$ 时相遇两次。

相对运动法：物体 2 相对物体 1 做初速度为 $v_2 - v_1$，加速度为 a_2 的匀减速直线运动，当发生相对位移 x_0 时，2 追上 1 刚好使相对末速度为 0，故有 $(v_2 - v_1)^2 - 2 a_2 x_0 = 0$（刚好相遇或不相遇的临界条件）。显然本问题中 $\Delta x = \frac{1}{2} (v_2 - v_1) t_0$，而 $v_2 - a_2 t_0 = v_1$，即 $t_0 = \frac{v_2 - v_1}{a_2}$，故 $\Delta x = \frac{(v_2 - v_1)^2}{2 a_2} < \frac{v_2^2}{2 a_2}$（汽车的刹车距离）。

若 $t_2 > \frac{v_2}{a_2}$，则由 $\frac{v_2^2}{2 a_2} = x_0 + v_1 t_2$，得 $t_2 = \frac{v_2^2}{2 a_2 v_1} - \frac{x_0}{v_1}$。

②对于速度小的匀速直线运动追及速度大的匀减速直线运动：$t = t_0$ 以前，两物体间距离增大；$t = t_0$ 时，两物体相距最远，为 $\Delta x + x_0$；$t = t_0$ 后，后面物体与前面物体间距离减小，能追上相遇一次，可能在减速物体静止之前相遇，也可能是减速物体静止后等待相遇。

1、2 间的距离 $\Delta x_{12} = (x_0 + v_2 t - \frac{1}{2} a_2 t^2) - v_1 t$ 或 $\Delta x_{12} = -\frac{1}{2} a_2 t^2 + (v_2 - v_1) t + x_0$. 其中，二次项系数小于零，抛物线开口向下，当 $t = \frac{v_2 - v_1}{2 \left(-\frac{1}{2} a_2 \right)} = \frac{v_2 - v_1}{a_2} = t_0$ 时，Δx_{12} 取最大值，且 $\Delta x_{12\max} = \frac{(v_2 - v_1)^2}{2 a_2} + x_0 = \Delta x + x_0$.

当 $\Delta x_{12} = 0$ 时，两车相遇，注意到判别式 $\Delta = (v_2 - v_1)^2 - 4 \times \left(-\frac{1}{2} a_2 \right) x_0 = (v_2 - v_1)^2 + 2 a_2 x_0 > 0$　有两个解吗？

由 $t = \dfrac{-(v_2-v_1) \pm \sqrt{(v_2-v_1)^2+2a_2x_0}}{-(-\frac{1}{2}a_2)}$ 和 $t>0$ 知,解只能有一个

$t = 2\dfrac{\sqrt{(v_2-v_1)^2+2a_2x_0}-(v_2-v_1)}{a_2}$,即相遇一次。

2.2 追及相遇模型归类分析

追及和相遇问题是一类常见的运动学难点问题,相遇是指同一时刻两物体到达同一位置,必然存在:一个条件、两个关系。一个条件是两物体的速度满足 $v_甲 = v_乙$,是两物体相距最远、最近、恰好追上、恰好追不上的临界条件;两个关系是,一是相遇位置与两物体的初始位置之间存在一定的位移关系,若同地出发,相遇时位移相等为空间条件;二是相遇两物体的运动时间关系,若物体同时出发,运动时间相等,若甲比乙早出发 Δt,则运动时间关系为 $t_甲 = t_乙 + \Delta t$.

一、追及和相遇问题的求解方法

1. 物理分析法

首先分析每个物体的运动特点(什么运动?$x-t$、$v-t$ 关系如何?),形成清晰的运动图景(位置前、后关系,运动时间关系,难点是判断两物体相遇时的运动情况),根据相遇位置建立物体间的位移关系方程(含求解未知量),最后反思求解结果的合理性。

2. 相对运动法

在追及、相遇问题中,常把被追及物体作为参考系,这样追赶物体相对被追物体的各物理量可表示为 $x_{相对}=x_后-x_前$,$v_{相对}=v_后-v_前$,$a_{相对}=a_后-a_前$.(注意各矢量应有统一的正方向)

3. 数学分析法(适用于两物体始终运动时)

(1) 利用不等式法:先求出在任意时刻 t,两物体间的距离 $x=f(t)$,若对任何 t,均存在 $y=f(t)>0$,则这两个物体永远不能相遇;若存在某个时刻 t,使得 $y=f(t) \leq 0$,则这两个物体可能相遇。

(2) 利用二次函数法:设在时刻 t 两物体相遇,然后根据几何关系列出关于 t 的方程 $f(t)=0$,若方程 $f(t)=0$ 无正实数解(判别式 $\Delta = b^2-4ac < 0$),则说明这两物体不可能相遇;若方程 $f(t)=0$ 存在正实数解(判别式 $\Delta = b^2-4ac \geq 0$),则说明这两个物体可能相遇。

(3) 对(1)法中的 $x=f(t)$ 求导数 x',当 $x'=0$ 有解时,能相遇;无解时,不能相遇。

4. 图像法

用图像法求解的思路是分别作出两个物体的 $x-t$、$v-t$ 图像,如果两个物体的位移图像相交,则说明两物体相遇,如果 $v-t$ 图像中图线与 t 轴包围的面积相等,说明两物体的运动位移相等(视初始条件才能确定是否相遇)。

(1) 当速度小者追速度大者时见表 2-1。

(2) 当速度大者追速度小者时见表 2-2。

表 2-1

类 型	$v-t$ 图像	说 明
匀加速追匀速		①$t=t_0$ 以前,后面物体与前面物体间距离增大; ②$t=t_0$ 时,两物体相距最远,为 $x_0+\Delta x$(x_0 为起始距离,Δx 为图像中阴影部分的面积); ③$t=t_0$ 以后,后面物体与前面物体间距离减小; ④能追上且只能相遇一次
匀速追匀减速		
匀加速追匀减速		

表 2-2

类 型	$v-t$ 图像	说 明
匀减速追匀速		开始追时,后面物体与前面物体间距离在减小,当两物体速度相等时,即 $t=t_0$ 时刻: ①若 $\Delta x = x_0$(Δx 为图中阴影部分的面积,x_0 是开始时两物体间的距离),则恰能追上,两物体只能相遇一次,这也是避免相撞的临界条件; ②若 $\Delta x > x_0$,则相遇两次,设 t_1 时刻 $\Delta x_1 = x_0$,两物体第一次相遇,则 t_2 时刻两物体第二次相遇; ③若 $\Delta x < x_0$,则不能追上,此时两物体间的最小距离为 $x_0 - \Delta x$
匀速追匀加速		
匀减速追匀加速		

二、实际问题的解题思路

（1）明确两个物体各自运动的情景（正确画出运动草图）。

（2）注意根据情景或限制条件进行分析判断。

①两物体运动的速度、位移与时间的关系，相遇时一定满足：两物体在同一位置，且 $v_{后者} \geq v_{前者}$。

②对于做匀减速运动的物体，要注意是否有反向运动！如汽车刹车类问题，首先要看司机有无反应时间，其次要参考汽车由开始刹车至速度为零时的运动时间 $t_0 = v_0/a$ 或位移 $x_0 = v_0^2/2a$；这类问题不允许有反向运动，可能汽车已经停止运动，另一物体还在运动。

③对于匀加速运动，要注意最大速度的限制，常要判断在达到最大速度之前追上，还是达到最大速度之后追上，而恰好达到最大速度追上是临界状态。

④选准位移的参考始点，列出相遇或者不相遇方程。

⑤讨论求解结果的合理性，以便取舍。

例1：A、B两车站相距75km，从A站每隔30min向B站发出一辆汽车，速度大小都是50km/h，第一辆车到达B站后，立即以相同的速度返回，问在返回途中遇到几辆汽车，相遇的地点在何处、何时？

解析：做出车运动的 $x-t$ 图像如图2-9所示，看出能相遇5辆车，相遇点分别距A点62.5km、50km、37.5km、25km、12.5km，相遇时间分别是1.75h、2.0h、2.25h、2.5h、2.75h。

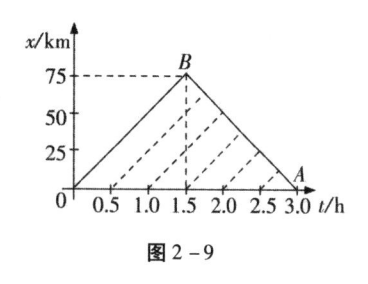

图2-9

例2：从离地面高度为 h 处有自由下落的甲物体，同时在它正下方的地面上有乙物体以初速度 v_0 竖直上抛。（1）要使两物体在空中相碰，则做竖直上抛物体的初速度 v_0 应满足什么条件？（不计空气阻力，两物体均看作质点）。（2）若要乙物体在下落过程中与甲物体相碰，则 v_0 应满足什么条件？

解析：求相遇时间。（方法1）做出它们的 $v-t$ 图像，如图2-10所示（规定竖直向下方向为正，图中的 t 应小于 $2v_0/g$），平行四边形的面积 $S = v_0 t = h$，所以相遇时间 $t = h/v_0$。

（方法2）由相对运动知，甲物体看乙物体以 v_0 向上匀速（对地加速度都为重力加速度 g，相对加速度为零），相遇时乙物向上发生位移 h，故 $t = h/v_0$。

①两物体在空中相遇须满足：$0 < t < 2v_0/g$，或由 $t < \sqrt{2h/g}$ 得 $v_0 > \sqrt{gh/2}$。

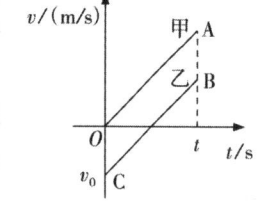

图2-10

②乙物体在下落途中与甲相遇时满足：$v_0/g < t < 2v_0/g$，$\sqrt{gh} > v_0 > \sqrt{gh/2}$。

例3：甲、乙两车在同一直线轨道上同向行驶，甲车在前，速度为 $v_1 = 8$m/s，乙车在后，速度为 $v_2 = 16$m/s，当两车相距 $x_0 = 8$m 时，甲车因故开始刹车，加速度大小为

$a_1 = 2\text{m/s}^2$，为避免相撞，乙车立即开始刹车，则乙车的加速度至少为多大？

解法1：（物理分析法）设两车经历时间 t 时速度均为 v，恰好未相撞，并设乙车的最小加速度为 a_2，由

$$v_1 - a_1 t = v_2 - a_2 t \qquad ①$$

$$\frac{v_2 + v}{2} t = \frac{v_1 + v}{2} t + x_0 \qquad ②$$

解得 $t = 2\text{s}$，$a_2 = 6\text{m/s}^2$.

即 $t = 2\text{s}$ 时刻，两车恰好未相撞，此后总有 $v_甲 > v_乙$，故可避免相撞，且乙车的加速度至少为 6m/s^2.

解法2：（$v-t$ 图像法）如图 2-11 所示，当速度相同时，阴影面积 x 表示乙比甲多运动的位移，若 $x = x_0$，则恰好不会相撞，由几何关系有 $x = \frac{1}{2}(v_2 - v_1) t = x_0$，得 $t = 2\text{s}$，再由速度关系：$v_1 - a_1 t = v_2 - a_2 t$，解得 $a_2 = 6\text{m/s}^2$.

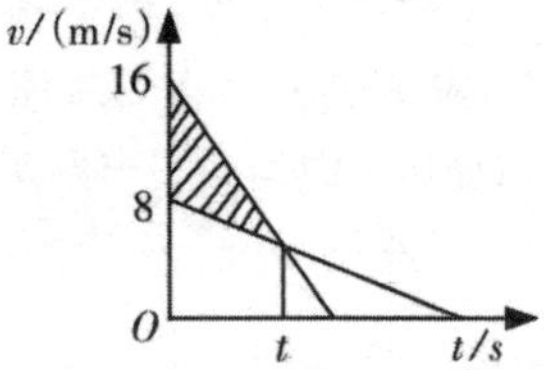

图 2-11

解法3：（相对运动法）以前面的甲车为参考系，乙车相对甲车要做匀减速运动，才可能避免相撞，乙相对甲的初速度为 $v_0 = v_2 - v_1 = 8\text{m/s}$，相对位移为 x，相对加速度为 $a = a_2 - a_1$（其方向与 v_0 方向相反），则避免相撞的条件为 $a_2 > a_1$，$x \leq x_0$，即 $v_0 t - \frac{1}{2} a t^2 \leq x_0$，$\frac{1}{2}(a_2 - 2) t^2 - 8t + 8 \geq 0$，由判别式 $\Delta = (-8)^2 - 4 \times \frac{1}{2}(a_2 - 2) \times 8 \leq 0$，得 $a_2 \geq 6\text{m/s}^2$.

解法4：（函数方程法）甲的运动位移为 $x_甲 = v_1 t - \frac{1}{2} a_1 t^2$，乙车的运动位移为 $x_乙 = v_2 t - \frac{1}{2} a_2 t^2$，避免相撞的条件为 $x_乙 \leq x_甲 + x_0$，即有 $\frac{1}{2}(a_2 - a_1) t^2 + (v_1 - v_2) t + x_0 \geq 0$，代入数据有 $(a_2 - 2) t^2 - 16t + 16 \geq 0$.

不等式成立的条件是 $a_2 - 2 > 0$，$\Delta = 16^2 - 4 \times 16(a_2 - 2) \leq 0$，故 $a_2 \geq 6\text{m/s}^2$.

例4：如图 2-12 所示，直线 MN 表示一条平直公路，甲、乙两辆汽车原来停在 A、B 两处，A、B 间的距离为 85m，现甲车先开始向右做匀加速直线运动，加速度 $a_1 = 2.5\text{m/s}^2$，甲车运动 6s 时，乙车开始向右做匀加速直线运动，加速度 $a_2 = 5.0\text{m/s}^2$，求两辆汽车相遇处距 A 处的距离。

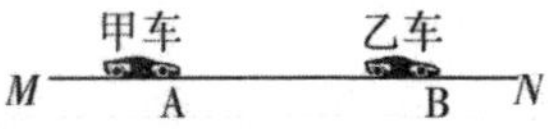

图 2-12

解析：一般地，车长远小于行驶距离，故两车可视为质点。

甲车运动 6s 的位移为 $x_0 = \frac{1}{2} a_1 t_0^2 = 45$（m），$x_0 < 85\text{m}$，此时甲车尚未追上乙车，因两车都是单向的直线运动，相遇时满足：$x_{甲A} = x_{乙A}$，即 $\frac{1}{2} a_1 (t + t_0)^2 = \frac{1}{2} a_2 t^2 + 85$，代入数据并整理得

$$t^2 - 12t + 32 = 0$$

解得 $t_1 = 4$s，$t_2 = 8$s.

讨论：①$t_1 = 4$s 时，甲车追上乙车第一次相遇，$v_{甲1} = a_1(t_0 + t_1) = 25$（m/s），$v_{乙1} = a_2 t_1 = 20$（m/s），满足 $v_{甲1} > v_{乙1}$（后面物体速度大于前面物体速度）；

②$t_2 = 8$s 时，乙车追上甲车第二次相遇，$v_{乙2} = a_2 t_2 = 40$（m/s），满足 $v_{乙2} > v_{甲2}$（后面物体速度大于前面物体速度）。

相遇地点距 A 处：$x_1 = \frac{1}{2}a_1(t_1 + t_0)^2 = 125$（m），$x_2 = \frac{1}{2}a_1(t_2 + t_0)^2 = 245$（m）.

三、模型练习

练习1：甲乙两车同时同向从同一地点出发，甲车以 $v_1 = 16$m/s 的初速度，$a_1 = 2$m/s² 的加速度做匀减速直线运动，乙车以 $v_2 = 4$m/s 的初速度，$a_2 = 1$m/s² 的加速度做匀加速直线运动，求两车再次相遇前的最大距离和再次相遇时的运动时间。

解析：因 $v_1 > v_2$，所以是乙在追甲，乙是单向的直线运动，甲减速至速度为零的时间为 $t_0 = \frac{v_1}{a_1} = 8$（s），位移为 $x_{甲0} = \frac{v_1^2}{2a_1} = 64$（m）. t_0 内乙车的位移为 $x_{乙0} = v_2 t_0 + \frac{1}{2}a_2 t_0^2 = 64$（m），因 $x_{甲0} = x_{乙0}$，所以甲车刚好减速至速度为零时，乙车就追上，相遇的运动时间为 $t_0 = 8$s.

当 $v_甲 = v_乙$ 时，$16 - 2t_1 = 4 + t_1$，$t_1 = 4$s.

可见 $v_甲 = v_乙 = 8$m/s 时，二者距离有最大值，$x_{max} = \frac{16 + 8}{2} \times 4 - \frac{4 + 8}{2} \times 4 = 24$（m）.

练习2：一辆摩托车行驶的最大速度为 $v_m = 30$m/s，现让该摩托车从静止出发，要在 3min 内追上它前方相距 1000m、正以 $v_0 = 20$m/s 的速度在平直公路上行驶的汽车，则该摩托车行驶时，至少应具有多大的加速度？

解析：设 $t_0 = 180$s 内摩托车刚好达到最大速度 $v_m = 30$m/s 时，其位移为 $x_1 = \frac{v_m}{2}t_0 = 2700$（m），而此时汽车距离摩托车的起动点 $x_2 = 1000 + 20 \times 180 = 4600$（m）.

因 $x_1 < x_2$，所以运动情景是摩托车达到最大速度后有一段匀速运动才追上汽车，设摩托车匀加速运动的最小加速度为 a、时间为 t，则其匀速运动时间为 $180 - t$，由 $v_m = at$ ①和 $\frac{v_m}{2}t + v_m(180 - t) = x_2$ ②，联立解得 $t = \frac{160}{3}$s，$a = \frac{9}{16}$m/s².

可见满足 $a \geq 0.56$m/s² 的加速度或满足 $t \leq 53.3$s 的加速时间都行。

练习3：一辆汽车在十字路口等待绿灯，当绿灯亮时汽车以 3m/s² 的加速度从停车线行驶，恰在这时一辆自行车以 $v_0 = 6$m/s 的速度匀速驶过停车线与汽车同方向行驶，求：

（1）什么时候它们相距最远？最远距离是多少？

（2）在什么地方汽车追上自行车？追到时汽车的速度是多大？

解析：（1）物理分析法：当 $v_汽 < v_0$ 时，自行车把汽车逐渐甩远；当 $v_汽 > v_0$ 时，汽车逐渐追赶自行车，它们之间的距离靠近；故两车速度相等时相距最远，设所用时间

20

为 t_0，则

$v_汽 = at_0 = v_0$，得 $t_0 = 2s$.

最远距离 $x = x_自 - x_汽 = v_0 t_0 - \frac{1}{2}at_0^2 = 6$（m）.

数学分析法：①在时间 t 内，自行车到停车线的距离与汽车到停车线的距离差为 $x = x_自 - x_汽 = v_0 t - \frac{1}{2}at^2$，$x$ 是时间 t 的二次函数，所以当 $t_0 = -\dfrac{v_0}{2\left(-\dfrac{1}{2}a\right)} = 2s$ 时，

$x_{max} = 6m$.

②对 $x = 6t - \dfrac{3}{2}t^2$ 进行配方得 $x = -\dfrac{3}{2}(t-2)^2 + 6$，可见 $t = 2s$ 时，$x_{max} = 6m$.

③对 $x = 6t - \dfrac{3}{2}t^2$ 求导数得 $x' = 6 - 3t$，当 $x' = 0$ 时，即 $t = 2s$ 时，$x_{max} = 6m$.

（2）设汽车追上自行车所用时间为 t'。汽车和自行车到停车线的位移相等，或者说距离差为零，即 $x_自 = x_汽$，即 $v_0 t' = \dfrac{1}{2}at'^2$，解得 $t' = 4s$. 此时距停车线距离 $x = v_0 t' = 24$（m），汽车速度为 $v = at' = 12$（m/s）.

练习4：摩托车在平直公路上的 A 处由静止开始做匀加速直线运动，然后做匀速直线运动，最后做匀减速直线运动，直至停在平直公路上的 B 处。已知加速过程中的加速度大小为 $a_1 = 1.6m/s^2$，减速过程中的加速度大小为 $a_2 = 6.4m/s^2$，行驶的路程为 $x = 1600m$.

（1）求摩托车从平直公路上的 A 处运动到 B 处所需的最短时间 t_{min}.

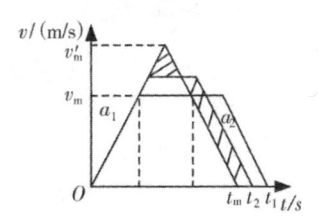

图 2 - 13

（2）若摩托车总共运动时间 $t = 130s$，求摩托车行驶的最大速度 v_m.

解析：（1）由图 2 - 13 可知，A、B 两处间的路程一定时，v_m 增大到 v'_m，总时间 $t_1 \to t_2 \to t_m$ 将减小，故当摩托车匀加速到最大速度 v'_m 后，迅速做匀减速运动（无匀速运动）直至停止，所用时间最短，根据运动学规律有

$$t_{min} = \frac{v'_m}{a_1} + \frac{v'_m}{a_2} \qquad ①$$

$$\frac{v'^2_m}{2a_1} + \frac{v'^2_m}{2a_2} = x \qquad ②$$

解得 $v'_m = 64m/s$，$t_{min} = 50s$.

（2）依题意画出摩托车整个运动过程中的 $v - t$ 图像，如图 2 - 14 所示，其图线与时间轴所围的"面积"表示位移，根据题意并结合图像得

$$\frac{v_m^2}{2a_1} + v_m\left(t - \frac{v_m}{a_1} - \frac{v_m}{a_2}\right) + \frac{v_m^2}{2a_2} = x$$

代入数据解得 $v_m = 12.8m/s$（舍去 $v_m = 320m/s$）.

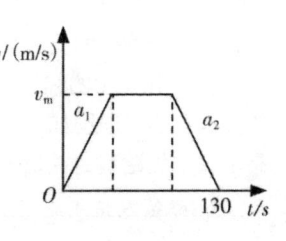

图 2 - 14

第 3 章　力与运动

3.1　相关弹簧模型问题的综合探究

弹簧是高中物理中的一种常见的物理模型，几乎每年高考对这种模型都有所涉及或作为压轴题加以考查。它涉及的物理问题较广，有平衡类问题、运动的合成与分解、圆周运动、简谐运动、做功、冲量、动量和能量、带电粒子在复合场中的运动以及临界和突变等问题。

一、物理模型

轻弹簧是不计自身质量的，在外力作用下能产生沿轴线的拉伸或压缩形变，反抗形变时就产生沿弹簧方向向内或向外的弹力，在弹性限度内，满足胡克定律 $f=kx$，即弹力与形变量成正比。弹簧两端及各部分之间的弹力大小相等，方向相反，弹力不能瞬间突变，变化需要时间。

二、弹簧物理问题

1. 弹簧平衡问题

弹簧平衡问题：抓住弹簧形变量、运动和力、依平衡条件列方程。

2. 弹簧模型应用牛顿第二定律的解题技巧

（1）弹簧长度改变，弹力发生变化问题：要从牛顿第二定律入手先分析加速度，从而分析物体运动规律。而物体的运动又导致弹力的变化，变化的规律又会影响新的运动，由此画出弹簧的几个特殊状态（原长、平衡位置、最大形变）尤其重要。

（2）弹簧长度不变，弹力不变问题：当物体除受弹簧本身的弹力外，还受到其他外力时，若弹簧长度不发生变化，弹簧的弹力是不变的，也就是形变量不变，抓住这一状态分析物体的受力问题。

（3）弹簧中的临界问题：当弹簧的长度发生改变导致弹力发生变化的过程中，往往会出现临界问题如"两物体分离""离开地面""恰好""刚好"……找出隐含条件是求解本类题型的关键。

3. 弹簧双振子问题

一根弹簧两端各连接一个小球（物体），这样的装置称为"弹簧双振子"。本模型涉及力和运动、动量和能量等问题，要注重对物理过程的分析。

三、实例探究

1. 弹簧秤水平放置、牵连物体弹簧示数确定

例 1：物块 1、2 放在光滑水平面上用轻弹簧相连，如图 3-1 所示。今对物块 1、2 分别施以相反的水平力 F_1、F_2，且 $F_1 > F_2$，则（ ）。

A. 弹簧秤示数不可能为 F_1
B. 若撤去 F_1，则物体 1 的加速度一定减小
C. 若撤去 F_2，弹簧秤的示数一定增大
D. 若撤去 F_1，弹簧秤的示数一定减小

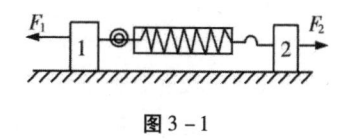

图 3-1

解析：对物块 1、2 及轻弹簧整体有：$a = \dfrac{F_1 - F_2}{m_1 + m_2}$，方向向左。对物块 1 进行分析：设弹簧弹力为 F，$F_1 - F = m_1 a$，解得 $F = \dfrac{m_2 F_1 + m_1 F_2}{m_1 + m_2}$。因为 $F_1 > F_2$，所以 $F_2 < F < F_1$，故 A 对；无论是撤去 F_1 或 F_2，F 均变小，故 D 对 C 错；撤去 F_1，物体 1 所受合力可能变大，条件是 $2F_2 > F_1$，故 B 错。即正确答案为 A、D。

点评：对于轻弹簧处于加速状态时要运用整体和隔离分析，再用牛顿第二定律列方程推出表达式进行比较讨论得出答案。若是平衡，则弹簧产生的弹力和外力大小相等，通过能使弹簧发生形变的力就能分析出弹簧的弹力。

2. 绳子与弹簧瞬间力的变化、确定物体加速度

例 2：四个质量均为 m 的小球，分别用三根绳子和一根轻弹簧相连，处于平衡状态，如图 3-2 所示。现突然迅速剪断 A_1、B_1，让小球下落。在剪断轻绳的瞬间，设小球 1、2、3、4 的加速度分别用 a_1、a_2、a_3、a_4 表示，则（ ）。

A. $a_1 = 0$，$a_2 = 2g$，$a_3 = 0$，$a_4 = 2g$
B. $a_1 = g$，$a_2 = g$，$a_3 = 2g$，$a_4 = 0$
C. $a_1 = 0$，$a_2 = 2g$，$a_3 = g$，$a_4 = g$
D. $a_1 = g$，$a_2 = g$，$a_3 = g$，$a_4 = g$

图 3-2

解析：首先分析剪断 A_1，1 球受到向上的拉力消失，绳 A_2 的弹力可能发生突变，那么究竟 A_2 的弹力如何变化呢？我们可用假设法：设 A_2 绳仍然有张力，则有 $a_1 > g$，$a_2 < g$，故 1、2 两球则要靠近，导致绳 A_2 松弛，这与假设的前提矛盾。故剪断 A_1 的瞬间，A_2 绳张力突变为 0，所以 $a_1 = a_2 = g$，此时绳 A_2 处于原长但未绷紧状态，球 1、2 整体做自由落体运动；剪断 B_1 的瞬间，由于 B_2 是弹簧，其弹力不能瞬间突变，故其对 3、4 的拉力不变，仍为 mg，易知 $a_3 = 2g$，$a_4 = 0$，故选择答案 B。

点评：本题属于弹簧模型突变问题讨论。要抓住弹簧的弹力不能突变，但轻绳上的力会突变，从而得出本题的答案。

思考探究：

如图3-3所示，A、B两物体的质量分别为m和$2m$，中间用轻质弹簧相连，A、B两物体与水平面间的动摩擦因数均为μ，在水平推力F作用下，A、B两物体一起以加速度a向右做匀加速直线运动。当突然撤去推力F的瞬间，A、B两物体的加速度大小分别为（　　）。

A. $2a$，a
B. $(a+2\mu g)$，$a+\mu g$
C. $2a+3\mu g$，a
D. a，$2a+3\mu g$

解析： 撤去F前，对A、弹簧及B整体有：$F-3\mu mg=3ma$①，设N为弹簧对B向右的弹力，则有：$N-2\mu mg=2ma$②，当撤去F后，B受力不变，故$a_B=a$且向右。而A受弹簧向左的弹力N和地面对它向左的动摩擦力μmg，有$N+\mu mg=ma_A$③，由②③式得$a_A=2a+3\mu g$且向左，故选项C正确。当撤去F后，若用质点系的牛顿第二定律列式有：$3\mu mg=ma_A+2m(-a_B)$④，把$a_B=a$代入，亦得$a_A=2a+3\mu g$且向左。

3. 弹簧系统放置在斜面上的运动状态分析

例3： 如图3-4所示，在倾角为θ的光滑斜面上有两个用轻质弹簧连接的物块A、B，它们的质量分别为m_A、m_B，弹簧的劲度系数为k，C为一固定挡板，系统处于静止状态。现开始用一恒力F沿斜面方向拉物块A使之向上运动，求物块B刚要离开C时物块A的加速度a和从开始到此时物块A发生的位移d。已知重力加速度为g。

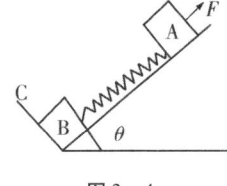

解析： 令x_1表示未加F时弹簧的压缩量，由胡克定律和牛顿定律可知：
$$m_A g\sin\theta = kx_1 \qquad ①$$

令x_2表示B刚要离开C时弹簧的伸长量，a表示此时A的加速度，由胡克定律和牛顿定律可知：
$$kx_2 = m_B g\sin\theta \qquad ②$$
$$F - m_A g\sin\theta - kx_2 = m_A a \qquad ③$$

由②③式可得
$$a = \frac{F-(m_A+m_B)g\sin\theta}{m_A} \qquad ④$$

由题意
$$d = x_1 + x_2 \qquad ⑤$$

由①②⑤式可得
$$d = \frac{(m_A+m_B)g\sin\theta}{k}.$$

点评： 本例是弹簧模型在力和运动上的应用，求解时要抓住两个关键："物块B刚要离开C"的条件和弹簧由压缩状态变为伸长状态，其形变量与物块A的位移d的关系。

例4： 如图3-5所示，一倾角为θ的斜面固定在水平地面上，一质量为m的小球与弹簧测力计相连在一木板的端点处，且将整个装置置于斜面上，设木板与斜面的动摩擦因数为 μ，现将木板以一定的初速度 v_0 释放，小球与木板之间的摩擦不计，则（　　）。

A. 如果 $\mu = 0$，则测力计示数也为零
B. 如果 $\mu > \tan\theta$，则测力计示数大于 $mg\sin\theta$
C. 如果 $\mu = \tan\theta$，则测力计示数等于 $mg\sin\theta$
D. 无论 μ 取何值，测力计示数都不能确定

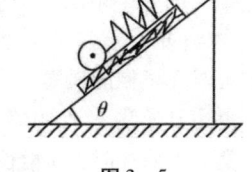

图 3-5

解析：本例是将弹簧模型"迁移"到斜面上，而且设置了根据木板与斜面之间的动摩擦因数不同来判断测力计的示数变化的选项。依题意可知，当 $\mu = 0$ 时，球、弹簧和木板整体的加速度为 $g\sin\theta$，测力计示数为零；当 $\mu > \tan\theta$ 时，球、弹簧和木板整体的加速度为 $g\sin\theta - \mu g\cos\theta$，隔离分析小球就可知道 B 答案正确；同理可分析 C 答案正确，从而选择 A、B、C 答案。

点评：本例是动力学在弹簧模型中的应用，求解的关键是分析整体的加速度，然后分析小球的受力来确定测力计示数的大小。

4. 弹簧中的临界问题状态分析

例 5：如图 3-6 所示，轻弹簧上端固定，下端连接一质量为 m 的重物，先由托盘托住 m，使弹簧比自然长度缩短 L，然后由静止开始以加速度 a 匀加速向下运动。已知 $a < g$，弹簧劲度系数为 k，求经过多少时间托盘 M 将与 m 分开？

解析：当托盘与重物分离的瞬间，托盘与重物虽接触但无压力或支持力，此时重物只受到重力和弹簧的作用力，在这两个力的作用下，当重物的加速度也为 a 时，重物与托盘恰好分离。由于 $a < g$，故此时弹簧必为伸长状态，然后由牛顿第二定律和运动学公式求解。

根据牛顿第二定律得：$mg - kx = ma$　①
由①得：
$$x = \frac{m(g-a)}{k}$$

由运动学公式有
$$L + x = \frac{1}{2}at^2 \quad ②$$

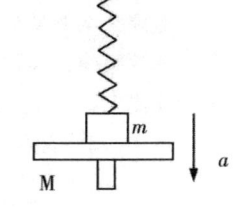

联立①②式有
$$\frac{kL + m(g-a)}{k} = \frac{1}{2}at^2 \quad ③$$

解得
$$t = \sqrt{\frac{2[kL + m(g-a)]}{ka}}$$

图 3-6

点评：本题属于牛顿运动定律中的临界状态问题。求解本类题型的关键是找出临界条件，同时还要能从宏观上把握其运动过程，分析出分离瞬间弹簧的状态。我们还可这样探索：若将此题条件改为 $a > g$，情况又如何呢？

5. 弹簧模型在力学中的综合应用

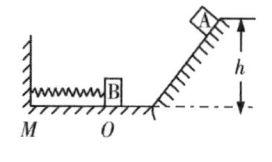

例6：如图 3-7 所示，坡度顶端距水平面高度为 h，质量为 m_1 的小物块 A 从坡道顶端由静止滑下，进入水平面上的滑道时无机械能损失，为使 A 制动，将轻弹簧的一端固定在水平滑道延长线 M 处的墙上，一端与质量为 m_2 的挡板 B 相连，弹簧处于原长时，B 恰位于滑道的末端 O 点。A 与 B 碰撞时间极短，碰后结合在一起共同压缩弹簧，已知在 OM 段 A、B 与水平面间的动摩擦因数均为 μ，其余各处的摩擦不计，重力加速度为 g，求：

（1）物块 A 在与挡板 B 碰撞前的瞬间速度 v 的大小；

（2）弹簧最大压缩量为 d 时的弹簧势能 E_P（设弹簧处于原长时弹性势能为零）。

解析：（1）由机械能守恒定律得：

$$m_1 gh = \frac{1}{2} m_1 v^2 \qquad ①$$

$$v = \sqrt{2gh} \qquad ②$$

（2）A、B 在碰撞过程中内力远大于外力，由动量守恒，有

$$m_1 v = (m_1 + m_2) v' \qquad ③$$

A、B 克服摩擦力所做的功：

$$W = \mu (m_1 + m_2) gd \qquad ④$$

由能量守恒定律，有

$$\frac{1}{2}(m_1 + m_2) v'^2 = E_P + \mu (m_1 + m_2) gd \qquad ⑤$$

解得

$$E_P = \frac{m_1^2}{m_1 + m_2} gh - \mu (m_1 + m_2) gd$$

点评：本例是在以上几题的基础上加以引申，从 A 的匀变速运动，到 A、B 的完全非弹性碰撞，再到压缩弹簧，要会从时间的先后顺序来识别物理模型，恰当地选择物理规律求解。

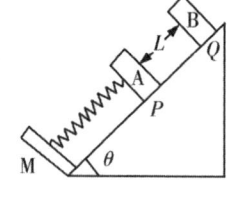

例7：有一倾角为 θ 的斜面，其底端固定一挡板 M，另有三个木块 A、B 和 C，它们的质量分别为 $m_A = m_B = m$，$m_C = 3m$，它们与斜面间的动摩擦因数都相同。其中木块 A 放于斜面上并通过一轻弹簧与挡板 M 相连，如图 3-8 所示，开始时，木块 A 静止于 P 处，弹簧处于原长状态，木块 B 在 Q 点以初速度 v_0 向下运动，P、Q 间的距离为 L。已知木块 B 在下滑的过程中做匀速直线运动，与木块 A 相碰后立刻一起向下运动，但不粘连，它们到达一个最低点后又向上运动，木块 B 向上运动恰好能回到 Q 点。若木块 A 仍静止放在 P 点，木块 C 从 Q 点处开始以初速度 $\frac{\sqrt{2}}{3} v_0$ 向下运动，经历同样过程，最后木块 C 停在斜面的 R 点。求：

（1）A、B 一起压缩弹簧过程中，弹簧具有的最大弹性势能；

（2）A、R 间的距离 L'。

解析：（1）木块 B 下滑做匀速直线运动，有
$$mg\sin\theta = \mu mg\cos\theta \qquad ①$$
设 B 与 A 相碰后一起向下运动的速度为 v_1，B 与 A 碰撞前后由动量守恒有
$$mv_0 = 2mv_1 \qquad ②$$
设 A、B 两木块向下压缩弹簧的最大的长度为 x，弹簧具有的最大弹性势能为 E_P，压缩过程对 A、B 整体由能量守恒定律得
$$\frac{1}{2}2mv_1^2 + 2mgx\sin\theta = \mu 2mgx\cos\theta + E_P \qquad ③$$
联立①②③解得
$$E_P = \frac{1}{4}mv_0^2 \qquad ④$$

（2）木块 C 匀速下滑，与 A 碰撞后，设 C 与 A 一起向下的速度为 v'_1，由动量守恒定律得
$$3m\frac{\sqrt{2}}{3}v_0 = 4mv'_1 \qquad ⑤$$
A、C 从碰撞后到把弹簧压缩至最短 x' 的过程中，由能量守恒有的总动能为
$$\frac{1}{2}4mv_1'^2 + 4mgx'\sin\theta = \mu 4mg\cos\theta \cdot x' + E'_P \qquad ⑥$$
由①⑤⑥式得 $E'_P = \frac{1}{4}mv_0^2$，显见 $E'_P = E_P$，即 A、C 压缩弹簧具有的最大弹性势能和 A、B 压缩弹簧具有的最大弹性势能相等，由 $\frac{1}{2}kx'^2 = \frac{1}{2}kx^2$ 两次的压缩量 $x' = x$。

设 A、B 被弹回到 P 点时的速度为 v_2，针对开始压缩到回至 P 点的过程有
$$\mu 2mg\cos\theta \cdot 2x = \frac{1}{2}2mv_1^2 - \frac{1}{2}2mv_2^2 \qquad ⑦$$

B 木块在 P 点与 A 分离，上滑到 Q 点的过程：
$$(mg\sin\theta + \mu mg\cos\theta)L = \frac{1}{2}mv_2^2 \qquad ⑧$$

设 A、C 回到 P 点时的速度为 v'_2，针对开始压缩到回至 P 点的过程有：
$$\mu 4mg\cos\theta \cdot 2x' = \frac{1}{2}4mv_1'^2 - \frac{1}{2}4mv_2'^2 \qquad ⑨$$

C 从 P 点离开 A 到滑到 R 点满足
$$(3mg\sin\theta + \mu 3mg\cos\theta)L' = \frac{1}{2}3mv_2'^2 \qquad ⑩$$

联立⑦⑧⑨⑩得
$$L' = L - \frac{v_0^2}{32g\sin\theta}$$

点评：本例在上例的基础上延伸了许多，解它要从受力分析开始，思维图景要符合物理过程的先后顺序，要抓住始末状态，选准完全非弹性碰撞模型、动量守恒定律、

动能定理来解,还要学会用已知字母表达求解结果,运算过程更要特别细心。

反思演练:

质量不计的弹簧下端固定一小球。现手持弹簧上端使小球随手在竖直方向上以同样大小的加速度 a($a<g$)分别向上、向下做匀加速直线运动。若忽略空气阻力,弹簧的伸长量分别为 x_1、x_2;若空气阻力不能忽略且大小恒定,弹簧的伸长量分别为 x'_1、x'_2 则有( )。

A. $x_1 + x' = x_2 + x'_2$ B. $x_1 + x'_1 < x_2 + x'_2$
C. $x'_1 + x'_2 > x_1 + x_2$ D. $x'_1 + x'_2 = x_1 + x_2$

解析: 忽略空气阻力,小球向上运动时,由牛顿第二定律有 $a = \dfrac{kx_1 - mg}{m}$,解得 $x_1 = \dfrac{m(g+a)}{k}$,同理可得向下运动时 $x_2 = \dfrac{m(g-a)}{k}$;当空气阻力不能忽略时,设空气阻力为 f,根据牛顿第二定律有 $a = \dfrac{kx'_1 - mg - f}{m}$,解得 $x'_1 = \dfrac{m(g+a)+f}{k}$,同理向下运动时 $x'_2 = \dfrac{m(g-a)-f}{k}$。由以上四式可得 $x'_1 + x'_2 = x_1 + x_2 = \dfrac{2mg}{k}$,故 D 正确。

3.2 平动连接体模型的迁移应用

物理模型是客观问题抓住主要因素、忽略次要因素时的高度概括,是物理学研究的重要方法。在高考复习教学中若抓住基本物理模型,同时展开思维迁移的翅膀,联想对比、举一反三,一定是事半功倍。

一、处理连接体问题的基本方法

1. 隔离(体)法

(1)含义:所谓隔离(体)法就是将所研究的对象——包括物体、状态和某些过程,从系统或全过程中隔离出来进行研究的方法。

(2)运用隔离法解题的基本步骤:

①明确研究对象或过程、状态,选择隔离对象。选择原则是一要包含待求量,二要所选隔离对象和所列方程数尽可能少。

②将研究对象从系统中隔离出来或将研究的某状态、某过程从运动的全过程中隔离出来。

③对隔离出的研究对象、过程、状态分析研究,画出某状态下的受力图或某阶段的运动过程示意图。

④寻找未知量与已知量之间的关系,选择适当的物理规律列方程求解。

2. 整体法

(1)含义:所谓整体法就是将两个或两个以上物体组成的整个系统或整个过程作

为研究对象进行分析研究的方法。

（2）运用整体法解题的基本步骤：

①明确研究的系统或运动的全过程。

②画出系统的受力图和运动全过程的示意图。

③寻找未知量与已知量之间的关系，选择适当的物理规律列方程求解。

隔离法与整体法，不是相互对立的，一般问题的求解中，随着研究对象的转化，往往两种方法交叉运用，相辅相成。所以两种方法的取舍，并无绝对的界限，必须具体分析，灵活运用。无论哪种方法均以尽可能避免或减少非待求量（即中间未知量的出现，如非待求的力、非待求的中间状态或过程等）的出现为原则。

生产生活中经常遇到汽车挂着拖车前进，火车带动着许多节车厢一起运动，用力推着多个物体前进，这类问题都可归纳为一个。

二、基本模型

如图 3-9 所示，在光滑水平面上用水平细绳连着两个物体，质量分别为 m_1、m_2，水平力 F 拉着质量为 m_2 的物体，求细绳上的拉力 T。

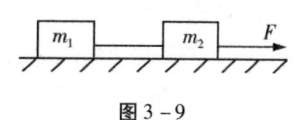

解析：对 m_1、绳、m_2 整体有

$$F = (m_1 + m_2) a \qquad ①$$

对 m_1 有

$$T = m_1 a \qquad ②$$

得

$$T = \frac{m_1}{m_1 + m_2} F \qquad ③$$

迁移：

（1）若 $m_2 = 0$，由③知 $T = F$，即得推广：沿着轻绳、轻弹簧、轻杆各部分的力都相等。

（2）为接近实际，设 m_1、m_2 与地面间动摩擦因数分别为 μ_1、μ_2，绳上的拉力 $T_1 = ?$

解析：对 m_1、绳、m_2 整体有

$$F - \mu_1 m_1 g - \mu_2 m_2 g = (m_1 + m_2) a_1 \quad （对比①知 a_1 < a） \quad ④$$

对 m_1 有

$$T_1 - \mu_1 m_1 g = m_1 a_1 \qquad ⑤$$

得

$$T_1 = \frac{m_1 F}{m_1 + m_2} + \frac{m_1 m_2 g}{m_1 + m_2} (\mu_1 - \mu_2) \qquad ⑥$$

讨论：（1）当 $\mu_1 = \mu_2$ 时，$T_1 = T$；当 $\mu_1 > \mu_2$ 时，$T_1 > T$；当 $\mu_1 < \mu_2$ 时，$T_1 < T$.

（2）m_2 为汽车时，F 就为牵引力，m_1 就为拖车，T 为挂钩间的作用力。

（3）m_2 可想为火车头及前 5 节车厢，m_1 想为第 6 节以后的所有车厢，则 T 为 5、

6 节车厢间挂钩上的力（挂钩质量可忽略）。

（4）F 拉着 N 个物体一起向右运动，若要求第 7 个物体对第 8 个物体的作用力，则可以把前 1~7 个物体想为 m_1，后 8~N 个物体想为 m_2。

例 1：有 5 个质量均为 m 的相同木块，并列地放在水平地面上，如图 3-10 所示。已知木块与地面间的动摩擦因数为 μ。当木块 1 受到水平力 F 的作用，5 个木块同时向右做匀加速运动，求第 4 个木块受到第 3 个木块作用力的大小。

解析：$N_{34} = \dfrac{2m}{3m+2m}F = \dfrac{2}{5}F$。

例 2：如图 3-11 所示，倾角为 α 的等腰三角形斜面固定在水平面上，一足够长的轻质绸带跨过斜面的顶端铺放在斜面的两侧，绸带与斜面间无摩擦。现将质量分别为 M、m（M>m）的小物块同时轻放在斜面两侧的绸带上。两物块与绸带间的动摩擦因数相等，且最大静摩擦力与滑动摩擦力大小相等。在 α 角取不同值的情况下，下列说法正确的有（　）。

A. 两物块所受摩擦力的大小总是相等
B. 两物块不可能同时相对绸带静止
C. M 不可能相对绸带发生滑动
D. m 不可能相对斜面向上滑动

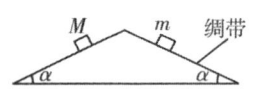

解析：首先来"由表及里"。"足够长的轻质绸带跨过斜面的顶端铺放在斜面的两侧"，那么该斜面也一定是"足够长的"，所以存在隐含条件"小物块及绸带总是在斜面上"。但是，"M>m、动摩擦因数相等、最大静摩擦力与滑动摩擦力大小相等、α 角取不同值"，这些组成了干扰型隐含条件，因为当绸带与斜面间固定不动时，若 α 角较小，则 M 所受静摩擦力大于 m 所受静摩擦力；若 α 角较大，则 M 所受滑动摩擦力大于 m 所受滑动摩擦力。至此，受干扰的学生否定了 A，就难免会错选 B 或 D。因此，必须进行"概括归类"和"逻辑抽象"。题中"绸带与斜面间无摩擦"的深意是什么？若 α 角较小，M、m 均与绸带相对静止，但 M 随着绸带加速下滑、m 随着绸带加速上滑，此时两物块所受绸带的静摩擦力、轻质绸带上各处的张力，都大小相等，且小于 m 此时的最大静摩擦力，显然 B、D 错误（那么 A、C 一定正确）；若 α 角较大，假设两物块均相对绸带加速下滑，由于 M 对绸带的滑动摩擦力大于 m 对绸带的滑动摩擦力，"轻质绸带"将产生无穷大的加速度（其方向是左侧向下右侧向上），这表明"假设"错误。所以只可能是"M 与绸带一直相对静止，且一起相对斜面加速下滑；m 相对绸带加速下滑；此时 M 所受绸带的静摩擦力、m 所受绸带的滑动摩擦力以及轻质绸带上各处的张力，都大小相等。"选 A、C。只有抓住了本质规律，才能正确预见进程和结果。

物理模型是中学物理教学的重点难点，它的应用并非生搬硬套，而是具体问题具体分析时物理思维的升华和迁移，要教好、学好物理就得以基本物理模型为主线，然后让学生在迁移、发散、思考中体验学习物理的乐趣，在分析物理过程情景中提高学生的思维品质。

三、模型练习

练习 1：一卡车拖挂一相同质量的车厢，在水平直道上以 $v_0=12\text{m/s}$ 的速度匀速行驶，其所受阻力可视为与车重成正比，与速度无关。某时刻，车厢脱落，并以大小为 $a=2\text{m/s}^2$ 的加速度减速滑行。在车厢脱落 $t=3\text{s}$ 后，司机才发觉并紧急刹车，刹车时阻力为正常时的 3 倍。假设刹车前牵引力不变，求卡车和车厢都停下后两者的距离。

解析：设车厢为 $m_1=m$，卡车为 $m_2=m$，

当它们一起匀速度时：

$$F=k2mg \qquad ①$$

m_1 脱落后：

$$km_1g=m_1a_1 \qquad ②$$
$$a_1=kg=2\ (\text{m/s}^2)$$

滑行距离：

$$s_1=\frac{v_0^2}{2a_1}=\frac{12^2}{2\times2}=36\ (\text{m}) \qquad ③$$

m_2 匀加速阶段：

$$F-km_2g=m_2a_2 \qquad ④$$
$$a_2=kg=2\ (\text{m/s}^2)$$

发生位移：

$$s_{21}=v_0t+\frac{1}{2}a_2t^2=12\times3+\frac{1}{2}\times2\times3^2=45\ (\text{m}) \qquad ⑤$$

刹车初速度为

$$v_{01}=v_0+a_2t=12+2\times3=18\ (\text{m/s}) \qquad ⑥$$
$$3km_2g=m_2a_{21} \qquad ⑦$$
$$a_{21}=3kg=6\ (\text{m/s}^2)$$

发生位移：

$$s_{22}=\frac{v_{01}^2}{2a_{21}}=\frac{18^2}{2\times6}=27\ (\text{m}) \qquad ⑧$$

卡车、车厢都停下时相距：

$$\Delta s=s_{21}+s_{22}-s_1=36\ (\text{m}) \qquad ⑨$$

练习 2：如图 3-12 所示，质量为 M 的木板 B 上放一质量为 m 木块 A，木块与木板间的动摩擦因数为 μ_1，木板与水平面间的动摩擦因数为 μ_2，若要将木板从木块下抽出，则加在木板上的力 F 至少为多大？

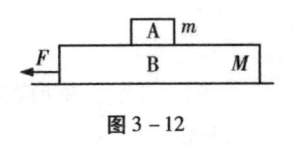

图 3-12

解析：B 要抽出，B 相对 A 向前运动，满足：

$$v_B>v_A \qquad ①$$

由加速度的定义式可知，从静止开始在相同时间内必有 $a_B>a_A$ ②

如图 3-13 所示，用隔离法对 A：$\qquad f_1 = \mu_1 mg = ma_A \qquad$ ③

对 B：
$$F - \mu_1 mg - \mu_2(M+m)g = Ma_B \qquad ④$$

由②③④得：$F > (\mu_1 + \mu_2)(M+m)g$.

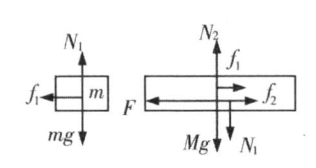

发散：若 F 作用于 A 呢？（其他条件不变）

分析：对 B：
$$\mu_1 mg - \mu_2(M+m)g = Ma_B \qquad ⑤$$
$$a_B = \frac{m}{M}(\mu_1 - \mu_2)g - \mu_2 g$$

对 A：
$$F - \mu_1 mg = ma_A \qquad ⑥$$
$$a_A > a_B \qquad ⑦$$
$$F > \frac{M+m}{M}(\mu_1 - \mu_2)mg$$

讨论：（1）二物体刚好相对静止时的力 F_0.

（2）若 $\mu_2 = 0$，$\mu_1 = \mu$ 呢？

练习 3：如图 3-14 所示，质量为 m 的物块叠放在质量为 $2m$ 的足够长的木板上方右侧，木板放在光滑的水平面上，物块与木板之间的动摩擦因数为 $\mu = 0.2$. 在木板上施加一水平向右的拉力 F，在 $0\sim 3s$ 内 F 的变化如图 3-15 所示，图中 F 以 mg 为单位，重力加速度 $g = 10\text{m/s}^2$. 整个系统开始时静止。

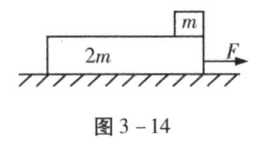

（1）求 1s、1.5s、2s、3s 末木板的速度以及 2s、3s 末物块的速度；

（2）在同一坐标系中画出 $0\sim 3s$ 内木板和物块的 $v-t$ 图像，据此求 $0\sim 3s$ 内物块相对于木板滑动的距离。

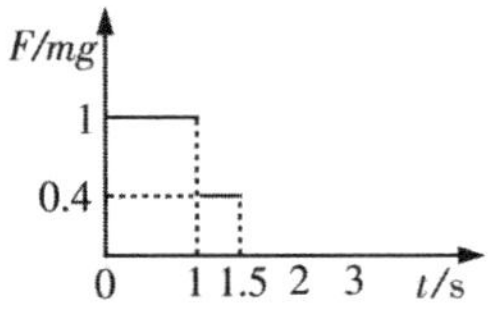

解析：由练习 2 知，刚好能使 m、$2m$ 相对静止的拉力为
$$F_0 = \mu(2m + m)g = 0.6mg \qquad ①$$

在 $0\sim 1s$ 内，$F_1 = mg > F_0$，二者之间必出现相对运动。

对木板有 $\qquad F_1 - \mu mg = 2ma_2 \qquad$ ③
$$a_2 = 0.4g$$

对木块：$2m$ 对它的动摩擦力为动力
$$f = \mu mg = ma_1 \qquad ②$$
$$a_1 = \mu g = 0.2g$$

在 1s 末各自的速度为

木板 $\qquad v_1 = a_2 t_1 = 0.4g \times 1 = 4$（m/s）$\qquad$ ④

木块 $\qquad u_1 = a_1 t_1 = 0.2g \times 1 = 2$（m/s）$\qquad$ ⑤

可见 $v_1 > u_1$ 即木板相对木块向前（右）运动。

在 $1\sim 1.5s$ 内，$F_2 = 0.4mg < F_0$，但相对运动仍然继续，木块的受力情况不变，木

板的受力情况改变，加速度也改变，对木板有

$$F_2 - 0.2mg = 2ma_2 \qquad ⑥$$

1.5s 末各自的速度为

木板 $\quad v_2 = v_1 + a_2 t_2 = 4 + 1 \times 0.5 = 4.5 \text{m/s} \qquad ⑦$

木块 $\quad u_2 = u_1 + a_1 t_2 = 2 + 2 \times 0.5 = 3 \text{m/s} \qquad ⑧$

可见 $v_2 > u_2$ 还是木板相对木块向前运动。

在 1.5~2s 内，$F_3 = 0$，木板做匀减速运动有

$$\mu mg = 2ma_2 \qquad ⑨$$

$a_2 = \mu g/2 = 0.1g$，方向向左。

2s 末各自的速度为

木板 $\quad v_3 = v_2 - a_2 t_3 = 4.5 - 1 \times 0.5 = 4 \text{ (m/s)} \qquad ⑩$

木块仍匀加速运动有

$\quad u_3 = u_2 + a_1 t_3 = 3 + 2 \times 0.5 = 4 \text{ (m/s)} \qquad ⑪$

可见 $v_3 = u_3$，即二者相对静止了。相互作用的摩擦力消失，即 2s 末、3s 末木块、木板都以 4m/s 的速度匀速运动。

其 $v - t$ 图像如图 3-16 所示。木板相对木块向前的位移为

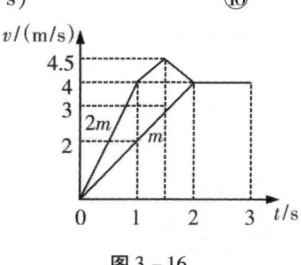

$$\Delta s = \frac{1}{2} \times (2 - 1) \times (0.5 + 4) = 2.25 \text{ (m)} \qquad ⑫$$

图 3-16

练习 4：如图 3-17 所示，用力推着水平面上倾角为 θ、质量为 M 的斜面体，其斜面上有质量为 m 的小球相对静止，当各接触面均光滑时，求推力 F_0。

解析：对 M、m 整体有

$$F_0 = (M + m) a_0 \qquad ①$$

对 m 有：所受重力、斜面的弹力，其合力水平向左：

$$mg\tan\theta = ma_0 \qquad ②$$

得

$$F_0 = (M + m) g\tan\theta \qquad ③$$

图 3-17

思考：(1) 如果 M 与地面间动摩擦因数为 μ_1 呢？

$$F_1 = (M + m) g (\tan\theta + \mu_1) \qquad ④$$

(2) 在 (1) 中如果 M、m 之间的动摩擦因数为 μ_2 呢？设最大静摩擦力和滑动摩擦力相等。

提示：练习 4 中的 $a_0 = g\tan\theta$ 是本问题的临界加速度，即此时因小球与斜面之间恰好无相对运动趋势而无静摩擦力，$F_1 = (M + m) g (\tan\theta + \mu_1)$ 恰好是临界推力。当 $F > F_1$ 时，小球相对斜面有向上运动的趋势，所受静摩擦力 f_1 沿斜面向下；当 $F < F_1$ 时，小球相对斜面有向下运动的趋势，所受静摩擦力 f_2 沿斜面向上。当静摩擦力达到最大值（等于滑动摩擦力）时，对小球用正交分解法得

$$N_1 \sin\theta + f_1 \cos\theta = ma_1 \qquad ⑤$$

$$N_1\cos\theta - f_1\sin\theta - mg = 0 \quad ⑥$$
$$f_1 = \mu_2 N_1 \quad ⑦$$
$$N_2\sin\theta - f_2\cos\theta = ma_2 \quad ⑧$$
$$N_2\cos\theta + f_2\sin\theta - mg = 0 \quad ⑨$$
$$f_2 = \mu_2 N_2 \quad ⑩$$

得
$$a_1 = \frac{\tan\theta + \mu_2}{1 - \mu_2\tan\theta}g, \quad a_2 = \frac{\tan\theta - \mu_2}{1 + \mu_2\tan\theta}g$$

（请求解 N_1、f_1、N_2、f_2 分别为多少？）
$$(M+m)g\left(\mu_1 + \frac{\tan\theta - \mu_2}{1 + \mu_2\tan\theta}\right) \leq F \leq (M+m)g\left(\mu_1 + \frac{\tan\theta + \mu_2}{1 - \mu_2\tan\theta}\right)$$

练习 5：如图 3-18 所示，长为 $L=2\text{m}$ 的木板 A 其质量 $M=2\text{kg}$，静止于足够长的光滑水平面上，小物体 B 静止于 A 的左端，B 的质量 $m_1=1\text{kg}$，曲面与水平面相切于 M 点。现让另一小物 C（可视为质点）从光滑曲面上离水平面高 $h=7.2\text{m}$ 处由静止滑下，C 与 A 相碰后与 A 连在一起。C 的质量 $m_2=1\text{kg}$，A 与 C 相碰后，经一段时间 B 可刚好离开 A。g 取 10m/s^2。求：（1）A、B 之间的动摩擦因数 μ；（2）若没有小物块 C，而是在 A 左端施加一个恒力 $F=21\text{N}$，使 A、B 由静止开始运动，经过一段时间后撤掉此力，要使 B 在 A 的右端与 A 分离，求力 F 做的最小功。

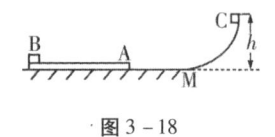

图 3-18

解析：（1）设 C 到达 M 点速度大小为 v_0，由动能定理（或机械能守恒）得
$$m_2 gh = \frac{1}{2}m_2 v_0^2 \quad ①$$

C 与 A 碰后速度大小为 v_1，由动量守恒（完全非弹性碰撞模型）得
$$m_2 v_0 = (m_2 + M)v_1 \quad ②$$

当 B 刚好离开 A 时，AC 与 B 的速度大小相同，设为 v_2，由系统动量守恒得
$$(m_2 + M)v_1 = (m_1 + m_2 + M)v_2 \quad ③$$

B 在 A 上滑动，由动能关系得
$$\mu m_1 gL = \frac{1}{2}(m_2 + M)v_1^2 - \frac{1}{2}(m_1 + m_2 + M)v_2^2 \quad ④$$

由①②③④联立解得：$\mu = 0.3$.

（2）当 F 作用于 A 上时，A、B 均做加速运动，经一段时间 t_1 撤去 F 后，A 再做减速运动，B 继续做加速运动，当 B 与 A 刚好在 A 右端分离，只有 A、B 的速度相同时，F 做功才最少。

对木板 A，设有 F 时加速度为 a，则
$$F - \mu m_1 g = Ma \quad ①$$

发生位移为
$$S_{A1} = \frac{1}{2}at_1^2 \quad ②$$

撤力时的速度为
$$v_A = at_1 \qquad ③$$

对小物块 B 有
$$\mu m_1 g = m_1 a_1 \qquad ④$$

发生位移为
$$S_{B1} = \frac{1}{2} a_1 t_1^2 \qquad ⑤$$

撤力时的速度为
$$v_B = a_1 t_1 \qquad ⑥$$

设 A、B 刚好分离时的速度大小为 v，撤力 F 后的 t_2 时间内，对 A、B 系统有

由动量守恒得
$$Mv_A + m_1 v_B = (M + m_1) v \qquad ⑦$$

A 发生位移为
$$S_{A2} = \frac{v_A + v}{2} t_2 \qquad ⑧$$

B 发生位移为
$$S_{B2} = \frac{v_B + v}{2} t_2 \qquad ⑨$$

对 B 还有
$$v = a_1 (t_1 + t_2) \qquad ⑩$$

由运动过程图（在头脑中）知各位移满足：$S_{A1} + S_{A2} - S_{B1} - S_{B2} = L \qquad ⑪$

联立各式解得拉力做的最少功为 $W = FS_{A1} = 27$ J.

3.3 倾斜传送带模型的迁移应用

一、物块的初位置在传送带的最下端

基本模型：

如图 3-19 所示，传送带以速度 v 向上匀速运动，将物块无初速放在倾斜传送带的最下端。

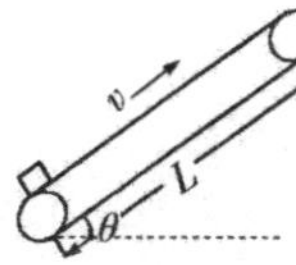

要使物块沿传送带向上运动而不致下滑，必须满足：$mg\sin\theta < \mu mg\cos\theta$ 即 $\mu > \tan\theta$，物块将做初速度为零的匀加速直线运动，加速度 $a = g(\mu\cos\theta - \sin\theta)$，物块的运动可能有三种：①若物块做匀加速运动的位移 x 等于传送带长度 L，说明物块刚好加速至最上端时，$v_{物} = v$（临界状态）。②若 $x > L$，则 $v_{物} < v$。③若 $x < L$，则说明物块运动至中途某一位置时，$v_{物} = v$，此后滑动摩擦力变为静摩擦力，且 $f_{静} = mg\sin\theta$，物块与传送带一起向上做匀速直线运动，直至传送带最上端时，$v_{物} = v$。

图 3-19

例 1：如图 3-19 所示，$\theta = 37°$，$v = 10$ m/s，$L = 50$ m，质量 $m = 0.5$ kg 的物块，与传送带间的动摩擦因数 $\mu = 0.9$，求轻放物块从最下端运动至最上端的时间 t。

解析：因 $\mu = 0.9 > \tan\theta = 0.75$，所以 $a = g(\mu\cos\theta - \sin\theta) = 1.2$ (m/s²)，加速时间 $t_1 = \frac{v}{a} = \frac{25}{3}$ (s)，位移 $x_1 = \frac{v^2}{2a} = \frac{125}{3}$ (m)，显然 $x_1 < L$，距离上端还有 $x_2 = L - x_1 = \frac{25}{3}$ (m)，匀速运动历时 $t_2 = \frac{x_2}{v} = \frac{5}{6}$ (s)，共历时 $t = t_1 + t_2 = \frac{55}{6}$ (s).

迁移1：

如图3-20所示，传送带以速度v向上匀速，物块从最下端以初速度v_0冲上倾斜传送带。

分析：（1）若$v_0 = v$，则物块有两种运动形式：

①若$mg\sin\theta \leq \mu mg\cos\theta$ 即 $\mu \geq \tan\theta$，则物块向上做匀速直线运动，且$f_{静} = mg\sin\theta$。

②若$mg\sin\theta > \mu mg\cos\theta$ 即 $\mu < \tan\theta$，则物块先向上做匀减速直线运动，加速度为$a = g(\sin\theta - \mu\cos\theta)$.

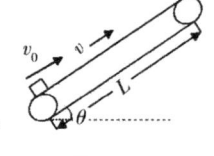

（2）若$v_0 < v$，则物块的运动形式可能有

①若$mg\sin\theta = \mu mg\cos\theta$ 即 $\mu = \tan\theta$，则物块向上以v_0做匀速直线运动。

②若$mg\sin\theta < \mu mg\cos\theta$ 即 $\mu > \tan\theta$，则物块先向上匀加速，$a = g(\mu\cos\theta - \sin\theta)$.

③若$mg\sin\theta > \mu mg\cos\theta$ 即 $\mu < \tan\theta$，则物块先向上匀减速，$a = g(\sin\theta - \mu\cos\theta)$，这时物块的运动情况可能还有以下三种：a. 临界状态 $x = L$，$v_{物} = 0$；b. $x > L$，$v_{物} \neq 0$；c. $x < L$，中途$v_{物} = 0$，此后将反向做匀加速直线运动，$a = g(\sin\theta - \mu\cos\theta)$，直至传送带最下端。

（3）若$v_0 > v$，则物块将先向上匀减速，$a = g(\sin\theta + \mu\cos\theta)$，物块的运动形式可能有

①若$x = L$，则物块刚好减速至最上端$v_{物} = 0$.

②若$x > L$，则物块至最上端$v_{物} > v$.

③若$x < L$，物块减速至中途$v_{物} = v$，这时物块运动形式可能还有两种：a. 若$mg\sin\theta \leq \mu mg\cos\theta$ 即 $\mu \geq \tan\theta$，则物块将做匀速直线运动直至传送带最上端，$f_{静} = mg\sin\theta$；b. 若$mg\sin\theta > \mu mg\cos\theta$ 即 $\mu < \tan\theta$，则物块将做匀减速直线运动，加速度为$a = g(\sin\theta - \mu\cos\theta)$.

例2： 如图3-20所示，$\theta = 37°$，$v = 5\text{m/s}$，$v_0 = 4\text{m/s}$，$L = 10\text{m}$，$\mu = 0.5$，求：物块在传送带上的运动时间t.

解析： 因为$mg\sin\theta > \mu mg\cos\theta$，所以物块将先向上做匀减速直线运动，加速度$a_1 = g(\sin\theta - \mu\cos\theta) = 2 \text{（m/s}^2\text{）}$，速度减为零时将发生位移$x = \dfrac{v_0^2}{2a_1} = 4 \text{（m）}$，历时$t_1 = \dfrac{v_0}{a_1} = 2 \text{（s）}$. 由于$x < L$，物块会反向做匀加速运动，加速度$a_2 = g(\sin\theta - \mu\cos\theta) = 2 \text{（m/s}^2\text{）}$，直至传送带最下端，设历时$t_2$，由$x = \dfrac{1}{2}a_2t_2^2$ 得 $t_2 = 2 \text{（s）}$，共历时 $t = t_1 + t_2 = 4 \text{（s）}$.

迁移2：

如图3-21所示，传送带以速度v向下匀速运动，物块从最下端以初速度v_0冲上倾斜传送带。

分析： 由于物块初速与带速方向相反，物块先沿带向上做匀减速直线运动，加速度$a = g(\sin\theta + \mu\cos\theta)$，物块的运动情况可能有：

（1）临界状态 $x = L$，$v_{物} = 0$.

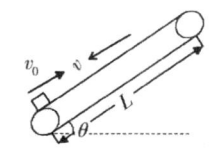

（2）$x > L$，$v_{物} \neq 0$.

（3）$x < L$，中途 $v_{物} = 0$，此后将反向做匀加速直线运动，加速度 $a = g(\sin\theta + \mu\cos\theta)$，这时，物块的运动情况可能有：①物块刚好返回至最下端时，$v_{物} = v$（临界状态）。②物块返回至最下端时，$v_{物} < v$。③物块返回至最下端之前，$v_{物} = v$，此后物块的运动情况又有两种可能，即 a. 若 $mg\sin\theta \leq \mu mg\cos\theta$ 即 $\mu \geq \tan\theta$，物块将做匀速直线运动直至传送带最下端；b. 若 $mg\sin\theta > \mu mg\cos\theta$ 即 $\mu < \tan\theta$，物块将做匀加速直线运动，加速度 $a = g(\sin\theta - \mu\cos\theta)$，此后 $v_{物} > v$，直至传送带最下端。

例3：如图 3-21 所示，$\theta = 37°$，$v = 5$m/s，$v_0 = 20$m/s，$L = 10$m，$\mu = 0.5$，求：物块运动至传送带最上端经历的时间 t.

解析：物块匀减速的加速度为 $a = g(\sin\theta + \mu\cos\theta) = 10$（m/s²），假设传送带足够长，物块能上滑的最大位移为 $x = \dfrac{v_0^2}{2a} = 20$（m），因为 $x > L$，所以物块减速至最上端时速度不等于零，且实际位移为 L，由 $L = v_0 t - \dfrac{1}{2}at^2$ 得：$t = (2-\sqrt{2})$ s ≈ 0.586s.

二、物块的初位置在传送带的最上端

基本模型：

如图 3-22 所示，传送带以速度 v 匀速向下运动，将物块无初速放在倾斜传送带的最上端。

物块先向下做匀加速直线运动，加速度大小 $a = g(\sin\theta + \mu\cos\theta)$，物块的运动情况可能有

（1）若 $x = L$，则物块刚好加速至下端时，$v_{物} = v$（临界状态）。

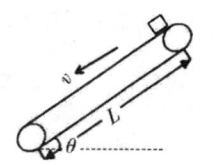

图 3-22

（2）若 $x > L$，则 $v_{物} < v$.

（3）若 $x < L$，物块加速至中途就有 $v_{物} = v$，此后物块的运动情况还有两种可能：①若 $mg\sin\theta \leq \mu mg\cos\theta$ 即 $\mu \geq \tan\theta$，则滑动摩擦力消失，沿带向上的静摩擦力 $f_{静} = mg\sin\theta$，物块与带一起做匀速直线运动，直至带的下端；②若 $mg\sin\theta > \mu mg\cos\theta$ 即 $\mu < \tan\theta$，则滑动摩擦力沿带向上，物块做匀加速直线运动，$a = g(\sin\theta - \mu\cos\theta)$，至带下端时有 $v_{物} > v$.

例4：如图 3-22 所示，$\theta = 37°$，$v = 10$m/s，$L = 16$m，$\mu = 0.5$，求：$m = 0.5$kg 的物块从传送带上端运动到下端的时间 t.

解析：物块先做加速度为 $a_1 = g(\sin\theta + \mu\cos\theta) = 10$（m/s²）的运动，历时 $t_1 = \dfrac{v}{a_1}$ $= 1$（s），发生位移 $x_1 = \dfrac{v}{2}t_1 = 5$（m）. 因 $x_1 < L$，且 $mg\sin\theta > \mu mg\cos\theta$（$\mu = 0.5 < \tan 37° = 0.75$），故加速度变为 $a_2 = g(\sin\theta - \mu\cos\theta) = 2$（m/s²），运动位移 $x_2 = L - x_1$ $= 11$（m），初速度为 $v = 10$（m/s），设历时 t_2，由 $x = vt_2 + \dfrac{1}{2}a_2 t_2^2$ 得 $t_2 = 1$（s）. 共历时 $t = t_1 + t_2 = 2$（s）.

迁移1：

如图3-23所示，传送带以速度v向下匀速运动，物块从顶端以初速度v_0沿倾斜传送带滑下。

分析：（1）若$v_0=v$，则物块的运动情况可能有两种：①若$mg\sin\theta \leqslant \mu mg\cos\theta$即$\mu \geqslant \tan\theta$，物块和带一起做匀速直线运动，沿带向上的静摩擦力$f_{静}=mg\sin\theta$。②若$mg\sin\theta > \mu mg\cos\theta$即$\mu > \tan\theta$，物块做$a=g(\sin\theta-\mu\cos\theta)$的匀加速直线运动，直至带的最下端。

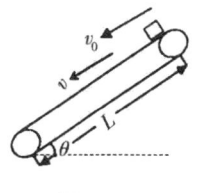

图3-23

（2）若$v_0<v$，物块先匀加速，$a=g(\sin\theta+\mu\cos\theta)$……

（3）若$v_0>v$，物块的运动情况有三种：①临界状态，若$mg\sin\theta=\mu mg\cos\theta$即$\mu=\tan\theta$，物块以$v_0$做匀速直线运动。②若$mg\sin\theta<\mu mg\cos\theta$即$\mu>\tan\theta$，物块先沿带向下匀减速运动，且$a=g(\mu\cos\theta-\sin\theta)$，设速度至$v_{物}=v$时发生位移$x=\dfrac{v_0^2-v^2}{2a}$。若$x=L$，则物块刚好减速至下端时，$v_{物}=v$（临界状态）；若$x>L$，则物块减速至带下端时$v_{物}>v$；若$x<L$，则物块减速至中途$v_{物}=v$，此后与带一起匀速。③若$mg\sin\theta>\mu mg\cos\theta$即$\mu<\tan\theta$，物块沿带向下匀加速$a=g(\sin\theta-\mu\cos\theta)$，沿途都有$v_{物}>v$。

例5： 如图3-23所示，若$\theta=37°$，$v=6m/s$，$v_0=4m/s$，$L=8m$，$\mu=0.5$，求：物块从传送带上端运动到下端的时间t。

解析： 因$v_0<v$，故物块先做匀加速直线运动，$a=g(\mu\cos\theta+\sin\theta)=10$（m/s²）直至$v_{物}=v$，位移$x_1=\dfrac{v^2-v_0^2}{2a}=1$（m），历时$t_1=\dfrac{v-v_0}{a_1}=0.2$（s）．

因$x_1<L$，所以物块加速至中途时$v_{物}=v$，又因$mg\sin\theta>\mu mg\cos\theta$，故滑动摩擦力沿带向上，物块继续加速，$a_2=g(\sin\theta-\mu\cos\theta)=2$（m/s²），位移$x_2=L-x_1=7$（m），设历时为$t_2$，由$x_2=vt_2+\dfrac{1}{2}a_2t_2^2$得$t_2=1$（s）．共历时$t=t_1+t_2=1.2$（s）．

迁移2：

如图3-24所示，传送带以速度v向上匀速运动，物块从最上端以初速度v_0沿倾斜传送带向下。

分析：（1）若$mg\sin\theta=\mu mg\cos\theta$即$\mu=\tan\theta$，物块将向下以速度$v_0$做匀速直线运动，直至带的最下端。

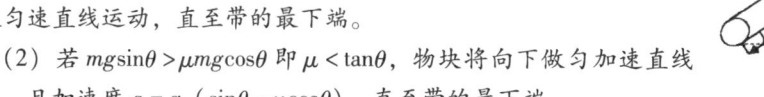

图3-24

（2）若$mg\sin\theta>\mu mg\cos\theta$即$\mu<\tan\theta$，物块将向下做匀加速直线运动，且加速度$a=g(\sin\theta-\mu\cos\theta)$，直至带的最下端。

（3）若$mg\sin\theta<\mu mg\cos\theta$即$\mu>\tan\theta$，则物块将先向下做匀减速直线运动，加速度大小$a=g(\mu\cos\theta-\sin\theta)$，设速度减为零时，发生位移$x=\dfrac{v_0^2}{2a}$。当$x=L$时，物块刚好减速到最下端$v_{物}=0$（临界状态）．若$x>L$，物减速至下端时$v_{物}\neq 0$。若$x<L$，物块减速至中途$v_{物}=0$，此后物块将反向加速，加速度大小$a=g(\mu\cos\theta-\sin\theta)$，此时，物块的运动情况可能还有三种：①临界状态，物块刚好返回至最上端时，$v_{物}=v$；②物块刚好返回至最上端时，$v_{物}<v$；③若物块返回至最上端之前，$v_{物}=v$，此后滑动摩擦力消失，

物块受向上的静摩擦力，且 $f_{静} = mg\sin\theta$，物块随传送带一起以 v 匀速运动，直至最上端。

练习：如图 3-24 所示，若 $\theta = 37°$，$v = 5\text{m/s}$，$v_0 = 3\text{m/s}$，$L = 10\text{m}$，$\mu = 0.5$，求：物块从传送带最上端运动至最下端的时间 t。（答案：2s）

3.4 注意开放条件 全面周密思维
——探究求解传送带问题的策略

传送带问题是中学物理教学的重点和难点问题，常因物体对地的速度和传送带对地的速度不同而出现相对运动，这时的滑动摩擦力阻碍相对运动。当物体对地的速度和传送带对地的速度相等的瞬间，二者相对静止，这一时刻面临着四个隐藏的难点：①摩擦力瞬间变为零，或动摩擦瞬间变为静摩擦，或动摩擦瞬间变为相反方向的动摩擦力，究竟是哪种情况，要根据具体问题设置来分析判断；②两个轮心间的距离是物体从一端到另一端的对地位移，这个距离虽说是定值，但这个值与物体各阶段运动的距离有什么关联，这个条件常是开放的，即轮心间距可能大、可能小、可能是"恰好"；③"恰好"这个临界条件的判断的得出；④物体与传送带之间产生的热量计算，此时要用到物体与传送带之间的相对"路程"。

基本模型 1：

如图 3-25 所示，水平传送带以速度 v_1 匀速运动，小物体 P "无初速、无撞击"放置在传送带的左端，试讨论：物体在传送带上的可能运动情况。

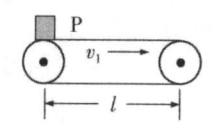

分析：因物体初速为零，故它的受力图如图 3-26 所示，且有 $N = mg$，$f = \mu N$（μ 是物与带间的动摩擦因数，中学里认为就是最大静摩擦因数），$f = ma$，带对物体的动摩擦力是动力（增加物体的速度），显然物体做初速为零，$a = \mu g$ 的匀加速直线运动。如果 P 恰至右轮心正上方时，有 $v_P = v_1$ 动摩擦力瞬间变为零，这时两轮心间距应满足 $l_0 = \dfrac{v_1^2}{2\mu g}$，即是临界距离，P 从左端到右端的时间 $t_0 = \dfrac{v_1}{\mu g}$。

图 3-25

图 3-26

当轮心实际间距 $l < l_0$ 时，物体一直匀加速，直至从右端离开，且 $v_离 = \sqrt{2\mu g l} < v_1$，P 从左端到右端的时间由 $l = \dfrac{1}{2}\mu g t^2$ 或由 $t = \dfrac{v_离}{\mu g}$ 得 $t = \sqrt{\dfrac{2l}{\mu g}} < t_0$，在时间 t 内传送带运动的位移为 $x_带 = v_1 t = v_1 \sqrt{\dfrac{2l}{\mu g}}$，带相对物有向右（物相对带向左）的位移大小为 $\Delta x = x_带 - l = v_1 \sqrt{\dfrac{2l}{\mu g}} - l$。因放上物体，电动机对传送带要多做功 $W = f \cdot x_带 = \mu m g v_1 \sqrt{\dfrac{2l}{\mu g}}$（也是电

动机多消耗的电能），其中的一部分增加物体的动能 $\Delta E_k = \frac{1}{2}mv_{离}^2 = \mu mgl$，另一部分转化为（因动摩擦而产生的热量）内能的增量 $Q = W - \Delta E_k = \mu mg\left(v_1\sqrt{\frac{2l}{\mu g}} - l\right) = \mu mg\Delta x$.

当轮心实际间距 $l > l_0$ 时，物体先做匀加速运动，当 $v_P = v_1$ 时动摩擦力瞬间变为零，物体随传送带一起以 v_1 匀速运动，直至从右端离开，$v_{离} = v_1$，这种情况，P 从左端到右端的时间为 $t = t_0 + t_{匀} = \frac{v_1}{\mu g} + \frac{l - v_1^2/2\mu g}{v_1} > t_0$，带对物向右的位移 $\Delta x = v_1 t_0 - \frac{v_1}{2}t_0 = \frac{v_1^2}{2\mu g}$，产生的热量 $Q = fv_1 t_0 - f\frac{v_1}{2}t_0 = f\Delta x = \frac{1}{2}mv_1^2$.

只要物体滑上带的速度 $0 \leq v_{物} < v_1$，分析方法相同。

基本模型 2：

如图 3-27 所示，水平传送带以速度 v_1 匀速运动，小物体 P 以 v_2（$v_2 > v_1$）滑上传送带的左端，试讨论：物体在传送带上的可能运动情况。

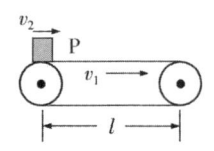

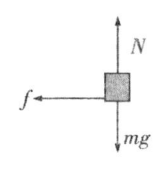

分析：因 $v_2 > v_1$，故小物体 P 的受力图如图 3-28 所示，物体做初速为 v_2（向右）、加速度为 $a = \mu g$（向左）的匀减速运动，设"刚好"至右轮心正上方时，物体速度减为 v_1，用逆向思维得 $v_2^2 - v_1^2 = 2\mu g l_{01}$，即临界距离为 $l_{01} = \frac{v_2^2 - v_1^2}{2\mu g}$，物体从左端到右端的时间为 $t_0 = \frac{v_2 - v_1}{\mu g}$，$v_{离} = v_1$.

图 3-27

图 3-28

当 $l < l_{01}$ 时，物体一直匀减速离开右端，$v_2^2 - v_{离}^2 = 2\mu g l$ 或 $v_{离} = \sqrt{v_2^2 - 2\mu g l} > v_1$，物体从左端到右端的时间为滑行时间 $t = \frac{v_2 - v_{离}}{\mu g} < t_0$.

当 $l > l_{01}$ 时，物体减速到 v_1，摩擦力瞬间变零，物体随带一起匀速，$v_{离} = v_1$，物体从左端到右端的时间为 $t = t_0 + t_{匀} = \frac{v_2 - v_1}{\mu g} + \frac{l - \left(\frac{v_2^2 - v_1^2}{2\mu g}\right)}{v_1}$.

基本模型 3：

如图 3-29 所示，水平传送带以速度 v_1 匀速运动，小物体 P 以 v_2 从右端滑上传送带，试讨论：物体在传送带上的可能运动情况。

分析：此时物体受力如图 3-30 所示，物体向左做初速为 v_2、加速度为 $a = \mu g$（向右）匀减速运动，设当至左轮心正上方时，速度"恰好"减为零，对应的临界距离 $l_{02} = \frac{v_2^2}{2\mu g}$。当 $l \leq l_{02}$ 时，物体一直减速，从左端离开传送带，且 $v_{离} = \sqrt{v_2^2 - 2\mu g l}$。当 $l > l_{02}$ 时，物体向左减速至

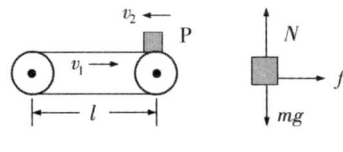

图 3-29

图 3-30

40

速度为零后的情况，同基本模型 1，只是当 $v_2 > v_1$ 时，物体先向右加速至 v_1，再随带一起匀速，$v_{离} = v_1$；当 $v_2 < v_1$ 时，物体只能一直加速离开右端，$v_{离} = v_2$。

有了上述三个基本模型做铺垫，下面我们来看 2014 四川卷理综物理第 7 题。

例：如图 3-31 所示，水平传送带以速度 v_1 匀速运动，小物体 P、Q 由通过定滑轮且不可伸长的轻绳相连，$t = 0$ 时刻 P 在传送带左端具有速度 v_2，跨过定滑轮连接 P 的绳水平，$t = t_0$ 时刻 P 离开传送带。不计定滑轮质量和绳与它之间的摩擦，绳足够长。能正确描述小物体 P 的速度随时间变化的图像可能是图 3-32 中的（　　）。

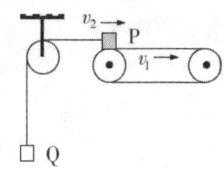

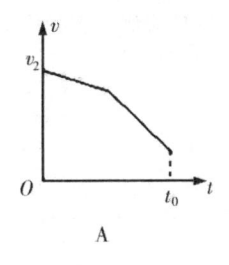

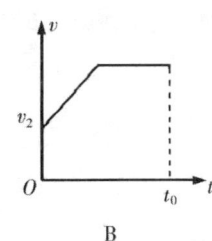

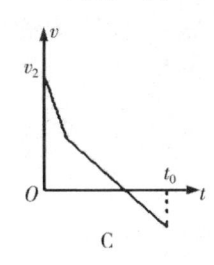

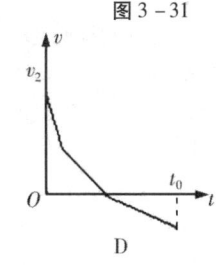

图 3-31

图 3-32

解析：(1) 当 $v_2 < v_1$ 时，带给 P 向右的动摩擦力 $f = \mu m_P g$（等于最大静摩擦力）。

①当 $f > m_Q g$ 时，P、Q 一起做 $a_1 = \dfrac{\mu m_P g - m_Q g}{m_P + m_Q}$ 的匀加速运动，当 $v_P = v_2 + a_1 t = v_1$ 的瞬间，带给物向右的静摩擦力 $f_{静} = m_Q g$，使 P、Q 一起向右匀速运动，直至 P 从右端滑出，$v - t$ 图像如图 3-33（a）所示，B 项正确。

②当 $f = m_Q g$ 时，P、Q 一起以 v_2 做匀速运动，直至 P 从右端离开，$v - t$ 图像如图 3-33（b）所示（题中未画出）。

③当 $f < m_Q g$ 时，$a_2 = \dfrac{m_Q g - \mu m_P g}{m_P + m_Q}$，向左，临界距离 $l_{01} = \dfrac{v_2^2}{2a_2}$：（a）$l < l_{01}$ 时，P、Q 一起匀减速直至 P 通过右端，$v - t$ 图像如图 3-33（c）所示（题中未画出）；（b）$l \geq l_{01}$ 时，P、Q 一起向右匀减速至速度为零后，又向左匀加速至 v_2 离开传送带，$v - t$ 图像如图 3-33（d）所示（题中未画出）。

(2) 当 $v_2 > v_1$ 时，则 P 受到的滑动摩擦力 $f = \mu m_P g$ 向左，P 在 f 与轻绳拉力 T 共同作用下做匀减速运动，对 P + Q 整体有 $m_Q g + \mu m_P g = (m_P + m_Q) a_3$，对 Q 有 $m_Q g - T = m_Q a_3$。

P、Q 一起由 v_2 减速至 v_1 时 P "恰" 到右端时，对应 $l_{02} = \dfrac{v_2^2 - v_1^2}{2a_3}$。

①$l < l_{02}$ 时，P、Q 一起匀减速直至 P 过右端，$v - t$ 图像与图 3-33（c）相同，只是 $v_{离} > v_1$。②$l \geq l_{02}$ 时，P、Q 一起向右匀减速至 v_1 时：（a）若满足最大静摩擦力 $f_m = \mu m_P g > m_Q g$ 时，则 P 受的摩擦力瞬间由向左的动摩擦变为向右的静摩擦，且 $f_{静} = m_Q g$，之后 P 和带一起以 v_1 向右匀速，直至 P 离开传送带，$v - t$ 图像如图 3-33（e）所示（题中未画出）；（b）若 $f_m = \mu m_P g < m_Q g$ 时，P 减速至 v_1 时，原来向左的动摩擦力瞬间

变为向右的动摩擦力，对 P+Q 有 $m_Qg - \mu m_P g = (m_P + m_Q)a_4$，（有 $a_3 > a_4 = a_2$），P、Q 一起继续向右减速，若速度为零时"恰"至右端，则临界距离 $l_{03} = \dfrac{v_2^2 - v_1^2}{2a_3} + \dfrac{v_1^2}{2a_4}$。

又有可能 i：当 $l_{02} < l < l_{03}$，P 从右端以小于 v_1 的速度离开，这时有 v-t 图像如图 3-33（f）所示（题中未画出）；ii：当 $l > l_{03}$ 时，P 以加速度 a_4 由 v_2 减速至 v_1，再以加速度 a_3 由 v_1 减速至速度为 0，然后，反向以加速度 a_4 由速度为零加速至速度 $v_3 = \sqrt{2a_4 l_{03}} = \sqrt{v_1^2 + \dfrac{a_4}{a_3}(v_2^2 - v_1^2)}$，从左端离开传送带，易知 $v_3 > v_1$，由能量关系 $\dfrac{1}{2}mv_2^2 - \dfrac{1}{2}mv_3^2 = Q_{热量} > 0$ 知 $v_2 > v_3$，故 v-t 图像如图 3-33（g）所示，即选项 C 正确；iii：$l < l_{02}$ 的情况与图 3-33（c）相同。

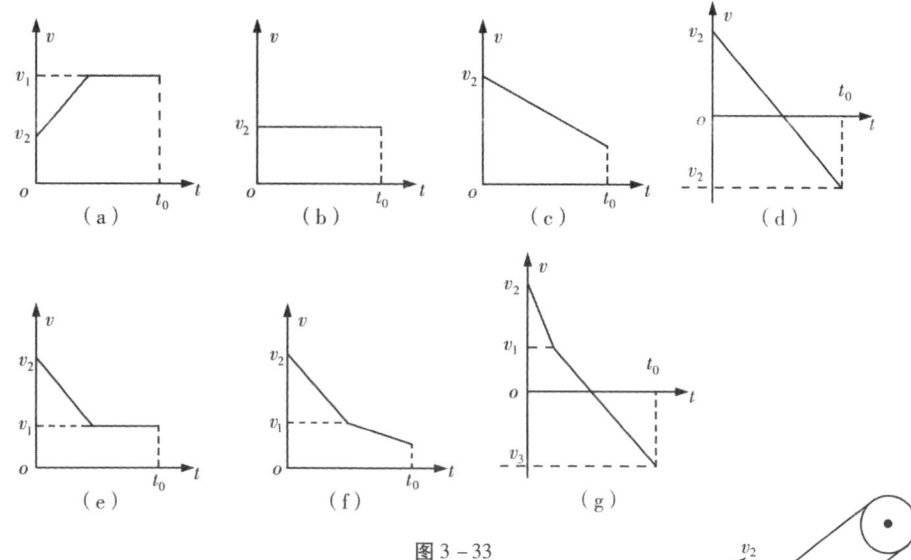

图 3-33

变式：如图 3-34 所示，倾斜传送带以速度 v_1 顺时针匀速转动，$t=0$ 时刻小物体从底端以速度 v_2 冲上传送带，$t=t_0$ 时刻离开传送带。下列描述小物体的速度随时间变化的图像可能正确的是（　）。

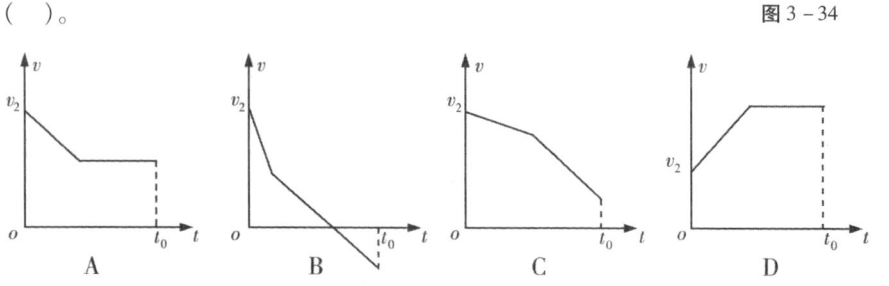

图 3-34

解析：本题综合考虑 v_1 和 v_2 的大小关系、$\mu mg\cos\theta$ 与 $mg\sin\theta$ 的大小关系及轮心间距的大小，与图 3-33 分析结论相重的 A、B、D 选项是正确的。

综上分析可见，用牛顿第二定律、匀变速运动公式及动能定理（或能量守恒）求解传送带问题的策略是：注意开放条件、全面周密思维。要比较带与物速度的大小，最大静摩擦力与其他力的大小，要抓住 $v_{物}=v_{带}$ 时摩擦力的突变及其前、后加速度大小的关系；要考虑轮心间距离（物体的绝对位移）大小与各段运动的位移矢量和的关系，思维要随着头脑中形成的"运动情景图"的先后顺序而展开，要从基本模型入手循序渐进地理解感悟。

3.5 水平传送带模型的迁移应用

传送带问题不仅涉及相对运动和摩擦力（静摩擦力和滑动摩擦力）的内容，还涉及斜面上的动力学知识，思维品质要求高，命题难度系数大。本文将对水平传送带问题予以分析，期望对读者解决此类问题有所帮助。

基本模型：

如图 3-35 所示传送带以速度 v 向右匀速运动，将物块无初速放在水平传送带的最左端。

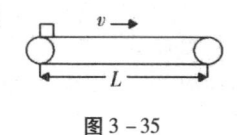

分析： 由于物块无初速，物块将受水平向右的滑动摩擦力 $f = \mu mg$ 的作用，做初速度为零、加速度 $a = \dfrac{f}{m} = \mu g$ 的匀加速直线运动。加速阶段究竟能持续多久，要进行判断。判法：假定传送带无限长，当物块的速度刚好等于传送带速度时，即 $v_{物}=v$，根据匀变速运动公式或动能定理都会有物块发生的位移 $x = \dfrac{v_{物}^2}{2a} = \dfrac{v^2}{2\mu g}$。比较 x 与 L（轮心间距），有三种情况：①若 $x = L$，则说明物块刚好加速至传送带最右端时，$v_{物}=v$（临界状态）；②若 $x > L$，则说明物块加速至最右端时 $v_{物}<v$；③若 $x < L$，则说明物块加速至中途某一位置时，$v_{物}=v$，此后滑动摩擦力消失，物块与传送带一起向右做匀速直线运动，直至传送带的最右端。

图 3-35

例 1： 如图 3-35 所示，某工厂用水平传送带传送零件（可视为质点），已知传送带长度 $L=10$m，传送带与零件间的动摩擦因数 $\mu=0.5$，传送带的速度 $v=5$m/s。在传送带的最左端轻放一质量为 m 的零件，求零件被传送到最右端的时间 t。

解析： 依模型分析有 $a=5$m/s^2，达 $v_{物}=v$ 时，$x_1 = \dfrac{v^2}{2\mu g} = 2.5$（m），历时 $t_1 = \dfrac{v}{a} = 1$（s），属第③种情况，零件随传送带一起匀速运动的位移 $x_2 = L - x_1 = 7.5$（m），又历时 $t_2 = \dfrac{x_2}{v} = 1.5$（s），共历时 $t = t_1 + t_2 = 2.5$（s）．

迁移 1： 如图 3-36 所示，传送带以速度 v 向右匀速运动，物块以初速度 v_0 冲上水平传送带的最左端。

分析： 由于 v_0 与 v 的大小关系未知，因此物块的运动情况可能有如下三种：

图 3-36

（1）临界状态：若 $v_0 = v$，则物块和传送带（之间无摩擦力）

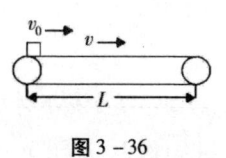

一起向右做匀速直线运动.

（2）若 $v_0 < v$，物块将先向右做匀加速直线运动［因 $a = \mu g$ 及 v_0、v 和 L 值的不同，又会有基本模型中的三种可能，其中，物块对地位移 $x = \dfrac{v_0^2 - v^2}{2\mu g}$，物块相对传送带的位移为 $\Delta x = \dfrac{(v_0 - v)^2}{2\mu g}$，$v_{物} = v_0 + at = v$，$x = L$ 为临界状态；$x > L$ 时，能加速至 $v_{物} = v$ 且能一起匀速；$x < L$ 时，从右端滑离时 $v_{物} < v$］.

（3）若 $v_0 > v$，则物块先向右做匀减速直线运动（因 $a = \mu g$ 及 v_0、v 和 L 值的不同，又会有三种可能，其中 $x = \dfrac{v_0^2 - v^2}{2\mu g}$，$v_{物} = v_0 - at = v$，$x = L$ 为临界状态；$x > L$ 时，减速位移为 $L = v_0 t - \dfrac{1}{2}\mu g t^2$，从右端滑离时的速度 $v_{物} = v_0 - \mu g t > v$；$x < L$ 时，能减速至 $v_{物} = v$ 且能一起匀速）.

例 2：如图 3-36 所示，水平传送带的长度 $L = 10\text{m}$，传送带向右运动的速度恒为 $v = 5\text{m/s}$，一物块以 $v_0 = 10\text{m/s}$ 的速度冲上传送带的最左端，传送带与物块间的动摩擦因数为 $\mu = 0.5$，求物块运动至最右端的时间 t.

解析：据迁移 1 中的（3），$x_1 = \dfrac{v_0^2 - v^2}{2\mu g} = \dfrac{10^2 - 5^2}{2 \times 5} = 7.5$（m），由 $v_{物} = v_0 - at_1 = v$ 或由 $x_1 = \dfrac{v_0 + v}{2}t_1$ 均得 $t_1 = 1$（s）. 因 $x_1 < L$，物块减速至中途就和传送带一起做匀速直线运动，位移为 $x_2 = L - x_1 = 2.5$（m），历时 $t_2 = \dfrac{x_2}{v} = 0.5$（s）. 共历时 $t = t_1 + t_2 = 1.5$（s）.

迁移 2：如图 3-37 所示，传送带以速度 v 向左匀速运动，物块以初速度 v_0 冲上水平传送带的最左端。

分析：由于物块的初速度方向与传送带的运动方向相反，物块在传送带上将向右做匀减速直线运动，因 $a = \mu g$ 及 v_0、v 和 L 值的不同，运动可能有以下几种情况。

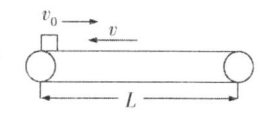

图 3-37

（1）临界状态：若物块匀减速运动的位移 $x = L$，则说明物块刚好减速至传送带右端时，$v_{物} = 0$，即 $x = \dfrac{v_0^2}{2\mu g} = \dfrac{v_0}{2}t = L$.

（2）若 $x > L$ 时，则说明物块一直匀减速运动，至传送带右端时满足：$L = v_0 t - \dfrac{1}{2}\mu g t^2$，$v_{物} = v_0 - \mu g t > 0$（向右）。

（3）若 $x < L$ 时，则说明物块减速至速度为零后将反向加速，物块返回最左端时，当两个速度大小满足 $v_0 \leq v$ 时，由运动的对称性知 $v_{物} = v_0$；当 $v_0 > v$ 时，$v_{物} = v$.

例 3：如图 3-37 所示，若 $v = 4\text{m/s}$，$v_0 = 5\text{m/s}$，$L = 10\text{m}$，$\mu = 0.5$，求：物块在传送带上的运动时间 t.

解析：物块在传送带上做匀减速运动的加速度 $a_1 = \mu g = 5$（m/s²），位移 $x_1 = \dfrac{v_0^2}{2a_1} =$ 2.5（m），历时 $t_1 = \dfrac{v_0}{a_1} = 1$（s）（或由 $x_1 = \dfrac{v_0}{2} t_1$ 得）。因 $x_1 < L$，故物块速度减至零后会反向加速，加速度 $a_2 = \mu g = 5$（m/s²），当加速至 $v_物 = v$ 时，$x_2 = \dfrac{v^2}{2a_2} = 1.6$（m），历时 $t_2 = \dfrac{v}{a_2} = 0.8$（s）。离左端还有 $x_3 = x_1 - x_2 = 0.9$（m），又匀速运动历时 $t_3 = \dfrac{x_3}{v} = 0.225$（s），所求 $t = t_1 + t_2 + t_3 = 2.025$（s），至最左端的速度为 $v'_物 = v = 4$（m/s）。

练习：如图 3-38 所示，为仓库中常用的皮带传输装置示意图，它由两台皮带传送机组成，一台水平传送，A、B 两端相距 3m，另一台倾斜，其传送带与地面的倾角 $\theta = 37°$，C、D 两端相距 4.45m，B、C 相距很近，水平部分 AB 以 $v_0 = 5$m/s 的速率顺时针转动，将一袋质量为 10kg 的大米无初速度放在 A 端，到达 B 端后，米袋继续沿倾斜的 CD 部分运动，不计米袋在 BC 处的机械能损失。已知米袋与传送带间的动摩擦因数均为 0.5，$g = 10$m/s²，$\cos 37° = 0.8$，求：

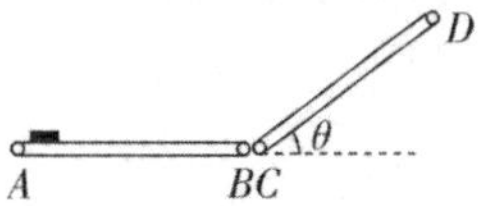

图 3-38

（1）若 CD 部分传送带不运转，米袋能否运动到 D 端？

（2）若要米袋能被送到 D 端，CD 部分顺时针运转的最小速度为多大？

解析：（1）米袋在 AB 部分加速时的加速度 $a_0 = \dfrac{\mu mg}{m} = \mu g = 5$（m/s²）。

米袋的速度达到 $v_0 = 5$m/s 时，滑行的距离 $S_0 = \dfrac{v_0^2}{2a_0} = 2.5$（m）$< S_{AB} = 3$（m），因此米袋到达 B 点的速度为 $v_0 = 5$m/s。

CD 部分不运转，米袋在 CD 部分的加速度大小设为 a，则有 $mg\sin\theta + \mu mg\cos\theta = ma$，得 $a = 10$m/s²，米袋能滑上的最大距离 $S = \dfrac{v_0^2}{2a} = 1.25$m < 4.45m。

故米袋不能运动到 D 端。

（2）设 CD 部分运转速度为 v 时米袋恰能到达 D 端（即米袋到达 D 点时速度恰好为零），则米袋速度减为 v 之前的加速度大小为 $a_1 = g(\sin 37° + \mu\cos 37°) = 10$（m/s²）。

米袋速度小于 v 后所受摩擦力沿传送带向上，继续匀减速运动直到速度减为零，该阶段加速度大小为 $a_2 = g(\sin 37° - \mu\cos 37°) = 2$（m/s²）。

由运动学公式得 $\dfrac{v_0^2 - v^2}{2a_1} + \dfrac{v^2}{2a_2} = 4.45$（m），解得 $v = 4$ m/s。

即要把米袋送到 D 点，CD 部分的最小速度为 4 m/s。

点评：分析传送带类问题的关键是找准临界情况和正确运用运动学公式，当物体与传送带速度相等时，此时物体受到的摩擦力会发生突变，有时是摩擦力的大小发生突变，有时是摩擦力的方向发生突变。

3.6 斜面连接体模型的迁移应用

物体在斜面上的运动（匀速、加速、减速）、平衡（或某一方向的平衡）问题是日常生活和生产劳动中常见的问题，若忽略路面的复杂性，我们抓住主要的运动过程模型，对题目中设置问题进行迁移分析，这有利于学生探究能力的培养和解题能力的提高。

这类问题的分析方法常综合运用整体法与隔离法、正交分解法、矢量图法，用到的物理规律有牛顿第二定律、牛顿第三定律、机械能守恒定律等。

基本模型：

如图 3-39 所示，质量为 M 的斜面总保持静止，当质量为 m 的滑块在斜面上静止或匀速下滑时，论证：斜面对水平地面的静摩擦力为零。

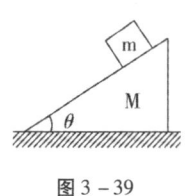

方法 1：对 M、m 整体受力分析，可知：$N_1 = (M+m)g$，竖直方向 $F_{y合} = 0$；水平方向没有能使 M 产生运动趋势的外力，故 $f_{地M} = 0$。

图 3-39

方法 2：隔离 m 进行受力分析，如图 3-40（a）所示，当 m 静止时：N、f 的合力（$F_{斜物}$）竖直向上，$F_{斜物} = mg$，且 $N = mg\cos\theta$，$f = mg\sin\theta$（静摩擦力 $f \leq \mu_0 N$，最大静摩擦因数 $\mu_0 \geq \tan\theta$）；当 m 匀速下滑时，$mg\sin\theta = \mu mg\cos\theta$（动摩擦因数 $\mu = \tan\theta$，一般地 $\mu \leq \mu_0$）.

反作用力 N'、f' 的合力 $F'_{物斜}$（$= F_{物斜}$）竖直向下，不会对 M 产生运动的趋势。

隔离 M，如图 3-40（b）所示：$N'_x = N'\sin\theta = mg\cos\theta\sin\theta$，

$f'_x = f'\cos\theta = mg\sin\theta\cos\theta$，$f'_x = N'_x$，故 $f_{地M} = 0$。

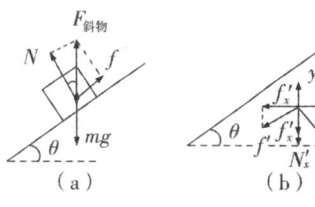

图 3-40

迁移 1：加速下滑时对 m 有

$mg\sin\theta - \mu mg\cos\theta = ma$　① （$\mu < \tan\theta$，$a > 0$）

$$N = mg\cos\theta \qquad ②$$

$$f = \mu N \qquad ③$$

$N'\sin\theta = mg\cos\theta\sin\theta$，因 $\mu < \tan\theta$，故 $f'\cos\theta = \mu mg\cos\theta\cos\theta < mg\sin\theta\cos\theta$，可见 $f'_x < N'_x$，有向右运动的趋势，$f_{地M} + f'_x = N'_x$，$f_{地M} = mg(\sin\theta - \mu mg\cos\theta)\cos\theta$，方向向左。

对 M、m 整体应用质点系的牛顿第二定律：

在水平方向有 $f_{地M} = ma_x + M \times 0 = ma\cos\theta = mg(\sin\theta - \mu mg\cos\theta)\cos\theta$，向左在竖直方向有 $(M+m)g - N_{地M} = ma\sin\theta$，$N_{地M} = (M+m)g - ma\sin\theta$.

迁移 2：减速下滑时（$mg\sin\theta < \mu mg\cos\theta$，$\mu > \tan\theta$），同法可知水平面对斜面的静摩擦力向右，斜面对水平地面的静摩擦力水平向左。

迁移 3：从基本模型知，m 匀速下滑时，M 对水平地面的静摩擦力为零，这一过程中如图 3-41 所示，若再在 m 上加上任何方向的作用力 F，求证：在 m 向下停止运动前，M 对水平地面的静摩擦力依然为零。

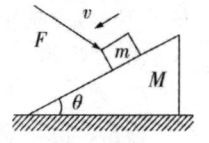

图 3-41

分析：没有 F 作用时，从基本模型中知

$$\mu = \tan\theta \qquad ①$$

现在对 m 施加力 F 作用时，假设 F 与 f 之间成 α 角（$0 \leq \alpha \leq 180°$），则支持力为

$$N = mg\cos\theta \pm F\sin\alpha \qquad ②$$

动摩擦力为

$$f = \mu N \qquad ③$$

把①②式代入③式得

$$f = mg\sin\theta \pm F\sin\alpha\tan\theta \qquad ④$$

沿水平方向和竖直方向正交分解 N 和 f 有

$$f_x = f\cos\theta = mg\sin\theta\cos\theta \pm F\sin\alpha\sin\theta \qquad ⑤$$

$$N_x = N\sin\theta = mg\sin\theta\cos\theta \pm F\sin\alpha\sin\theta \qquad ⑥$$

由⑤⑥式知

$$f_x = N_x \qquad ⑦$$

各自的反作用力

$$f'_x = N'_x \qquad ⑧$$

由基本模型方法 2 知，在 m 停止运动前，M 对水平地面的静摩擦力 $f_{地M}$ 依然为零。

例 1：如图 3-42 所示，在固定斜面上的一物块受到一外力 F 的作用，F 平行于斜面向上。若要物块在斜面上保持静止，F 的取值应有一定的范围，已知其最大值和最小值分别为 F_1 和 F_2（$F_2 > 0$）。由此可求出（ ）。

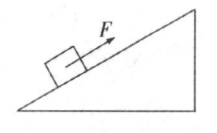

图 3-42

A. 物块的质量　　　　　　　B. 斜面的倾角
C. 物块与斜面间的最大静摩擦力　　D. 物块对斜面的正压力

解析：题设 F 平行于斜面向上，故 F 取最小值时，斜面对物块的静摩擦力沿斜面向上且达到最大值 f_m，并满足：$F_2 + f_m = mg\sin\theta$　①，其中，m 为物块质量，θ 为斜面倾角；当 F 取最大值时，斜面对物块的静摩擦力沿斜面向下且达最大值仍为 f_m（隐含着：$N = mg\cos\theta$ 不变，$f_m = \mu_m N$ 也不变），并满足：$mg\sin\theta + f_m = F_1$　②。由①+②得 $f_m = \dfrac{F_1 - F_2}{2}$　③，即选项 C 正确；由①-②得 $F_1 + F_2 = 2mg\sin\theta$　④，可见物块质量 m，斜面倾角 θ 两个量中，知一个才能求另一个。

例 2：如图 3-43 所示，电阻不计的平行金属导轨固定在一绝缘斜面上，两相同的金属导体棒 a、b 垂直于导轨静止放置，且与导轨接触良好，匀强磁场垂直穿过导轨平面。现用一平行于导轨的恒

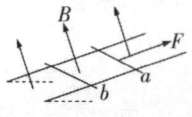

图 3-43

力 F 作用在 a 的中点，使其向上运动。若 b 始终保持静止，则它所受摩擦力可能（　　）。

A. 变为零　　　　　　　　B. 先减小后不变
C. 等于 F　　　　　　　D. 先增大再减小

解析：设 a、b 两棒的质量均为 m，电阻均为 R，导轨的倾角为 θ，间距为 l，磁场的磁感应强度为 B，a 棒的运动速度为 v，与导轨间的动摩擦因数为 μ，重力加速度为 g，对 a 棒由牛顿第二定律有：

$$F - mg\sin\theta - \mu mg\cos\theta - \frac{B^2 l^2 v}{2R} = ma \qquad ①$$

依题意，当 v 增大、其余量不变（隐含）时，由①知 a 减小，即 a 棒沿斜面向上做速度增加，加速度减小的运动，当 $a = 0$ 时，达到最大速度（又叫收尾速度）

$$v_m = \frac{(F - mg\sin\theta - \mu mg\cos\theta)2R}{B^2 l^2} \qquad ②$$

由此可见不同数值的 F 对应不同的 v_m 值（$v_m - F$ 图像是线性的）。

b 棒所受的安培力沿轨道向上，和 a 棒所受沿轨道向下的安培力每时每刻大小相等，其最大值

$$F_{安m} = \frac{B^2 l^2 v_m}{2R} \qquad ③$$

情景 1：当 b 棒所受安培力满足 $F_{安m} = mg\sin\theta$ 时，它所受的摩擦力为零（临界状态），$v_{m0} = \frac{2mgR\sin\theta}{B^2 l^2}$，代入②式得 a 棒受到的"临界"拉力为

$$F_0 = mg(2\sin\theta + \mu\cos\theta) \qquad ④$$

即 $F = F_0$ 时，a 棒速度由 0 增加到 v_{m0} 的过程，b 棒所受沿轨道向上的静摩擦力由 $f_{静0} = mg\sin\theta$ 减小至零，A 选项正确。

情景 2：a 棒受到的拉力 $F < F_0$，由①式知 $a \geq 0$，$F \geq mg\sin\theta + \mu mg\cos\theta + \frac{B^2 l^2 v}{2R}$，当 v 趋近于 0 时，F_{min} 趋近于 $mg(\sin\theta + \mu\cos\theta)$，极限时认为

$$F_{min} = mg(\sin\theta + \mu\cos\theta) \qquad ⑤$$

此时对 b 棒有 $f_{静0} = mg\sin\theta$；$F > F_{min}$ 时，b 棒受力满足 $mg\sin\theta = f_{静} + \frac{B^2 l^2 v}{2R}$，$F$ 越接近 F_0，v 就越接近 v_{m0}，$f_{静}$ 就越接近 0，即 $F \in (F_{min}, F_0)$ 的某个值时，$v \in (0, v_{m0})$ 之间的某个值 $v = \frac{(mg\sin\theta - f_{静})2R}{B^2 l^2}$，$a$ 棒速度由 0 增加到 v 的过程，静摩擦力由 $f_{静0} = mg\sin\theta$ 减小至某个值 $f_{静}$，然后保持不变，B 选项正确。

情景 3：a 棒受到的拉力 $F > F_0$，以取最大值 F_{max} 为例，b 棒处于"将上未上"的状态，所受静摩擦力沿轨道向下，其最大值仍为 $f_m = \mu mg\cos\theta$，当 $F_{安m} = mg\sin\theta + f_m$

$$v_m = \frac{(mg\sin\theta + \mu mg\cos\theta)2R}{B^2 l^2} \qquad ⑥$$

由②式得 a 棒受到的最大拉力为

$$F_{max} = 2mg(\sin\theta + \mu\cos\theta) \qquad ⑦$$

即当拉力取最大值时，a 棒速度由 0 增加到 v_m 的过程，b 棒所受沿轨道向上的静摩擦力由 $f_{静} = mg\sin\theta$ 减小至 0，然后沿轨道向下的静摩擦力由 0 增加至 $f_m = \mu mg\cos\theta$，之后将保持不变，无选项设置。

综上所述 $F \in (F_{\min}, F_{\max})$ 时，b 棒所受静摩擦力可能变为零；可能先减小后不变；可能先减小后增大，最后不变。本题正确的选项是 A、B。

例 3：如图 3-44 所示，倾角 $\theta = 37°$，质量 $M = 5\text{kg}$ 的粗糙斜面位于水平地面上，质量 $m = 2\text{kg}$ 的木块置于斜面顶端，从静止开始匀加速下滑，经 $t = 2\text{s}$ 到达底端，运动路程 $L = 4\text{m}$，在此过程中斜面保持静止（$\sin37° = 0.6$，$\cos37° = 0.8$，g 取 10m/s^2），求：

（1）地面对斜面的摩擦力大小与方向。
（2）地面对斜面的支持力大小。
（3）通过计算证明木块在此过程中满足动能定理。

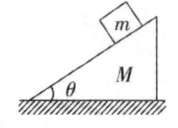

图 3-44

解析：（1）隔离法。

对木块：$mg\sin\theta - f_1 = ma$，$N_1 - mg\cos\theta = 0$。

因为 $L = \frac{1}{2}at^2$，得 $a = 2\text{m/s}^2$，所以，$f_1 = 8\text{N}$，$N_1 = 16\text{N}$。

对斜面：设摩擦力 f 向左，则 $f = N_1\sin\theta - f_1\cos\theta = 3.2\text{N}$，方向向左。

（如果设摩擦力 f 向右，则 $f = -N_1\sin\theta + f_1\cos\theta = -3.2\text{N}$，同样方向向左。）

（2）地面对斜面的支持力大小 $N = N_1\cos\theta + f_1\sin\theta$。

（3）两个力对木块做功。

重力做功：$W_G = mgh = mgL\sin\theta = 48$（J），

摩擦力做功：$W_f = -f_1L = -32$（J），

合力做功或外力对木块做的总功：$W = W_G + W_f = 16$（J）.

动能的变化 $\Delta E_k = \frac{1}{2}mv^2 = \frac{1}{2}m(at)^2 = 16$（J）.

所以，合力做功或外力对木块做的总功等于动能的变化（增加）。

第4章　圆周运动　引力与航天

4.1　变速圆周运动特殊点的处理模型及迁移

基本模型：

翻滚过山车、水流星、杂技节目中的飞车走壁等，都可抽象为如图4-1所示的模型，用轻绳拴一小球，使之在竖直平面内能做圆周运动，探究：最低点、最高点绳上的拉力及满足的规律。

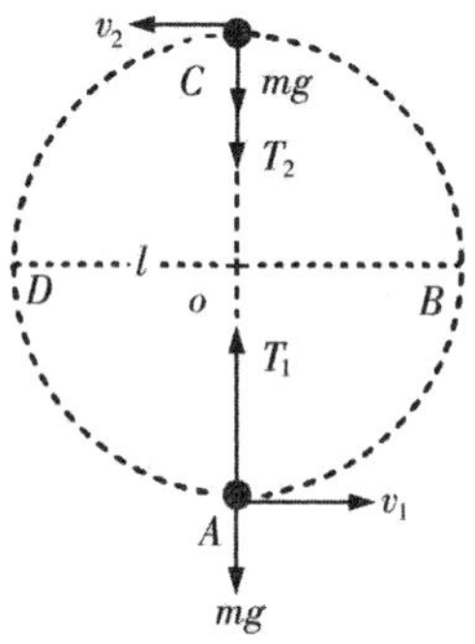

分析： A、C两点处，根据牛顿第二定律的瞬时性有

$$T_1 - mg = m\frac{v_1^2}{l} \quad ①$$

$$T_2 + mg = m\frac{v_2^2}{l} \quad ②$$

要能做圆周运动，须满足：

$$T_2 \geqslant 0 \quad ③$$

即

$$v_2 \geqslant \sqrt{gl} \quad ④$$

从 A→C 的过程中，绳子拉力不做功，只有重力做功，由机械能守恒有

$$\frac{1}{2}mv_1^2 - \frac{1}{2}mv_2^2 = mg2l \quad ⑤$$

由④⑤得

$$v_1 \geqslant \sqrt{5gl} \quad ⑥$$

由①②得

$$T_1 - T_2 = 2mg + \frac{mv_1^2 - mv_2^2}{l}$$

再结合⑤得

$$T_1 - T_2 = 6mg \quad ⑦$$

也叫绳拉"轴心"的拉力差。

B、D 两点在同一等高面上，速度大小相等设为 v，绳子拉力大小相等设为 T，则：

$T = m\dfrac{v^2}{l}$，A→B 时，$\dfrac{1}{2}mv_1^2 - \dfrac{1}{2}mv^2 = mgl$，或 C→D 时，$mgl = \dfrac{1}{2}mv^2 - \dfrac{1}{2}mv_2^2$。

此两点处，重力是切向力。

图 4-1

迁移1：把图 4-1 中的轻绳换为轻杆，如图 4-2 所示，最低点 A，杆对球仍施加拉力为

$$N_1 - mg = m\frac{v_1^2}{l} \quad ①$$

在最高点 C，当杆对小球的作用力为零时有：

$$mg = m\frac{v_{20}^2}{l} \quad ②$$

$v_{20} = \sqrt{gl}$（叫临界速度）。

(1) 当 $v_2 > v_{20}$ 时，杆对小球施加拉力，这时有

$$N_2 + mg = m\frac{v_2^2}{l} \quad ③$$

机械能仍守恒有：$\frac{1}{2}mv_1^2 - \frac{1}{2}mv_2^2 = mg2l$ ④

故杆对轴的压力之差满足：

$$N_1 - N_2 = 6mg \quad ⑤$$

(2) 当 $0 < v_2 < v_{20}$ 时，杆对小球施加"顶或推力"，有

$$mg - N_2' = m\frac{v_2^2}{l} \quad ⑥$$

这时杆对球的压力之和满足：

$$N_1 + N_2' = 6mg \quad ⑦$$

迁移2：在图 4-2 中撤去轻杆，把小球置于管径略大于小球直径的光滑细管内，如图 4-3 所示，这种情况和轻杆控制下的圆周运动完全相同，在最低点，小球只压管的外壁，即外壁对小球有支持力 N_1。在最高点，$v_{20} = \sqrt{gl}$ 时，小球与内、外壁均无压力；当 $0 < v_2 < v_{20}$ 时，小球压内壁；当 $v_2 > v_{20}$ 时，小球压外壁。如果管壁不光滑，则机械能不守恒，但动摩擦力是切向力，最高点、最低点处径向合力仍充当向心力。

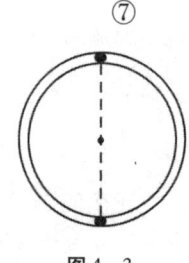

迁移3：在图 4-1 中，撤去轻绳，把小球放置于光滑圆轨道内侧，如图 4-4 所示。

(1) 小球要能做圆周运动，在最高点 C 须满足：$mg + N_C = m\frac{v_C^2}{R}$ 且 $N_C \geq 0$，$v_{C0} \geq \sqrt{gR}$，对应的 $v_{A0} \geq \sqrt{5gR}$（取等号为最小值）。

(2) 从 A 点要能越过 B 点，须满足：$\frac{1}{2}mv_A^2 - mgR = \frac{1}{2}mv_B^2 \geq 0$，即 $v_A \geq \sqrt{2gR}$。当 $\sqrt{2gR} < v_A < \sqrt{5gR}$ 时，小球能越过 B 点，但不能到达 C 点，设上升至 E 点时离开圆轨道，即 $N_E = 0$，$mg\sin\theta = m\frac{v_E^2}{R}$，

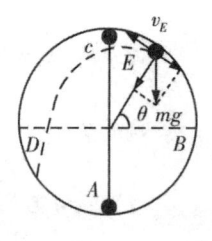

($F_{切} = mg\cos\theta$)，由机械能守恒有 $\frac{1}{2}mv_A^2 - mgR(1+\sin\theta) = \frac{1}{2}mv_E^2$。① 当 $v_A = \sqrt{\frac{7}{2}gR}$

时，得 $\sin\theta = \frac{1}{2}$，$\theta = 30°$，$v_E = \frac{\sqrt{2gR}}{2}$；②当 $v_A = \sqrt{4.6gR}$ 时，$\sin\theta = \frac{\sqrt{3}}{2}$，$\theta = 60°$，$v_E = \frac{2\sqrt{3gR}}{2}$。可见从 E 点开始，小球脱离圆轨道将做斜上抛运动。

（3）请探究：$0 < v_A \leq \sqrt{2gR}$ 时，小球将如何运动？（下半圆上来回往复）小球在什么条件下将做简谐运动？周期是多少？［球与球心连线与竖直方向的夹角 $\theta \leq 5°$，$\sin 5° \approx 0.087$，$\cos 5° \approx 0.996$，由 $\frac{1}{2}mv_A^2 = mgR(1 - \cos 5°)$ 得 $v_A = 0.04\sqrt{5gR}$；周期 $T = 2\pi\sqrt{\frac{R}{g}}$］

飞机在竖直平面内做圆周运动飞行表演时，飞行员在上半圆周处于失重还是超重？下半圆周呢？为了表演成功，最低点的飞行速度至少为多少？

迁移 4：在图 4-4 中，若小球带 $+q$ 电量，且放置在水平向右的宽广匀强电场中，如图 4-5 所示。电场强度为 $E = \frac{mg}{q}$，这时小球能做圆周运动的条件又如何？

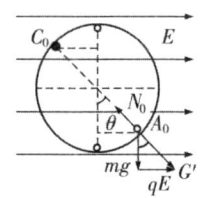

分析：用假设小球保持静止（平衡态），来寻找等效"物理意义最低点"，如图 4-5 A_0 位置处：$N_0 = G' = \sqrt{2}mg$ G' 叫等效重力，$g' = \sqrt{2}g$ 叫等效重力加速度，方向由 $\tan\theta = \frac{qE}{mg}$，$\theta = 45°$ 决定。要使小球能做圆周运动，与"物理意义最低点"关于圆心对称的"物理意义最高点——C_0"应满足：$mg' + N_{等高} = m\frac{v_{等高}^2}{R}$。$N_{等高} \geq 0$ 时，$v_{等高} \geq \sqrt{2gR}$，故"物理意义最低点"的速度应满足：

$$\frac{1}{2}mv_{等低}^2 - \frac{1}{2}mv_{等高}^2 = mg2R\cos\theta + qE2R\sin\theta, \quad v_{等低} \geq \sqrt{5\sqrt{2}gR}.$$

迁移 5：如图 4-6（a）所示，小球从与水平方向成 30° 角的上方由静止释放，求到达最低点的速度和绳上的张力。

分析：因轻绳是"柔软"的，故小球先有一段自由落体运动，如图 4-6（b）所示，由几何关系知，小球下落 l 时，轻绳再次"绷紧"，之后只能做变速圆周运动至最低点 A。

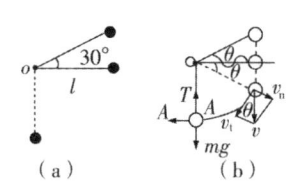

由 $mgl = \frac{1}{2}mv^2$ ①　得　$v = \sqrt{2gl}$ ②

绳绷紧前后，沿绳方向（径向）的速度为 $v_n = v\sin\theta = \frac{\sqrt{6gl}}{2}$ ③

对应的动能 $E_{kn} = \frac{1}{2}mv_n^2 = \frac{3}{4}mgl$ ④，这些动能将转化为内能。沿切向的速度为 $v_t = v\cos\theta = \frac{\sqrt{2gl}}{2}$ ⑤ 将存在，至 A 点的速度由 $mgl(1 - \sin\theta) = \frac{1}{2}mv_A^2 - \frac{1}{2}mv_t^2$ ⑥；

得　$v_A = \frac{\sqrt{6gl}}{2}$ ⑦

由 $T - mg = m\dfrac{v_A^2}{l}$ ⑧，得 $T = \dfrac{5}{2}mg$。

迁移6：如图4-7（a）所示，小车在半径较大的"拱形"桥面上运动，要使车不离开路面，速度满足什么？

分析：由 $mg - N = m\dfrac{v^2}{R}$ 知 $N \geq 0$ 时，$v \leq \sqrt{gR}$。

请探究：如图4-7（b）中，小球从静止释放后，沿光滑球面下滑时，离开球面的位置在何处？（读者可据迁移3中的方法求得：当小球下落 $h = \dfrac{R}{3}$ 时，开始离开球面而做斜下抛运动。）

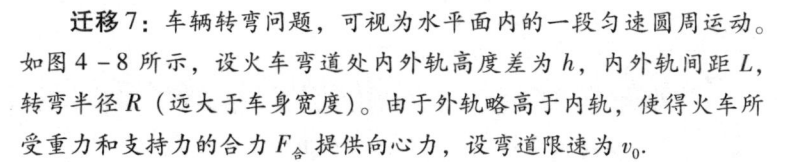

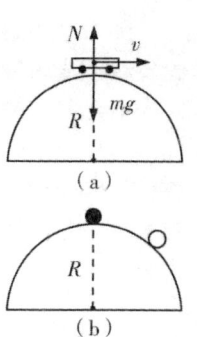

迁移7：车辆转弯问题，可视为水平面内的一段匀速圆周运动。如图4-8所示，设火车弯道处内外轨高度差为 h，内外轨间距 L，转弯半径 R（远大于车身宽度）。由于外轨略高于内轨，使得火车所受重力和支持力的合力 $F_合$ 提供向心力，设弯道限速为 v_0。

由 $F_合 = mg\tan\theta \approx mg\sin\theta = mg\dfrac{h}{L} = m\dfrac{v_0^2}{R}$ 得 $v_0 = \sqrt{Rg\tan\theta}$ 或 $v_0 = \sqrt{\dfrac{Rgh}{L}}$。

（1）当火车行驶速率 $v = v_0$ 时，$F_合 = F_需$，内外轨道对火车轮箍都无侧压力。

（2）当火车行驶速率 $v > v_0$ 时，$F_合 < F_需$，外轨道对轮箍有侧压力，$F_合 + N_外\cos\theta = m\dfrac{v^2}{R}$。

（3）当火车行驶速率 $v < v_0$ 时，$F_合 > F_需$，内轨道对轮箍有侧压力，$F_合 - N_内\cos\theta = m\dfrac{v^2}{R}$。（注：$\theta$ 很小时 $\cos\theta \approx 1$）

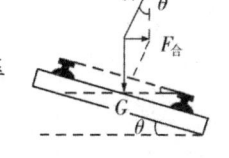

图4-8

即当火车转弯时行驶速率不等于 v_0 时，其向心力的变化可由内外轨道对轮箍的侧压力自行调节，但调节程度不宜过大，以免损坏轨道而使火车脱轨，火车提速要靠增大轨道半径或倾角来实现。

例1：用水平木板托住质量为 m 的物体，使物体在竖直平面内绕 O 点沿半径为 R 的圆周顺时针以速度 v 做匀速圆周运动，试求物体在图4-9（a）中的 a 点时，木板对物体的支持力和静摩擦力的大小和方向。

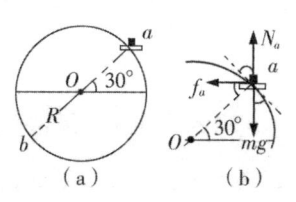

分析：a 点因物体有离心趋势，故木板对物体的静摩擦力 f_a 平行于板水平向左，还受竖直向下的重力 mg，垂直于板向上的支持力 N_a，这三个力的合力充当向心力，必沿半径指向圆心。将三个力分别沿半径方向和切线方向正交分解，有

$$f_a\cos30° + mg\sin30° - N_a\sin30° = m\dfrac{v^2}{R} \quad ①$$

$$f_a\sin30° + N_a\cos30° - mg\cos30° = 0 \quad ②$$

图4-9

53

联立①②解得：$N_a = mg - \dfrac{mv^2}{2R}$，$f_a = \dfrac{\sqrt{3}mv^2}{2R}$。

例2：如图4-10所示，倾斜放置的圆盘绕着中轴匀速转动，圆盘的倾角为37°，在距转动中心 $r = 0.1\text{m}$ 处放一个小物块，小物块跟随圆盘一起转动，小物块与圆盘间的动摩擦因数为 $\mu = 0.8$。设物块与圆盘间的最大静摩擦力与相同条件下的滑动摩擦力相等，$g = 10\text{m/s}^2$，若要保持小物块不相对圆盘滑动，圆盘转动的角速度最大不能超过（　　）。

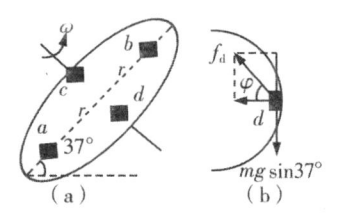

A. 2rad/s 　　　　　　　　B. $2\sqrt{\sqrt{31}}\text{rad/s}$

C. $\sqrt{124}\text{rad/s}$ 　　　　　　　D. $\sqrt{60}\text{rad/s}$

分析：小物块在圆盘上做匀速圆周运动，在任何地方，重力沿斜面向下的分力：$mg\sin37° = 0.6mg$ 恒定，圆盘对物块的支持力 $N = mg\cos37°$ 也恒定，但 $f_{静}$ 的大小方向在不同点将不同。

（1）在 a 点：圆盘对物块的静摩擦力一定沿斜面向上，才会有
$$f_a - mg\sin37° = m\omega_1^2 r \qquad ①$$

（2）在 b 点：当 ω 取临界值 ω_0 时，
$$mg\sin37° = m\omega_0^2 r \qquad ②$$
若 $\omega > \omega_0$ 有
$$mg\sin37° + f_b = m\omega_2^2 r \qquad ③$$
若 $\omega < \omega_0$ 有
$$mg\sin37° - f_b = m\omega_3^2 r \qquad ④$$

（3）在 c、d 两点：受力图如图4-10（b）（垂直圆盘往下看）所示，应有
$$f_c\cos\varphi = f_d\cos\varphi = m\omega_4^2 r \qquad ⑤$$
$$f_c\sin\varphi = f_d\sin\varphi = mg\sin37° \qquad ⑥$$

要能使物块相对圆盘静止，须满足：$0 \leq f_{静} \leq \mu mg\cos37°$ 　　⑦

把
$$f_a = f_b = f_c = f_d = f_{静\max} = \mu mg\cos37° = 0.64mg \qquad ⑧$$

分别代入①③④⑤⑥得：$\omega_1 = 2\text{rad/s}$，$\omega_2 = \sqrt{124}\text{rad/s}$；$\omega_3$ 不存在（④式中沿斜面向上的 f_b 不可能达到最大值，本题中 f_b 只能沿斜面向下）；$\sin\varphi = \dfrac{15}{16}$，$\cos\varphi = \dfrac{\sqrt{31}}{16}$，$\omega_4 = 2\sqrt{\sqrt{31}}\text{rad/s}$；$\omega_0 = \sqrt{60}\text{rad/s}$。显然 $\omega_1 < \omega_4 < \omega_0 < \omega_2$，故取物块能相对静止的最大角速度为 $\omega_1 = 2\text{rad/s}$，A 选项正确，即 a 点处的静摩擦力随 ω 的增加最先达到最大值。

练习：如图4-11（a）所示，小球的初速度为 v_0，沿光滑斜面上滑的最大高度为 h。在图4-11（b）中，四个小球的初速度均为 v_0，在 A 图中，小球沿一光滑内轨向上运动，内轨半径大于 h；在 B 图中，小球沿一光滑内轨向上运动，内轨半径小于 h；

在 C 图中，小球沿一光滑内轨向上运动，内轨直径等于 h；在 D 图中，小球固定在轻杆的下端，轻杆的长度为 h 的一半，小球随轻杆绕 O 点向上转动，则小球上升的高度能达到 h 的有（　　）。

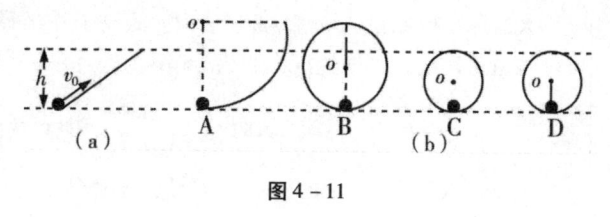

图 4–11

提示：图 4–11（b）说明 $\frac{1}{2}mv_0^2 = mgh$，$v_0 = \sqrt{2gh}$。

由"迁移 1"知 D 选项正确；由"迁移 3"知 A 选项正确。故选择 A、D。

4.2 行星模型的迁移应用

一、模型概述

行星模型指行星绕太阳运动的情景模型，各种地球卫星绕地球、火星卫星绕火星的运动、核外电子绕原子核的旋转……所满足的物理规律是相同的。中学里属圆周运动这个基本模型，涉及力学、电学、功能、数学等知识。

支配卫星和电子运动的力遵循平方反比律（万有引力定律和库仑定律），即 $F \propto \frac{1}{r^2}$，故它们在物理模型上和运动规律的描述上有相似点，见表 4–1。

表 4–1

公式	$F = \frac{GMm}{r^2}$	$F = \frac{kq_1q_2}{r^2}$	异同
适用条件	质点	点电荷	都是理想模型
研究对象	有质量的两个物体	带有电荷的两个物体	类似
相互作用	引力与引力场	电场力与静电场	都是场作用
方向	两质点连线上（引力）	两点电荷的连线上（引力或斥力）	相同
实际应用	两物体间的距离比物体本身线度大得多	两带电体间的距离比带电体本身线度大得多	相同
适用对象	引力场	静电场	不同

二、模型规律

1. 线速度与轨道半径的关系（图 4–12）

设地球的质量为 M，卫星质量为 m，卫星在半径为 r 的轨道上运行，其线速度为 v，可知 $\frac{GMm}{r^2} = m\frac{v^2}{r}$ ①，从而 $v = \sqrt{\frac{GM}{r}}$，即 $v \propto \frac{1}{\sqrt{r}}$。

设氢原子内质量为 m_e、带电量为 e 的电子在半径为 r_n 的第 n 条可能轨道上运动，其线速度大小为 v，

则有 $k\dfrac{e^2}{r_n^2}=m_e\dfrac{v_n^2}{r_n}$ ②，从而 $v_n=\sqrt{\dfrac{ke^2}{m_e r_n}}$，即 $v_n\propto\dfrac{1}{\sqrt{r_n}}$。

可见，卫星或电子的线速度都与轨道半径的平方根成反比。

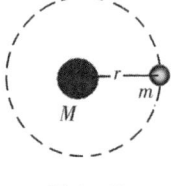

图 4-12

2. 动能与轨道半径的关系

由①式得卫星运动的动能为 $E_k=\dfrac{1}{2}mv^2=\dfrac{GMm}{2r}$，即 $E_k\propto\dfrac{1}{r}$。

由②式得氢原子核外电子运动的动能为 $E_k=\dfrac{1}{2}m_e v_n^2=\dfrac{ke^2}{2r_n}$，即 $E_k\propto\dfrac{1}{r_n}$。

可见，在这两类现象中，卫星与电子的动能都与轨道半径成反比。

3. 势能与轨道半径的关系

当规定离圆心无限远处的势能为零时，行（卫）星的引力势能（属机械能，是和中心天体系统共有的）为 $E_p=-\dfrac{GMm}{r}$；电子与核（点电荷）系统具有的电势能为 $E_p=-\dfrac{kee}{r}$。可见，$E_p\propto-\dfrac{1}{r}$，r 增大 E_p 增大；$|E_p|=2E_k$。

4. 运动周期与轨道半径的关系

对卫星而言，$T=\dfrac{2\pi r}{v}$，将 v 与 r 的关系式代入，得 $T^2=\dfrac{4\pi^2 r^3}{GM}$，即 $T^2\propto r^3$。

对于电子，同样可得到这个关系式 $T^2\propto r_n^3$。

该式即为开普勒第三定律，解题时可以直接使用。

5. 总能量与轨道半径的关系

运动物体能量等于其动能与势能之和，即 $E=E_k+E_p=-\dfrac{GMm}{2r}$ 或 $-\dfrac{kee}{2r}$，r 减小 E 减小，r 增大 E 增大，即从离地球较远轨道向离地球较近轨道运动，万有引力做正功，势能减少，动能增大，总能量减少；从离氢原子较远轨道向离氢原子较近轨道运动，库仑力做正功，电势能减少，动能增大，总能量减少。

模型推论：卫星（或电子）的轨道半径与卫星（或电子）在该轨道上的能量的乘积不变。

由于描述运动规律的各物理量都是轨道半径 r 的函数，故各个物理量之间的关系都可以通过 r 这个桥梁来相互转化，一个量变化，其他各量都随之变化。

6. 地球同步卫星

（1）地球同步卫星的轨道平面：非同步人造地球卫星其轨道平面可与地轴有任意夹角，而同步卫星一定位于赤道的正上方，不可能在与赤道平行的其他平面上。

（2）地球同步卫星的周期：地球同步卫星的运转周期与地球自转周期 $T_0=24$ 小时相同。

（3）地球同步卫星的轨道半径：据牛顿第二定律有 $\frac{GMm}{r^2} = m\omega_0^2 r$，得 $r = \sqrt[3]{\frac{GM}{\omega_0^2}}$，$\omega_0$ 与地球自转角速度相同，所以地球同步卫星的轨道半径为 $r = 4.24 \times 10^4$ km。其离地面高度也是一定的，距地面高度 $h \approx 3.59 \times 10^4$ km。

（4）地球同步卫星的线速率：地球同步卫星的线速度大小为 $v = \omega_0 r = \frac{2\pi}{T_0} r = 3.08$ km/s，是定值，绕行方向与地球自转方向相同。

值得注意：

（1）人造卫星的轨道半径与中心天体（地球）半径的区别；人造卫星的发射速度和运行速度、卫星的稳定运行和变轨运动、赤道上的物体与近地卫星的区别；卫星与同步卫星的区别。

人造地球卫星的发射速度是指把卫星从地球上发射出去的速度，速度越大，发射得越远。发射的最小速度，恰好是在地球表面附近的环绕速度，但人造地球卫星发射过程中要克服地球引力做功，增大势能，所以将卫星发射到离地球越远的轨道上，在地面上所需要的发射速度就越大。

（2）混淆连续物和卫星群。连续物是指和天体连在一起的物体，其角速度和天体相同，而对卫星来讲，其线速度 $v = \sqrt{\frac{GM}{r}}$。

（3）双星系统中万有引力表达式中的距离与绕"心"做圆周运动的半径是不同的。

三、模型例题

例1： 卫星做圆周运动，由于大气阻力的作用，其轨道的高度将逐渐变化（由于高度变化很缓慢，变化过程中的任一时刻，仍可认为卫星满足匀速圆周运动的规律），下述关于卫星运动的一些物理量的变化情况正确的是（ ）。

A. 线速度减小　　　　　　B. 轨道半径增大

C. 向心加速度增大　　　　D. 周期增大

解析： 假设轨道半径不变，由于大气阻力使线速度减小，因而需要的向心力减小，而提供向心力的万有引力不变，故提供的向心力大于需要的向心力，卫星将做向心运动而使轨道半径减小，由于卫星在变轨后的轨道上运动时，满足 $v = \sqrt{\frac{GM}{r}}$ 和 $T^2 \propto r^3$，故 v 增大而 T 减小，又 $a = \frac{F_{引}}{m} = \frac{GM}{r^2}$，故 a 增大，则选项 C 正确。

点评： 一般情况下运行的卫星，当其所受万有引力不刚好提供向心力，此时卫星的运动速率及轨道半径就要发生变化，万有引力做功，我们将其称为不稳定运动即变轨运动；而当它所受万有引力刚好提供向心力时，它的运行速率就不再发生变化，轨道半径确定不变从而做匀速圆周运动，我们称为稳定运行。

对于稳定运动状态的卫星有①运行速率不变；②轨道半径不变；③万有引力提供向心力，即 $\frac{GMm}{r^2} = \frac{mv^2}{r}$ 成立，其运行速度与其运动轨道处于一一对应关系，即每一轨道都有一确定速度相对应。而不稳定运行的卫星则不具备上述关系，其运行速率和轨道半径都在发生着变化。

例2：已知氢原子处于基态时，核外电子绕核运动的轨道半径 $r_1 = 0.5 \times 10^{-10}$ m，则氢原子处于量子数 $n = 1$、2、3，核外电子绕核运动的速度之比和周期之比为（ ）。

A. $v_1 : v_2 : v_3 = 1 : 2 : 3$，$T_1 : T_2 : T_3 = 3^3 : 2^3 : 1^3$

B. $v_1 : v_2 : v_3 = 1 : \frac{1}{2} : \frac{1}{3}$，$T_1 : T_2 : T_3 = 1 : 2^3 : 3^3$

C. $v_1 : v_2 : v_3 = 6 : 3 : 2$，$T_1 : T_2 : T_3 = 1 : \frac{1}{2^3} : \frac{1}{3^3}$

D. 以上答案均不对

解析：如图 4-13 所示，氢原子核外电子绕核做匀速率圆周运动时，库仑力提供向心力，即 $\frac{ke^2}{r_n^2} = m\frac{v_n^2}{r_n}$ ①，从而得线速度为 $v_n = e\sqrt{\frac{k}{mr_n}}$ ②，周期为 $T_n = \frac{2\pi r_n}{v_n}$ ③.

又根据玻尔理论，对应于不同量子数的轨道半径 r_n 与基态时轨道半径 r_1 有下述关系，即

$r_n = n^2 r_1$ ④，可得 v 的通式为

$$v_n = \frac{e}{n}\sqrt{\frac{k}{mr_1}} = \frac{v_1}{n} \qquad ⑤$$

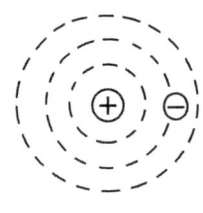

图 4-13

则电子在第1、2、3不同轨道上运动速度之比为 $v_1 : v_2 : v_3 = 1 : \frac{1}{2} : \frac{1}{3} = 6 : 3 : 2$.

而周期的通式为

$$T_n = \frac{2\pi r_n}{v_n} = 2\pi \frac{n^2 r_1}{v_1/n} = n^3 \frac{2\pi r_1}{v_1} = n^3 T_1 \qquad ⑥$$

则电子在第1、2、3不同轨道上运动周期之比为 $T_1 : T_2 : T_3 = 1^3 : 2^3 : 3^3$。故选项B是正确的。

四、模型迁移

经过用天文望远镜长期观测，人们在宇宙中已经发现了许多双星系统，通过对它们的研究，使我们对宇宙中物质的存在形式和分布情况有了较深刻的认识，双星系统由两个星体组成，其中每个星体的线度都远小于两星体之间的距离，一般双星系统距离其他星体很远，可以当作孤立系统来处理。

现根据对某一双星系统的光度学测量确定该双星系统中每个星体的质量都是 M，两者相距 L，它们正围绕两者连线的中点做圆周运动。

(1) 试计算该双星系统的运动周期 $T_{计算}$.

(2) 若实验中观测到的运动周期为 $T_{观测}$，且 $T_{观测}:T_{计算}=1:\sqrt{N}$ ($N>1$). 为了理解 $T_{观测}$ 与 $T_{计算}$ 的不同，目前有一种流行的理论认为，在宇宙中可能存在一种望远镜观测不到的暗物质。作为一种简化模型，我们假定在以这两个星体连线为直径的球体内均匀分布着这种暗物质。若不考虑其他暗物质的影响，请根据这一模型和上述观测结果确定该星系间这种暗物质的密度。

解析：（1）双星均绕它们连线的中点做圆周运动，设运动的速率为 v，由 $\dfrac{GM^2}{L^2} = M\dfrac{v^2}{L/2}$ 得 $v = \sqrt{\dfrac{GM}{2L}}$，$T_{计算} = \dfrac{2\pi L/2}{v} = \pi L \sqrt{\dfrac{2L}{GM}}$.

（2）根据观测结果，星体的运动周期：$T_{观测} = \dfrac{1}{\sqrt{N}} T_{计算} < T_{计算}$.

这种差异是由双星系统（类似一个球）内均匀分布的暗物质引起的，均匀分布于双星系统内的暗物质对双星系统的作用，与一个质点（质点的质量等于球内暗物质的总质量 M' 且位于中点 O 处）的作用相同。考虑暗物质作用后双星的速度即为观察到的速度 M，则有

$$\dfrac{GM^2}{L^2} + G\dfrac{MM'}{(L/2)^2} = M\dfrac{v_1^2}{L/2},\quad v_1 = \sqrt{\dfrac{G(M+4M')}{2L}}$$

因为周长一定时，周期和速度成反比，得

$$\dfrac{1}{v_1} = \dfrac{1}{\sqrt{N}} \cdot \dfrac{1}{v}$$

由以上各式得 $M' = \dfrac{N-1}{4} M$.

设所求暗物质的密度为 ρ，则有 $\dfrac{4}{3}\pi \left(\dfrac{L}{2}\right)^3 \rho = \dfrac{N-1}{4} M$，故 $\rho = \dfrac{3(N-1)M}{2\pi L^3}$.

4.3 引力与航天中的 "2、1、5、3、2"

一、"2" 个定律

（1）开普勒三定律，即行星绕太阳的运动轨道为椭圆，太阳在其一个焦点上；$v_近 > v_远$；$\dfrac{a^3}{T^2} = k$.

（2）牛顿万有引力定律：$F = G\dfrac{Mm}{r^2}$，如图 4-14 所示，其切向分力 F_t 改变速度的大小（远地点到近地点运动，F_t 与速度 v 同向时，速度增大；近地点到远地点运动，F_t 与速度 v 反

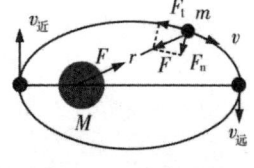

图 4-14

向时，速度减小）。法向分力 F_n 改变速度的方向，$F_n = m\dfrac{v^2}{\rho}$，ρ 叫该处内切圆的半径（曲率半径）。

二、"1" 个基本模型

行星模型指行星绕太阳运动的情景模型，地球卫星绕地球、火星卫星绕火星的运动……中学里大多近似为"小天体 m"绕"大天体 M"（半径为 R，又叫"中心天体"）的圆周运动这个基本模型，如图 4-15 所示，解题时能抓住"谁"绕"谁"转便已经成功一半。

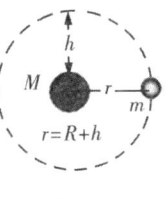

图 4-15

三、"5" 个关系

1. 描述运动的量与轨道半径的关系

设地球的质量为 M，卫星质量为 m，卫星在半径为 r 的轨道上运行，其线速度（又叫环绕速度）为 v，角速度为 ω，周期为 T，h 高处的重力加速度为 g'，向心加速度为 a。

可知 $\dfrac{GMm}{r^2} = ma = mg' = m\dfrac{v^2}{r} = m\omega^2 r = m\left(\dfrac{2\pi}{T}\right)^2 r$，对于中心天体表面处的任何物体 m'，在忽略自转且视为球体时有 $G\dfrac{Mm'}{R^2} = m'g$，即 $GM = R^2 g$（g 为 M 表面的重力加速度）该式叫黄金代换式。

从而得 $a = g' = \dfrac{GM}{r^2} = \left(\dfrac{R}{R+h}\right)^2 g$；$v = \sqrt{\dfrac{GM}{r}} = \sqrt{\dfrac{R^2 g}{R+h}}$ ①，即 $v \propto \dfrac{1}{\sqrt{r}}$；$\omega = \sqrt{\dfrac{GM}{r^3}} = \sqrt{\dfrac{R^2 g}{(R+h)^3}}$，即 $\omega \propto \dfrac{1}{(\sqrt{r})^3}$；$T = 2\pi\sqrt{\dfrac{r^3}{GM}} = 2\pi\sqrt{\dfrac{(R+h)^3}{R^2 g}}$，即 $T \propto (\sqrt{r})^3$，也可证得 $\dfrac{r^3}{T^2} = \dfrac{GM}{4\pi^2} = k$（圆周运动下的开普勒第三定律）。

2. 动能与轨道半径的关系（见 4.2 中）

3. 势能与轨道半径的关系（见 4.2 中）

4. 总能量与轨道半径的关系（见 4.2 中）

5. 三个宇宙速度

第一宇宙速度、第二宇宙速度的导出：

牛顿设想，如图 4-16 所示，在中心天体表面的高山上"扔"小物块，当速度较大时，小物块就绕地心做匀速圆周运动，因山高远小于地球半径，故这样的卫星可叫近地卫星，取 $g = 9.8 \text{m/s}^2$，$R = 6400 \text{km}$ 时，由①式知：$v_1 = \sqrt{\dfrac{R^2 g}{R+h}} \approx \sqrt{Rg} \approx 7.9 \text{km/s}$ 是发射速度

图 4-16

中的最小值，是环绕速度中的最大值。这意味着火箭把卫星推上一定的高度，并在星箭分离时使卫星具有一定的线速度。

在地球上要发射一颗脱离地球引力（离地球无限远）的星体 m 需满足：

$$v_2 = \sqrt{\frac{2GM}{R}} = \sqrt{2Rg} \approx 11.2 \text{km/s}，$$ 即为第二宇宙速度（详见10.8中）。

第三宇宙速度是指地球赤道上和自转方向相同，发射一颗能脱离太阳引力的人造星体应有的最小速度值：$v_3 = 16.7 \text{km/s}$。

四、"3"个易混

（1）赤道上随同地球一起自转的物体。它的角速度、周期和地球自转的相同，$\omega_0 = \frac{2\pi}{24 \times 3600} \approx 7.3 \times 10^{-5}$（rad/s），线速度 $v_0 = \omega_0 R \approx 0.47$（km/s），坐地日行 $2\pi R = 80384$ 里，向心加速度 $a = \omega_0^2 R = 3.4 \times 10^{-2}$（m/s²），满足：$G\frac{Mm}{R^2} = mg_{赤} + ma$. 设想"外动力"使地球的自转突然加快，恰好把此物体"甩"出去，则 $G\frac{Mm}{R^2} = mg_{赤} = m\omega^2 R$，$\omega \approx 1.24 \times 10^{-3}$ rad/s，即为近地卫星的角速度，相应的周期 $T = \frac{2\pi}{\omega} \approx 5065$（s） $= 84.4$min，是所有地球卫星中周期的最小值，即不能发射周期小于 84.4min 的卫星。

（2）近地卫星。就是牛顿设想中扔出的小物块，也是地球赤道上恰好被甩出去的物体，其角速度 $\omega_1 = 1.24 \times 10^{-3}$ rad/s，线速度 $v_1 = 7.9$km/s，向心加速度 $a_1 = \omega_1^2 R = g_{赤} \approx 9.8$m/s²，周期 $T_1 = 84.4$min。

（3）地球同步卫星。
①轨道平面：定位于赤道的正上方。
②周期：地球同步卫星的角速度、周期与地球自转的角速度、周期相同。
③轨道半径：据牛顿第二定律有 $\frac{GMm}{r^2} = m\omega_0^2 r$ 得 $r = \sqrt{\frac{GM}{\omega_0^2}}$，$\omega_0 \approx 7.3 \times 10^{-5}$ rad/s，所以地球同步卫星的轨道半径为 $r = 4.24 \times 10^4$ km $\approx 6.6R$。

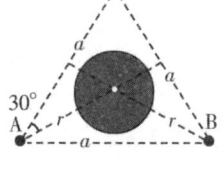

离地面高度也是一定：$h = 5.6R \approx 3.59 \times 10^4$ km，线速度 $v = \sqrt{\frac{GM}{r}} = \sqrt{\frac{R^2 g}{R+h}} = \frac{v_1}{\sqrt{6.6}} \approx 3.08$（km/s），或 $v = \omega_0 r$，向心加速度 $a = \frac{GM}{(6.6R)^2} = \frac{g}{6.6^2} \approx 0.25$（m/s²）.

图 4 - 17

当三颗同步卫星构成正三角形时，基本可以实现全球通信，如图 4 - 17 所示，边长 $a = 2r\cos 30° = \sqrt{3}r$，而 $r\sin 30° = \frac{r}{2} = 3.3R > R$。

五、"2"种变轨模式

（1）升高轨道高度时：近圆→椭圆→椭圆→⋯→远圆，如图 4 - 18 所示，火箭把卫星推至近圆轨道，线速度为 v_1，使卫星上的自带火箭与 v_1 反向喷气，卫星速度瞬间增大为 v'_1，卫星做离心运动，高度升高，至远地点，速度减为 v'_2。然后再次"向后"喷气，速度增大到远圆上的线速度 v_2，应该有：$v_1 > v_2$，$v'_1 > v'_2$，$v'_1 > v_1$，$v_2 > v'_2$，但近圆、椭圆的相切点具有同一加速度 $a_1 = \dfrac{F_1}{m} = \dfrac{GM}{r_1}$，椭圆、远圆的相切点也有相同的加速度 $a_2 = \dfrac{F_2}{m} = \dfrac{GM}{r_2}$。

图 4 - 18

（2）降低轨道高度时：远圆（同向喷气，瞬间减速）→椭圆→椭圆→…→近圆→降落伞→向地喷气→着地。

解题的过程完全是上述知识的应用。

例 1：假设地球是一半径为 R、质量分布均匀的球体。一矿井深度为 d，已知质量分布均匀的地壳对壳内物体的引力为零，矿井底部和地面处的重力加速度大小之比为（　）。

A. $1 - \dfrac{d}{R}$　　　　B. $1 + \dfrac{d}{R}$　　　　C. $\left(\dfrac{R-d}{R}\right)^2$　　　　D. $\left(\dfrac{R}{R-d}\right)^2$

解析：在地球内构建半径为 $R' = R - d$ 的新地球，如图 4 - 19 所示，由黄金代换式有

$$GM = R^2 g \qquad ①$$

$$GM' = (R-d)^2 g' \qquad ②$$

$$M = \rho \dfrac{4}{3}\pi R^3 \qquad ③$$

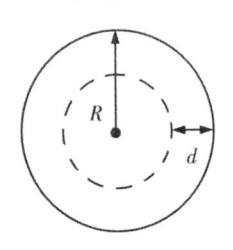

$$M' = \rho \dfrac{4}{3}\pi (R-d)^3 \qquad ④$$

图 4 - 19

易得：$\dfrac{g'}{g} = 1 - \dfrac{d}{R}$ 即 A 选项正确。

例 2：如图 4 - 20 所示，a、b 是两颗绕地球做匀速圆周运动的人造卫星，它们距地面的高度分别是 R 和 $2R$（R 为地球半径），下列说法中正确的是（　）。

A. a、b 的线速度大小之比是 $\sqrt{2}:1$

B. a、b 的周期之比是 $1:2\sqrt{2}$

C. a、b 的角速度大小之比是 $3\sqrt{6}:4$

D. a、b 的向心加速度大小之比是 $9:4$

图 4 - 20

解析：由前述分析易知，选项 C、D 正确。

例 3：同步卫星的加速度为 a_1，速度为 v_1；地面附近卫星的加速度为 a_2，速度为 v_2；合肥市某一楼房随地球自转的向心加速度为 a_3，速度为 v_3。则下列关系中正确的是（　）。

A. $a_1 > a_2 > a_3$　　　B. $a_2 > a_1 > a_3$　　　C. $v_3 > v_2 > v_1$　　　D. $v_1 > v_2 > v_3$

解析：同步卫星与楼房的角速度相等，由 $v = \omega r$ 及 $a = \omega^2 r$ 知，$v_3 < v_1$，$a_3 < a_1$；同步卫星和近地卫星相比，由 $v = \sqrt{\dfrac{GM}{r}}$ 知，$v_1 < v_2$，由 $a = \dfrac{GM}{r^2}$ 知，$a_1 < a_2$。故选项 B 正确。

第5章　电场与磁场

5.1 "地—卫"模型在电磁场中迁移应用

在高中物理天体运动中我们探究了在引力场中绕地球运行的人造卫星。那么电磁场中是否也存在类似地"人造卫星"？下面就这一问题来探讨。

一、引力场中"地—卫"模型

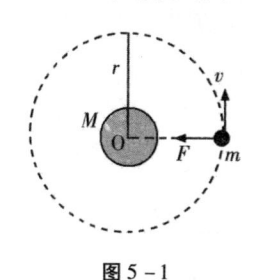

引力场中"地—卫"模型的特征是卫星绕中心天体（地球）做匀速圆周运动，如图5-1所示。在这个模型中万有引力 $F_{引} = G\dfrac{Mm}{r^2}$ 充当向心力，而向心力有四种表达式：

$$F_{向} = m\dfrac{v^2}{r} = m\omega^2 r = m\left(\dfrac{2\pi}{T}\right)^2 r = m(2\pi f)^2 r,\ F_{引} = F_{向} \quad ①$$

图5-1

1. 两个轨道特征

（1）由于卫星正常运行时只受中心天体的万有引力作用，所以卫星平面必定经过中心天体（地球）中心。

（2）卫星运行的轨道是连续的，变轨是离心或向心运动。

2. 三种物理量关系

（1）当轨道半径 r 增大时，卫星运行速度 v 减小，角速度 ω 减小，周期 T 增大，频率 f 减小。

（2）已知卫星的相关物理量，可求中心天体（地球）的质量 M 或密度 ρ。

（3）当轨道半径 r 增大时，万有引力做负功，引力势能增大。

二、电场中"地—卫"模型

在电场中"地—卫"模型特征是带电粒子绕原子核（或某一中心点）做匀速圆周运动。

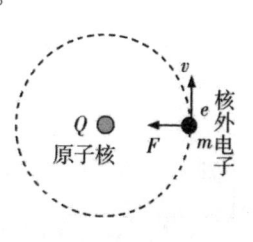

1. 由库仑力提供向心力做匀速圆周运动

如图5-2所示，质量为 m 的核外电子 e 绕原子核 Q 在库仑

图5-2

力的作用下做匀速圆周运动，静电引力 $F_电 = k\dfrac{Qe}{r^2}$ 充当向心力，满足 $F_电 = F_向$　②.

例1：氢原子放出一个光子后，根据玻尔理论，氢原子的（　　）。

A. 核外电子的电势能增大

B. 核外电子的动能增大

C. 核外电子的转动周期变大

D. 氢原子的能量增大

解析：根据玻尔理论，氢原子由能量较高的定态跃迁到能量较低的定态才辐射出光子，反之会吸收光子，所以 D 错误。氢原子放出一个光子后，核外电子进入低级轨道运行，半径减小，由 $k\dfrac{e^2}{r^2} = m\dfrac{v^2}{r}$ 知，随着 r 变小，电子线速度变大，电子动能增大，所以 B 正确。

由 $T = \dfrac{2\pi r}{v}$ 知，r 变小，线速度 v 变大，所以 T 变短，所以 C 错误。当电子由半径大的轨道跃迁到半径小的轨道时，电场力做正功，所以电子电势能变小，所以 A 错误。

例2：人造地球卫星绕地球做圆周运动与玻尔氢原子模型中电子绕原子核做圆周运动相类似，下列说法正确的是（　　）。

A. 它们做圆周运动的向心力大小跟轨道半径成反比

B. 它们都只能在一系列不连续的轨道上运动

C. 电子轨道半径越大，氢原子能量越大

D. 不同卫星在同一轨道运动时，动能相等

解析：根据 $G\dfrac{Mm}{r^2} = m\dfrac{v^2}{r}$ 和 $k\dfrac{e^2}{r^2} = m\dfrac{v^2}{r}$ 可知向心力大小跟轨道半径的平方成反比，A 错。人造地球卫星绕地球做匀速圆周运动的轨道半径是连续的，B 错。氢原子由轨道较高的定态跃迁到轨道较低的定态会辐射出光子，反之会吸收光子，C 正确。不同卫星在同一轨道运动，轨道半径一定，线速度一定，但不同卫星的质量不确定，D 错。

2. 由电场力提供向心力做匀速圆周运动

如图 5-3 所示，在等量同种正电荷产生的电场中，在其电荷连线的中垂线上，距离中心 O 点距离为 r 的 P 点的电场强度为 E，方向沿中垂线向下。根据电荷产生电场的空间分布对称性，在中垂面上距离 O 点距离为 r 的圆周上的每一点的电场强度大小都为 E，方向都背离圆心 O 点，且从 O 点到无穷远处的电场强度先增大再减小，电势从 O 点到无穷远处一直减小且大于零。

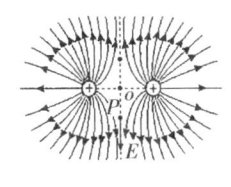

图 5-3

如果在 P 点放一质量为 m，电荷量为 e 的电子，且它具有方向垂直纸面里（或向外）的初速度 v_0，则在电场力 $F_场 = eE$ 的作用下电子绕 O 点将会做匀速圆周运动，且 $eE = m\dfrac{v_0^2}{r}$　③.

例3：在等量同种正电荷的电场中，一带负电荷的粒子做匀速圆周运动，下列说法

正确的是（　　）。

A. 负粒子在等量同种正电荷的连线的平面上做匀速圆周运动
B. 当轨道半径增大时，粒子做匀速圆周运动的速度一定减小
C. 当带负电的粒子做匀速圆周运动的轨道半径增大时，粒子的电势能增大
D. 负粒子的电场力提供了做匀速圆周运动的向心力

解析：作图 5-3 的右视图如图 5-4 所示，A 错。由 $eE = m\dfrac{v^2}{r}$ 可知 $v = \sqrt{\dfrac{eEr}{m}}$，随轨道半径增大，电场强度可能先增大后减小，所以 B 错。在等量同种正电荷的电场中做匀速圆周运动的只能是负电荷，当轨道半径增大时，电场力做负功，电势能增大，所以 C、D 正确。

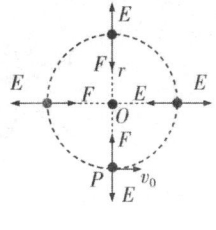

图 5-4

三、磁场中"地一卫"模型

在磁场中"地一卫"模型特征是带电粒子绕某一中心做匀速圆周运动。

1. 匀强磁场中的匀速圆周运动

如图 5-5 所示，一质量为 m，电荷量为 q 的带正电的粒子，在磁感应强度为 B 的匀强磁场中受洛伦兹力 $f_洛 = qvB$ 的作用做匀速圆周运动，$f_洛 = F_向$　④。

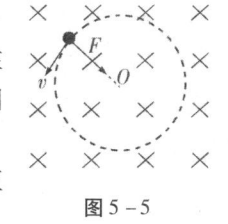

例 4：带电粒子进入匀强磁场中做匀速圆周运动，下面说法正确的是（　　）。

A. 带电粒子是平行磁场方向进入
B. 安培力提供了做匀速圆周运动的向心力
C. 做匀速圆周运动的轨道半径大小：$r = \dfrac{mv}{Bq}$
D. 当轨道半径 r 增大时，粒子的速度减小，周期增大

图 5-5

解析：带电粒子平行进入磁场将不受洛伦兹力，A 错。带电粒子在磁场中受到的是洛伦兹力，B 错。由 $Bqv = m\dfrac{v^2}{r} = m\left(\dfrac{2\pi}{T}\right)^2 r$ 可知 $r = \dfrac{mv}{Bq}$，$T = \dfrac{2\pi m}{Bq}$，所以 C 正确，D 错。

2. 非匀强磁场中的匀速圆周运动

如图 5-6 所示，在条形磁铁产生的磁场中，在磁铁的中垂线上，距离磁铁中心 O 点距离为 r 的 Q 点的磁感应强度为 B，方向平行于磁铁向右。根据磁铁产生的磁场的对称性，如图 5-7 所示，在以 O 点为圆心，r 为半径的圆周（在垂直磁铁的平面内）上的每一点的磁感应强度都为 B，方向都平行于磁铁向右，且从 O 点到无穷远处的磁感应强度逐渐减弱。

图 5-7 的右视图如图 5-8 所示，如果在 Q 点放一质量为 m，电量为 q 的正电荷，且具有初速度 v 在洛伦兹力 F 的作用下绕 O 点做匀速圆周运动，仍满足④式。

65

图 5-6　　　　　图 5-7　　　　　图 5-8

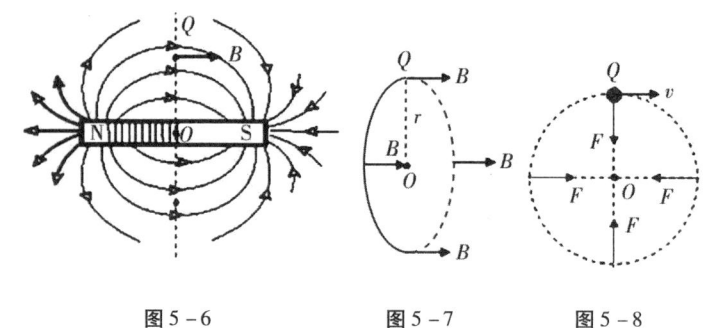

例 5：一带电粒子在条形磁铁产生的磁场中做匀速圆周运动，下列说法错误的是（　　）。

A. 这个圆周运动位于条形磁铁的中垂面上
B. 该处的磁感应强度与条形磁铁的中垂面垂直
C. 粒子的洛伦兹力提供了向心力
D. 当粒子的轨道半径增大时，粒子的线速度减小，周期增大，角速度减小

解析：由前面知识可知 A、B、C 选项都正确。当轨道半径增大时，由④式可知

$$v = \frac{Bqr}{m},\quad \omega = \frac{v}{r} = \frac{Bq}{m},\quad T = \frac{2\pi}{\omega} = \frac{2\pi m}{Bq}$$

由于随轨道半径增大，磁感应强度 B 逐渐减小，所以粒子的线速度 v 的大小不确定，周期 T 增大，角速度 ω 减小。所以 D 错。

5.2　感悟探究分析的美

——带电粒子在匀强磁场内做匀速圆周运动问题的研究

一、问题的提出

当 $v \perp B$，带电粒子仅受洛伦兹力 $f = Bqv$ 时，它将做匀速圆周运动，其轨迹可能是全圆、半圆、劣弧（含 1/4 圆）、优弧中的一种，由 $Bqv = m\dfrac{v^2}{r}$ 知，轨迹半径 $r = \dfrac{mv}{Bq}$ ①，周期为 $T = \dfrac{2\pi r}{v} = \dfrac{2\pi m}{Bq}$。当 m、q、B 一定时，$r \propto v$，T 却一定；当 m、q、v 一定时，r 和 $T \propto \dfrac{1}{B}$。r 随 v 或 B 的变化而变的问题及有边界限制的问题，学生常感"头疼"，究其原因：①不会作图；②不会运用相关圆的数学知识；③找不出"临界轨迹"。要突破难点，作图的关键在于学会确定轨迹圆心，并要把圆的几何知识和具体物理问题联想对比、推理思维；找"临界轨迹"就要抓住"相切于某一磁场边界"或从"磁场二边界的交点"射出或寻找"轨迹与边界的交点"，要切中"临界几何关系"这根脉，使学生学会"通性通法"，感悟本质，从而培养他们综合探究这一类问题的能力。

二、有关圆的几何知识（数理建模）

如图 5-9 所示，半径与切线垂直：$OM \perp MP$，$ON \perp PN$；φ 补角的平分线 OP 垂直平分弦 MN 且相交于 Q 点、把角 $\angle MON$ 也平分，故满足 $\varphi = \angle MON = 2\angle MOP = 2\angle PMQ$；线段间满足的关系：$\overline{PM} = \overline{PN} = \overline{OM}\tan\dfrac{\varphi}{2}$，$\overline{QM} = \overline{QN} = \overline{OM}\sin\dfrac{\varphi}{2}$，$\overline{MN} = 2\overline{OM}\sin\dfrac{\varphi}{2}$。

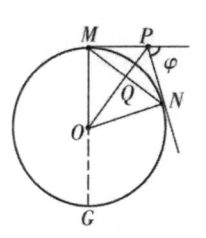

图 5-9

联想对比带电粒子的匀速圆周运动会发现：①若粒子从 $M \to N$ 运动，即 $M \to P$ 是入射方向，$P \to N$ 是出射方向，则 $M \to O$、$N \to O$ 分别是过入、出射点的洛伦兹力方向，劣弧 $\overset{\frown}{MN}$ 是运动轨迹，对应的圆心角为 φ，运动时间 $t = \dfrac{\varphi}{2\pi}T = \dfrac{\varphi m}{Bq}$；②若粒子从 $N \to M$，即 $P \to N$ 是入射方向，$M \to P$ 是出射方向，$N \to O$、$M \to O$ 仍分别是过入、出射点的洛伦兹力方向，则优弧 $\overset{\frown}{NM}$ 是运动轨迹，对应的圆心角为（$2\pi - \varphi$），运动时间 $t = \dfrac{2\pi - \varphi}{2\pi}T = \dfrac{(2\pi - \varphi)m}{Bq}$；③若从 M 顺或逆转一周再到 M，轨迹即为全圆（N 点出发亦然）；④若从 M 顺或逆转半周到 G 点，轨迹为半圆（$G \to M$ 亦然）。

由上述分析可见，轨迹圆心是三条直线 OM、OP、ON 的交点（或线段 $\overline{MG}$ 的中点），当在实际问题中，若能分析出三线中的任意两线，其交点就是轨迹圆心，再以半径 $r = \overline{OM} = \overline{ON}$ 画圆，很自然就得出粒子的运动轨迹了。

三、临界轨迹的归类分析

基本模型：

如图 5-10 所示，一质量为 m、电量为 q 的带电粒子以恒定速度 v 垂直左边界从 M 点射入宽为 d，长无限的垂直纸面向里的匀强磁场区域内，试探究粒子从左边界出射及从右边界出射时，磁感应强度 B 应满足的条件。

解析： 带正电粒子，由左手定则判知，将逆时针转动（向上偏）；负电粒子将顺时针转动（向下偏），而轨迹圆心均在左边界线

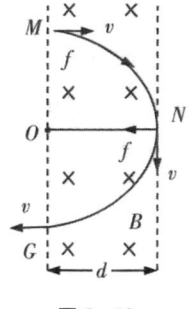

图 5-10

上，只因磁感应强度 B 的大小未知，半径 r 也未知。由①式知，B 大 r 小，粒子做半个小圆周运动就可能从磁场左边界出来；B 小 r 大，粒子做大圆周（劣弧）就可能从右边界射出。可见轨迹与右边界相切就是问题要求中的"临界轨迹"，这个轨迹对应的半径就是"临界半径"。以 $-q$ 为例作图，从 M 点沿边界向下取点 O，使 $\overline{OM} = d$，从 O 点向右边界作垂线，交于 N 点（切点），即"临界轨迹"是半圆 $\overset{\frown}{MNG}$，对应的"临界半径"是 $r_0 = d$ ②，代入①式得临界磁感应强度 $B_0 = \dfrac{mv}{qd}$，要判断清楚②式是粒子从左边界射出

的最大轨迹半径，也是从右边界射出的最小轨迹半径，故要使粒子从左边界射出（轨迹圆心由"临界圆心"靠近 M 点移动 $r<d$），$B \geq B_0$，要使粒子从右边界射出（轨迹圆心由"临界圆心"远离 M 点移动 $r>d$），$B<B_0$。

迁移1：如图 5-11 所示，一群质量为 m、电量为 $+q$ 的带电粒子以大小不一的速度 v 从长为 l 宽为 h 的矩形磁场边界 a 点沿 ab 方向射入垂直纸面向外的匀强磁场区域内，试探究当粒子速度 v 满足什么条件时，将从左边界 ad、下边界 dc 及右边界 cb 射出？

分析：首先要肯定的是所有粒子的轨迹圆心均在 ad 边或其延长线上，再由上述基本模型的分析可知，粒子从左边界射出的最大"临界半径（出射点对应边界 ad 和 dc 的交点 d，圆心是 ad 边的中点 O_1）"满足几何关系：$2r_1 = h$ ③，代入①式得，此时的最大速度 $v_1 = \dfrac{Bqh}{2m}$，即入射速度满足 $0 < v \leq v_1$ 的粒子运动半圆周将从左边界 ad 射出；粒子从下边界 dc 射出的最大"临界半径（出射点对应边界 bc 和 dc 的交点 c，圆心是 ad 边延长线与 ac 垂直平分线的交点 O_2）"满足几何关系：$(r_2-h)^2 + l^2 = r_2^2$ ④，解得 $r_2 = \dfrac{l^2+h^2}{2h}$，代入①式得 $v_2 = \dfrac{Bq(l^2+h^2)}{2mh}$，即入射速度满足 $v_1 < v \leq v_2$ 的粒子运动一劣弧将从下边界 dc 射出；显然轨迹半径 $r > r_2$、速度 $v > v_2$ 的粒子将从右边界 cd 射出。

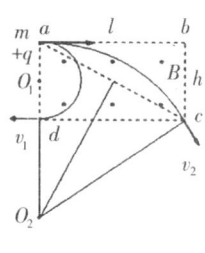

图 5-11

可见，本问题中，只要在一群粒子中找到"两个临界粒子"即可。

迁移2：在基本模型中，若使粒子入射速度与左边界有夹角 θ（图 5-12）时的情况会如何？

分析：对顺时针转动的 $-q$ 粒子，采取"观察定心"法：即过 M 点垂线（洛伦兹力方向）上，选取一点 O，使之到右边界的垂直距离满足 $\overline{OM} = \overline{ON} = r_0$（"临界轨迹半径"），由图知"临界几何关系"为 $r_0 \cos\theta + r_0 = d$ ⑤，解得粒子能从左边界射出的最大半径 $r_0 = \dfrac{d}{1+\cos\theta}$，

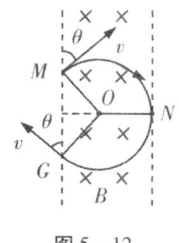

图 5-12

代入①式得最小磁感应强度 $B_0 = \dfrac{mv}{qr_0} = \dfrac{mv(1+\cos\theta)}{qd}$。即 $B \geq B_0$ 时，粒子从左边界出，$B < B_0$ 时，粒子从右边界出。

思考：对 $+q$ 粒子如何分析？

迁移3：如图 5-13 的截面图所示，一质量为 m、电量为 $+q$ 的粒子从小孔正对半径为 R 的绝缘刚性圆柱的轴线以速度 v 射入匀强磁场（平行于轴线）中，试探究磁感应强度 B 多大时，粒子和筒壁发生弹性碰撞后将从小孔中射出？

分析：若无磁场或粒子不带电，粒子不偏转从 $M \to Q$ 反弹 $\to M$，显然这不符合题意，故粒子至少在 N、P 点碰撞两次且把圆区域分

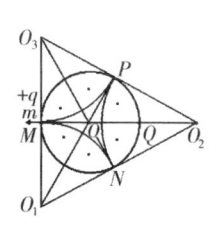

图 5-13

68

成三等分才能从小孔射出,这时 $\angle MON = \dfrac{2\pi}{2+1} = \dfrac{2\pi}{3}$,$\angle MOO_1 = \dfrac{\pi}{3}$,轨迹半径 $r_1 = \overline{O_1M}$

$= R\tan\dfrac{\pi}{3} = \sqrt{3}R$,由 $B_1qv = m\dfrac{v^2}{r_1}$ 得 $B_1 = \dfrac{\sqrt{3}mv}{3qR}$;碰撞三次把圆区域分成四等分……碰撞 n 次把圆区域分成等分 $(n+1)$ 等分,有 $r_{n-1} = R\tan\dfrac{2\pi}{2(n+1)}$,对应的磁感应强度为

$B_{n-1} = \dfrac{mv}{qR}\cot\left(\dfrac{\pi}{n+1}\right)$,其中 $n = 2、3、4、5、\cdots$。

迁移 4:如图 5-14 所示,一质量为 m、电量为 $-q$ 的粒子从圆磁场区域的 M 点射入磁感应强度为 B 的圆形匀强磁场区,方向与区域半径 R 成 θ,当速度多大时,出射点 N 离入射点 M 最远?

分析:当出射点 N、入射点 M 的连线是圆区域直径时,$\overline{MN} = 2R$ 最大(轨迹弦长)。过 M 点向下作垂线、过区域圆心 O 作直径 $\overline{MN}$ 的中垂线,两线交点 O' 即为轨迹圆心,过 N 点作 $O'N$ 的垂线即为出射速度的方向。轨迹半径满足的几何关系为:$r_0\sin\theta = R$,对应的速度 $v_0 = \dfrac{BqR}{m\sin\theta}$。

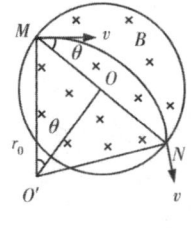

图 5-14

思考:当 $0 < v < v_0$、$v > v_0$ 时,粒子分别从何处射出?

四、典型例题

1. 磁场边界和出射点不确定问题

例 1:一匀强磁场,磁场方向垂直于 xOy 平面,在 xOy 平面,磁场分布在以 O 为圆心的一个圆形区域内,一个质量为 m、电量为 q 的带电粒子,由原点 O 开始运动,初速度为 v,方向沿 x 轴正方向,后来粒子经过 y 轴上的 P 点,此时速度方向与 y 轴夹角为 $30°$,P 到 O 的距离为 L,如图 5-15 所示,不计重力的影响,求:磁场的磁感应强度 B 的大小和 xOy 平面上磁场区域的半径 R。

解析:此题中,粒子的正负、磁场的方向及区域的大小都未知,现以 $+q$ 粒子来分析,则磁场必垂直纸面向里才能使粒子产生如图示的偏转。首先肯定,因洛伦兹力将过 O 点垂直速度 v 向上,故圆心在 $+y$ 轴上;然后要弄清 P 点是不是磁场中的出射点?假设是的话,则粒子在 P 点所受的洛伦兹力将垂直速度 v 斜向下,它与过 O 点的洛伦兹力无交点(圆心),故假设不成立。仔细观察图 5-15 会发现:粒子的入射点和入射方向明确,出射方向也明确,就是出射点(一定是运动轨迹与磁场圆区域的交点)不明确,受前述数理建模图 5-9 的启发会想到:过 P 点作速度 v 的反向延长线交 $+x$(入射方向)于 Q 点,利用角之间的几何关系可知:运动轨迹的偏向角为 $\angle xQP = \dfrac{2\pi}{3}$,它就是轨迹转过的圆心角。作偏向角补角 $\angle OQP$ 的角平分线(方法略),交 $+y$ 轴于 C 点,即

图 5-15

为轨迹圆心（图 5-16）；再从 C 点向直线 PQ 作垂线，两线交于 A 点即为"磁场中的出射点"。以 O 点为圆心，轨迹弦长 $R = \overline{OA}$ 为半径画圆，即找出磁场区域。原来粒子从 $A \to P$ 是匀速直线运动。至此本题的难点已经突破，列式计算请读者自行完成。（答案：$B = \frac{3mv}{qL}$，$r = \frac{\sqrt{3}}{3}L$）本题以数理建模为依据，抓住"隐含偏向角"这个关键点，经过层层推理，使思维显性化在作图过程中，从而使问题得解。

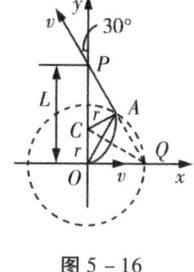

图 5-16

2. 多轨迹"心连心"的周期性问题

例 2：如图 5-17 所示，两个同心圆是磁场的理想边界，内圆半径为 R，外圆半径为 $\sqrt{3}R$，磁场方向垂直纸面向里，内、外圆之间的环形区域内磁感应强度为 B，内圆内的磁感应强度为 $\frac{B}{3}$。$t = 0$ 时，一个质量为 m、带电量为 $-q$ 的离子（不计重力），从内圆上的 A 点沿半径方向飞进环形磁场，刚好没有飞出磁场。

（1）求离子的速度大小。

（2）离子自 A 点射出后在两个磁场间不断地飞进飞出，求从 $t = 0$ 开始经多长时间第一次回到 A 点？

（3）求从 $t = 0$ 开始到离子第二次回到 A 点，离子在内圆磁场中运动的时间共为多少？

图 5-17

（4）画出从 $t = 0$ 到第二次回到 A 点离子运动的轨迹。

解析：如图 5-18 所示。

（1）由基本模型和迁移 2、3 的分析知，离子在环形区域内顺时针运动的轨迹与外圆相切，磁场区域圆心 O 与轨迹圆心 O_1 "心连心"并过外圆切点 N_1，故在直角 $\triangle OAO_1$ 中满足题设"刚好"的"临界几何"关系是 $R^2 + r_1^2 = (\sqrt{3}R - r_1)^2$，解得临界半径为 $r_1 = \frac{\sqrt{3}}{3}R$，圆心角 α 满足的关系是：$\tan\left(\pi - \frac{\alpha}{2}\right) = \frac{\overline{OA}}{\overline{O_1A}} = \frac{R}{r_1} = \sqrt{3}$，$\alpha = \frac{4\pi}{3}$，离子在环内的周期 $T_1 = \frac{2\pi m}{Bq}$，A 点经 N_1 到 C 点的时间：$t_{AC} = \frac{\alpha}{2\pi}T_1 = \frac{4\pi m}{3Bq}$。再由 $Bqv = m\frac{v^2}{r_1}$ 得 $v = \frac{Bqr_1}{m} = \frac{\sqrt{3}qBR}{3m}$。

（2）离子从 A 点出发经 N_1 到 C 再到 D 再到 N_2 就第一次回到 A 点。其中 $\overset{\frown}{CD}$ 是内圆里的运动轨迹，圆心是 O_2 与区域圆心也"心连心"且过 A 点，轨迹 $\overset{\frown}{CD}$ 的半径由 $\frac{B}{3}qv = m\frac{v^2}{r_2}$ 知 $r_2 = \frac{3mv}{Bq} = 3r_1 = \sqrt{3}R$，在直角 $\triangle OCO_2$ 中，$\tan\beta = \frac{\overline{OC}}{\overline{O_2C}} = \frac{R}{r_2} = \frac{\sqrt{3}}{3}$，$\beta = \frac{\pi}{6}$，因离

子在内圆区域的运动周期为 $T_2 = \dfrac{6\pi m}{Bq}$，故 C 到 D 的时间为 $t_{CD} = \dfrac{2\beta}{2\pi}T_2 = \dfrac{\pi m}{Bq}$，因 $A \to N_1 \to C$ 与 $D \to N_2 \to A$ 的运动具有对称性，故从 $t=0$ 开始第一次回到 A 点的时间为 $t_1 = 2t_{AC} + t_{CD} = \dfrac{11\pi m}{3Bq}$.

（3）从 $t=0$ 开始到离子第二次回到 A 点，其间的运动过程是 $A \to N_1 \to C \to D$，$D \to N_2 \to A$（第一次）$\to E$，…，$C \to N_6 \to G \to A$（第二次）；总共六次经过内圆区域，故离子在内圆磁场中运动的总时间为 $t_1 = 6t_{CD} = T_2 = \dfrac{6\pi m}{Bq}$.

（4）因 $\angle AO_1C = 360° - \alpha = 120°$，故 $\angle AOC = 180° - \angle AO_1C = 60°$（或 $\angle AOC = 90° - \beta = 60°$），环内轨迹把内、外圆周恰好等分成 $n_1 = \dfrac{360°}{\angle AOC} = 6$ 份；内圆轨迹把内圆周等分成 $n_2 = \dfrac{360°}{2\angle AOC} = 3$ 份；依左手定则判断偏转情况，画出轨迹如图 5 – 18 所示。

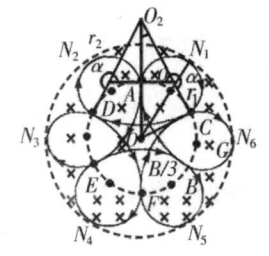

图 5 – 18

本题立足"数理建模"、基本模型和迁移 2、3 的分析，抓住 $A \to N_1 \to C \to D$ 这一"周期"的运动（从 $t=0$ 到离子第二次回到 A 点共六个"周期"），再经周密仔细的思考和运算才能使问题得解。

$v \perp B$ 时，带电粒子仅受洛伦兹力 $f = Bqv$ 做匀速圆周运动的典型问题不胜枚举，从上述探究分析中已见全貌，只要深刻领会数理建模的思想本质、探究出边界限制的几何关系，各种问题就都会有思路和方法去解决它。在解此类问题时物理思维的美、数理结合的美、空间构图显现情景的美、归纳总结的美、最值分析的美、周期性运动的美、几何对称的美、"心连心"的美都跃然纸上，真乃妙不可言。

练习：如图 5 – 19 所示，在直线 MN 与 PQ 之间有两个匀强磁场区域，两磁场的磁感应强度分别为 B_1、B_2，方向均与纸面垂直，两磁场的分界线 OO' 与 MN 和 PQ 都垂直，现有一带正电的粒子质量为 m、电荷量为 q，以速度 v_0 垂直边界 MN 射入磁场 B_1 中，并最终垂直于边界 PQ 从 $O'Q$ 段射出磁场，已知粒子始终在纸面内运动，且每次均垂直 OO' 越过磁场分界线。（1）写出 MN 与 PQ 间的距离 d 的表达式。（2）求粒子在磁场中运动的时间。

图 5 – 19

解析：（1）当粒子入射点距离 O 点较远时如图 5 – 20 所示，粒子在磁场 B_1 中以 O 点为圆心做一个半径为 $R_1 = \dfrac{mv_0}{qB_1}$ 的 $\dfrac{1}{4}$ 圆周运动，垂直进入磁场 B_2 中做一个半径为 $R_2 = \dfrac{mv_0}{qB_2}$ 的 $\dfrac{1}{4}$ 圆周运动，恰好垂直 $O'Q$ 射出，应满足：$d_1 = R_1 + R_2 = \dfrac{mv_0}{q}\left(\dfrac{1}{B_1} + \dfrac{1}{B_2}\right)$.

图 5 – 20

当粒子入射点距离 O 点较近时如图 5 – 21 所示，粒子在磁场 B_1 中以 O 点为圆心做

一个 $\frac{1}{4}$ 圆周运动→在磁场 B_2 中做一个 $\frac{1}{2}$ 圆周运动→在磁场 B_1 中做一个 $\frac{1}{2}$ 圆周运动→在磁场 B_2 中做一个 $\frac{1}{4}$ 圆周运动恰好垂直 $O'Q$ 射出，应满足：$d_2 = (R_1 + R_2) + 1 \times (2R_1 + 2R_2)$。

……

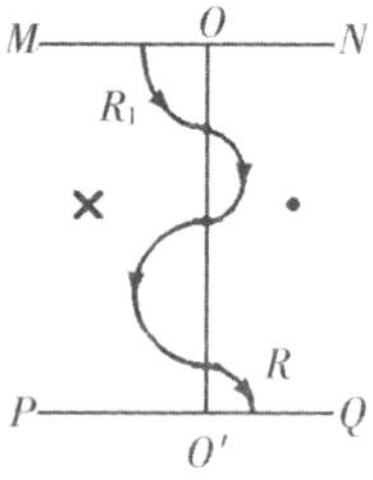

由数学归纳法知 d 的通项表达式为

$d = (R_1 + R_2) + n(2R_1 + 2R_2) = (2n + 1)(R_1 + R_2)$
$(n = 0, 1, 2, 3, \cdots)$

因此 $d = \dfrac{(2n + 1) mv_0 (B_1 + B_2)}{qB_1 B_2}$，$n \in N$.

（2）粒子在磁场 B_1 中做圆周运动的周期 $T_1 = \dfrac{2\pi m}{qB_1}$，在磁场 B_2

图 5-21

中做圆周运动的周期 $T_2 = \dfrac{2\pi m}{qB_2}$，粒子在 $O'Q$ 间射出，在两个磁场中分别经历 $(2n+1)$ 个 $\dfrac{T}{4}$，所以 $t = (2n+1)\left(\dfrac{T_1}{4} + \dfrac{T_2}{4}\right) = \dfrac{(2n+1)\pi m(B_1 + B_2)}{2qB_1 B_2}$，$(n = 0、1、2、3、\cdots)$.

本题反映出在 OO' 边界上粒子有多种可能的落点（既是 B_1 中的离开点又是 B_2 中的入射点，其速度不变），所求未知量与用字母表示的已知量之间存在着多种制约关系，常要结合数学归纳法来思考。

5.3 等效场模型的迁移应用

一、模型概述

复合场是高中物理中的热点问题，常见的有重力场与电场、重力场与磁场、重力场与电磁场等等，对复合场问题的处理过程其实就是一种物理思维方法。所以在学习时应该将它作为一种模型理解。

二、模型要点

物体仅在重力场中运动是最简单，也是学生最为熟悉的运动类型，但是物体在复合场中的运动又是我们在综合性试题中经常遇到的问题，如果我们能化"复合场"为"重力场"，不仅能有"柳暗花明"的效果，而且也是一种转化思想的体现。如何实现这一思想方法呢？

如物体在恒力场中，我们可以先求出合力 F，再根据 $g' = F/m$ 求出等效场的加速度。将物体的运动转化为落体、抛体或圆周运动等，然后根据物体的运动情景采用对应的规律。

三、误区点拨

在应用公式时要注意 g 与 g' 的区别。对于竖直面内的圆周运动模型，则要从受力情形出发，分清"地理最高点"和"物理最高点"，弄清有几个场力。竖直面内若做匀速圆周运动，则必须根据做匀速圆周运动的条件，找出隐含条件。同时还要注意轨道类问题的约束条件。

四、模型例析

例 1：粗细均匀的 U 形管内装有某种液体，开始静止在水平面上，如图 5-22 所示，已知：$L = 10cm$，当此 U 形管以 $4m/s^2$ 的加速度水平向右运动时，求两竖直管内液面的高度差。（$g = 10m/s^2$）

解析：当 U 形管向右加速运动时，可把液体当作放在等效重力场中，g' 的方向是等效重力场的竖直方向，这时两边的液面应与等效重力场的水平方向平行，即与 g' 方向垂直。

设 g' 的方向与 g 的方向之间夹角为 α，则 $\tan\alpha = \dfrac{a}{g} = 0.4$.

由图 5-22 可知液面与水平方向的夹角为 α，所以

$$\Delta h = L\tan\alpha = 10 \times 0.4 cm = 4cm.$$

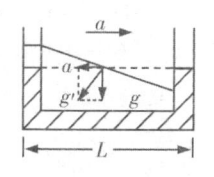

图 5-22

例 2：如图 5-23 所示，一条长为 L 的细线上端固定，下端拴一个质量为 m 的带电小球，将它置于一方向水平向右，场强为 E 的匀强电场中，已知当细线离开竖直位置偏角 α 时，小球处于平衡状态。

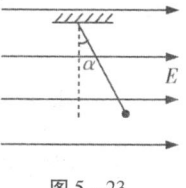

图 5-23

（1）若使细线的偏角由 α 增大到 φ，然后将小球由静止释放。则 φ 应为多大，才能使细线到达竖直位置时小球的速度刚好为零？

（2）若 α 角很小，那么（1）问中带电小球由静止释放在到达竖直位置需多少时间？

解析：带电小球在空间同时受到重力和电场力的作用，这两个力都是恒力，故不妨将两个力合成，称合力为"等效重力"，"等效重力"的大小为

$$\sqrt{(mg)^2 + (Eq)^2} = \dfrac{mg}{\cos\alpha}$$

令 $\dfrac{mg}{\cos\alpha} = mg'$，这里的 $g' = \dfrac{g}{\cos\alpha}$ 可称为"等效重力加速度"，方向与竖直方向成 α 角，如图 5-24 所示。这样一个"等效重力场"可代替原来的重力场和静电场。

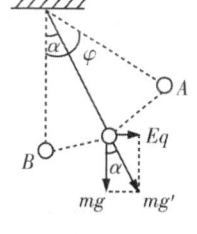

图 5-24

（1）在"等效重力场"中，观察者认为从 A 点由静止开始摆至 B 点的速度为零。迁移应用重力场中单摆摆动的特点，可知 $\varphi = 2\alpha$.

（2）若 α 角很小，则在等效重力场中，单摆的摆动周期为 $T = 2\pi\sqrt{\dfrac{L}{g'}} = 2\pi\sqrt{\dfrac{L\cos\alpha}{g}}$，从 $A \to B$ 的时间为单摆做简谐运动的半周期，即

$$t = \frac{T}{2} = \pi \sqrt{\frac{L\cos\alpha}{g}}$$

点评：本题由于引入了"等效重力场"的概念，把重力场和电场两个场相复合的问题简化为只有一个场的问题。从而将重力场中的相关规律有效地迁移过来。值得指出的是，由于重力场和电场都是匀强场，即电荷在空间各处受到的重力及电场力都是恒力，所以上述等效是允许且具有意义的，如果电场不是匀强电场或换成匀强磁场，则不能进行如上的等效变换，这也是应该引起注意的。

巩固小结：通过以上例题的分析，带电粒子在电场中的运动问题，实质是力学问题，其解题的一般步骤仍然为首先确定研究对象，进行受力分析（注意重力是否能忽略）；然后根据粒子的运动情况，运用牛顿运动定律、动能定理或能量关系、动量定理与动量守恒定律列出方程式求解。

思考：若将小球向左上方提起，使摆线呈水平状态，然后由静止释放，则小球下摆过程中在哪一点的速率最大？最大速率为多大？它摆向右侧时最大偏角为多大？

提示：如图5-25所示，小球从C点至D点，将沿"等效重力方向"做初速度为零的匀加速直线运动（类自由落体）。在D点绳子瞬间伸直，损失一部分动能后，继续做圆周运动，经B点到"等效最低点"…可求出 $\theta = 2\alpha$，列式此略。

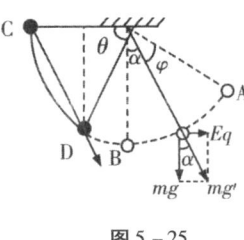

图 5-25

五、模型演练

练习：质量为 m，电量为 $+q$ 的小球以初速度 v_0 以与水平方向成 θ 角射出，如图5-26所示，如果在某方向加上一定大小的匀强电场后，能保证小球仍沿 v_0 方向做直线运动，试求所加匀强电场的最小值，加了这个电场后，经多长时间速度变为零？

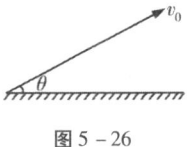

图 5-26

解析：由题知小球在重力和电场力作用下沿 v_0 方向做直线运动，可知垂直 v_0 方向上合外力为零，或者用力的分解、合成方法知，重力与电场力的合力沿 v_0 所在直线。

建如图5-27所示坐标系，设场强 E 与 v_0 成 φ 角，则受力如图5-26所示。

由牛顿第二定律可得

$$Eq\sin\varphi - mg\cos\theta = 0 \quad ①$$
$$Eq\cos\varphi - mg\sin\theta = ma \quad ②$$

由①式得 $\quad E = \frac{mg\cos\theta}{q\sin\varphi} \quad ③$

由③式得 $\varphi = 90°$ 时，E 最小为 $E_{min} = \frac{mg\cos\theta}{q}$.

其方向与 v_0 垂直斜向上，将 $\varphi = 90°$ 代入②式可得

$$a = -g\sin\theta.$$

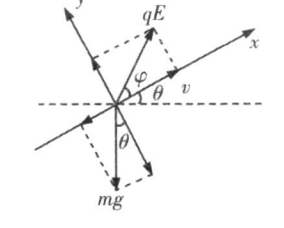

图 5-27

即在场强最小时，小球沿 v_0 做加速度为 $a = -g\sin\theta$ 的匀减速直线运动，设运动时间为 t 时速度为0，则：$0 = v_0 - g\sin\theta \cdot t$，可得 $t = \frac{v_0}{g\sin\theta}$.

第6章 电 路

6.1 等效电路的方法模型

对有限多个电阻的混联电路，可运用电阻的串、并联关系，按一定的顺序依次逐步化简求得等效阻值，这是我们所熟悉的；但是，对无限多个电阻按一定方式连接起来的等效电阻的计算却是个很棘手的问题，高中学生在处理较复杂的混联电路问题时，常常因不会画等效电路图，难以求出等效电阻而直接影响解题。以下是常见的几种等效电路的方法。

一、删除电表法

理想情况下，可认为电压表电阻无限大（断路），电流表电阻无限小（短路），为了简化电路，可以把它们分别从电路中删除（删除电流表后，断点用导线连接）。

例1：如图6-1所示，当开关闭合后，两灯有可能都正常发光的是（ ）。

A. 甲、乙都是电压表
B. 甲、乙都是电流表
C. 甲是电压表，乙是电流表
D. 甲是电流表，乙是电压表

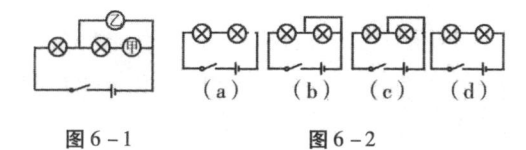

图6-1   图6-2

解析：按各选项分别把电路简化为如图6-2中的(a)(b)(c)(d)所示，显然只有(d)中的两个灯有可能都正常发光，故选D。

例2：如图6-3所示，电源电压保持不变，甲、乙、丙分别是电压表或电流表，当开关S闭合后，灯L正常发光，现把变阻器的滑片向右移动，则甲、乙、丙的可能的变化情况分别为（ ）。

A. 变大，变小，变大
B. 不变，变小，不变
C. 不变，变大，不变
D. 变小，变大，变小

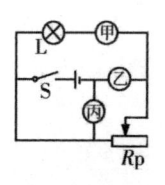

图6-3

解析：首先判断甲、乙、丙的类型。如果甲是电压表，删除后断开，显然开关闭合后灯L断路，不能发光，因此甲只能是电流表。

如果丙是电流表，把丙删除后用导线连接代替，开关闭合后，造成电源两端短路，因此丙只能是电压表。

如果乙是电压表，乙删除后，也断开，使电源负极断路，所以乙只能是电流表。

简化电路如图 6-4 所示，由图可知，开关闭合后，因为灯 L 和滑动变阻器并联在电源两端。变阻器滑片向右移动时，R_P 增大，使 I_P 减小，由于 $I_Z = I_甲 + I_P$，$I_甲$ 不变，所以 I_Z 减小，丙所测的电源两端电压保持不变，所以选 B。

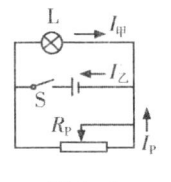

图 6-4

二、删除被短路的元件

在进行电路分析时，如果有元件两端短路，由于这些元件中没有电流通过，所以可以把它们"删除"。

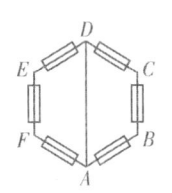

例 3：如图 6-5 所示，正六边形 ABCDEF 中，每边电阻都是 R，AD 用导线连接，如果把 ABCDEF 中任意两点接在直流电源上，则电阻为多大？

解析：A、D 用导线连接，所以 D 点和 A 点可视为同一点 A。

图 6-5

（1）求 A、B、C 三点中任意两点之间电阻，AD 左边部分被短路，把 AD 左边部分删除，如图 6-6 所示，可得 AB、BC、CA 之间的电阻 $R_{AB} = R_{BC} = R_{CA} = \dfrac{2RR}{2R+R} = \dfrac{2}{3}R$.

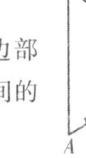

图 6-6

同理可得 AE、EF、FA 之间的电阻：$R_{AE} = R_{EF} = R_{FA} = \dfrac{2}{3}R$.

（2）对于 B 与 E、F 两点间和 C 与 E、F 两点间和电阻 R_{BE}、R_{BF}、R_{CE}、R_{CF}，其中 R_{BE} 可以用图 6-7 来表示，所以 $R_{BE} = \dfrac{2}{3}R + \dfrac{2}{3}R = \dfrac{4}{3}R$.

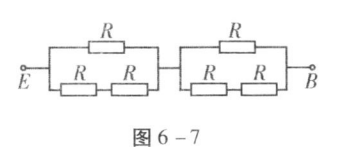

图 6-7

同理可得 $R_{BF} = R_{CE} = R_{CF} = \dfrac{4}{3}R$.

例 4：如图 6-8 所示，电源电压保持不变，灯 L 的电阻不随温度变化，当开关 S_1 断开，S_2 闭合时，电压表 V_1 的示数为 U_1，电流表的示数为 I_1；当开关 S_1、S_2 都断开时，电压表 V_2 的示数为 U_2，电阻 R_1 的功率 $P_1 = 2W$；当只闭合 S_1 时，灯泡 L 正常发光，电流表的示数为 I_3，已知 $U_1 : U_2 = 5 : 4$，$I_1 : I_3 = 2 : 3$，求灯 L 的额定功率。

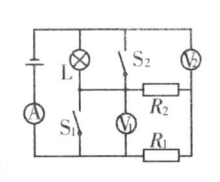

图 6-8

解析：对电路进行简化：S_1 断开，S_2 闭合的电路如图 6-9（a）所示；S_1 和 S_2 都断开时，电路如图 6-9（b）所示；只闭合 S_1 时，电路如图 6-9（c）所示。根据图 6-9（a）和 6-9（b），

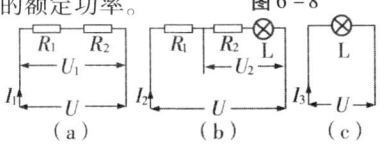

图 6-9

有 $\dfrac{U_1}{U_2} = \dfrac{U}{\dfrac{U}{R_1+R_2+R_L}(R_2+R_L)} = \dfrac{5}{4}$，所以 $\dfrac{R_1}{R_2+R_L} = \dfrac{1}{4}$ ①，根据图 6-9（a）和

6-9（c），有 $\dfrac{I_1}{I_3} = \dfrac{\dfrac{U}{R_1+R_2}}{\dfrac{U}{R_L}0} = \dfrac{2}{3}$，所以 $\dfrac{R_L}{R_1+R_2} = \dfrac{2}{3}$ ②，由①②联立得 $R_L = 2R_1$，$R_2 =$

$2R_1$，根据图 6-9（b）和图 6-9（c），有 $\dfrac{I_2}{I_3} = \dfrac{\dfrac{U}{R_1+R_2+R_L}}{\dfrac{U}{R_L}} = \dfrac{2}{5}$ ③.

所以 $\dfrac{P_1}{P_L} = \dfrac{I_2^2 R_2}{I_3^2 R_L} = \dfrac{2^2}{5^2} \times \dfrac{1}{2} = \dfrac{2}{25}$，$P_L = \dfrac{25}{2}P_1 = \dfrac{25}{2} \times 2\text{W} = 25\text{W}$.

三、等势法和节点电流法

（1）标出等势点：依次找出各个等势点（无阻值导线相连的点），并从高电势点到低电势点顺次标清各等势点字母。

（2）捏合等势点画草图：即把几个电势相同的等势点拉到一起，合为一点，然后假想提起该点"抖动"一下，以理顺从该点向下一个节点电流方向相同的电阻，这样逐点依次画出草图。画图时要注意标出在每个等势点处电流"兵分几路"及与下一个节点的连接关系。

（3）整理电路图：要注意等势点、电阻序号与原图一一对应，整理后的等效电路图力求规范，以便计算。

例5：求图 6-10 的两端 AB 间的电阻（已知 $R_1 = R_2 = R_3 = R_4 = R$）.

图 6-10

解析：在图 6-10 中各个电阻连接点上标注字母 A、B、C（同一导线连接的各点标注同一字母），如图 6-11（a）所示，并将字母 A、B、C 按电流顺序在水平方向排列，然后将所有电阻分别填上，如图 6-11（b）所示，得 $R_{AB} = \dfrac{1}{3}R + R = \dfrac{4}{3}R$.

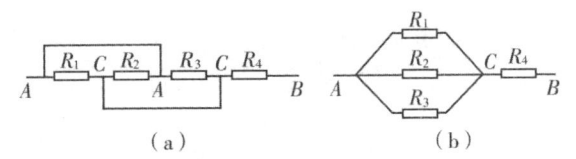

图 6-11

例6：如图 6-12（a）所示的电路中，电灯 L_1、L_2、L_3、L_4 是以什么形式连接的？

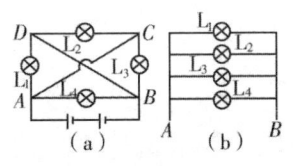

图 6-12

解析：由导线连接的 A、C 看作是同一点（C 换成 A），B、D 看作是同一点（D 换成 B）。将 A、B 放在最两边，然

后将 L_1、L_2、L_3、L_4 填上后如图 6-12（b）所示，故 L_1、L_2、L_3、L_4 并联。

例 7：图 6-13 所示电路中，$R_1 = R_3 = R_4 = R_6 = R_7 = 6\Omega$，$R_2 = R_5 = 3\Omega$，求 a、d 两点间的电阻。

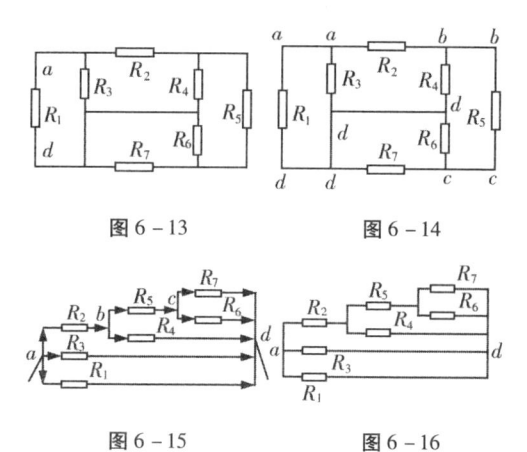

图 6-13   图 6-14

图 6-15   图 6-16

解析：该题是一种典型的混联电路，虽然看上去对称、简单，但直接看是很难认识各个电阻间的连接关系的，因此必须画出等效电路图：①在原电路图上标上等势点 a、b、c、d，如图 6-14 所示；②捏合等势点画草图。从高电势点 a 点开始，先把两个 a 点捏合到一起，理顺电阻，标出电流在 a 点"兵分三路"，经 R_1、R_3 流向 d 点，经 R_2 流向 b 点；再捏合二个 b 点，理顺电阻，标出电流在 b 点"兵分二路"，经 R_4 流向 d 点，经 R_5 流向 c 点；最后捏合 c 点，电流经 R_6、R_7 流向 d 点，如图 6-15 所示；③整理电路图如图 6-16 所示，可以清楚地看出原电路各电阻的连接方式，很容易计算出 a、d 两点间的电阻 $R = 2\Omega$。

练习 1：如图 6-17 所示，$R_1 = R_3 = 4\Omega$，$R_2 = R_5 = 1\Omega$，$R_4 = R_6 = 2\Omega$，求 M、N 两点间的电阻。

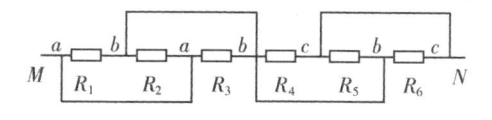

图 6-17

解析：①在原电路图上标出等势点 a、b、c，如图 6-18 所示。②捏合等势点画草图，首先捏合等势点 a，从 a 点开始，电流"兵分三路"，分别经 R_1、R_2、R_3 流向 b 点；捏合等势点 b，电流"兵分三路"，分别经 R_4、R_5、R_6 流向 c 点；如图 6-18 所

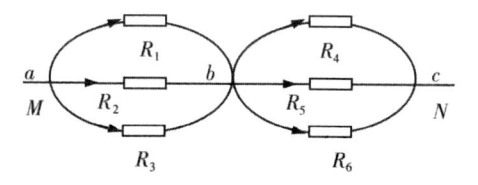

图 6-18

示；③整理电路如图 6-19 所示，从等效电路图可清楚地看出原电路各电阻的连接关系，很容易计算出 M、N 两点间的电阻 $R = \frac{7}{6}\Omega$。

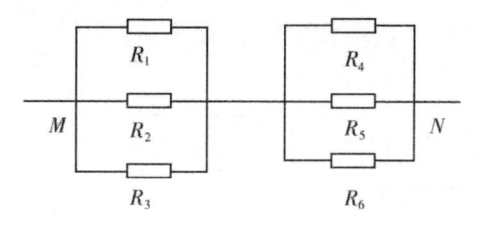

图 6-19

四、对称法、节点电流法和等势法综合

任何电阻网络，不管它是简单的或是复杂的，只要它有两个引出端，且内部无电源，则称为无源二端网络，若网络两端之间的电压为 U，从一端流进、另一端流出的电流为 I，则 $R = U/I$ 称为二端网络的等效电阻。

例 8：七个阻值均为 R 的电阻，如图 6-20（a）连接，求 A、B 间的等效电阻。

解析：根据电路结构的对称性，当电流 I 从 A 端流入、B 端流出时，各支路电流如图 6-20（b）所示，则对节点 A：$I = I_1 + I_2$。

对节点 C：$I_2 = I_1 + I_3$，$U_{AD} = I_1 2R = I_2 R + I_3 R$。得 $I_1 = \frac{2}{5}I$，$I_2 = \frac{3}{5}I$，$U_{AB} = I_1 2R + I_2 R = \frac{7}{5}IR$。故 $R_{AB} = \frac{U_{AB}}{I} = \frac{7}{5}R$。

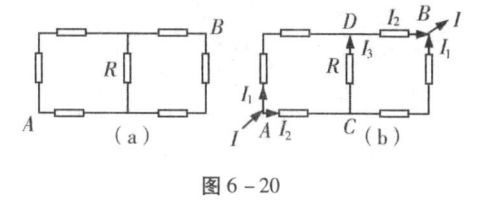

图 6-20

练习 2：20 个相同的电阻 R 按图 6-21（a）连接，求 A、B 间的等效电阻。

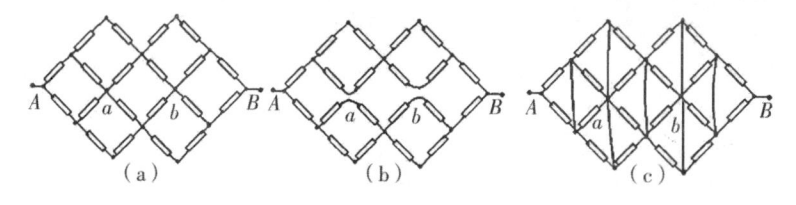

图 6-21

解析 1 法：由于网络上、下对称，将 a、b 两点按图 6-21（b）所示分开，等效电阻不变，据此求得 $R_{AB} = 2R$。

解析 2 法：按图 6-21（c）那样，把电势相同的点短路，等效电阻不变。

解析 3 法：设电流 I 从 A 端流入、B 端流出，由对称性，任选一条路径有

$$U_{AB} = \frac{I}{2}R + \frac{I}{4}2R + \frac{I}{4}2R + \frac{I}{2}R = 2IR,$$

$$R_{AB} = \frac{U_{AB}}{I} = 2R.$$

五、无限网络电路（对称性与重复性的综合）

例9：电阻丝无限网络如图6-22所示，每一段电阻丝的电阻均为R，试求A、B两点间的等效电阻R_{AB}以及A、C两点间的等效电阻R_{AC}。

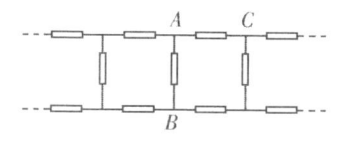

解析：因A、B左右两侧是对称的两端无限网络电路，如图6-23（a）所示，设c_0、d_0虚线右侧的等效电阻为R_x，则c_1、d_1虚线右侧的等效电阻也为R_x，如图6-23（b）（c）所示，故有$R_x = 2R + \dfrac{RR_x}{R+R_x}$，解得：$R_x = (\sqrt{3}+1)R$（解一元二次方程后，只能取大于零的解）。

A、B两端的等效电路如图6-24所示，故等效电阻满足：$\dfrac{1}{R_{AB}} = \dfrac{1}{R_x} + \dfrac{1}{R} + \dfrac{1}{R_x}$，解得：$R_{AB} = \dfrac{\sqrt{3}}{3}R$.

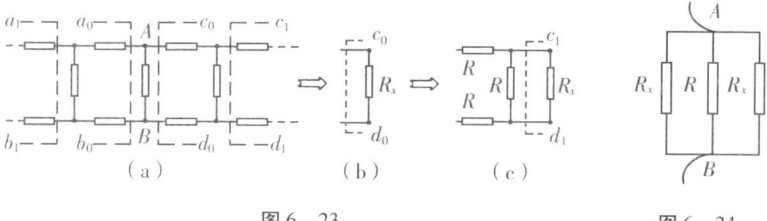

图6-23

图6-24

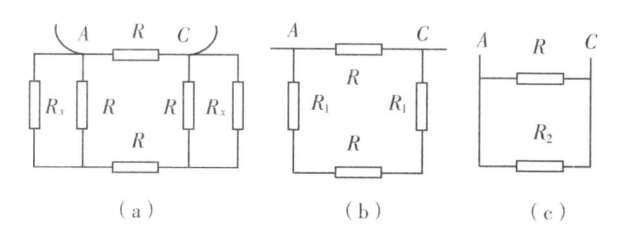

图6-25

A、C两点间的等效电路如图6-25所示，$R_1 = (\sqrt{3}-1)R$，$R_2 = 2R_1 + R = (2\sqrt{3}-1)R$，$R_{AC} = \left(1 - \dfrac{\sqrt{3}}{6}\right)R$.

6.2 电路的动态变化分析模型

"电路的动态变化"模型指电路中的局部电路变化时引起的电流或电压的变化，变化起因有变阻器、电键的闭合与断开、变压器改变匝数等。不管哪种变化，判断的思路是固定的，这种判断的固定思路就是一种模型。

一、直流电路

1. 判断方法——程序法（抓恒定变）

（1）电路中不论是串联还是并联部分，只要有一个电阻的阻值变大时，整个电路的总电阻就变大。只要有一个电阻的阻值变小时，整个电路的总电阻就变小。

（2）根据总电阻的变化，由闭合电路（电源电动势和内电阻恒定）欧姆定律可判定总电流、总电压的变化。

（3）由部分电路的欧姆定律和电路结构特点判定某部分、某元件的电流、电压变化。若变化部分是并联回路，应先判定固定电阻部分的电流、电压的变化，最后确定变化电阻部分的电流、电压。

上述的分析方法俗称"牵一发而动全身"，其要点是从变量开始，由原因导出结果，逐层递推，最后得出题目的解。

① "串反并同法"：所谓"串反"，即某一电阻值增大（减小）时，与它串联或间接串联的电阻中其电流、两端电压、电功率都减小（增大）。所谓"并同"，即某一电阻值增大（减小）时，与它并联或间接并联的电阻中其电流、两端电压、电功率都增大（减小）。

② 极端分析法：因滑动变阻器滑片滑动引起电路变化的问题，可将滑动变阻器的滑片分别滑至两个极端去讨论。

③ 特殊值法：对于某些电路可以采取给所有元件赋适当值的方法，从而快速找出结论。

2. 有用图像—数学描述（见表6-1）

表6-1

类型	公式	图像	特例	
$I-R$ 图像	$I = \dfrac{E}{R+r}$		短路 $R=0$，$I = \dfrac{E}{r}$ 图像顶端	断路 $R=\infty$，$I=0$ 图像末端
$U-R$ 图像	$U = IR = \dfrac{ER}{r+R}$		短路 $R=0$，$U=0$，$U'=E$	断路 $R=\infty$，$U=E$，$U'=0$
$U-I$ 图像	$U = E - Ir$		短路 $R=0$，$I=E/r$，$U=0$	断路 $R=\infty$，$I=0$，$U=E$
$P-R$ 图像	$P_出 = \dfrac{E^2}{(r+R)^2}R$		当 $R=r$ 时，电源的输出功率最大，$P_m = \dfrac{E^2}{4r}$，$P<P_m$ 时有两个等效电阻	

3. 几个区分

（1）区分阻值恒定导体的 $I-U$ 图像与闭合电路欧姆定律的 $U-I$ 图像。

（2）在阻值恒定导体的 $I-U$ 图像中，$R=\cot\theta=\dfrac{1}{k_{斜率}}$，斜率越大，$R$ 越小；在固定导体的 $U-I$ 图像中，$R=\tan\theta=k_{斜率}$，斜率越大，R 越大；在闭合电路欧姆定律的 $U-I$ 图像中，电源内阻 $r=|k_{斜率}|$，斜率的绝对值越大，内阻 r 越大；对阻值变化的导体，$U-I$ 图像中过原点直线的斜率，叫该时刻的"状态电阻"。

（3）区分电源总功率 $P_{总}=EI$（消耗功率），输出功率 $P_{输出}=U_{端}I$（外电路功率），电源损耗功率 $P_{内损}=I^2r$（内电路功率），线路损耗功率 $P_{线损}=I^2R_{线}$。

（4）输出功率大时效率不一定高，当 $R=r$，电源有最大输出功率时，效率仅为 50%。

（5）求解功率最大时要注意固定阻值与可变电阻的差异。

（6）区分电动势 E 和内阻 r 均不变与 r 变化时的差异。

4. 变压器动态问题（制约问题）

（1）电压制约：当变压器原、副线圈的匝数比 $(\dfrac{n_1}{n_2})$ 一定时，输出电压 U_2 由输入电压决定，即 $U_2=\dfrac{n_2U_1}{n_1}$，可简述为"原制约副"。

（2）电流制约：当变压器原、副线圈的匝数比 $(\dfrac{n_1}{n_2})$ 一定，且输入电压 U_1 确定时，原线圈中的电流 I_1 由副线圈中的输出电流 I_2 决定，即 $I_1=\dfrac{n_2I_2}{n_1}$，可简述为"副制约原"。

（3）负载制约：变压器副线圈中的功率 P_2 由用户负载决定，$P_2=P_{负1}+P_{负2}+\cdots$；原线圈的输入功率 $P_1=P_2$ 简述为"副制约原"。

（4）当变压器空载时（即负载电阻 $R=\infty$），输出功率为零，输入电流为零，输入功率也为零。当副线圈短路时（即负载电阻 $R=0$），输出电流为无穷大，则输入电流也是无穷大，使原线圈处于"短路"状态。

二、模型例题

例 1：如图 6-26 所示电路中，当滑动变阻器的滑片 P 向左移动时，各表（各电表内阻对电路的影响均不考虑）的示数如何变化？为什么？

解析：应用程序法，这类问题可遵循以下步骤：先弄清楚外电路的串、并联关系，分析外电路总电阻怎样变化；然后由 $I=\dfrac{E}{R+r}$ 确定闭合电路的电流强度如何变化；再由 $U=E-Ir$ 确定路

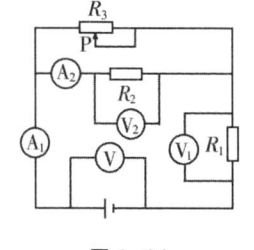

图 6-26

端电压的变化情况；最后用部分电路的欧姆定律 $U=IR$ 及分流、分压原理讨论各部分电阻的电流、电压变化情况。

当滑片 P 向左滑动，R_3 减小，即 $R_总$ 减小，根据 $I_总 = \dfrac{E}{R_总 + r}$ 知总电流增大，A_1 示数增大；路端电压的判断由内而外，根据 $U = E - Ir$ 知路端电压减小，V 示数减小；对 R_1，有 $U_1 = I_总 R_1$，所以 U_1 增大，V_1 示数增大；对并联支路，有 $U_2 = U - U_1$，所以 U_2 减小，V_2 示数减小；对 R_2，有 $I_2 = \dfrac{U_2}{R_2}$，所以 I_2 减小，A_2 示数减小。

点评：从本题分析可以看出，在闭合电路中，只要外电路中的某一电阻发生变化，这时除电源电动势、内电阻和外电路中的定值电阻不变外，干路中的电流、电压、功率，各支路中的电流、电压、功率的分配都和原来不同，可谓"一动百动"，要注意电路中各量的同体、同时对应关系，要当作一个新的电路来分析。思路是——局部电路→整体电路→局部电路，原则为——先处理不变量再判断变化量。

例 2：用伏安法测一节干电池的电动势和内电阻，$U - I$ 图像如图 6-27 所示，根据图线回答：

(1) 干电池的电动势和内电阻各多大？

(2) 图线上 a 点对应的外电路电阻是多大？电源此时内部热耗功率是多少？

(3) 图线上 a、b 两点对应的外电路电阻之比是多大？对应的输出功率之比是多大？

(4) 在此实验中，电源最大输出功率是多大？

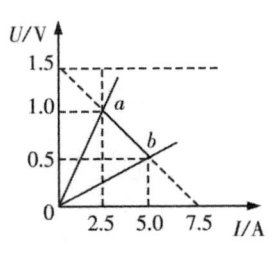

图 6-27

解析：

(1) 开路时（$I=0$）的路端电压即电源电动势，因此 $E = 1.5\text{V}$，内电阻 $r = \dfrac{E}{I_短} = \dfrac{1.5}{7.5}\Omega = 0.2\Omega$，也可由图线斜率的绝对值即内阻，得 $r = \dfrac{1.5 - 1.0}{2.5}\Omega = 0.2\Omega$.

(2) a 点对应外电阻 $R_a = \dfrac{U_a}{I_a} = \dfrac{1.0}{2.5}\Omega = 0.4\Omega$.

此时电源内部的热耗功率：$P_r = I_a^2 r = 2.5^2 \times 0.2\text{W} = 1.25\text{W}$.

也可以由"面积"差求得 $P_r = I_a E - I_a U_a = 2.5 \times (1.5 - 1.0)\text{W} = 1.25\text{W}$.

(3) 电阻之比：$\dfrac{R_a}{R_b} = \dfrac{1.0/2.5\Omega}{0.5/5.0\Omega} = \dfrac{4}{1}$，是直线 oa、ob 的斜率之比．

输出功率之比：$\dfrac{P_a}{P_b} = \dfrac{1.0 \times 2.5 \text{W}}{0.5 \times 5.0 \text{W}} = \dfrac{1}{1}$.

（4）电源最大输出功率出现在内、外电阻相等时，此时路端电压 $U = \dfrac{E}{2}$，干路电流 $I = \dfrac{I_{短}}{2}$，因而最大输出功率 $P_{出m} = \dfrac{1.5}{2} \times \dfrac{7.5}{2} \text{W} \approx 2.81 \text{W}$.

当然直接用 $P_{出m} = \dfrac{E^2}{4r}$ 计算或由 $U = 1.5 - 0.2I$，$P = UI = 1.5I - 0.2I^2$ 知 $I = -\dfrac{1.5}{2 \times (-0.2)} = \dfrac{15}{4}$ （A），$U = \dfrac{3}{4}$ （V），$P_m = \dfrac{45}{16}$ （W）.

点评：利用题目给予图象回答问题，先要识图（从对应值、斜率、截矩、面积、横纵坐标代表的物理量等），再要理解图象的物理意义及描述的物理过程。

例3：如图6-28所示为一理想变压器，S为单刀双掷开关，P为滑动变阻器的滑动触头，U_1 为加在初级线圈两端的电压，I_1 为初级线圈中的电流强度，则（　）。

A. 保持 U_1 及 P 的位置不变，S 由 a 合到 b 时，I_1 将增大

B. 保持 P 的位置及 U_1 不变，S 由 b 合到 a 时，R 消耗的功率减小

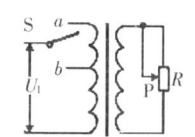

图6-28

C. 保持 U_1 不变，S 合在 a 处，使 P 上滑，I_1 将增大

D. 保持 P 的位置不变，S 合在 a 处，若 U_1 增大，I_1 将增大

解析：S 由 a 合到 b 时，n_1 减小，由 $\dfrac{U_1}{U_2} = \dfrac{n_1}{n_2}$ 可知 U_2 增大，$P_2 = \dfrac{U_2^2}{R}$ 随之增大，而 $P_1 = P_2$，又 $P_1 = I_1 U_1$，从而 I_1 增大，可见选项 A 是正确的。当 S 由 b 合到 a 时，与上述情况相反，P_2 将减小，可见，选项 B 也是正确的。当 P 上滑时，R 增大，$P_2 = \dfrac{U_2^2}{R}$ 减小，又 $P_1 = P_2$，$P_1 = U_1 I_1$，从而 I_1 减小，可见选项 C 是错误的。当 U_1 增大，由 $\dfrac{U_1}{U_2} = \dfrac{n_1}{n_2}$，可知 U_2 增大，$I_2 = \dfrac{U_2}{R}$ 随之增大，由 $\dfrac{I_1}{I_2} = \dfrac{n_2}{n_1}$ 可知 I_1 也增大，则选项 D 是正确的。

点评：在处理这类问题时，关键是要分清变量和不变量，弄清理想变压器中 U_2 由 U_1 和匝数比决定；I_2 由 U_2 和负载电阻决定；I_1 由 I_2 和匝数比决定。

三、模型练习

练习1：如图6-29所示的电路中，当滑动变阻器的滑动触头向上滑动时，下面说法正确的是（　）。

A. 电压表和电流表的读数都减小

B. 电压表和电流表的读数都增加

C. 电压表读数减小，电流表的读数增加

D. 电压表读数增加，电流表的读数减小

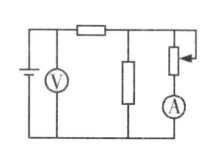

图6-29

答案：D.

练习2：如图6-30所示电路中，滑动变阻器R_2的总电阻为R_0，已知电源内阻r、定值电阻R_1和变阻器R_2的总阻值R_0满足$r<R_1$，$r+R_1<R_0$。闭合电键S，当R_2的滑片从上端向下滑动到下端的过程中，三个理想电表的示数都发生变化，电表的示数分别用I、U_1和U_2表示，电表示数变化量的大小分别用ΔI、ΔU_1和ΔU_2表示，下列说法中正确的是（ ）。

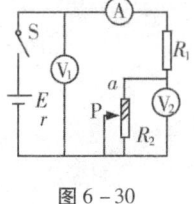

图6-30

A. U_1I变大   B. $\dfrac{\Delta U_1}{\Delta I}$变大   C. U_2I变大   D. $\dfrac{\Delta U_2}{\Delta I}$不变

解析：当R_2的滑片向下滑时，其接入电路的阻值R_{aP}逐渐增大，据程序法或"串反并同"法可知三个电表的示数变化情况是：A 示数I减小、V_1示数U_1变大、V_2示数U_2也变大。但U_1I和U_2I不能直接确定。由电路图知U_1I其实就是电源的输出功率$P_{出}$，由题设条件知$R_{外总}>r$，由表6-1中$P-R$图线知此时$P_{出}$随$R_{外总}$的增大而减小，所以 A 选项错误；由表6-1中$U-I$图像知$\dfrac{\Delta U_1}{\Delta I}=r$，是恒定不变的，B 选项错；把定值电阻$R_1$（可变电阻不能）归于电源内阻中，则$V_2$示数反映等效电源的路端电压，故$\dfrac{\Delta U_2}{\Delta I}=r+R_1$亦不变，D 选项正确；而$P'_{出}=U_2I$等效电源的输出功率，当满足$r+R_1<R_0$且$0\leq R_2\leq R_0$，在$R_2=r+R_1$时有最大值，所以$P'_{出}=U_2I$应该先增大后减小，C 选项错。综之本题选择 D。

点评：本题综合了电路结构分析、串并联电路的特点、全电路的欧姆定律、部分电路的欧姆定律、$P-R$图像、$U-I$图像的应用、极值分析、电路等效、思维迁移等知识与方法，能"以一敌十"的使学生巩固基础知识，并提高分析问题的能力。

练习3：在家用交流稳压器中，变压器的原、副线圈都带有滑动头，如图6-31所示。当变压器输入电压发生变化时，可上下调节P_1、P_2的位置，使输出电压稳定在220V上。现发现输出电压低于220V，下列措施不正确的是（ ）。

A. P_1不动，将P_2向上移
B. P_2不动，将P_1向下移
C. 将P_1向上移，同时P_2向下移
D. 将P_1向下移，同时P_2向上移

答案：C。

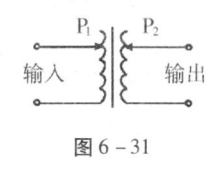

图6-31

6.3 传感器模型的工作原理及其应用

模型一：力电传感器与声传感器

如图6-32所示是测定压力F的电容式传感器，待测压力F作用于可动膜片电极上的时候，膜片发生形变，使极板间距离d发生

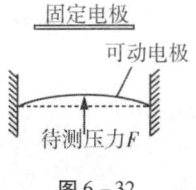

图6-32

变化，引起电容 C 的变化。如果知道电容 C 的变化，就可以知道 F 的变化情况。

例1：如图 6-33 所示为某种电子秤的原理示意图，AB 为一均匀的滑动电阻，阻值为 R，长度为 L，两边分别有 P_1、P_2 两个滑动头，P_1 可在竖直绝缘光滑的固定杆 MN 上保持水平状态而上下自由滑动，弹簧处于原长时，P_1 刚好指着 A 端，P_1 与托盘固定相连，若 P_1、P_2 间出现电压时，该电压经过放大，通过信号转换后在显示屏上将显示物体重力的大小。已知弹簧的劲度系数为 k，托盘自身质量为 m_0，电源电动势为 E，内阻不计，当地的重力加速度为 g. 求：

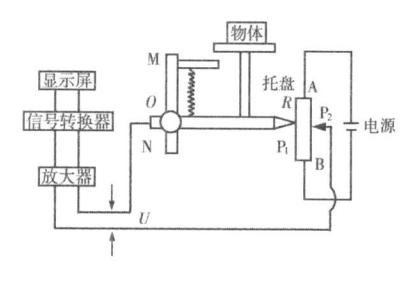

（1）托盘上未放物体时，在托盘自身重力作用下，P_1 离 A 的距离 x_1.

（2）托盘上放有质量为 m 的物体时，P_1 离 A 的距离 x_2.

（3）在托盘上未放物体时通常先校准零点，其方法：调节 P_2，使 P_2 离 A 的距离也为 x_1，从而使 P_1、P_2 间的电压为零，校准零点后，将物体放在托盘上，试推导出物体质量 m 与 P_1、P_2 间的电压 U 之间的函数关系式。

解析：托盘的移动带动 P_1 移动，使 P_1、P_2 间出现电势差，电势差的大小反映了托盘向下移动距离的大小，由于 R 为均匀的滑线电阻，则其阻值与长度成正比。

（1）由力的平衡知识知：$m_0 g = kx_1$，解得 $x_1 = \dfrac{m_0 g}{k}$.

（2）放上重物重新平衡后：$m_0 g + mg = kx_2$，解得 $x_2 = \dfrac{(m+m_0)g}{k}$.

（3）由闭合电路的欧姆定律知：$E = IR$.

由部分电路的欧姆定律知：$U = IR_串$，又 $\dfrac{R_串}{R} = \dfrac{x}{L}$，其中 x 为 P_1、P_2 间的距离，则 $x = x_2 - x_1 = \dfrac{mg}{k}$.

联立解得 $m = \dfrac{kLU}{gE}$.

点拨：分析清楚力电传感器的工作原理，明确装置是如何将力这个非电学量转化为电学量是解决该类问题的关键。

迁移：动圈式扬声器和磁带录音机都应用了电磁感应现象，图 6-34（a）是话筒原理图，图 6-34（b）是录音机的录音、放音原理图。

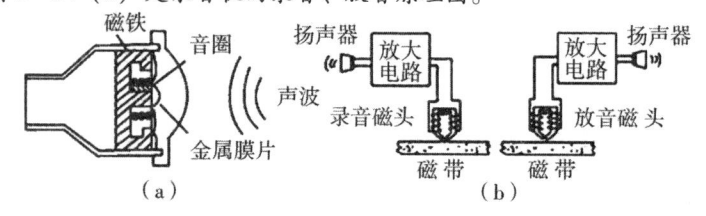

图 6-34

由图 6-34 可知：
①扬声器工作时磁铁不动，线圈振动而产生感应电流。
②录音机放音时变化的磁场在静止的线圈里产生感应电流。
③录音机放音时线圈中变化的电流在磁头缝隙处产生变化的磁场。
④录音机录音时线圈中变化的电流在磁头缝隙处产生变化的磁场。
其中正确的是（　　）。
A. ②③④　　　　　　　　B. ①②③
C. ①②④　　　　　　　　D. ①③④

解析：录音是将声音信号转变成磁信号，放音是将磁信号转变成声音信号。扬声器的工作原理是，声波迫使金属线圈在磁铁产生的磁场中振动产生感应电流，①正确；录音时，话筒产生的感应电流经放大电路放大后在录音机磁头缝隙处产生变化的磁场，④正确；磁带在放音时通过变化的磁场使放音磁头产生感应电流，经放大电路后再送到扬声器中，②正确。选 C。

模型二：温度传感器的应用

应用：温度报警器电路如图 6-35 所示。R_T 为热敏电阻，常温下阻值为 2kΩ 左右，温度升高时阻值减小。R_1 为可调电阻，最大阻值选 1kΩ 比较合适。蜂鸣器可以选用 YMD 或 HMD 型，当它两端的直流电压为 4~6V 时会发出鸣叫声。

原理：常温下，调整 R_1 的阻值使斯密特触发器的输入端 A 处于低电平（0.8V），则输出端 Y 处于高电平（3.4V），蜂鸣器两端因电压低（1.6V）而不发声；当温度升高时，热敏电阻 R_T 阻值减小，斯密特触发器输入端 A 的电势升高，当达到某一值（1.6V）时，其输出端 Y 会突然由高电平跳到低电平（0.25V），蜂鸣器两端加上了 4.75V 的电压，从而发出报警声。R_1 的阻值不同，则报警器温度不同。

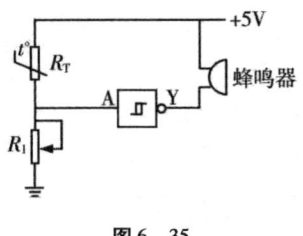

图 6-35

思考：怎样能够使热敏电阻在感测到更高的温度时才报警？

分析：要使热敏电阻在感测到更高的温度时才报警，应减小 R_1 的阻值，R_1 阻值越小，使斯密特触发器输入端达到高电平 $\varphi_A = 1.6V = I_1R_1$ 的电流 I_1 越大，由 $5V - \varphi_A = I_1R_T$ 知 R_T 就越小，对应的温度越高。

例 2：如图 6-36 所示是电饭煲的电路图，S_1 是一个控温开关，手动闭合后，当此开关温度达到居里点（103℃）时，开关会自动断开。S_2 是一个自动控温开关，当温度低于 70℃时，会自动闭合；温度高于 80℃时会自动断开。红灯是加热时的指示灯，黄灯是保温时的指示灯，分流电阻 $R_1 = R_2 = 500Ω$，加热电阻 $R_3 = 50Ω$，两灯电阻不计。

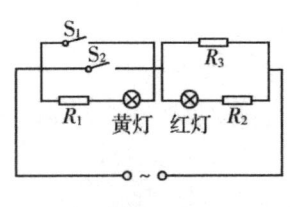

图 6-36

（1）分析电饭煲的工作原理。

(2) 计算加热和保温两种状态下，电饭煲消耗的电功率之比。

(3) 简要回答，如果不闭合开关 S_1，能将饭煮熟吗？

解析：（1）电饭煲装上食物后，接上电源，S_2 自动闭合，同时手动闭合 S_1，这时 R_1 与黄灯被短路，红灯亮，电饭煲处于加热状态，加热到80℃时，S_2 自动断开，S_1 仍闭合；水烧开后，温度升高到103℃时，开关 S_1 自动断开，这时饭已经煮熟，黄灯亮，电饭煲处于保温状态。由于散热，待温度降至70℃时，S_2 又自动闭合，电饭煲重新加热，温度达到80℃时，S_2 又自动断开，再次处于保温状态。

(2) 加热时电饭煲消耗的电功率 $P_1 = \dfrac{U^2}{R_并}$，保温时电饭煲消耗的功率 $P_2 = \dfrac{U^2}{R_1 + R_并}$，两式中 $R_并 = \dfrac{R_2 R_3}{R_2 + R_3} = \dfrac{500}{11}$（Ω），从而有 $\dfrac{P_1}{P_2} = \dfrac{R_1 + R_并}{R_并} = \dfrac{12}{1}$。

(3) 如果不闭合开关 S_1，开始 S_2 总是闭合的，R_1 与黄灯被短路，功率为 P_1，当温度上升到80℃时，S_2 自动断开，功率降为 P_2，温度降到70℃，S_2 又自动闭合……温度只能在 70～80℃ 变化，不能把水烧开，故不能将饭煮熟。

迁移： 图6-37（a）为在温度为10℃左右的环境中工作的某自动恒温箱原理简图，箱内的电阻 $R_1 = 20$kΩ，$R_2 = 10$kΩ，$R_3 = 40$kΩ，R_t 为热敏电阻，它的电阻随温度变化的图线如图6-37（b）所示。当 a、b 端电压 $U_{ab} < 0$ 时，电压鉴别器使开关 S 接通，恒温箱内的电热丝发热，使箱内温度提高；当 $U_{ab} > 0$ 时，电压鉴别器使开关 S 断开，停止加热，恒温箱内的温度恒定在_____。

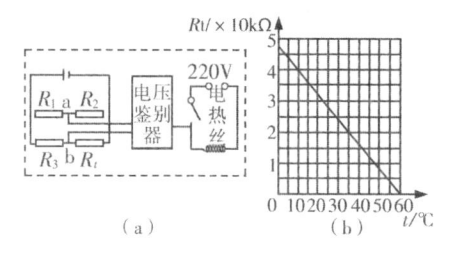

图6-37

解析： 设电路路端电压为 U，当 $U_{ab} = 0$ 时，有 $\dfrac{UR_1}{R_1 + R_2} = \dfrac{UR_3}{R_3 + R_t}$，解得 $R_t = 20$kΩ。由图6-37（b）可知，当 $R_t = 20$kΩ 时，$t = 35$℃。

模型三：光传感器的应用

斯密特触发器是一个性能特殊的非门电路，当加在它的输入端 A 的电压逐渐上升到某个值（1.6V）时，输出端 Y 会突然从高电平跳到低电平（0.25V），而当输入端 A 的电压下降到另一个值的时候（0.8V），Y 会从低电平跳到高电平（3.4V）。斯密特触发器可以将连续变化的模拟信号转换为突变的数字信号，而这正是进行自动控制所必需的。

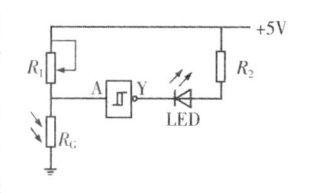

图6-38

应用： 光控开关电路图如图6-38所示。

原理： 白天，光强度较大，光敏电阻 R_G 阻值较小，加在斯密特触发器输入端 A 的电压较低，则输出端 Y 输出高电平，发光二极管 LED 不导通；当天色暗到一定程度时，R_G 阻值增大到一定值，斯密特触发器的输入端 A 的电压上升到1.6V，输出端 Y

88

突然从高电平跳到低电平,则发光二极管 LED 导通发光(相当于路灯亮了),这样就达到了使路灯天明自动熄灭,天暗自动开启的目的。

例3:如图 6-39 所示,某同学设计了一个路灯自动控制门电路,天黑了,让路灯自动接通,天亮了,让路灯自动熄灭。图中 R_G 是光敏电阻,当有光线照射时,光敏电阻的阻值会显著减小。R 是可调电阻,起分压作用,J 为路灯总开关控制继电器(图中未画路灯电路)。

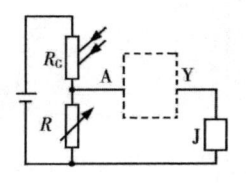

图 6-39

(1)在图中虚线框处画出接入的斯密特触发器。

(2)如果路灯开关自动接通时天色还比较亮,应如何调节 R 才能在天色较暗时开关自动接通?说明道理。

解析:

(1)—▭—。

(2)R 应调大些,这样在初状态,A 端电平较高(原来 R_G 较小,I 较大,R 两端电压较大),天色较暗时,R_G 增大较多,才能使 A 端电平降低到使 Y 端电平由低到高的突变,使 J 两端电压变大,J 导通。

第 7 章 电磁感应

7.1 电磁感应模型及应用

一、以史为鉴

奥斯特（1777—1851 年），丹麦物理学家，1820 年因电流磁效应（电流周围存在磁场）这一杰出发现获英国皇家学会科普利奖章。他是重视科研和实验的教师，他说："我不喜欢那种没有实验的枯燥的讲课，所有的科学研究都是从实验开始的"。1824 创建了丹麦第一个物理实验室。

法拉第（1791—1867 年），英国著名物理学家、化学家。在化学、电化学、电磁学（经十年精心研究发现了磁生电的规律——法拉第电磁感应定律）等领域都做出过杰出贡献。他家境贫寒，未受过系统的正规教育，但却在众多领域中做出惊人成就，堪称刻苦勤奋、探索真理、不计个人名利的典范。作为 19 世纪伟大实验物理学家的法拉第，并不满足于现象的发现，还力求探索现象后面隐藏着的本质。他既十分重视实验研究，又格外重视理论思维的作用。

楞次（1804—1865 年），俄国物理学家，楞次从青年时代就开始研究电磁感应现象。1831 年法拉第发现了电磁感应现象后，当时已有许多便于记忆的"左手定则""右手定则""右手螺旋法则"等经验性规则，但是并没有给出确定感生电流方向的一般法则。1833 年楞次在总结了安培的电动力学与法拉第的电磁感应现象后，发现了确定感生电流方向的定律——楞次定律，楞次定律说明电磁现象也遵循能量守恒定律。

二、几个基本模型的介绍

（一）电源模型（感应电动势的计算）

1. 平动切割模型

如图 7-1 所示，在光滑水平导轨 MN、PQ（间距为 l）上放置导体棒 ab，使其匀速做切割磁感线运动，在闭合电路 $aMPb$ 中产生顺时针感应电流 I，ab 棒相当于电源，产生电动势 E，电流从低电势 b 端流向高电势 a 端（右手定则模型：电源内部电流从低电势指向高电势）。

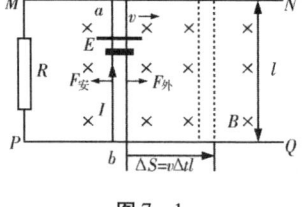

图 7-1

Ⅰ法：根据法拉第电磁感应定律有 $E = n\dfrac{\Delta\phi}{\Delta t}$ ①，

$n = 1$，$\Delta\phi = B\Delta S = Blv\Delta t$，得 $E = Blv$ ②。

Ⅱ法：若利用能量转化关系有 $F_{外} = F_{安} = BIL$，$IE\Delta t = BIlv\Delta t$，亦得 $E = Blv$.

回路中的电流满足全电路的欧姆定律：$I = \dfrac{E}{R + r}$，r 为导体棒接入闭合电路的电阻（内阻）。

Ⅲ法：当只有导体棒，无闭合电路时，如图 7 - 2 所示，导体内的自由电子在随同导体一起运动，受到洛伦兹力而移动到 B 端，A 端会出现过剩的金属正离子，且满足 $e\dfrac{U}{l} = Bev$，即 $U = Blv$.

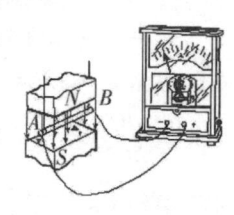

图 7 - 2

迁移：如图 7 - 3 所示，将均匀电阻丝做成的边长为 l 的正方形线圈 abcd，在从匀强磁场中向右匀速拉出过程中，仅 ab 边上有感应电动势 $E = Blv$，ab 边相当于电源，另 3 边相当于外电路。ab 边两端的电压为 $3Blv/4$（$\varphi_b > \varphi_a$），另 3 边每边两端的电压均为 $Blv/4$.

2. **转动切割模型**

如图 7 - 4 所示，长为 l 的导体棒 OA，绕过 O 点垂直纸面的轴以角速度 ω 匀速转动，其中点的线速度为 $v_{中} = \dfrac{l}{2}\omega$，它转动一周历时 $\Delta t = T = \dfrac{2\pi}{\omega}$，切割磁感线的条数即磁通量为 $\Delta\phi = B\Delta S = B\pi l^2$，故产生的平均电动势为 $E = \dfrac{\Delta\phi}{\Delta t} = \dfrac{1}{2}B\omega l^2 = Blv_{中}$ ③。

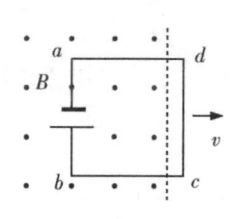

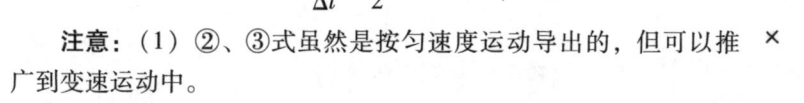

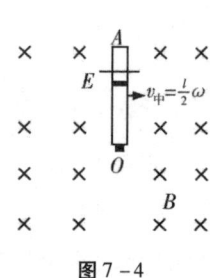

图 7 - 3

图 7 - 4

注意：（1）②、③式虽然是按匀速度运动导出的，但可以推广到变速运动中。

（2）感应电流的电场线是封闭曲线，静电场的电场线是不封闭的，这一点和静电场不同。

（3）若 α 是 B 与 v 之间的夹角，则 $E = BLv\sin\alpha$. （是瞬时值，由分解 v 或 B、或投影 L 可得）

3. **交流电的产生模型**

（1）线圈的转动轴与磁感线垂直，如图 7 - 5 所示，n 匝矩形线圈（由导线绕制而成）的长、宽分别为 L_1、L_2，所围面积为 $S = L_1L_2$，向右的匀强磁场的磁感应强度为 B，线圈绕图示的轴以角速度 ω 匀速转动，线圈的 ab、cd 两边切割磁感线，其线速度为 $v = \omega\dfrac{L_2}{2}$，切割磁感线的速度为 $v\cos\omega t$，从线圈与磁场平行的位置开始计时，瞬时电动势为 $e = 2nBL_1v\cos\omega t = nBS\omega\cos\omega t$，该结论与线圈的形状

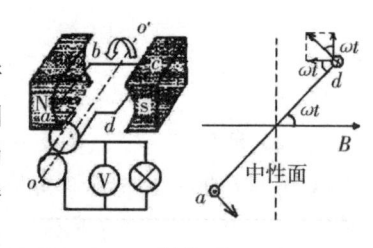

图 7 - 5

和转轴的具体位置无关（但是轴必须与 B 垂直）。

（2）如果利用磁通量 $\phi = BS\sin\omega t$，则由法拉第电磁感应定律和导数概念知：$e = n\left(\dfrac{\Delta \phi}{\Delta t}\right) = nBS\omega\cos\omega t$。

4. 磁场变化模型

如图 7-6 所示，在半径为 r 的 n 匝圆线圈内，磁场随时间增加即有 $\dfrac{\Delta B}{\Delta t} > 0$，则感应电动势为 $E = n\pi r^2 \dfrac{\Delta B}{\Delta t}$，如果磁场未充满线圈，只在 $S = \dfrac{1}{2}\pi r^2$ 内有磁感线，则 S 叫有效面积。当 $B = B_0 + kt$ 时，$\dfrac{\Delta B}{\Delta t} = k$，叫斜率，如图 7-7 所示，当 abcd 所围有效面积一定时，图（a）、（b）中 k 一定，线圈内产生恒定的感应电流，水平圆线圈内不产生感应电流；图（c）、（d）中 k 变，线圈内的感应电流随 k 而变，水平圆线圈内产生感应电流。

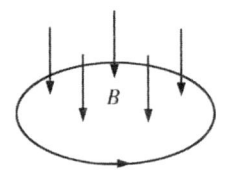

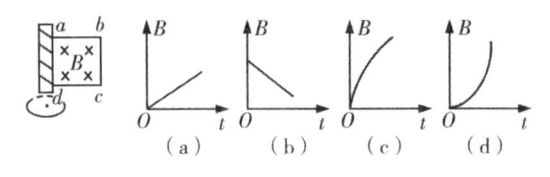

图 7-6

图 7-7

迁移 1：当 $\dfrac{\Delta B}{\Delta t} = \dfrac{\Delta B}{\Delta x} \cdot \dfrac{\Delta x}{\Delta t}$，在遇到 B 随 x 变，x 随 t 变的问题中来变通使用。

迁移 2：将均匀电阻丝做成的边长为 l 的正方形线圈 abcd 放在匀强磁场中，如图 7-8 所示，当磁感应强度均匀减小时，回路中有感应电动势产生，大小为 $E = l^2 \dfrac{\Delta B}{\Delta t}$，这种情况下，每条边两端的电压 $U = \dfrac{E}{4} - Ir = \dfrac{E}{4} - \dfrac{E}{4r}r = 0$（$r$ 为每个边的电阻，由电阻定律决定）。

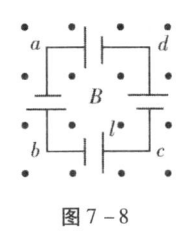

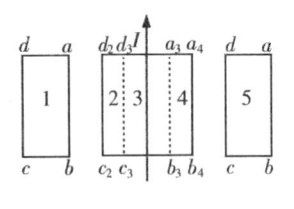

图 7-8

迁移 3：如图 7-9 所示，矩形线圈 abcd 在恒定电流的磁场中从位置 1→2→3→4→5。

Ⅰ法：利用平动切割模型知，1→2 的过程 ab 边产生 $a \to b$ 的电动势 $E_1 = B_1 l v$，cd 边产生 $d \to c$ 的电动势 $E_2 = B_2 l v$，但因 $B_1 > B_2$ 有 $E_1 > E_2$，$E_总 = E_1 - E_2$，所以线圈中产生顺时针的感应电流。但在 3 位置处，ab 边产生 $b \to a$ 的电动势 $E_3 = B_3 l v$，cd 边产生 $d \to c$ 的电动势 $E'_3 = B'_3 l v$，且 $B_3 = B'_3$，但方向相反，故 $E_总 = E_3 + E'_3$，线圈中产生逆时针的感应电流。3→4→5 可自行分析。

图 7-9

Ⅱ法：利用磁场变化知，1→2 的过程中（线圈面积一定），垂直纸面向外的磁通量在增加到最大，感应电流的磁场垂直纸面向里，感应电流为顺时针；在 2→3 的过程中，垂直纸面向外的磁通量减小为零，感应电流的磁场垂直纸面向外，感应电流为逆时针。3→4 的过程中，垂直纸面向里的磁通量由零增加到最大，感应电流的磁场垂直纸面向外，感应电流仍为逆时针。但 4→5 过程中，垂直纸面向里的磁通量在减少，感应电流的磁场垂直纸面向里，所以感应电流为顺时针。综之在线圈由 1→2→3→4→5 的过程中，感应电流依次为顺时针→逆时针→逆时针→顺时针。

迁移 4：如图 7-10 所示，半径为 L 的四分之一圆线圈在磁场中以角速度 ω 绕过 Q 点平行于磁场的轴匀速转动，在 y 轴右侧匀强磁场纸面向里，左侧匀强磁场垂直垂直纸面向外，磁感应强度均为 B，试分析一个周期内感应电流的大小及方向。

（1）从切割模型看：$T = \dfrac{2\pi}{\omega}$，$0 \to \dfrac{T}{4}$ 内，$E_{Qb} = E_{aQ} = \dfrac{1}{2}B\omega L^2$，二者同向串联，

产生顺时针的感应电流 $a \to Q \to b \to a$，$I = \dfrac{E_{Qb} + E_{aQ}}{R} = \dfrac{B\omega L^2}{R}$。

图 7-10

$\dfrac{T}{4} \to \dfrac{T}{2}$ 内，$E_{Qb} = E_{Qa} = \dfrac{1}{2}B\omega L^2$，$I = \dfrac{E_{Qb} - E_{Qa}}{R} = 0$。

$\dfrac{T}{2} \to \dfrac{3T}{4}$ 内，$E_{bQ} = E_{Qa} = \dfrac{1}{2}B\omega L^2$，

产生逆时针感应电流：$b \to Q \to a \to b$，且 $I = \dfrac{E_{bQ} + E_{Qa}}{R} = \dfrac{B\omega L^2}{R}$。

$\dfrac{3T}{4} \to T$ 内，$I = \dfrac{E_{bQ} - E_{Qa}}{R} = 0$。

（二）楞次定律模型（感应电流方向的确定）

实验探究时先要进行两个查明：第一，查明零刻度在中央的电流计指针偏向与流向的关系，方法如图 7-11 所示，用一节旧干电池（电动势小、内阻大）、串联一个几十千欧的电阻，当开关闭合时，电流从电池的正极出发经电流计的正接线柱流入 G 表，若观察到 G 表指针向右偏，说明该 G 表"＋入－出向右"偏，或"－入＋出向左"偏；第二，观察清楚线圈的绕向。

1. 来拒去留

如图 7-12（a）（c）所示，当磁铁插入线圈时，感应电流的磁场对外磁场产生斥力；如图 7-12（b）（d）所示，当磁铁拔出线圈时，感应电流的磁场对磁铁产生引力，即"来拒去留"阻碍相对运动，符合能量守恒定律：外力总是克服感应电流的磁场力做功，将其它形式的能转化为电能。

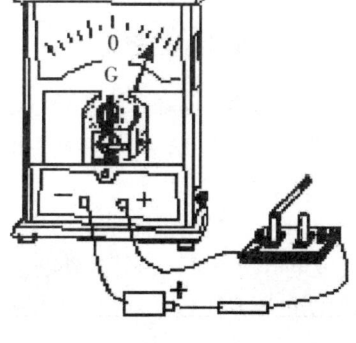

图 7-11

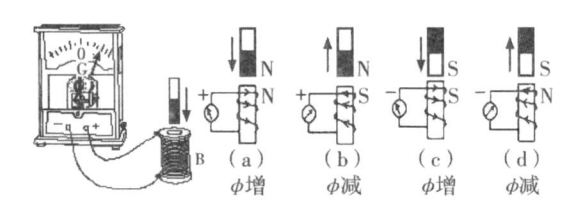

图 7 - 12

（a）φ增　（b）φ减　（c）φ增　（d）φ减

2. 增反减同

图 7 - 12（a）：当把条形磁铁 N 极插入线圈中时，穿过线圈的磁通量增加，由实验可知，这时感应电流的磁场方向向上，跟向下的磁铁的磁场方向相反。图 7 - 12（b）：当把条形磁铁 N 极拔出线圈中时，穿过线圈的磁通量减少，由实验可知，这时感应电流的磁场方向向下，跟向下的磁铁的磁场方向相同。图 7 - 12（c）：当把条形磁铁 S 极插入线圈中时，穿过线圈的磁通量增加，由实验可知，这时感应电流的磁场方向向下，跟向上的磁铁的磁场方向相反。图 7 - 12（d）：当把条形磁铁 S 极拔出线圈中时，穿过线圈的磁通量减少，由实验可知，这时感应电流的磁场方向向上，跟向上的磁铁的磁场方向相同。

楞次定律：感应电流具有这样的方向，就是感应电流的磁场总要阻碍引起感应电流的磁通量的变化，即"增反减同"。

3. 增缩减扩

图 7 - 12（a）（c）中磁通量增加时，绕在铁芯上的线圈有缩小趋势，图 7 - 12（b）（d）中磁通量减少时，绕在铁芯上的线圈有扩张趋势。

思考： 图 7 - 9 中，线圈从 1→2、4→5 过程中有什么形变？为什么？

4. 阻碍电流变化

当通过线圈自身的电流发生变化时，线圈两端会产生感应电动势（又叫自感电动势），阻碍电流的变化（增加或减少），$E = nS\dfrac{\Delta B}{\Delta t} = L\dfrac{\Delta I}{\Delta t}$，$L$ 叫自感系数。

三、模型的综合应用

电磁感应问题，常涉及电磁感应定律、直流电路、功、动能定理、能量转化与守恒等多个知识点，能培养学生的理解能力、分析综合能力和从实际问题中抽象物理模型的创新能力。

解决问题的思路是利用基本模型求出"电源"的电动势 E→确定感应电流的方向（或电势的高低）→等效外电路求出外总电阻 R→求出总电流 I（电源中或干路中）和路端电压 U（外电路的总电压）→确定电路、外磁场或运动的变化情况［结构变化导致电阻变化，外磁场的变化重在斜率（$\dfrac{\Delta B}{\Delta t}$ 或 $\dfrac{\Delta i_{外}}{\Delta t}$），速度变化导致电动势 E、电流 I、端电压 U、安培力 $F_{安} = B\dfrac{BLv}{R}L = \dfrac{B^2L^2v}{R}$ 变化，受力变化导致加速度变化，即变量和不变量一定要心中有数]。

1. 模型与电路综合

（1）用法拉第电磁感应定律和楞次定律确定感应电动势的大小和方向。

（2）画等效电路。

（3）运用闭合电路欧姆定律，串、并联电路特点，电功率等公式联立求解。

例1：如图7-13所示，$R_1=5\Omega$，$R_2=6\Omega$，电压表与电流表的量程分别为 0~10V 和 0~3A，电表均为理想电表。导体棒 ab 与导轨电阻均不计，且导轨光滑，导轨平面水平，ab 棒处于匀强磁场中。

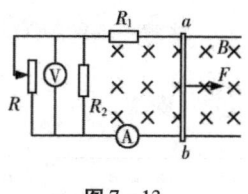

图7-13

（1）当变阻器 R 接入电路的阻值调到 30Ω，且用 $F=40N$ 的水平拉力向右拉 ab 棒并使之达到稳定速度时，两表中恰好有一表满偏，而另一表又能安全使用，则此时棒的速度是多少？

（2）当变阻器 R 接入电路的阻值调到 3Ω，且仍使 ab 棒的速度达到稳定时，两表中恰有一表满偏，而另一表能安全使用，则此时作用于 ab 棒的水平向右的拉力 F_2 是多大？

解析：（1）假设电流表指针满偏，即 $I=3A$，那么此时电压表的示数为 $U=IR_并=15V$，电压表示数超过了量程，不能正常使用，不合题意。因此，应该是电压表正好达到满偏。

当电压表满偏时，即 $U_1=10V$，此时电流表示数为 $I_1=\dfrac{U_1}{R_并}=2$（A）。

设 ab 棒稳定时的速度为 v_1，产生的感应电动势为 E_1，则 $E_1=BLv_1$，且 $E_1=I_1(R_1+R_并)=20$（V），ab 棒受到的安培力为 $F_1=BI_1L=40$（N），解得 $v_1=1$（m/s）。

（2）利用假设法可以判断，此时电流表恰好满偏，即 $I_2=3A$，此时电压表的示数为 $U_2=IR_并=6$（V），可以安全使用，符合题意。由 $F=BIL$ 可知，稳定时棒受到的拉力与棒中的电流成正比，所以 $F_2=\dfrac{I_2}{I_1}F_1=\dfrac{3}{2}\times 40N=60N$.

四、模型练习

练习1：如图7-14所示，正方形闭合导线框在光滑的水平面上，将它从如图所示的位置匀速拉出竖直向下的匀强磁场，若第一次用 0.3s 时间拉出，外力所做的功为 W_1，第二次用 0.9s 时间拉出，外力所做的功为 W_2，则（ ）。

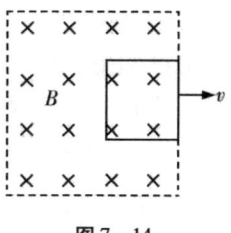

图7-14

A. $W_1=\dfrac{1}{3}W_2$　　　　B. $W_1=W_2$

C. $W_1=3W_2$　　　　D. $W_1=9W_2$

解析：因为是匀速拉出，外力做的功等于感应电流做的功（根据动能定理或能量的转化与守恒判断），设导线框的边长为 l，拉出时的速度为 v，则 $E=Blv$，$W=\dfrac{E^2}{R}t=\dfrac{(Blv)^2}{R}\cdot\dfrac{l}{v}=\dfrac{B^2l^3v}{R}\propto v$，本题中，$v_1=3v_2$，所以 $W_1=3W_2$。

注意：本题中①正方形线圈的电阻由 $R=\rho\dfrac{4l}{\pi r^2}$（$\rho$ 为电阻率，r 为导线的横截面半径），则 $W=\dfrac{\pi B^2 l^2 r^2 v}{4\rho}$；②因线框质量 $m=\rho'\pi r^2 4l$（ρ' 是绕线的密度），则 $W=\dfrac{B^2lmv}{16\rho\rho'}$，明白这两点对解决相关问题非常有帮助。

练习2：用均匀导线做成的正方形线框边长为 0.2m，正方形的一半放在垂直于纸面向里的匀强磁场中，如图 7－15 所示，当磁场以 10T/s 的变化率增强时，线框中 a、b 两点间的电势差是（　　）。

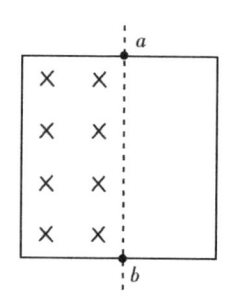

A. $U_{ab}=0.1\text{V}$ B. $U_{ab}=-0.1\text{V}$
C. $U_{ab}=0.2\text{V}$ D. $U_{ab}=-0.2\text{V}$

图 7－15

解析：题中正方形线框的左半部分磁通量变化而产生感应电动势，从而在线框中有感应电流产生，把左半部分线框看成电源，其电动势为 E，内电阻为 $r/2$，画出等效电路如图 7－16 所示，外电阻 $R=r/2$。则 a、b 两点间的电势差即为电源的路端电压，设 l 是边长，且依题意知

图 7－16

$\dfrac{\Delta B}{\Delta t}=10\text{T/s}$，由 $E=n\dfrac{\Delta\Phi}{\Delta t}$（$n=1$ 匝）、$\Delta\Phi=S\Delta B$ 得 $E=S\dfrac{\Delta B}{\Delta t}=\dfrac{l^2}{2}\dfrac{\Delta B}{\Delta t}=0.2$（V）.

所以 $U=IR=0.1$（V），由于 a 点电势低于 b 点电势，故 $U_{ab}=-0.1\text{V}$.

练习3：如图 7－17 所示，长 L_1 宽 L_2 的矩形线圈电阻为 R，处于磁感应强度为 B 的匀强磁场边缘，线圈与磁感线垂直。求：将线圈以向右的速度 v 匀速拉出磁场的过程中，①拉力的大小 F；②拉力的功率 P；③拉力做的功 W；④线圈中产生的电热 Q；⑤通过线圈某一截面的电荷量 q 速度 v 的关系。

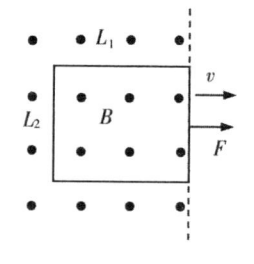

解析：这道基本练习题，要注意计算中所用的边长是 L_1 还是 L_2，还应该思考一下这些物理量与速度 v 之间有什么关系。

图 7－17

① $E=BL_2v$，$I=\dfrac{E}{R}$，$F=BIL_2$，$F=\dfrac{B^2L_2^2v}{R}\propto v$.

② $P=Fv=\dfrac{B^2L_2^2v^2}{R}\propto v^2$.

③ $W=FL_1=\dfrac{B^2L_2^2L_1v}{R}\propto v$.

④$Q = W \propto v$.

⑤由 $E = n\dfrac{\Delta \Phi}{\Delta t}$、$I = \dfrac{E}{R+r}$ 和 $q = I\Delta t$ 得 $q = \dfrac{n\Delta \Phi}{R+r}$（$n$ 为线圈匝数），即 q 与 v 无关。

2. 模型与力及运动综合

做好三大分析：即受力、运动状态和功能关系分析，以过程中隐含的临界状态（如速度、加速度取最大值或最小值的条件、受力平衡、相对静止……）为基础，重联系、找制约。导体运动→电磁感应→感应电动势→闭合电路→感应电流→安培力→阻碍导体运动。外力克服安培力做功即安培力做负功，其他形式的能转化为电能；安培力做正功，电能转化为其他形式的能。

例2：如图 7-18（a）所示，一个足够长的 U 形金属导轨 $NMPQ$ 固定在水平面内，MN、PQ 两导轨间的宽为 $L = 0.5$m，一根质量为 $m = 0.5$kg 的均匀金属导体棒 ab 静止在导轨上且接触良好，$abMP$ 恰好围成一个正方形。该轨道平面处在磁感应强度大小可以调节的竖直向上的匀强磁场中。ab 棒的电阻为 $R = 0.1\Omega$，其他各部分电阻均不计。开始时，磁感应强度 $B_0 = 0.1$T。

（1）若保持磁感应强度的大小不变，从 $t = 0$ 时刻开始，给 ab 棒施加一个水平向右的拉力，使它做匀加速直线运动。此拉力 F 的大小随时间 t 变化关系如图 7-18（b）所示。求匀加速运动的加速度及 ab 棒与导轨间的滑动摩擦力。

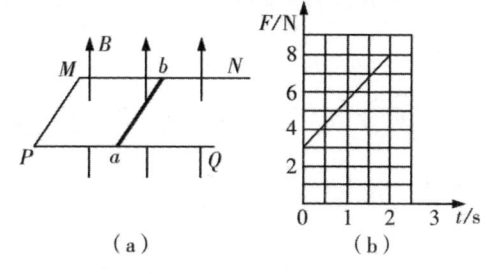

图 7-18

（2）若从 $t = 0$ 开始，使磁感应强度的大小从 B_0 开始使其以 $\dfrac{\Delta B}{\Delta t} = 0.20$T/s 的变化率均匀增加。求经过多长时间 ab 棒开始滑动？此时通过 ab 棒的电流大小和方向如何？（ab 棒与导轨间的最大静摩擦力和滑动摩擦力相等）

解析：（1）当 $t = 0$ 时，$F_1 = 3$N，$F_1 - F_f = ma$.

当 $t = 2$s 时，$F_2 = 8$N，$F_2 - F_f - B_0 \dfrac{B_0 L a t}{R} L = ma$.

联立以上式得 $a = \dfrac{(F_2 - F_1)R}{B_0^2 L^2 t} = 4$（m/s²），$F_f = F_1 - ma = 1$（N）。

（2）当 $F_{安} = f_f$ 时，为导体棒刚滑动的临界条件，则有：$B\dfrac{\dfrac{\Delta B}{\Delta t}L^2}{R}L = F_f$，则 $B = 4$T，

$B = B_0 + \dfrac{\Delta B}{\Delta t}t$，$t = 17.5$s。

例3：如图 7-19 所示，处于匀强磁场中的两根足够长、电阻不计的平行金属导轨相距 1m，导轨平面与水平面成 $\theta = 37°$，下端连接阻值为 R 的电阻。匀强磁场方向与导轨平面垂直。质量为 0.2kg、电阻不计的金属棒放在两导轨上，棒与导轨垂直并保持良

好接触，它们之间的动摩擦因数为 0.25。

（1）求金属棒沿导轨由静止开始下滑时的加速度大小。

（2）当金属棒下滑速度达到稳定时，电阻 R 消耗的功率为 8W，求该速度的大小。

（3）在（2）问中，若 $R=2\Omega$，金属棒中的电流方向由 a 到 b，求磁感应强度的大小与方向。（$g=10\text{m/s}^2$）

图 7-19

解析：（1）金属棒开始下滑的初速为零，根据牛顿第二定律

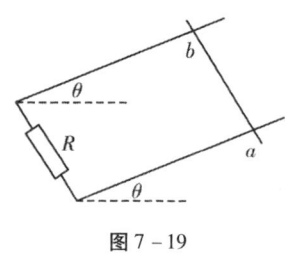

$$mg\sin\theta - \mu mg\cos\theta = ma \qquad ①$$

由①式解得

$$a = 4\text{m/s}^2 \qquad ②$$

（2）设金属棒运动达到稳定时，速度为 v，所受安培力为 F，棒在沿导轨方向受力平衡：

$$mg\sin\theta - \mu mg\cos\theta - F = 0 \qquad ③$$

此时金属棒克服安培力做功的功率等于电路中电阻 R 消耗的电功率：

$$Fv = P \qquad ④$$

由③④两式解得

$$v = 10\text{m/s} \qquad ⑤$$

（3）设电路中电流为 I，两导轨间金属棒的长为 l，磁场的磁感应强度为 B，则

$$I = \frac{Blv}{R} \qquad ⑥$$

$$P = I^2 R \qquad ⑦$$

由⑥⑦两式解得

$$B = \frac{\sqrt{PR}}{vl} = 0.4\text{T} \qquad ⑧$$

磁场方向垂直导轨平面向上。

3. 电磁感应现象中的能量的转化问题

在例 3 中，金属棒的速度由零增加到稳定值（收尾速度）的过程中，重力做正功，重力势能减少，其中的一部分转化为金属棒的动能，另一部分克服导轨对棒的动摩擦力做功，转化成导轨与棒的内能，还有一部分因克服安培力做功，转化成电能（因电路是纯电阻，电能又转化成焦耳热）。当以稳定速度运动时，动能不变，重力势能的减少一部分克服摩擦力做功，一部分转化成电能。

例 4：如图 7-20 所示，光滑平行的水平金属导轨 $MNPQ$ 相距 l，在 M 点和 P 点间接一个阻值为 R 的电阻，在两导轨间 $OO_1O_1'O'$ 矩形区域内有垂直导轨平面竖直向下、宽为 d 的匀强磁场，磁感强度为 B。一质量为 m，电阻为 r 的导体棒 ab，垂直搁在导轨上，与磁场左边界相距 d_0。现用一大小为 F、水平向右的恒力拉 ab

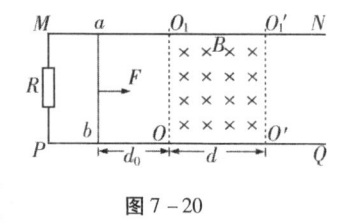

图 7-20

98

棒，使它由静止开始运动，棒 ab 在离开磁场前已经做匀速直线运动（棒 ab 与导轨始终保持良好的接触，导轨电阻不计）。求：

（1）棒 ab 在离开磁场右边界时的速度。

（2）棒 ab 通过磁场区的过程中整个回路所消耗的电能。

（3）试分析讨论 ab 棒在磁场中可能的运动情况。

解析：（1）ab 棒离开磁场右边界前做匀速运动，速度为 v_m，则有 $E = Blv_m$，$I = \dfrac{E}{R+r}$。

对 ab 棒：$F - BIl = 0$，解得 $v_m = \dfrac{F(R+r)}{B^2 l^2}$。

（2）由能量守恒可得 $F(d_0 + d) = W_电 + \dfrac{1}{2} m v_m^2$。

解得 $W_电 = F(d_0 + d) - \dfrac{mF^2(R+r)^2}{2B^4 l^4}$。

（3）设棒刚进入磁场时速度为 v，由 $Fd_0 = \dfrac{1}{2}mv^2$ 可得 $v = \sqrt{\dfrac{2Fd_0}{m}}$。棒在进入磁场前做匀加速直线运动，在磁场中运动可分三种情况讨论：

①若 $\sqrt{\dfrac{2Fd_0}{m}} = \dfrac{F(R+r)}{B^2 l^2}$（或 $F = \dfrac{2d_0 B^4 l^4}{m(R+r)^2}$），则棒做匀速直线运动。

②若 $\sqrt{\dfrac{2Fd_0}{m}} < \dfrac{F(R+r)}{B^2 l^2}$（或 $F > \dfrac{2d_0 B^4 l^4}{m(R+r)^2}$），则棒先变加速后匀速。

③若 $\sqrt{\dfrac{2Fd_0}{m}} > \dfrac{F(R+r)}{B^2 l^2}$（或 $F < \dfrac{2d_0 B^4 l^4}{m(R+r)^2}$），则棒先变减速后匀速。

4. 模型与能量、动量综合

例 5：如图 7-21 所示，$PQMN$ 与 $CDEF$ 为两根足够长的固定平行金属导轨，导轨间距为 L。PQ、MN、CD、EF 为相同的弧形导轨；QM、DE 为足够长的水平导轨。导轨的水平部分 QM 和 DE 处于竖直向上的匀强磁场中，磁感强度为 B。a、b 为材料相同，长度都为 L 的导体棒，跨接在导轨上。已知 a 棒的质量为 m、电阻为 R，A 棒的横截面是 b 棒的 3 倍。金属棒 a 和 b 都从距水平面高度为 h 的弧形导轨上由静止释放，分别通过 DQ、EM 同时进入匀强磁场中，a、b 棒在水平导轨上运动时不会碰撞。若金属棒 a、b 与导轨接触良好，且不计导轨的电阻和棒与导轨的摩擦。（1）金属棒 a、b 刚进入磁场时，回路中感应电流的方向如何？（2）通过分析计算说明，从金属棒 a、b 进入磁场至某金属棒第一次离开磁场的过程中，电路中产生的焦耳热。

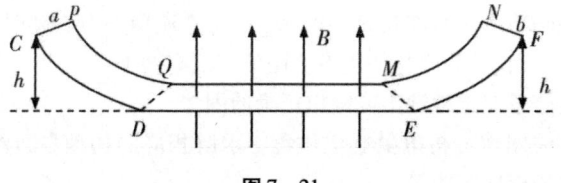

图 7-21

解析：(1) a、b 棒进入磁场时，穿过闭合回路 $DQME$ 向上的外磁通量要减少，感应电流的磁场与外磁场同向，根据楞次定律判知；感应电流的方向为 $Q \to D \to E \to M \to Q$，即俯视：为逆时针。(对 a、b 棒分别应用右手定则亦然)

(2) 由 $m = \rho SL$ 知：$m_b = \dfrac{m}{3}$，由 $R = \rho \dfrac{L}{S}$ 知：$R_b = 3R$，对 a 由 $CP \to DQ$ 有：

$mgh = \dfrac{1}{2}mv_a^2$ 得 $v_a = \sqrt{2gh}$ 向右；对 b 由 $NF \to ME$，则以 v_a 向左进入磁场。

对 a、b 系统：动量守恒：$mv_a - \dfrac{m}{3}v_a = \left(m + \dfrac{m}{3}\right)v$ 得 $v = \dfrac{\sqrt{2gh}}{2}$ 向右，即 a 棒向右变减速，b 棒先向左变减速至速度为零，然后向右变加速至 v，可见 b 棒第一次离开磁场！由能量守恒有：$\left(m + \dfrac{m}{3}\right)gh = \dfrac{1}{2}\left(m + \dfrac{m}{3}\right)v^2 + Q$ 得 $Q = mgh$

点评：本题抓住 a、b 棒进入磁场时的初态，以及最终二棒等速运动(闭合回路的面积不变，穿过的磁通量不变)时的末态，因为磁场对二棒的安培力等大反向，合力为零，这和基本模型质同形异，故动量守恒，所损失的机械能转化成回路中的电能(焦耳热)；本题难点是：①判断 b 棒首先离开磁场；②末态时：$BL_a v_a = BL_b v_b$。

启发：联想、类比、推理、分析和综合是解决物理问题的重要思维方法，要求①熟悉基本物理模型；②在具体问题中建立物理情景，在头脑中形成清晰地物理过程；③把形同或质同的问题结合在一起并加以比较，找出异同；④选择物理规律求解具体问题。这个过程是知识的正迁移过程。也是提高教学效率的必由之路。

思考：如图 7-22 所示，EF、GH 轨道光滑，且宽处间距为 L_1，窄处间距为 L_2，水平部分足够长，当质量为 m_1 的 ab 金属棒从 h 高处由静止滑下，并在水平部分进入磁场后，原来静止的质量为 m_2 的金属棒如何运动？最终状态如何？(详见10.8例7)

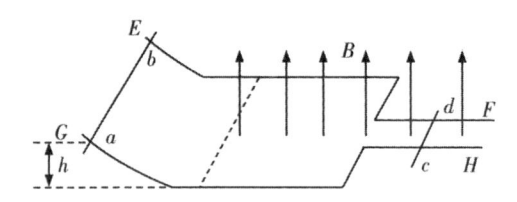

图 7-22

5. 模型与图像综合（数理结合模型）

(1) 物理图像是形象描述物理过程和物理规律的有力工具，是分析解决物理问题的重要方法，只有弄清图像含义，才能揭示其所反映的规律。

(2) 分析图像应从图像的斜率、截距、面积、交点、拐点等角度出发来认识其所表达的规律。在电磁感应中常涉及 B、Φ、$E_感$、$I_感$、所用外力 F 随时间 t 变化的图像以及 $E_感$、$I_感$、$l_感$ 随线圈位移 x 变化的图像。图像问题有两类：

①由给出的电磁感应过程选出或画出正确的图像。

②由给定的有关图像分析电磁感应过程，求解相应的物理量，涉及右手定则、楞次定律、法拉第电磁感应定律等。

例6：一闭合线圈固定在垂直于纸面的匀强磁场中，设向里为磁场的正方向，线圈中的箭头为电流 i 的正方向，如图 7-23 所示，已知线圈中的感应电流 i 随时间变化的关系如图 7-24 所示，则磁感应强度 B 随时间变化的图线可能是图 7-25 中的：（ ）

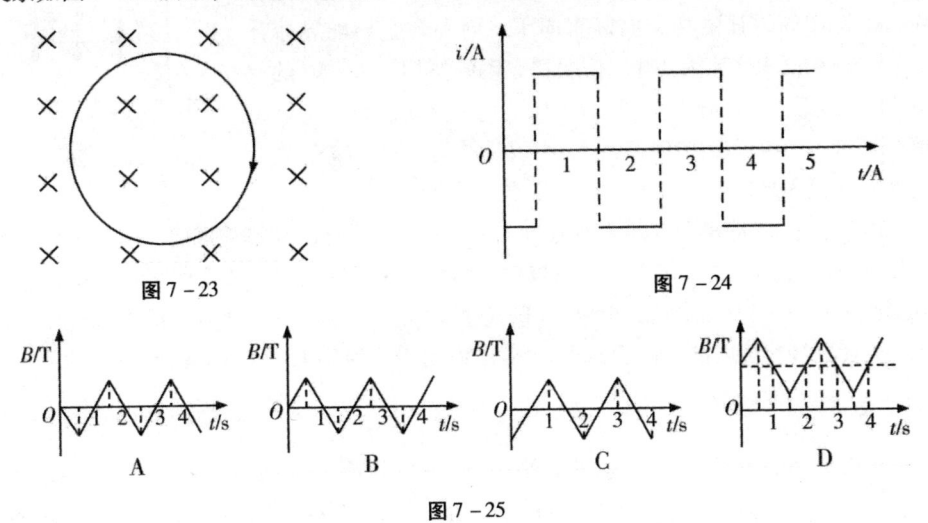

图 7-23

图 7-24

A B C D

图 7-25

解析：根据法拉第电磁感应定律知，感应电动势 $e = S\dfrac{\Delta B}{\Delta t}$，感应电流 $i = \dfrac{e}{R} = \dfrac{S}{R}\dfrac{\Delta B}{\Delta t}$，而 $\dfrac{\Delta B}{\Delta t}$ 是 B-t 图上割线（平均）或切线（即时）斜率。由图 7-24 知，t 在 0～0.5s 内，i 为逆时针恒量，由楞次定律知 $B_{感}$ 向外，阻碍向里的 $B_{外}$ 线性增加；t 在 0.5s～1.5s 内，顺时针 i 为恒量，$B_{感}$ 向里，其中在 0.5s～1s 内阻碍向里的 $B_{外}$ 减弱，1s～1.5s 内阻碍向外的 $B_{外}$ 增加；t 在 1.5s～2s 内，i 为逆时针，$B_{感}$ 向外，阻碍向外的 $B_{外}$ 减弱，t 在 2s～4s 内重复上述的变化，故 7-25 中 B 是正确的，而 D 仅是 B 中 t 轴向下的平移，故 D 亦正确。

6. 双金属杆问题的规律和方法

（1）在分析双杆切割磁感线产生的感应电动势时，要注意是同向还是反向，可以根据切割磁感线产生的感应电流的方向来确定，若同向，回路的电动势是二者相加，反之，则二者相减。一般地，两杆向同一方向移动切割磁感线运动时，两杆中产生的感应电动势是方向相反的，向反方向移动切割磁感线时，两杆中产生的感应电动势是方向相同的，线圈中的感应电动势是"同向减，反向加"。

（2）计算回路的电流时，用闭合电路欧姆定律时，电动势是回路的电动势，不是一根导体中的电动势，电阻是回路的电阻，而不是一根导体的电阻。

（3）要对导体杆进行两种分析，一是正确的受力分析，根据楞次定律可知安培力总是阻碍导体杆的相对运动的。也可先判断出感应电流方向，再用左手定则判断安培力的方向。二是正确地进行运动情况分析。这两步是正确选用物理规律基础。

（4）合理选用物理规律，包括力的平衡条件、动能定理、动量定理、机械能守恒定律、能量守恒定律、欧姆定律、焦耳定律、楞次定律、法拉第电磁感应定律等。处理这类问题可以利用力的观点进行分析，也可以利用能的观点进行分析，还可以利用动量的观点进行分析。

例7：如图7-26所示，水平面上固定有平行导轨，磁感应强度为B的匀强磁场方向竖直向下。同种合金做的导体棒ab、cd横截面积之比为2∶1，长度和导轨的宽均为L，ab的质量为m，电阻为r，开始时ab、cd都垂直于导轨静止，不计摩擦。给ab一个向右的瞬时冲量I，在以后的运动中，cd的最大速度v_m、最大加速度a_m、产生的电热各是多少？

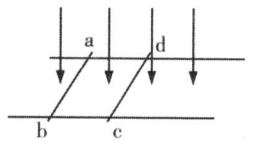

图7-26

解析：给ab冲量后，ab获得速度向右运动，回路中产生感应电流，cd受安培力作用而加速，ab受安培力作用而减速；当两者速度相等时，都开始做匀速运动。所以开始时cd的加速度最大，最终cd的速度最大。全过程系统动能的损失都转化为电能，电能又转化为内能。由于ab、cd横截面积之比为2∶1，由$m=\rho'LS$知质量之比为2∶1，由$R=\rho\dfrac{L}{S}$知电阻之比为1∶2，而$Q=I^2Rt\propto R$，所以cd上产生的电热应该是回路中产生的全部电热的2/3。由动量定理$I=mv_1-0$得ab的初速度为$v_1=I/m$，因此有$E=BLv_1$，$I'=\dfrac{E}{r+2r}$，$F=BLI'$，$a_m=\dfrac{F}{m/2}$，解得$a_m=\dfrac{2B^2L^2I}{3m^2r}$。由动量守恒$mv_1=\left(m+\dfrac{m}{2}\right)v_m$得共同速度为$v_m=2I/3m$，系统动能损失为$\Delta E_k=\dfrac{1}{2}mv_1^2-\dfrac{1}{2}\left(m+\dfrac{m}{2}\right)v_m^2=I^2/6m$，转化成内能，其中cd上产生电热量$Q_{cd}=\dfrac{2}{3}\Delta E_k=I^2/9m$。

7. 新型电源——磁流体发电

例8：磁流体发电是一种新型发电方式，图7-27是其工作原理示意图。图中的长方体是发电导管，其中空部分的长、高、宽分别为l、a、b，前后两个侧面是绝缘体，上下两个侧面是电阻可略的导体电极，这两个电极与负载电阻R_L相连。

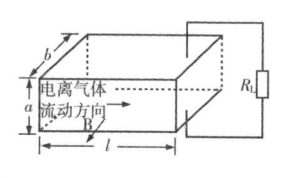

图7-27

整个发电导管处于图7-28中磁场线圈产生的匀强磁场里，磁感应强度为B，方向如图7-28所示。发电导管内有电阻率为ρ的高温、高速电离气体沿导管向右流动，并通过专用管道导出。由于运动的电离气体受到磁场作用，产生了电动势。设发电导管内电离气体流速处处相同，但流速因磁场有无而不同，且不存在磁场时电离气体流速为v_0，电离气体所受摩擦阻力总与流速成正比，发电导管两端的电离气体压强差Δp维持恒定，求：①不存在磁场时电离气体所受的摩擦阻力f多大；②磁流体发电机的电动势E的大小；③磁流体发电机发电导管的输入功率P。

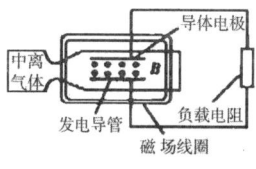

图7-28

解析：（1）不存在磁场时，由力的平衡得$f=ab\Delta p$。

（2）设磁场存在时的气体流速为v，则磁流体发电机的电动势$E=Bav$。

回路中的电流 $I = \dfrac{Bav}{R_L + \dfrac{\rho a}{bl}}$,电流 I 受到的安培力 $F_安 = \dfrac{B^2 a^2 v}{R_L + \dfrac{\rho a}{bl}}$,设 f' 为存在磁场时的

摩擦阻力,依题意 $\dfrac{f'}{f} = \dfrac{v}{v_0}$,存在磁场时,由力的平衡得 $ab\Delta p = F_安 + f'$,根据上述各式

解得 $E = \dfrac{Bav_0}{1 + \dfrac{B^2 a v_0}{b\Delta p \left(R_L + \dfrac{\rho a}{bl} \right)}}$.

(3) 磁流体发电机发电导管的输入功率 $P = abv\Delta p$;

由能量守恒定律得 $P = EI + f'v$,故 $P = \dfrac{abv_0 \Delta p}{1 + \dfrac{B^2 a v_0}{b\Delta p \left(R_L + \dfrac{\rho a}{bl} \right)}}$.

第8章 交流电

8.1 交变电流的产生模型的迁移应用

模型一：交流电的产生原理

（1）大小和方向都随时间做周期性变化的电流，其中方向随时间变化是交变电流的最主要特征。

（2）交变电流的产生有很多形式，常见的正（余）弦式交变电流可由线圈在匀强磁场中绕垂直磁感应强度方向的轴转动产生。若从中性面开始转动则产生正弦式交变电流，从峰值转动则产生余弦式交变电流。

（3）根据图像的意义，从图像的纵坐标轴上可以直接读出交变电流的峰值，从图像的横坐标轴上可以直接读出交变电流的周期，从而可推导角速度及频率。

（4）周期与角速度、频率的关系是 $T = \dfrac{1}{f} = \dfrac{2\pi}{\omega}$。交变电流的频率与线圈的频率相等。

（5）图像本身则体现了函数关系，反映了交变电流的瞬时变化关系，故图像本身是书写交变电流瞬时表达式的依据。

例1：单匝矩形线圈 $abcd$ 放在匀强磁场中，如图 8-1 所示，$ab = dc = l_1$，$ad = bc = l_2$，从图示位置起以角速度 ω 绕不同转轴做匀速转动，则（　）。

A. 以 OO' 为转轴时，感应电动势 $e = Bl_1l_2\omega\sin\omega t$
B. 以 O_1O_1' 为转轴时，感应电动势 $e = Bl_1l_2\omega\sin\omega t$
C. 以 OO' 为转轴时，感应电动势 $e = Bl_1l_2\omega\cos\omega t$
D. 以 OO' 为转轴或以 ab 为转轴时，感应电动势 $e = Bl_1l_2\omega\sin\left(\omega t + \dfrac{\pi}{2}\right)$

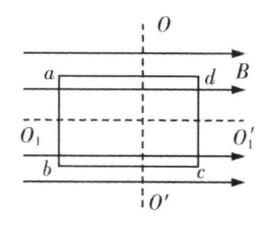

图 8-1

解析：以 OO' 为转轴时，图示位置相当于是峰值面，根据感应电动势的表达式 $e = E_m\cos\omega t$，可知 $e = Bl_1l_2\cos\omega t$，则 C 选项正确，A 选项错误；再根据三角函数关系可知 D 选项正确；若线圈以 O_1O_1' 为转轴，则线圈磁通量变化始终为零，则感应电动势为零。故答案为 CD。

点拨：交变电流的产生与线圈平面初始位置有关，因此书写表达式时首先要看清初始位置，若线圈平面与磁感应强度方向平行，则不会有感应电动势产生。

迁移：如图 8-2 所示，交流发电机线圈的面积为 $0.05m^2$，共 100 匝，在磁感应强度为 $\frac{1}{\pi}$T 的匀强磁场中，以 10π rad/s 的角速度匀速转动，电阻 R_1 和 R_2 的阻值均为 50Ω，线圈的内阻忽略不计，若从图示位置开始计时，则（ ）。

A. 线圈中的电动势为 $e = 50\sin\pi t$ V

B. 电压表的示数为 $50\sqrt{2}$ V

C. 电流表的示数为 $\sqrt{2}$ A

D. R_1 上消耗的电功率为 50W

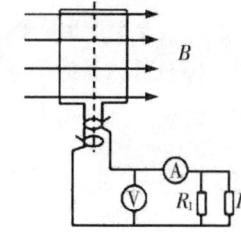

图 8-2

解析：图中 8-2 所示，线圈位于中性面，此时有 $e_m = NBS\omega = 100 \times \frac{1}{\pi} \times 0.05 \times 10\pi = 50$（V），则电动势为 $e = 50\cos\omega t$（V）。

电压表示数为有效值 $U = \frac{e_m}{\sqrt{2}} = 25\sqrt{2}$（V）。

电流表示数为有效值 $I = \frac{U}{R_{外}} = \frac{25\sqrt{2}}{25}$（A）$= \sqrt{2}$（A）。

$P_{R_1} = \frac{U^2}{R_1} = 25$（W）。

答案为 C。

模型二：对交流电平均值、有效值和峰值的理解

（1）峰值：线圈在匀强磁场中绕垂直于磁感应线方向的轴匀速转动时，所产生的感应电动势的峰值为 $E_m = NB\omega S$，即仅由匝数 N、线圈面积 S、磁感应强度 B 和角速度 ω 四个物理量决定，与轴的具体位置、线圈的形状及线圈是否闭合都是无关的。一般在求瞬时值的表达式时，需求出其最大值。

（2）有效值：是根据交变电流的热效应规定的，反映的是交变电流产生热效应的平均效果。让交变电流与恒定电流通过阻值相同的电阻，若在相等时间内产生的热量相等，则这一恒定电流值就是交变电流的有效值。

（3）正（余）弦式交变电流的有效值和最大值之间的关系如下：

$$E = E_m/\sqrt{2},\ I = I_m/\sqrt{2},\ U = U_m/\sqrt{2}$$

（4）平均值：指在一段时间内产生的电动势的平均值，其数值需由法拉第电磁感应定律 $\overline{E} = \frac{n\Delta\Phi}{\Delta t}$ 计算，求通过横截面电荷量时需用电流的平均值 $\overline{I} = \frac{\overline{E}}{R+r}$，$\Delta q = \overline{I}\Delta t = \frac{n\Delta\Phi}{R+r}$，或指交变电流图像的波形与横轴（$t$ 轴）所围面积跟时间的比值。

例 2：交流发电机转子有 n 匝线圈，每匝线圈所围面积为 S，匀强磁场的磁感应强度为 B，匀速转动的角速度为 ω，线圈内电阻为 r，外电路电阻为 R。当线圈由图中实

线位置第一次匀速转动 90°到达虚线位置过程中，如图 8-3 所示，求：

(1) 通过 R 的电荷量 q 为多少？

(2) R 上产生电热 Q_R 为多少？

(3) 外力做的功 W 为多少？

解析：(1) 由电流的定义，计算电荷量应该用平均值，即 $q = \bar{I}t$，而 $\bar{I} = \dfrac{\bar{E}}{R+r}$，故 $q = \dfrac{nBS}{R+r}$。

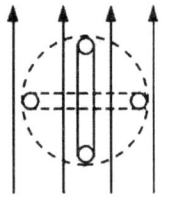

图 8-3

(2) 求电热效应该用有效值，先求总电热 Q，再按照内外电阻之比求 R 上产生的电热 Q_R，把电流有效值 $I = \dfrac{E}{R+r}$，电动势有效值 $E = \dfrac{E_m}{\sqrt{2}}$，峰值 $E_m = nBS\omega$，转动时间 $t = \dfrac{1}{4}\dfrac{2\pi}{\omega}$ 代入 $Q = I^2(R+r)t$ 得 $Q = \dfrac{\pi\omega n^2 B^2 S^2}{4(R+r)}$，又由 $\dfrac{Q_R}{Q} = \dfrac{R}{R+r}$ 得 $Q_R = \dfrac{\pi\omega R n^2 B^2 S^2}{4(R+r)^2}$。

(3) 根据能量守恒，外力做功的过程是机械能向电能转化的过程，电流通过电阻，又将电能转化为内能，即放出的电热，因此 $W = Q = \dfrac{\pi\omega n^2 B^2 S^2}{4(R+r)}$。

点拨：要掌握交变电流"四值"的意义：计算电荷量只能用平均值；计算电功、电功率、电热等与热效应有关的量必须用有效值；而电压表、电流表所能测量到的也是有效值。

迁移：图 8-4 所示为一交变电流的 i-t 图像，下列说法正确的是（　　）。

A. 交变电流的频率 $f = 50$Hz，有效值为 $5\sqrt{5}$A

B. 交变电流的有效值 $I = 5\sqrt{2}$A

C. 交变电流的平均值 $\bar{I} = 10$A

D. 若此交变电流通过阻值为 10Ω 的电阻，则这个电阻两端的电压为 $25\sqrt{10}$V

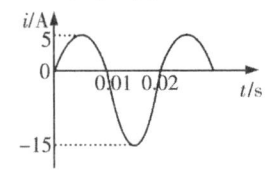

图 8-4

解析：对于正弦交流电，可直接应用最大值为有效值的 $\sqrt{2}$ 倍这一规律，将此交变电流分为前后两部分正弦交流电，可直接得到这两部分正弦交流电的有效值，分别为 $I_1 = 2.5\sqrt{2}$A 和 $I_2 = 7.5\sqrt{2}$A，再利用有效值的定义求解。

取一个周期 T 中的前 0.01s 和后 0.01s 计算产生的电热，可列计算式：

$$I^2 R \times 0.02 = I_1^2 R \times 0.01 + I_2^2 R \times 0.01$$

解得 $I = 2.5\sqrt{10}$A

对于不同的时间段，交流电的平均值不同，C 选项不能确定，但由部分电路的欧姆定律知，该电阻两端的电压有效值为

$U = IR = 2.5\sqrt{10}\text{A} \times 10\Omega = 25\sqrt{10}$V。答案选 D。

模型三：对交流电产生原理的理解及应用

(1) 在计算交变电流通过导体产生的热量和电功率及确定保险丝的熔断电流时，

只能用交流电的有效值；在考虑电容器的耐压值时，则应用交变电流的最大值；在计算通过导体的电荷量时，只能用平均值，而不能用有效值。

（2）在实际应用中，交流电器铭牌上标明的额定电压或额定电流都是指有效值，交流电流表和交流电压表指示的电流、电压也是有效值，解题中，若题目不加特别说明，提到的电流、电压、电动势都是指有效值。

（3）对非正弦式交变电流的有效值，必须按有效值的定义求出。

例 3：电阻为 1Ω 的矩形线圈绕垂直于磁场方向的轴在匀强磁场中匀速转动，产生的交变电动势随时间变化的图像如图 8-5 所示，现把交流电加在电阻为 9Ω 的电热丝上，下列判断正确的是（　　）。

A. 线圈转动的角速度 $\omega = 100$ rad/s

B. 在 $t = 0.01$s 时刻，穿过线圈的磁通量最大

C. 电热丝两端的电压 $U = 100\sqrt{2}$ V

D. 电热丝此时的发热功率 $P = 1800$ W

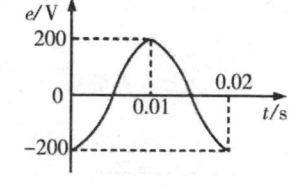

图 8-5

解析：由图可以看出该交变电流的周期 $T = 0.02$s，则角速度 $\omega = \dfrac{2\pi}{T} = \dfrac{2\pi}{0.02} = 100\pi$ rad/s，A 错；$t = 0.01$s 时刻，电压达到最大，则此时磁通量变化率最大，磁通量为零，B 错；电热丝两端电压为路端电压 $U_R = \dfrac{R}{R+r}E = \dfrac{9}{9+1} \times (E_m/\sqrt{2})$ V $= 90\sqrt{2}$ V，C 错；根据电功率公式 $P = \dfrac{U_R^2}{R} = \dfrac{(90\sqrt{2})^2}{9}$ W $= 1800$ W 可知 D 正确。答案为 D。

点拨：弄清图像与瞬时表达式的关系是处理图像问题的要点，此外，由图像直接可以看出周期与峰值，要注意交变电动势、电流实际上还是由电磁感应产生的，取决于磁通量的变化率，它与磁通量或磁感应强度的图像是互余的关系。

迁移：曾经流行过一种自行车，安装能向车头供电的小型交流发电机，图 8-6（a）所示为其结构示意图。图中 N、S 是一对固定的磁极，$abcd$ 为固定转轴上的矩形线框，转轴过 bc 边中点，与 ab 边平行，它的一端有一半径 $r_0 = 1.0$cm 的摩擦小轮，小轮与自行车车轮的边缘相接触。

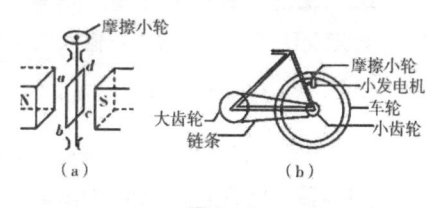

图 8-6

如图 8-6（b）所示，当车轮转动时，因摩擦而带动小轮转动，从而使线框在磁极间转动。设线框由 $N = 800$ 匝导线圈组成，每匝线圈的面积 $S = 20$cm²，磁极间的磁场可看做匀强磁场，磁感应强度 $B = 0.01$T，自行车车轮的半径 $R_1 = 35$cm，小齿轮的半径 $R_2 = 4.0$cm，大齿轮的半径 $R_3 = 10.0$cm。现从静止开始使大齿轮加速转动，问大齿轮的角速度为多大时才能使发电机输出电压的有效值 $U = 3.2$V？（假定摩擦小轮与自行车车轮之间无相对滑动）

解析：当自行车车轮转动时，通过摩擦小轮使发电机的线框在匀强磁场内转动，线框中产生一正弦交流电动势，其最大值 $E_m = NBS\omega_0$　　　　　　　　①

其中 ω_0 为线框转动的角速度，即摩擦小轮转动的角速度。发电机两端电压的有效值

$$U = E_m/\sqrt{2} \qquad ②$$

设自行车车轮转动的角速度为 ω_1，由于自行车车轮与摩擦小轮之间无相对滑动，有

$$R_1\omega_1 = r_0\omega_0 \qquad ③$$

小齿轮转动的角速度与自行车车轮转动的角速度相同，也为 ω_1。设大齿轮转动的角速度为 ω，有

$$R_3\omega = R_2\omega_1 \qquad ④$$

由以上各式解得

$$\omega = \sqrt{2}Ur_0R_2/NBSR_1R_3 \qquad ⑤$$

代入数据得

$$\omega = 3.2\,\text{rad/s} \qquad ⑥$$

8.2 变压器　电能输送的迁移应用

模型一：变压器的决定关系

理想变压器的原、副线圈的匝数不变时，如果变压器的负载发生变化，怎样确定其他有关物理量的变化，可依据三个决定关系来判断。

（1）输入电压 U_1 决定输出电压 U_2，即 U_2 随着 U_1 的变化而变化，因为 $U_2 = \dfrac{n_2}{n_1}U_1$，所以只要 U_1 不变化，不论负载如何变化，U_2 不变。

（2）输出功率 P_2 决定输入功率 P_1。

理想变压器的输出功率和输入功率相等，即 $P_2 = P_1$。在输入电压 U_1 不变的情况下，U_2 不变。若负载电阻 R 增大，则由公式 $P = \dfrac{U^2}{R}$ 得，输出功率 P_2 减小，输入功率 P_1 也随着减小；反之，若负载电阻 R 减小，则输出功率 P_2 增大，输入功率 P_1 也随着 P_2 增大。

（3）输出电流 I_2 决定输入电流 I_1。

在输入电压 U_1 不变的情况下，U_2 不变。若负载电阻 R 增大，则由公式 $I = \dfrac{U}{R}$ 得，输出电流 I_2 减小，由 $P_2 = P_1$ 知输入电流 I_1 亦随着减小；反之，若负载电阻 R 减小，则输出电流 I_2 增大，输入电流 I_1 亦随着增大。

例1：理想变压器的原线圈连接一个电流表，副线圈接入电路的匝数可以通过滑动触头 Q 调节，如图 8-7 所示。在副线圈上连接了定值电阻 R_0 和滑动变阻器 R，P 为滑动变阻器的滑动触头，原线圈两端接在电压为 U 的交流电源上，则（　　）。

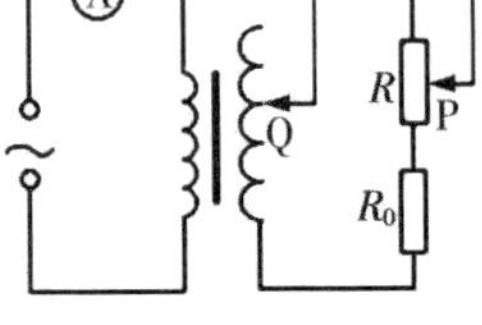

图 8-7

A. 保持 Q 的位置不动，将 P 向上滑动时，电流表的读数变大
B. 保持 Q 的位置不动，将 P 向上滑动时，电流表的读数变小
C. 保持 P 的位置不动，将 Q 向上滑动时，电流表的读数变大
D. 保持 P 的位置不动，将 Q 向上滑动时，电流表的读数变小

解析：根据理想变压器原、副线圈上电压、电流的决定关系知：在输入电压 U_1 不变的情况下，U_2 不变，当保持 Q 的位置不动，滑动头 P 向上滑动时，副线圈上的电阻增大，电流减小，故输入电流 I 亦随着减小，即电流表的示数变小，A 错误，B 正确；当保持 P 的位置不动，将 Q 向上滑动时，由 $\dfrac{U_1}{U_2}=\dfrac{n_1}{n_2}$ 知，副线圈上匝数增大，引起副线圈上电压增大，即副线圈上电流增大，故原线圈上的电流亦随着增大，即电流表的示数增大，C 正确，D 错误。

点拨：一般由负载变化引起变压器各量的变化时，分析顺序为负载变化→副线圈电流变化→原线圈电流变化，负载变化→副线圈功率变化→原线圈功率变化。

迁移：如图 8-8 所示，一只理想变压器的副线圈上通过输电线接有两个相同的灯泡 L_1 和 L_2，输电线等效电阻为 R。开始时开关 S 断开，当 S 接通时，下列选项正确的是（　　）。

A. 副线圈两端 M、N 的输出电压减小
B. 副线圈输电线等效电阻 R 上的电压降增大
C. 通过灯泡 L_1 的电流减小
D. 原线圈中的电流增大

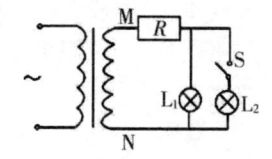

图 8-8

解析：由于输入电压不变，所以 S 接通时，理想变压器副线圈 M、N 两端的输出电压不变。

并联灯泡 L_2，总电阻变小，由欧姆定律 $I=U_2/R_2$ 知，流过 R 的电流增大，电阻上的电压降 $U_R=IR$ 增大。

副线圈输出电流增大，根据输入功率等于输出功率 $I_1U_1=I_2U_2$，得 I_2 增大，原线圈输入电流 I_1 也增大。

U_{MN} 不变，U_R 变大，所以 U_{L_1} 变小，流过灯泡 L_1 的电流减小。故选 BCD。

模型二：变压器的比例关系（见表 8-1）

表 8-1

	由一个原线圈和一个副线圈组成	由一个原线圈和多个副线圈组成（以两个副线圈为例）
电压关系	$\dfrac{U_1}{U_2}=\dfrac{n_1}{n_2}$	$\dfrac{U_1}{n_1}=\dfrac{U_2}{n_2}=\dfrac{U_3}{n_3}$
电流关系	$\dfrac{I_1}{I_2}=\dfrac{n_2}{n_1}$	$n_1I_1=n_2I_2+n_3I_3$
功率关系	$P_2=P_1$ 或 $U_1I_1=U_2I_2$	$P_1=P_2+P_3$ 或 $U_1I_1=U_2I_2+I_3U_3$
频率关系	$f_1=f_2$	

例2：如图8-9所示，变压器的输入电压 U 一定，两个副线圈的匝数是 n_2 和 n_3。当把电热器接 a、b，让 c、d 空载时，安培表读数是 I_2；当把同一电热器接 c、d，而 a、b 空载时，安培表读数是 I_3，则 $I_2:I_3$ 等于（ ）。

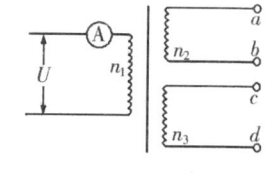

A. $n_2:n_3$ B. $n_3:n_2$
C. $n_2^2:n_3^2$ D. $n_3^2:n_2^2$

图 8-9

解析：由变压比知：$\dfrac{U_1}{n_1}=\dfrac{U_2}{n_2}=\dfrac{U_3}{n_3}$，由 $P_2=P_1$ 知，当电热器接 a、b，让 c、d 空载时，有 $I_2U=\dfrac{U_2^2}{R}$；当把同一电热器接 c、d 而 a、b 空载时，有 $I_3U=\dfrac{U_3^2}{R}$，所以 $I_2:I_3=U_2^2:U_3^2=n_2^2:n_3^2$。故选 C。

点拨：副线圈有多个时，变压比等于匝数比仍然成立，变流比不再与匝数比成反比，而要用原、副线圈功率相等去推导。若原线圈中有用电器时，不要把电源电压与原线圈电压搞混，错误利用电源电压去寻找比例关系，而要把原线圈所在电路当做一回路处理，原线圈相当于一非纯电阻用电器，其两端电压与副线圈电压的比值等于匝数比。

迁移：如图8-10所示，一理想变压器原线圈接入一交流电源，副线圈电路中 R_1、R_2、R_3 和 R_4 均为固定电阻，开关S是闭合的。Ⓥ和Ⓥ为理想电压表，读数分别为 U_1 和 U_2；Ⓐ、Ⓐ和Ⓐ为理想电流表，读数分别为 I_1、I_2 和 I_3。现断开S，U_1 数值不变，下列推断中正确的是（ ）。

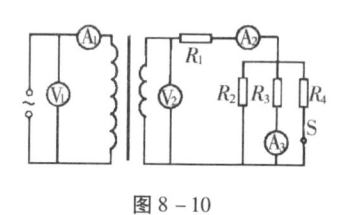

图 8-10

A. U_2 变小，I_3 变小
B. U_2 不变，I_3 变大
C. I_1 变小，I_2 变小
D. I_1 变大，I_2 变大

答案：BC。

模型三：高压输电

1. 目的

向远距离输送电能，且尽可能减少在输电线上的损失。

2. 方法

由 $P_{损}=I^2R$ 可知，要减小损失的电能可以有两种方法。

（1）减小输电导线的电阻。由于 $R=\rho\dfrac{l}{S}$，故可采用电阻率 ρ 较小的材料，并加大导线的横截面积。这种方法的作用十分有限，代价较高，可适当选用。

（2）减小输电电流。由于 $I=\dfrac{P}{U}$，P 为额定输出功率，U 为输出电压，增大 U 可减小 I。这是远距离输电的一种常用的方法。

(3) 远距离输电的电路模式如图 8-11 所示。

①功率关系：
$$P_1 = P_2$$
$$P_3 = P_4$$
$$P_2 = P_3 + \Delta P$$

②电压关系：
$$\frac{U_1}{U_2} = \frac{n_1}{n_2}$$

$$\frac{U_3}{U_4} = \frac{n_3}{n_4}$$

$$U_2 = U_3 + \Delta U$$

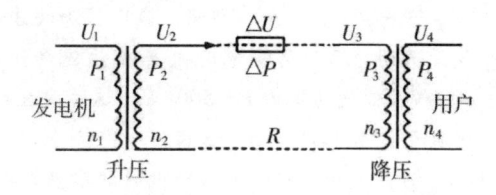

图 8-11

③输电电流：
$$I = \frac{P_2}{U_2} = \frac{P_3}{U_3} = \frac{\Delta U}{R}$$

④输电线上电压降和消耗的电功率 $\Delta U = IR$，$\Delta P = I^2 R$.

注意：R 为两根输电导线的总电阻。

例 3：某交流发电机输出功率为 5×10^5 W，输出电压 $U = 1.0 \times 10^3$ V，假如输电线的总电阻 $R = 10\Omega$，在输电线上损失的电功率等于输电功率的 5%，用户使用电压 $U = 380$ V。

（1）画出输电线路的示意图，并标明各部分的符号。

（2）所用升压和降压变压器的原、副线圈的匝数比为多少？（使用的变压器是理想变压器）

解析：（1）如图 8-12 所示。

（2）$I_1 = \dfrac{P}{U} = 500$（A）

$P_{损} = 5\% \times 5 \times 10^5$（W）$= 2.5 \times 10^4$（W）

$P_{损} = I_2^2 R$

$I_2 = \sqrt{\dfrac{P_{损}}{R}} = 50$（A）

$I_3 = \dfrac{P_{用户}}{U_{用户}} = \dfrac{P - P_{损}}{U_{用户}} = \dfrac{4.75 \times 10^5}{380}$（A）

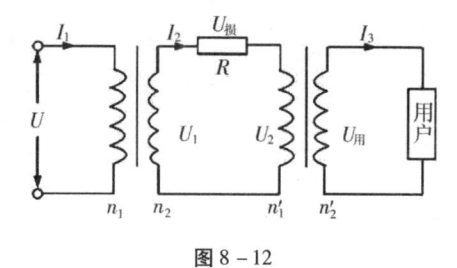

图 8-12

所以 $\dfrac{n_1}{n_2} = \dfrac{I_2}{I_1} = \dfrac{50}{500} = \dfrac{1}{10}$，$\dfrac{n_1'}{n_2'} = \dfrac{I_3}{I_2} = \dfrac{4.75 \times 10^5}{380 \times 50} = \dfrac{25}{1}$。

点拨：远距离输电的分析方法如下。

（1）首先画出输电电路。

（2）以变压器为界划分好各个回路，对各个回路独立运用欧姆定律、焦耳定律和电功、电功率公式进行计算。

（3）抓住联系各回路之间的物理量，如变压器两侧的功率关系和两端电压、电流与匝数的关系。

迁移："十一五"期间，我国将加快建设节约型社会，其中一项措施就是大力推进能源节约，远距离输电时尤其要注意电能的节约问题，假设某电站输送电压为 $U=6000\text{V}$，输送功率为 $P=500\text{kW}$，这时安装在输电线路的起点和终点的电度表一昼夜里读数相差 $4800\text{kW}\cdot\text{h}$，试求：

（1）使用该输送电压输电时的输电效率和输电线的电阻。

（2）若要使输电损失的功率降到输送功率的 2%，试论述电站应该采用什么输电办法？

解析：（1）依题意，输电电线上的功率损失为

$$P_{损} = W/t = (4800/24)(\text{kW}) = 200(\text{kW})$$

则输电效率为

$$\eta = (P - P_{损})/P = (500 - 200)/500 \times 100\% = 60\%$$

因为 $P_{损} = I^2 R_{线}$，又因为 $P = IU$，所以 $I = \dfrac{P}{U} = \dfrac{250}{3}$（A），所以 $R_{线} = \dfrac{P_{损}}{I^2} = 28.8$（Ω）．

（2）应该采用高压输电的办法。

设升压至 U' 可满足要求，则输送电流为

$$I' = P/U' = 500000/U' \text{ (A)}$$

输电线上损失的功率为

$$P_{损}' = I'^2 R_{损} = P \times 2\% = 10000 \text{ (W)}$$

则有 $(500\,000/U')^2 \times R_{线} = 10000$，得 $U' = \sqrt{720 \times 10^6}$（V）$\approx 2.68 \times 10^4$（V）．

第 9 章 选学模块中的物理模型

9.1 动量及动量守恒中的物理模型

一、动量守恒定律

1. 动量定理模型

如图 9-1 所示，在恒定合外力 F 作用下物体经时间 Δt，速度由 v_1 均匀增加到 v_2，由牛顿第二定律得

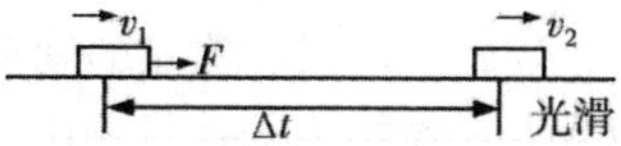

图 9-1

$$F = ma = m\frac{v_2 - v_1}{\Delta t} = \frac{mv_2 - mv_1}{\Delta t} = \frac{\Delta P_{增}}{\Delta t} \quad ①$$

现代物理学把力定义为物体动量的变化率。

即 $F\Delta t = mv_2 - mv_1$ ② 或 $I_合 = \Delta P_增$ ③

利用动量定理解题，必须按照以下几个步骤进行。

（1）明确研究对象和研究过程。研究对象可以是一个物体，也可以是几个物体组成的质点组。质点组内各物体可以是相对静止的，也可以是相对运动的。研究过程既可以是全过程，也可以是全过程中的某一阶段。

（2）进行受力分析。只分析研究对象以外的物体施给研究对象的力。所有外力之和为合外力。研究对象内部的相互作用力（内力）会改变系统内某一物体的动量，但不影响系统的总动量，因此不必分析内力。如果在所选定的研究过程中的不同阶段中物体的受力情况不同，就要分别计算它们的冲量，然后求它们的矢量和。

（3）规定正方向。由于力、冲量、速度、动量都是矢量，在一维的情况下，列式前要先规定一个正方向，和这个方向一致的矢量为正，反之为负。

（4）写出研究对象的初、末动量和合外力的冲量（或各外力在各个阶段的冲量的矢量和）。

（5）根据动量定理列式求解。

例 1：鸡蛋从同一高度自由下落，第一次落在地板上，鸡蛋被打破；第二次落在泡

沫塑料垫上,没有被打破。这是为什么?

解析:两次碰地(或碰塑料垫)瞬间鸡蛋的初速度 $v_0 = \sqrt{2gh}$ 相同,而末速度(都是零)也相同,所以两次碰撞过程鸡蛋的动量变化相同。根据 $(mg - F_N)\Delta t = 0 - mv_0$,得 $F_N = mg + \dfrac{mv_0}{\Delta t}$,第一次与地板作用时的接触时间短,作用力大,所以鸡蛋被打破;第二次与泡沫塑料垫作用的接触时间长,作用力小,所以鸡蛋没有被打破。(再说得准确一点应该指出:因 $P = \dfrac{F_N}{S}$,鸡蛋和地板相互作用时的接触面积小而作用力大,所以压强大,鸡蛋被打破;鸡蛋和泡沫塑料垫相互作用时的接触面积大而作用力小,所以压强小,鸡蛋未被打破。)

点评:应用物理知识多解释熟悉的生活现象,可以激发学习兴趣和探究欲望。

例2:如图9-2所示,某同学要把压在木块下的纸抽出来。第一次他将纸迅速抽出,木块几乎不动;第二次他将纸较慢地抽出,木块反而被拉动了。这是为什么?

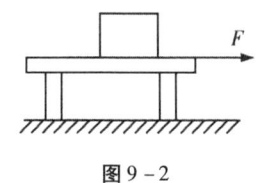

解析:物体动量的改变不是取决于合力的大小,而是取决于合力冲量的大小。在水平方向上,第一次木块受到的是滑动摩擦力(等于最大静摩擦力),一般来说大于第二次受到的静摩擦力;但第一次力的作用时间极短,摩擦力的冲量小,因此木块没有明显的动量变化,几乎不动。第二次摩擦力虽然较小,但它的作用时间长,摩擦力的冲量反而大,因此木块会有明显的动量变化。

图9-2

例3:如图9-3所示,质量为 m 的小球,从沙坑上方自由下落,经过时间 t_1 到达沙坑表面,又经过时间 t_2 停在沙坑里。求:(1)沙对小球的平均阻力 F;(2)小球在沙坑里下落过程所受的总冲量 I。

解析:(1)在下落的全过程对小球用动量定理:重力作用时间为 $t_1 + t_2$,而阻力作用时间仅为 t_2,以竖直向下为正方向,有 $mg(t_1+t_2) - Ft_2 = 0$,解得:$F = \dfrac{mg(t_1+t_2)}{t_2}$。

(2)仍然在下落的全过程对小球用动量定理:在 t_1 时间内只有重力的冲量,在 t_2 时间内只有总冲量(已包括重力冲量在内),以竖直向下为正方向,有 $mgt_1 - I = 0$,得 $I = mgt_1$。

图9-3

这种题本身并不难,也不复杂,但一定要认真审题。要根据题意所要求的冲量将各个外力灵活组合。若本题目给出小球自由下落的高度,可先把高度转换成时间后再用动量定理。当 $t_1 \gg t_2$ 时,$F \gg mg$,这时可以忽略重力,铁锤打击钉子正是此理。

例4:如图9-4所示,质量为 M 的汽车带着质量为 m 的拖车在平直公路上以加速度 a 匀加速前进,当速度为 v_0 时拖车突然与汽车脱钩,到拖车停下瞬间司机才发现。若汽车的牵引力一直未变,车与路面的动摩擦因数为 μ,那么拖车刚停下时,汽车的瞬时速度是多大?

114

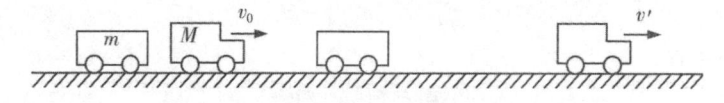

图 9 - 4

解析：以汽车和拖车系统为研究对象，全过程系统受的合外力始终为 $(M+m)a$，该过程经历时间为 $v_0/\mu g$，末状态拖车的动量为零。全过程对系统用动量定理可得

$$(M+m)a\frac{v_0}{\mu g} = Mv' - (M+m)v_0, \quad v' = \frac{(M+m)(a+\mu g)}{\mu Mg}v_0$$

这种方法只能用在拖车停下之前。因为拖车停下后，系统受的合外力中少了拖车受到的摩擦力，因此合外力大小不再是 $(M+m)a$。

例 5：如图 9 - 5 所示，质量为 $m = 1\text{kg}$ 的小球由高 $h_1 = 0.45\text{m}$ 处自由下落，落到水平地面后，反跳的最大高度为 $h_2 = 0.2\text{m}$，从小球下落到反跳到最高点经历的时间为 $\Delta t = 0.6\text{s}$，取 $g = 10\text{m/s}^2$。求：小球撞击地面过程中，球对地面的平均压力的大小 F_N。

解法 1：以小球为研究对象，从开始下落到反跳到最高点的全过程动量变化为零，根据下降 $h_1 = \frac{1}{2}gt_1^2$、上升（逆向思维）$h_2 = \frac{1}{2}gt_2^2$ 高度可知其中下落、上升分别用时 $t_1 = 0.3\text{s}$ 和 $t_2 = 0.2\text{s}$，因此与地面作用的时间必为 $t_3 = 0.1\text{s}$。由动量定理得

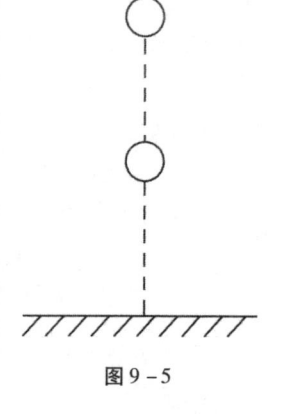

$$mg\Delta t - F_N t_3 = 0, \quad F_N = 60\text{N}$$

图 9 - 5

解法 2：碰地前：$v_1 = \sqrt{2gh_1}$ 向下；碰地后：$v_2 = \sqrt{2gh_2}$ 向上。以向下为正方向，由 $(mg - F_N)t_3 = -mv_2 - mv_1$，得 $F_N = mg + \frac{mv_2 + mv_1}{t_3} = 60$（N）。

点评：选不同的始、末位置，可以有不同的思路，一题多解是训练学生多向思维的必由之路。

2. 动量守恒模型

如图 9 - 6 所示，在光滑水平面上，质量为 m_1 的小球以 v_1 追赶等大的质量为 m_2 或以 v_2 运动的小球（$v_1 > v_2$ 才能追上！），在 A 处开始碰撞、在 B 处形变量最大（二者瞬间相对静止）、在 C 处分离（$v_2' > v_1'$），求证动量守恒。

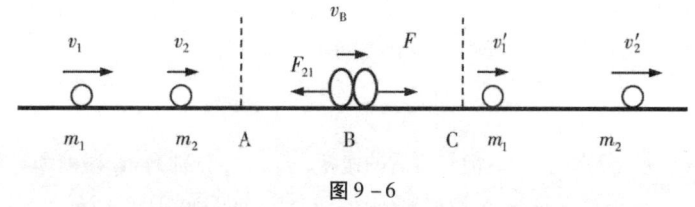

图 9 - 6

证明：根据动量定理对小球 1 有

$$-F_{21}\Delta t = m_1 v'_1 - m_1 v_1 \quad ①$$

对小球 2 有

$$F_{12}\Delta t = m_2 v'_2 - m_2 v_2 \quad ②$$

而

$$F_{12} = F_{21} \quad ③$$

由①②③得

$$m_1 v_1 - m_1 v'_1 = m_2 v'_2 - m_2 v_2 \quad ④$$

即

$$\Delta P_{1减} = \Delta P_{2增} \quad ⑤$$

或

$$m_1 v_1 + m_2 v_2 = m_2 v'_2 + m_1 v'_1 \quad ⑥$$

即

$$P_{初总} = P_{末总} \quad ⑦$$

动量守恒定律成立的条件：
（1）系统不受外力或者所受外力之和为零。
（2）系统受外力，但外力远小于内力，可以忽略不计。
（3）系统在某一个方向上所受的合外力为零，则该方向上动量守恒。
（4）全过程的某一阶段系统受的合外力为零，则该阶段系统动量守恒。

二、碰撞模型

碰撞的特点：作用时间短，相互作用力大，因此，碰撞问题都遵守动量守恒定律。对正碰，根据碰撞前后系统的动能是否变化，又分为弹性碰撞和非弹性碰撞。在非弹性碰撞中，碰撞后物体粘合在一起不分离，又叫完全非弹性碰撞；发生完全非弹性碰撞的物体能量损失最大。非弹性碰撞中动能之所以损失是因为两物体相碰变形而不能完全恢复原形，一部分动能转化为系统的内能，因而系统的总动能减少。

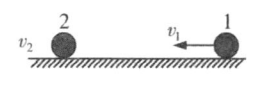

图 9-7

1. 弹性碰撞（图 9-7）

系统的动量和动能均守恒，因而有

$$m_1 v_1 + m_2 v_2 = m_1 v'_1 + m_2 v'_2 \quad ①$$

$$\frac{1}{2} m_1 v_1^2 + \frac{1}{2} m_2 v_2^2 = \frac{1}{2} m_1 v'^2_1 + \frac{1}{2} m_2 v'^2_2 \quad ②$$

上式中 v_1、v'_1 分别是 m_1 碰前和碰后的速度，v_2、v'_2 分别是 m_2 碰前和碰后的速度。

解①②式，得 $v'_1 = \dfrac{(m_1 - m_2) v_1 + 2 m_2 v_2}{m_1 + m_2}$，$v'_2 = \dfrac{(m_2 - m_1) v_2 + 2 m_1 v_1}{m_1 + m_2}$。

讨论：特殊地，当 $v_1=v_0$，$v_2=0$ 时，$v'_1=\dfrac{(m_1-m_2)v_0}{m_1+m_2}$，$v'_2=\dfrac{2m_1v_0}{m_1+m_2}$。此时又有五种常见情况：①$m_1>m_2$ 时，$v'_1>0$，碰后 m_1 同向运动，还须满足 $2m_1>m_1-m_2$ 碰后才能分离；②$m_1=m_2$ 时，$v'_1=0$，$v'_2=v_0$，即两者交换速度；③$m_1<m_2$ 时，$v'_1<0$，碰后 m_1 被反弹；④$m_1\gg m_2$ 时，$v'_1\approx v_0$，$v'_2\approx 2v_0$（如 α 粒子正碰电子），即碰后 m_1 几乎速度不变，而 m_2 以 $2v_0$ 运动；⑤$m_1\ll m_2$ 时，$v'_1\approx -v_0$，$v'_2\approx 0$（如 α 粒子正碰金原子核）。

2. 完全非弹性碰撞

m_1 与 m_2 碰后速度相同，令为 v，则：

$$m_1v_1+m_2v_2=(m_1+m_2)v,\quad v=\dfrac{m_1v_1+m_2v_2}{m_1+m_2}$$

系统损失的最大动能 $\Delta E_{km}=\dfrac{1}{2}m_1v_1^2+\dfrac{1}{2}m_2v_2^2-\dfrac{1}{2}(m_1+m_2)v^2$。

非弹性碰撞损失的动能介于弹性碰撞和完全非弹性碰撞之间。

3. 在处理碰撞问题时，通常要抓住三项基本原则

（1）碰撞过程中动量守恒原则。发生碰撞的物体系在碰撞过程中，由于作用时间很短，相互作用力很大，系统所受的外力大小可忽略，即动量守恒。

（2）碰撞后系统动能不增原则。碰撞过程中系统内各物体的动能将发生变化，对于弹性碰撞，系统内物体间动能相互转移，没有转化成其他形式的能，因此总动能守恒；而非弹性碰撞过程中系统内物体相互作用时有一部分动能将转化为系统的内能，系统的总动能将减小。因此，碰前系统的总动能一定大于或等于碰后系统的总动能。

（3）碰撞后运动状态的合理性原则。

碰撞过程的发生应遵循客观实际，如甲物追乙物并发生碰撞，碰前甲的速度必须大于乙的速度，碰后甲的速度必须小于、等于乙的速度或甲反向运动。

例 6：质量相等的三个小球 a、b、c 在光滑的水平面上以相同的速率运动，它们分别与原来静止的三个球 A、B、C 相碰（a 与 A 碰，b 与 B 碰，c 与 C 碰）。碰后，a 球继续沿原来的方向运动，b 球静止不动，c 球被弹回而向反方向运动。这时，A、B、C 三球中动量最大的是（　）。

A. A 球　　　　　　　　　B. B 球
C. C 球　　　　　　　　　D. 由于 A、B、C 三球的质量未知，无法判定

解析：设三球 a、b、c 质量均为 m，碰前速率为 v_0，在题设碰撞过程中动量守恒，有

$$\Delta P_{a\text{减}}=mv_0-mv'_a=\Delta P_{A\text{增}}=P_A-0\quad v'_a>0\qquad①$$

$$\Delta P_{a\text{减}}=mv_0-0=\Delta P_{B\text{增}}=P_B-0\qquad\qquad\qquad ②$$

$$\Delta P_{c\text{减}}=mv_0-(-mv'_c)=\Delta P_{C\text{增}}=P_C-0\qquad\qquad ③$$

可见碰后 A、B、C 的动量大小关系为 $P_C>P_B>P_A$，选项 C 正确。

例 7：动量分别为 5 kg·m/s 和 6 kg·m/s 的小球 A、B 沿光滑平面上的同一条直线

同向运动，A 追上 B 并发生碰撞。若已知碰撞后 A 的动量减小了 2kg·m/s，而方向不变，那么 A、B 质量之比的可能范围是什么？

解析： A 能追上 B，说明碰前 $v_A > v_B$，所以 $\dfrac{5}{m_A} > \dfrac{6}{m_B}$；碰后 A 的速度不大于 B 的速度，$\dfrac{3}{m_A} \leq \dfrac{8}{m_B}$；又因为碰撞过程系统动能不会增加，$\dfrac{5^2}{2m_A} + \dfrac{6^2}{2m_B} \geq \dfrac{3^2}{2m_A} + \dfrac{8^2}{2m_B}$，由以上不等式组解得：$\dfrac{3}{8} \leq \dfrac{m_A}{m_B} \leq \dfrac{4}{7}$。

三、迁移模型

1. 碰撞通过弹簧进行

我们来仔细分析一下碰撞的全过程：设光滑水平面上，质量为 m_1 的物体 A 以速度 v_1 向质量为 m_2 的静止物体 B 运动，B 的左端连有轻弹簧。在 I 位置 A、B 刚好接触，弹簧开始被压缩，A 开始变减速，B 开始变加速；到 II 位置 A、B 速度刚好相等（设为 v），弹簧被压缩到最短；再往后 A、B 开始远离，弹簧开始恢复原长，到 III 位置弹簧刚好为原长，A、B 分开，这时 A、B 的速度分别为 v'_1 和 v'_2。全过程系统动量一定是守恒的；而机械能是否守恒就要看弹簧的弹性如何了。

（1）弹簧是完全弹性的。图 9-8 中，I→II 系统动能减少，全部转化为弹性势能，II 状态系统动能最小而弹性势能最大；II→III 弹性势能减少，全部转化为动能；因此 I、III 状态系统动能相等。这种碰撞叫弹性碰撞。由动量守恒和能量守恒可以证明 A、B 的最终速度分别为 $v'_1 = \dfrac{m_1 - m_2}{m_1 + m_2} v_1$，$v'_2 = \dfrac{2m_1}{m_1 + m_2} v_1$。

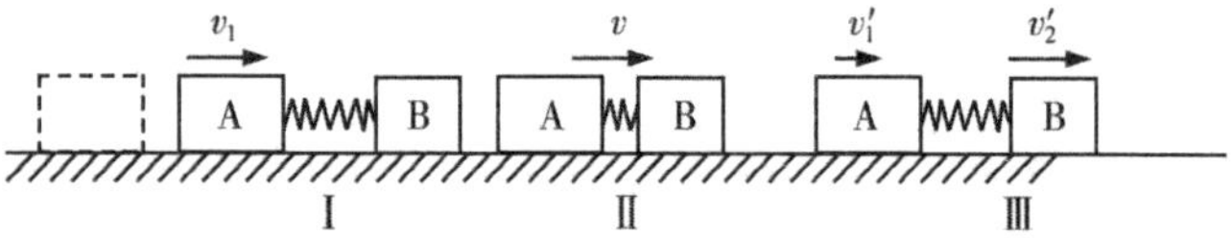

图 9-8

（2）弹簧不是完全弹性的。I→II 系统动能减少，一部分转化为弹性势能，一部分转化为内能，II 状态系统动能仍和（1）相同，弹性势能仍最大，但比（1）小；II→III 弹性势能减少，部分转化为动能，部分转化为内能；因为全过程系统动能有损失（一部分动能转化为内能）。这种碰撞叫非弹性碰撞。

（3）弹簧完全没有弹性。I→II 系统动能减少，全部转化为内能，II 状态系统动能仍和（1）相同，但没有弹性势能；由于没有弹性，A、B 不再分开，而是共同运动，不再有 II→III 过程。这种碰撞叫完全非弹性碰撞。可以证明，A、B 最终的共同速度为 $v'_1 = v'_2 = \dfrac{m_1}{m_1 + m_2} v_1$。在完全非弹性碰撞过程中，系统的动能损失最大，为 $\Delta E_k = \dfrac{1}{2} m_1 v_1^2 - \dfrac{1}{2} (m_1 + m_2) {v'_1}^2 = \dfrac{m_1 m_2 v_1^2}{2(m_1 + m_2)}$。

碰撞是物理上一个重要模型，它涉及动量守恒定律、能量守恒、动量定理等诸多知识点，从物理方法的角度看，处理碰撞问题，通常使用系统方法、能量方法、守恒方法及矢量概念，从能力上看，碰撞问题一般考查理解能力、推理能力、分析综合以及应用能力等。

2. 子弹打木块模型（碰撞通过摩擦或弹力进行）

子弹打击木块，由于被打击的木块所处情况不同，可分为两种类型：一是被打的木块固定不动；二是被打的木块置于光滑的水平面上，木块被打击后在水平面上做匀速直线运动。

若木块被固定，子弹和木块构成的系统所受合外力不为零，系统动量不守恒，系统内力是一对相互作用的摩擦力，子弹对木块的摩擦力不做功，相反，木块对子弹的摩擦力做负功，使子弹动能的一部分或全部转化为系统的内能。由动能定理可得 $-\bar{f}s = mv_1^2/2 - mv_2^2/2$，式中 $\bar{f}$ 为子弹受到的平均摩擦力，s 为子弹相对于木块的距离。

若木块置于光滑水平面上，子弹和木块构成系统不受外力作用，系统动量守恒，系统内力是一对相互作用的摩擦力，子弹受到的摩擦力做负功，木块受到的摩擦力做正功，如图9-9所示，设子弹质量为 m，水平初速度为 v_0，置于光滑水平面上的木块质量为 M。若子弹刚好穿过木块，则子弹和木块最终具有共同速度 u。

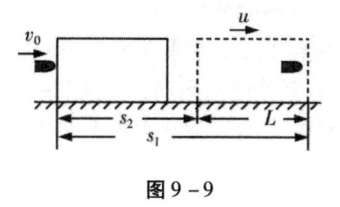

图 9-9

由动量守恒定律得

$$mv_0 = (M+m)u \qquad ①$$

对于子弹，由动能定理

$$-\bar{f}s_1 = mu^2/2 - mv_0^2/2 \qquad ②$$

对于木块，由动能定理

$$\bar{f}s_2 = Mu^2/2 \qquad ③$$

从图形和题意可得

$$s_1 - s_2 = L \qquad ④$$

由②③④可得

$$mv_0^2/2 = (M+m)u^2/2 + \bar{f}L \qquad ⑤$$

其中 L 为木块长度，即子弹相对木块发生的相对位移。⑤式说明子弹打击木块的过程中遵守能量的转化和守恒定律，即作用前系统的总能量为子弹的动能，等于作用后系统的总能量（即子弹和木块的动能）与转化为系统内能的和。转化为系统内能部分 $E = \bar{f}L$。由①和⑤可得 $\dfrac{M}{M+m} \dfrac{1}{2} mv_0^2 = E$ 或 $v_0 = \sqrt{2(M+m)E/Mm}$。

(1) 当 $v_0 = \sqrt{2(M+m)E/Mm}$ 时，说明子弹刚好穿过木块，子弹和木块具有共同速度 u。

(2) 当 $v_0 < \sqrt{2(M+m)E/Mm}$ 时，说明子弹未能穿过木块，最终子弹留在木块中，子弹和木块具有共同速度 u。

(3) 当 $v_0 > \sqrt{2(M+m)E/Mm}$ 时，说明子弹能穿过木块，子弹射穿木块时的速度 v_1 大于木块的速度 v_2。

从前面分析可知：分析子弹打木块，首先分析子弹与木块构成的系统是否受到外力作用或受到外力作用时合外力是否为零，以确定系统动量是否守恒。其次必须分析系统受到的一对内力及做功情况，若这对内力功的代数和为零，则子弹和木块在相互作用的过程中只有动能的转移。若这对内力功的代数和不为零，相互作用的系统中子弹的一部分动能转移给木块，一部分动能转化为系统的内能 $E = \bar{f}L$，分析子弹击穿木块的一般规律如下：

由动量守恒得
$$mv_0 = mv_1 + Mv_2 \quad 且 \quad v_1 > v_2 \qquad ⑥$$

由能量的转化和守恒定律得
$$mv_0^2/2 = mv_1^2/2 + Mv_2^2/2 + Q \qquad ⑦$$

⑦式中 Q 为系统动能转化为内能部分。

例8：质量为 M 的木板 B 置于光滑水平面上，另一质量为 m 的木块 A（可视为质点）在 B 的左端以水平速度 v_0 开始向右运动，如图 9–10 所示，木块 A 与木块 B 之间的动摩擦因数为 μ，若要使木块 A 刚好不从木板 B 的右端掉下去，则木板 B 的长度至少应多长？

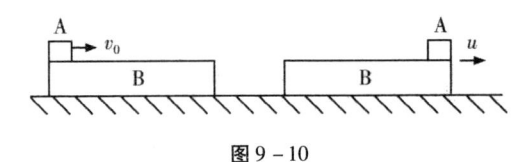

图 9–10

解析：若要使木块 A 刚好不从木板 B 的右端掉下去，则木块滑至木板右端时两者具有共同速度 u，在木块 A 与木板 B 相互作用过程中，系统不受外力作用，系统内力为一对摩擦力，小木块 A 可视为"子弹"，木板 B 可视为"木块"，这与子弹打击木块模型中（1）相似。

由动量守恒定律得
$$mv_0 = (M+m)u \qquad ①$$

由能量守恒定律得
$$mv_0^2/2 = (M+m)u^2/2 + Q \qquad ②$$

②式中的 $Q = \mu mgL$，其中 L 为木块相对于木板发生的位移（即木板至少长度）。

解①②可得 $L = Mv_0^2/2\mu g(M+m)$。

例9：如图 9–11 所示，质量为 M 的楔形物块上有圆弧轨道，静止在水平面上，质

量为 m 的小球以速度 v_1 向物块运动。不计一切摩擦,圆弧小于 90°且足够长。求小球能上升到的最大高度 H 和物块的最终速度 v。

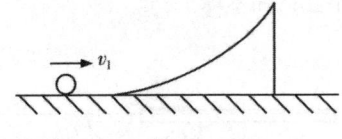

图 9-11

解析：系统水平方向动量守恒,全过程机械能也守恒。

在小球上升过程中,由水平方向系统动量守恒得 $mv_1 = (M+m)v'$.

由系统机械能守恒得 $\frac{1}{2}mv_1^2 = \frac{1}{2}(M+m)v'^2 + mgH$,解得 $H = \frac{Mv_1^2}{2(M+m)g}$.

对最初、最末状态由动量和动能守恒（列式此略）得 $v = \frac{2m}{M+m}v_1$.

点拨：本题中小球和物块是通过接触弹力（支持力和压力）发生弹性碰撞的,其中 mgH 相当于图 9-8 中 II 态时的最大弹性势能,也"形"同于图 9-9 中的 $E = \bar{f}L$。

3. 人船模型

人船模型及其变形,是动量守恒问题中典型的物理模型,实际问题常要类比模型并等效成模型来分析。

例 10：质量为 m 的人站在质量为 M、长为 L 的静止小船的右端,小船的左端靠在岸边。当他向左走到船的左端时,船左端离岸多远？

解析：先画出示意图,如图 9-12 所示。人、船系统动量守恒,总动量始终为零,所以人、船动量大小始终相等,但方向相反。从图中可以看出,人、船的位移大小之和等于 L。设人、船位移大小分别为 x_1、x_2,则 $x_1 + x_2 = L$ ①.

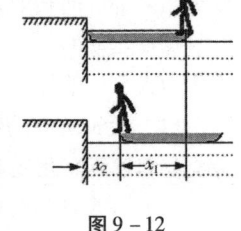

图 9-12

注意到各时刻的动量对应着瞬时速度,而瞬时速度是位移关于时间的导数（微小位移和微小时间的比值）,故动量守恒式为 $mv_{1k} = Mv_{2k}$ 或 $m\frac{dx_{1k}}{dt} = M\frac{dx_{2k}}{dt}$ $(k \in N)$ ②,②式中包含 k = 1、2、3、…、n,共计 n 个瞬时式,把这 n 个式子累加得 $m\frac{x_1}{dt} = M\frac{x_2}{dt}$ 或 $mx_1 = Mx_2$ ③

联立①③式得 $x_1 = \frac{M}{M+m}L$,$x_2 = \frac{m}{M+m}L$

从求解过程应能看出：此结论与人在船上行走的速度大小无关。不论是匀速行走还是变速行走,甚至往返行走,只要人最终到达船的左端,那么结论都是相同的。

推论：把人和船做为系统,当该系统起初静止时,则它的质量中心（质心）不动,或总重力 $(M+m)g$ 的作用点不动；当该系统起初有动量 $(M+m)v_0$ 时,则在任一时刻满足 $mv_1 + Mv_2 = (M+m)v_0$,即系统质心的动量不变。

例 11：如图 9-13 所示,一个木球和载了人的小车停在光滑的水平面上,木球的

质量为 m，人和车的总质量为 M，已知 $M:m=16:1$。人以速度 v_0 将木球沿水平面推向正前方的固定档板，木球被档板无动能损失的弹回后被人接住，又以 v_0 推向档板，则人经过几次推球之后，再也不能接住木球了？

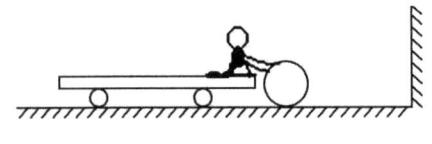

图 9-13

解析： 利用数学归纳法，由题意知每次推、接球的过程，人和球组成的系统动量守恒，规定向左的方向为正，有

第一次推球前后：$0 = Mv_1 - mv_0$

第二次推球前后：$Mv_1 + mv_0 = Mv_2 - mv_0$

……

第 n 次推球前后：$Mv_{n-1} + mv_0 = Mv_n - mv_0$

由以上各式得 $v_n = (2n-1)\dfrac{mv_0}{M}$

再也接不住球的条件 $v_n \geq v_0$ $n \geq 8.5$ 取 $n=9$

4. 反冲（爆炸）模型

反冲运动： 根据动量守恒定律，如果一个静止的物体在内力的作用下分裂成两个部分，一部分向某个方向运动，另一部分必然向相反的方向运动。这种现象称为反冲。

反冲运动的特点： 反冲运动和碰撞、爆炸有相似之处，相互作用力常为变力，且作用力大，一般都满足内力≫外力，所以反冲运动可用动量守恒定律来处理。

（1）反冲运动的问题中，有时遇到的速度是相作用的两物体间的相对速度，这时应将相对速度转化成对地的速度后，再列动量守恒的方程。

（2）在反冲运动中还常遇到变质量物体的运动，如火箭在运动过程中，随着燃料的消耗，火箭本身的质量不断在减小，此时必须取火箭本身和在相互作用时的整个过程来进行研究，如火箭、喷气式飞机或水轮机、灌溉喷水器等。

例12： 如图 9-14 所示，甲、乙两船的总质量（包括船、人和货物）分别为 $10m$、$12m$，两船沿同一直线同一方向运动，速度分别为 $2v_0$、v_0。为避免两船相撞，乙船上的人将一质量为 m 的货物沿水平方向抛向甲船，甲船上的人将货物接住，求抛出货物的最小速度。（不计水的阻力）

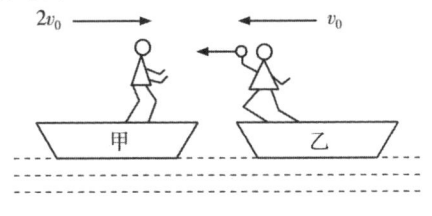

图 9-14

解析：设乙船上的人抛出货物的最小速度为 $v_{\min}$，抛出货物后乙船的速度为 $v_乙$，甲船上的人接到货物后的速度为 $v_甲$，规定向右的方向为正方向。

对乙船、货物系统（等效于爆炸）有 $12mv_0 = 11mv_乙 - mv_{\min}$ ①

对甲船、货物系统（等效于完全非弹性碰撞）有 $10m \times 2v_0 - mv_{\min} = 11mv_甲$ ②

为避免两船相撞须满足 $v_甲 = v_乙 = v$ ③

把②+①得 $10m \times 2v_0 + 12mv_0 = 11mv_甲 + 11mv_乙$ ④，把③式代入④式得 $v = 16v_0/11$，再代入①或②得 $v_{\min} = 4v_0$。

注意：④式正是以甲、乙和货物系统为研究对象时，交换货物前后的动量守恒式。

5. 碰撞通过电场力或安培力进行

例 13：如图 9-15 所示，已知光滑绝缘水平面上有两只完全相同的金属球 A、B，带电量分别为 $-2Q$ 与 $-Q$。现在使它们以相同的初动能 E_0（对应的动量大小为 p_0）开始相向运动且刚好能发生接触。接触后两小球又各自反向运动。当它们刚好回到各自的出发点时的动能分别为 E_1 和 E_2，动量大小分别为 p_1 和 p_2。有下列说法：①$E_1 = E_2 > E_0$，$p_1 = p_2 > p_0$；②$E_1 = E_2 = E_0$，$p_1 = p_2 = p_0$；③接触点一定在两球初位置连线的中点右侧某点；④两球必将同时返回各自的出发点。其中正确的是（　）。

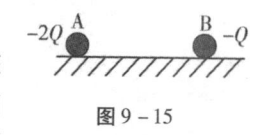

图 9-15

A. ②④　　　　B. ②③　　　　C. ①④　　　　D. ③④

解析：用牛顿定律的观点看，两球的加速度大小始终相同，相同时间内的位移大小一定相同，必然在连线中点相遇，又同时返回出发点。由动量观点看，系统动量守恒，两球的速度始终等值反向，也可得出结论：两球必将同时返回各自的出发点。且两球末动量大小和末动能一定相等。从能量观点看，两球接触后的电荷量都变为 $-1.5Q$，在相同距离上的库仑斥力增大，返回过程中电场力做的正功大于接近过程中克服电场力做的功，系统机械能必然增大，即末动能增大。选 C。

本题引出的问题是两个相同的带电小球（可视为点电荷），相碰后放回原处，相互间的库仑力大小怎样变化？讨论如下：①等量同种电荷，$F' = F$；②等量异种电荷，$F' = 0 < F$；③不等量同种电荷 $F' > F$；④不等量异种电荷 $F' > F$、$F = F$、$F' < F$ 都有可能，当满足 $q_1 = (3 \pm 2\sqrt{2})q_2$ 时，$F' = F$。

9.2　几何光学模型及应用

一、模型背景

光学和几何学、天文学、力学一样，是一门有悠久历史的学科，也是当前科学领域中最活跃的前沿阵地之一。光学的发展史大致可分为五个时期：萌芽时期、几何光学时期、波动光学时期、量子光学时期及现代光学时期。从古希腊欧几里德（公元前 330-275 年）研究光的直线传播、我国春秋战国的墨翟（公元前 468-376 年）研究影的形成开始直到以后的两千年之间，可谓光学的萌芽时期。托勒玫（70-147 年）研究了折射，阿尔哈金（公元965－1038年）发明了凸透镜、宋代沈括（1031－1095年）、元代赵友钦（1279－1368年）丰富了几何光学知识。阿玛帝于1299年发明眼镜，十七至十八世纪建立了光的反射定律、折射定律，奠定了几何光学的基础，1609年意大利人伽利略（1564－1642年）制作的望远镜证实了哥白尼的日心说正确；德国开普勒（1571－1630年）系统论述了折射规律，指出托勒玫关于光的折射研究的错误。荷兰数学家斯涅尔（1591－1626年）、法国笛卡尔（1596－1650年）是波动光学的奠基人。意大利人格力马（1618－1663年）首次观察到光的衍射，英国人玻意耳（1627－1691年）观察和研究了薄膜彩色干涉条纹，英国人牛顿（1643－1727年）的"微粒说"和荷兰人惠更斯（1629－1695年）的"波动说"相互争论，才真正把光学引上发展的道路。1800年，英国托马斯·杨（1773－1829年）研究了双缝干涉，法国菲涅尔（1788－1827年）完善了惠更斯波动原理，1865年苏格兰人麦克斯韦提出光的电磁说，于1888年被德国人赫兹用实验证实。……1905年德国爱因斯坦提出光量子说解释了光电效应，1960年美国科学家梅曼发明了红宝石激光器。光学和许多科学技术相互结合、相互渗透，派生了不少崭新的分支学科。光学的发展过程是人类认识客观世界的进程中一个重要的组成部分，是不断揭露矛盾、克服矛盾，从不完全和不确切的认识逐步走向较完善和较确切认识的过程。

二、基本物理模型（见表9－1）

表9－1

现象或实验		模型图	物理特点
光的反射	镜面反射		平行入射的光线射到平滑界面上，将平行反射，每条光线都遵守光的反射定律，即入射光线、法线、反射光线在同一平面内，并且分居在法线的两侧；反射角和入射角相等，如教室内的黑板面长时间与板擦摩擦就会很光滑，光线因发生镜面反射，而造成两侧学生看不见字迹
	平面镜	点、物成像光路图	物点和像点关于镜面对称，物点和其像点连线始终与镜面垂直，像 A′B′ 与物 AB 关于镜面对称，是等大、正立、虚像。人要看到自己的全身像，镜至少为身高的一半，而且高低放置要合适。 物靠近镜运动，像就靠近镜运动

续表

现象或实验	模型图	物理特点
漫反射		平行入射的光线经弯曲界面反射后，反射光线朝各个方向，但每条光线仍然遵守反射定律，如放电影的银幕必须要发生漫反射，教室内的墙壁发生漫反射，生活中的众多物体表面都发生漫反射时，才能让我们看到，每种着色面反射太阳光相应的色光（其他色光被吸收），使世界五颜六色美不胜收
光的折射 — 光疏到光密		(1) AO、NN'、OB 三线在同一平面内，入射光线 AO 和折射光线 OB 分居在法线 NN' 的两侧； (2) 满足：$n_{21}=\dfrac{\sin\theta_1}{\sin\theta_2}=\dfrac{n_2}{n_1}$，叫介质 2 相对于介质 1 的相对折射率（$n_2>n_1>1$）； (3) 如果光从真空（或空气）到介质，则 $n=\dfrac{\sin\theta_1}{\sin\theta_2}=\dfrac{c}{v}$，叫介质的绝对折射率，简称折射率
光的折射 — 光密到光疏		(1) 入射光线 BO、法线 NM、折射光线 OA 在同一平面内，并且 BO、OA 分居在 NM 的两侧； (2) 满足：$n_{12}=\dfrac{\sin\theta_2}{\sin\theta_1}=\dfrac{n_1}{n_2}$ （$n_2>n_1>1$）； (3) 如果光从介质到真空（或空气），则 $\dfrac{1}{n}=\dfrac{\sin\theta_2}{\sin\theta_1}$
光的折射 — 全反射		光从光密介质到光疏介质时，如果增大入射角 θ_2，折射角 θ_1 跟着增大，当 $\theta_1=90°$ 时，折射光线沿两种介质的交界面射出（这时的折射光线能量很微弱，可以不计），入射角 $\theta_2=C$，叫临界角，光从介质到真空，当 $\sin C=\dfrac{1}{n}$ 或 $C=\arcsin\dfrac{1}{n}$ 且 $\theta_2\geqslant C$ 能发生全反射。 如果光源在水下 h 深处，则水面透光半径为 $r=h\tan C=\dfrac{h}{\sqrt{n^2-1}}$. 透光面积为 $S=\pi r^2=\dfrac{\pi h^2}{n^2-1}$

三、组合物理模型（见表9-2）

表9-2

组合模型	实验或模型图	物理特点
平行玻璃砖		光从空气以入射角 θ_1 进入玻璃上表面，折射角为 θ_2，偏折角为 $\delta = \theta_1 - \theta_2$，因法线平行，则在下表面的入射角 $\theta_3 = \theta_2$，由 $n = \dfrac{\sin\theta_1}{\sin\theta_2}$ 和 $\dfrac{1}{n} = \dfrac{\sin\theta_3}{\sin\theta_4}$，得 $\theta_4 = \theta_1$，即出射光和入射光平行，但有侧位移：$d = \dfrac{h}{\cos\theta_2}\sin(\theta_1 - \theta_2) = h\sin\theta_1\left(1 - \sqrt{\dfrac{1-\sin^2\theta_1}{n^2-\sin^2\theta_1}}\right)$，当 h、θ_1 一定时，n 越大，侧位移 d 就越大，即 $d_{紫} > d_{红}$
半圆形玻璃砖		光以入射角 α 从空气射到玻璃界面圆心处，同时发生反射和折射现象，有 AO、BO、OC、ON 四线共面，$\beta = \alpha$，$\theta < \alpha$，$\delta = \alpha - \theta$，$n = \dfrac{\sin\alpha}{\sin\theta}$，$\sin\alpha = \dfrac{AN}{R}$，$\sin\theta = \dfrac{CM}{R}$，$n = \dfrac{AN}{CM}$，即用直尺测量线段长度 AN、CM 的方法可测定玻璃的折射率
三棱镜 色散		白光通过三棱镜后形成由红到紫七种单色光组成的彩色光谱，说明白光由七种单色光组成，因同种介质对不同频率的光折射率不同，$n_{红} < n_{紫}$，故以相同入射角 θ_1 从空气到玻璃时，由 $n = \dfrac{\sin\theta_1}{\sin\theta_2}$ 知 $\theta_{2紫} < \theta_{2红}$，偏折角：$\delta_1 = \theta_1 - \theta_2$，即 $\delta_{1紫} > \delta_{1红}$；从玻璃到空气时，有 $\dfrac{\sin\theta_3}{\sin\theta_4} = \dfrac{1}{n}$，$\theta_2 + \theta_3 = \alpha$，$\theta_{3紫} > \theta_{3红}$，$\theta_{4紫} > \theta_{4红}$，$\delta_2 = \theta_4 - \theta_3$，$\delta = \delta_1 + \delta_2 = \theta_1 + \theta_4 - \alpha$，$\delta_{紫} > \delta_{红}$
三棱镜 全反射棱镜		光从玻璃射入空气的临界角（42°），当入射角为45°时，一定发生全反射，在光学仪器里常用全反射棱镜代替平面镜，改变光的传播方向，从而避免光线经过平面镜玻璃表面和银面多次反射，形成多个像的现象

续表

组合模型		实验或模型图	物理特点
[迁移]模型	光导纤维	光从真空以入射角 θ 进入折射率为 n_2、长为 l 的透明介质中,在折射率分别为 n_2、n_1 ($n_2 > n_1$) 的两种介质界面上发生全反射	$n_2 = \dfrac{\sin\theta}{\sin\beta}$,$\beta = 90° - C$,$\sin C = \dfrac{n_1}{n_2}$,$\sin\theta = n_2\cos C = n_2\sqrt{1-\left(\dfrac{n_1}{n_2}\right)^2} = \sqrt{n_2^2 - n_1^2}$ (θ 叫最大角). n_2 介质中的最大路程:$s_{max} = \dfrac{l}{\sin C} = \dfrac{n_2 l}{n_1}$. 当 $\theta = 0°$ 时通过 n_2 中的光程最小:$S_{min} = l$. 光在 n_2 中的速度 $v = \dfrac{c}{n_2}$,所以光通过光导纤维的时间:$\dfrac{n_2 l}{c} \leq t \leq \dfrac{n_2^2 l}{n_1 c}$

四、光的波动性和粒子性实验模型(见表 9-3)

表 9-3

现象		实验模型图	物理特点或解释
衍射	单缝		1655 年,意大利波仑亚大学的数学教授格里马第在观测放在光束中的小棍子的影子时,首先发现了光的衍射现象,格里马第设计了一个实验:让一束光穿过一个小孔,让这束光穿过小孔后照到暗室里的一个屏幕上。他发现光线通过小孔后的光影明显变宽了。
	小孔		光偏离了直线前进的方向而绕到障碍物阴影区域的现象,称为光的衍射

续表

现象	实验模型图	物理特点或解释
干涉 双缝	由英国物理学家托马斯·杨首次在实验室完成。条件：两束光频率相同、振动情况一致。 红光 蓝光 紫光 在相同的实验装置条件下，相邻明（或暗）条纹中央之间距离与波长成正比：$\lambda_红 > \lambda_紫$，$\Delta x_红 > \Delta x_紫$。	同一束光从第一狭缝 S 到达同距离对称的双狭缝 S_1、S_2，从 S_1、S_2 射出的光具有相同的振动情况，即为两个相干光源。 S_1、S_2 到光屏上 P 处的路程差：$\Delta r = r_2 - r_1$，由于 $L \gg d$，$L \gg x$，故 $r_2^2 - r_1^2 = (r_2 + r_1)(r_2 - r_1) \approx 2L\Delta r$ 即 $L^2 + (x + \dfrac{d}{2})^2 - [L^2 + (x - \dfrac{d}{2})^2] = 2dx = 2L\Delta r$，$\Delta r = \dfrac{d}{L}x$. P 处振动加强，出现亮条纹： $\Delta r = n\lambda$（$n = 0, 1, 2, \cdots$） P 处振动减弱，出现暗条纹： $\Delta r = n\lambda + \dfrac{\lambda}{2} = (2n+1)\dfrac{\lambda}{2}$ （$n = 0, 1, 2, \cdots$） 相邻明或暗条件间的光程差为 λ，间距为 $\Delta x = \dfrac{L}{d}\lambda$，当用白光做双缝干涉实验时，除中央条纹为白光外，其余为彩色条纹
干涉 薄膜	将肥皂膜放在阳光下，迎着肥皂膜反射光方向观察肥皂膜，可观察到彩色干涉条纹。日常生活中，洗衣服时，肥皂泡及水面上的污油呈现出彩色	肥皂泡前后表面反射的两列同频率的波产生干涉，加强处为亮纹，减弱处为暗纹 白光　反射相干光 空气　$n_1 = 1.00$ 油膜　$n_2 = 1.22$　d 玻璃　$n_3 = 3.50$ 　　　透射相干光

128

续表

现象	实验模型图	物理特点或解释
偏振现象	自然光通过狭缝P（起偏器），成为偏振光，当狭缝Q（检偏器）与光矢量平行时，屏上明亮；当Q与光矢量垂直时，屏上昏暗	在摄影镜头前加上偏振镜，并适当地旋转偏振镜面，会消除光滑物体的反光；偏振镜还能使蓝天变暗，突出蓝天中的白云；在观看立体电影时，观众要戴上一副透振方向互相垂直的偏振片眼镜，把用两个摄影机拍下的两组胶片同步放映，使这略有差别的两幅图像重叠在银幕上，这时如果用眼睛直接观看，画面将模糊不清！若在每架电影机前装一块偏振片（起偏器，并互相垂直放置），则从两架放映机射出的光，就成了互相垂直的偏振光，经银幕反射后，偏振光方向不变，观众左眼只能看到左机映出的画面，右眼只能看到右机映出的画面，就会产生立体感觉
光电效应	光电现象由德国物理学家赫兹于1887年发现，而正确的解释为爱因斯坦所提出，1916年，美国科学家密立根通过精密的定量实验证明了爱因斯坦的理论解释，从而也证明了光量子理论。 (1) 现象：在光的照射下，某些物质内部的电子会被光子激发出来而形成电流，即光生电，逸出的电子称为光电子。 (2) 光子说：在空间传播的光是不连续的，而是一份一份的，每一份称为一个光子，光子的能量与频率成正比，即 $\varepsilon = h\nu$，光子的动量 $P = \dfrac{h}{\lambda} = \dfrac{h\nu}{c}$。 (3) 光电效应的四个规律： ①极限频率：当照射物体的光频率不小于某个确定值时，物体才能发出光电子，这个频率称为极限频率（或称截止频率），相应的波长 λ_0（$c = \lambda_0\nu_0$）称为极限波长，不同物质的极限频率不同，低于这个频率，不管光强度有多大、照射时间有多长，都不能发生光电效应； ②在高于极限频率的光照射下，产生光电流的过程非常快，一般不超过 10^{-9} s；停止用光照射，光电流也就立即停止，即光电效应是瞬时的； ③在光的频率不变时，入射光越强，单位时间内阴极（发射光电子的金属材料）发射的光电子数目越多，即单位时间、单位面积发射的光电子数与入射光的强度成正比，而与入射光的频率无关； ④光电子脱出物体时的初速度和照射光的频率有关而和发光强度无关，$E_{km} = h\nu - W$，$h = 6.63 \times 10^{-34}$ J·s 称为普朗克常数，$E_{km} = 0$ 时，逸出功（逸出一个电子所需的能量）$W = h\nu_0$ 或 $\nu_0 = \dfrac{W}{h}$	

续表

现象	实验模型图	物理特点或解释
光的波粒二象性		干涉、衍射表明光是一种波，麦克斯韦理论指明光是电磁波，而光电效应现象和光子说同时也说明光具有粒子性，但光子说并没有排斥电磁说，因为光子的能量与频率成正比，而频率是反映波的特性的物理量。后来的科学研究表明，光既具有波动性，又有粒子性，这就是光的波粒二象性。 现代科学研究表明，不仅光具有波粒二象性，一切微观粒子都具有波粒二象性。 微观粒子的波动性，是一种概率波。亮纹处是光子数出现的概率大处
电磁波谱	紫靛蓝绿 黄 橙 红 100 200 300 400 500 600 700 800 nm 紫外线 可见光 红外线 λ γ射线 X射线 无线电波 10^{-14} 10^{-12} 10^{-10} 10^{-8} 10^{-6} 10^{-4} 10^{-2} 10^{0} 10^{2} 10^{4} m 波长依次增大	（1）红外线：①一切物体都在不停地发射红外线；②红外线最显著的作用是热作用；③应用：红外加热器、红外遥感、红外理疗仪。 （2）紫外线：①一切高温物体都会发射紫外线，如弧光灯、电焊等；②紫外线最显著的作用是化学作用、荧光作用；③应用：杀菌消毒、保健治疗等，过强的紫外线对人体有伤害。 （3）伦琴射线：①高速电子流射到固体上产生伦琴射线；②伦琴射线的穿透力很强；③应用：透视、CT、安检等

附表1：光的干涉和衍射比较表

内容		干涉	衍射
现象		在光重叠区域出现加强或减弱的现象	光绕过障碍物偏离直线传播的现象
产生条件		两束光频率相同、相位差恒定	障碍物或孔的尺寸与波长差不多或小得多
典型实验		杨氏双缝实验	单缝衍射（圆孔衍射、不透明圆盘衍射）
图样特点	不同点 条纹宽度	条纹宽度相等	条纹宽度不等，中央最宽
	条纹间距	各相邻条纹等间距	各相邻条纹间距不等
	亮度情况	清晰条纹，亮度基本相等	中央条纹最亮，两边变暗
	相同点	干涉、衍射都是波特有的现象；干涉、衍射都有明暗相间的条纹	

附表2：自然光和偏振光的比较表

内容	自然光（非偏振光）	偏振光
光的来源	直接从光源发出的光	自然光通过偏振片后的光
光的振动方向	在垂直于光的传播方向的平面内，光振动沿任意方向，且沿各个方向光振动的强度相同	在垂直于光的传播方向的平面内，光振动沿特定方向

五、模型应用

例1：酷热的夏天，在平坦的柏油公路上，你会看到在一定距离之外，地面显得格外明亮，仿佛是一片水面，似乎还能看到远处车、人的倒影。但当你靠近"水面"时，它却随你靠近而后退。对此现象正确的解释是（　　）。

A. 出现的是"海市蜃楼"，是由于光的折射造成的

B. "水面"不存在，是由于酷热难耐，人产生的幻觉

C. 太阳辐射到地面，使地表温度升高，折射率大，发生全反射

D. 太阳辐射到地面，使地面温度升高，折射率小，发生全反射

解析：酷热的夏天地面温度高，地面附近空气的密度小，空气的折射率下小上大，远处车、人反射的太阳光由光密介质射入光疏介质发生全反射。答案为D。

例2：很多公园的水池底都装有彩灯，当一细束由红、蓝两色组成的灯光从水中斜射向空气时，关于光在水面可能发生的反射和折射现象，下列光路图中正确的是（　　）。

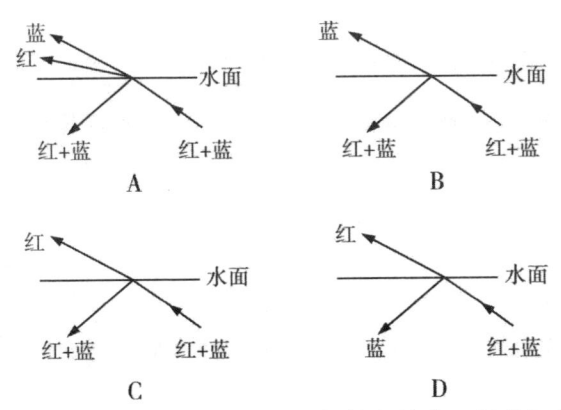

解析：红光、蓝光都要发生反射，红光的折射率较小，所以红光发生全反射的临界角较蓝光大，蓝光发生全反射时，红光不一定发生，故C正确。

例3：一束白光以比较大的入射角 i 射入顶角为 θ 的等腰三棱镜后，在屏P上可得到彩色光带，如图9-16所示，在入射角 i 逐渐减小到零的过程中，假如屏上的彩色光带先后全部消失，则（　　）。

A. 红光最先消失，紫光最后消失

B. 紫光最先消失，红光最后消失

C. 紫光最先消失，黄光最后消失

D. 红光最先消失，黄光最后消失

解析：作出白光的折射光路图，可看出，白光从 AB 射入玻璃后，由于紫光偏折大，从而到达另一侧面 AC 时的入射角较大，且因紫光折射率大，$\sin C = \dfrac{1}{n}$，因而其全反射的临界角最小，故随着入射角 i 的减小，进入玻璃后的各色光中紫光首先发生全反射，且不从 AC 面射出，后依次是靛、蓝、绿、黄、橙、红，逐渐发生全反射而不从 AC 面射出。答案选 B。

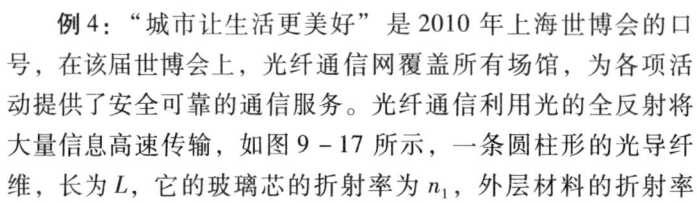

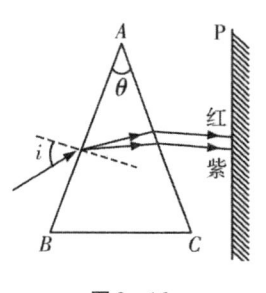

图 9 - 16

例 4："城市让生活更美好"是 2010 年上海世博会的口号，在该届世博会上，光纤通信网覆盖所有场馆，为各项活动提供了安全可靠的通信服务。光纤通信利用光的全反射将大量信息高速传输，如图 9 - 17 所示，一条圆柱形的光导纤维，长为 L，它的玻璃芯的折射率为 n_1，外层材料的折射率为 n_2，光在空气中的传播速度为 c，若光从它的一端射入，经全反射后从另一端射出所需的最长时间为 t，则下列说法中正确的是（图 9 - 17 所示的 φ 为全反射的临界角，其中 $\sin\varphi = \dfrac{n_2}{n_1}$）（　　）。

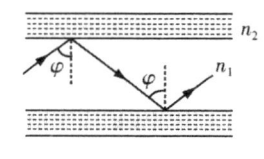

图 9 - 17

A. $n_1 > n_2$，$t = \dfrac{n_1 L}{n_2 c}$ 　　　　B. $n_1 > n_2$，$t = \dfrac{n_1^2 L}{n_2 c}$

C. $n_1 < n_2$，$t = \dfrac{n_1 L}{n_2 c}$ 　　　　D. $n_1 < n_2$，$t = \dfrac{n_1^2 L}{n_2 c}$

解析：刚好发生全反射的条件是入射角等于临界角，注意光是在玻璃芯中传播的，而不是在空气中传播的。传播距离为 $x = \dfrac{L}{\sin\varphi} = \dfrac{n_1 L}{n_2}$，传播速度为 $v = \dfrac{c}{n_1}$，故传播时间为 $t = \dfrac{x}{v} = \dfrac{n_1^2 L}{n_2 c}$。答案为 B。

例 5：单色光由左侧射入盛有清水的薄壁圆柱形玻璃杯，如图 9 - 18 所示，过轴线的截面图，调整入射角 α，使光线恰好在水和空气的界面上发生全反射。已知水的折射率为 $\dfrac{4}{3}$，求 $\sin\alpha$ 的值。

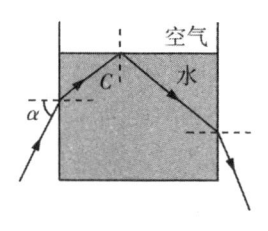

图 9 - 18

解析：当光线在水面恰好发生全反射时，有

$$\sin C = \dfrac{1}{n} \qquad ①$$

当光线从左侧射入时，由折射定律得

$$\dfrac{\sin\alpha}{\sin\left(\dfrac{\pi}{2} - C\right)} = n \qquad ②$$

联立①②式，代入数据可得 $\sin\alpha = \frac{\sqrt{7}}{3}$

例6：一半径为 R 的 $\frac{1}{4}$ 球体放置在水平桌面上，球体由折射率为 $\sqrt{3}$ 的透明材料制成。现有一束位于过球心 O 的竖直平面内的光线，平行于桌面射到球体表面上，折射入球体后再从竖直表面射出，如图9-19所示，已知入射光线与桌面的距离为 $\frac{\sqrt{3}}{2}R$，求出射角 θ。

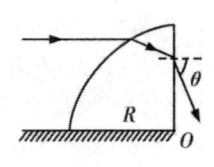

图9-19

解析：设入射光线与 $\frac{1}{4}$ 球体的交点为 C，连接 OC，OC 即为入射点的法线。因此，图9-20中的角 θ_1 为入射角。过 C 点作球体水平表面的垂线，垂足为 B。依题意，$\angle COB = \theta_1$。

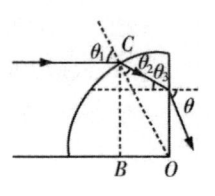

又由 $\triangle OBC$ 知

$$\sin\theta_1 = \frac{\sqrt{3}}{2} \qquad ①$$

图9-20

设光线在 C 点的折射角为 θ_2，由折射定律得

$$\frac{\sin\theta_1}{\sin\theta_2} = \sqrt{3} \qquad ②$$

由①②式得

$$\theta_2 = 30° \qquad ③$$

由几何关系知，光线在球体的竖直表面上的入射角 θ_3（图9-20）为 $30°$，由折射定律得 $\frac{\sin\theta_3}{\sin\theta} = \frac{1}{\sqrt{3}}$。因此 $\sin\theta = \frac{\sqrt{3}}{2}$，解得 $\theta = 60°$。

变式：发出白光的细线光源 ab 长度为 l_0，竖直放置，上端 a 恰好在水面以下，如图9-21所示。现考虑线光源 ab 发出的靠近水面法线（图中的虚线）的细光束经水面折射后所成的像，由于水对光有色散作用，若以 l_1 表示红光成的像的长度，l_2 表示蓝光成的像的长度，则（　　）。

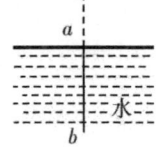

图9-21

A. $l_1 < l_2 < l_0$
B. $l_1 > l_2 > l_0$
C. $l_2 > l_1 > l_0$
D. $l_2 < l_1 < l_0$

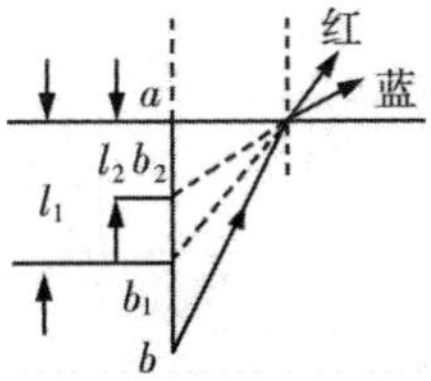

图9-22

解析：如图9-22所示，由于蓝光折射率比红光折射率大，则同一点发出的光经过水面折射时，蓝光比红光偏折角大，则沿反方向延长线所成虚像的长度比较小，则 $l_2 < l_1 < l_0$，选D。

例7：一半圆柱形透明物体横截面如图9-23所示，底面 AOB 镀银，O 为半圆截面的圆心，一束光线在横截面内从 M 点入射，经过 AB 面反射后从 N 点射出。已知光线在 M 点的入射角为 $30°$，$\angle MOA = 60°$，$\angle NOB = 30°$。求：

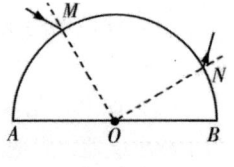

图9-23

(1) 光线在 M 点的折射角。
(2) 透明物体的折射率。

解析：如图 9-24 所示，透明物体内部的光路为折线 MPN，Q、M 点相对于底面 EF 对称，Q、P 和 N 三点共线。

(1) 设在 M 点处，光的入射角为 i，折射角为 γ，∠OMQ = α，∠PNF = β，根据题意有 α = 30°   ①

由几何关系得 ∠PNO = ∠PQO = γ，于是 β + γ = 60°   ②

且 α + γ = β   ③

由①②③式得 γ = 15°   ④

(2) 根据折射率公式有

$\sin i = n \sin \gamma$ ⑤

由④⑤式得 $n = \dfrac{\sqrt{6}+\sqrt{2}}{2}$。

(1) 解答光学问题应先准确画出光路图。
(2) 用光发生全反射的条件来判断光是否已经发生全反射。
(3) 在处理光学问题时应充分利用光的可逆性、对称性、相似性等几何关系。

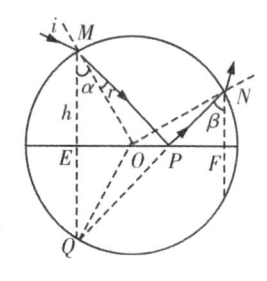

图 9-24

变式：一足够大的水池内盛有某种透明液体，液体的深度为 H，在水池的底部放一点光源，其中一条光线以 30°入射角射到液体与空气的界面上，它的反射光线与折射光线的夹角为 105°，如图 9-25 所示。求：

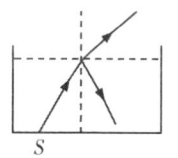

(1) 这种液体的折射率。
(2) 池面足够大时，液体表面亮斑的面积。

图 9-25

解析：(1) 由图 9-26 可知，入射角 $\theta_1 = 30°$，折射角 $\theta_2 = 45°$，$n = \dfrac{\sin\theta_2}{\sin\theta_1} = \sqrt{2} \approx 1.414$。

(2) 若发生全反射，入射角 C 应满足 $\sin C = \dfrac{1}{n}$，解得 C = 45°，亮斑半径 $R = H\tan C = H$，亮斑面积 $S = \pi H^2$。

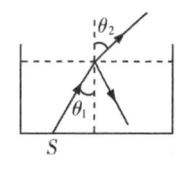

图 9-26

例 8：某同学利用"插针法"测定玻璃的折射率，所用的玻璃砖两面平行，正确操作后，作出的光路图及测出的相关角度如图 9-27 所示。

(1) 此玻璃的折射率计算式为 n = _____ （用图中的 θ_1、θ_2 表示）。

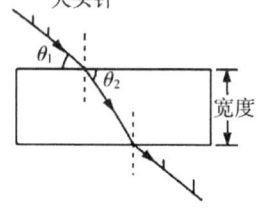

(2) 如果有几块宽度大小不同的平行玻璃砖可供选择，为了减小误差，应选用宽度_____（填"大"或"小"）的玻璃砖来测量。

图 9-27

解析：光线由空气射入玻璃的入射角 $i = \frac{\pi}{2} - \theta_1$，折射角 $\gamma = \frac{\pi}{2} - \theta_2$，由折射率的定义可得 $n = \frac{\sin i}{\sin \gamma} = \frac{\sin(\frac{\pi}{2} - \theta_1)}{\sin(\frac{\pi}{2} - \theta_2)} = \frac{\cos\theta_1}{\cos\theta_2}$，根据平行玻璃砖对光线的影响可知，玻璃砖宽度越大，侧移量越大，折射角的测量误差越小。

变式：某同学用大头针、三角板、量角器等器材测半圆形玻璃砖的折射率。开始玻璃砖的位置如图 9-28 中实线所示，使大头针 P_1、P_2 与圆心 O 在同一直线上，该直线垂直于玻璃砖的直径边，然后使玻璃砖绕圆心 O 缓慢转动，同时在玻璃砖的直径边一侧观察 P_1、P_2 的像，且 P_2 的像挡住 P_1 的像。如图 9-28 所示，当玻璃砖转到图中虚线位置时，上述现象恰好消失，此时只需测量出 _____，即可计算玻璃砖的折射率。请用你的测量量表示出折射率 $n =$ _____。

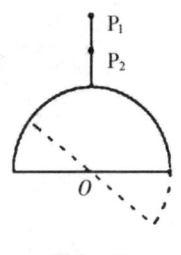

图 9-28

解析：恰好观察不到 P_1、P_2 的像时发生全反射，测出玻璃砖直径边绕 O 点转过的角度 θ，此时入射角 θ 即为全反射临界角，由 $\sin\theta = \frac{1}{n}$ 得 $n = \frac{1}{\sin\theta}$。

9.3　近代物理模型

一、模型背景

1897 年汤姆生发现电子，提出原子的枣糕模型，揭开了研究原子结构的序幕。1905 年，爱因斯坦将量子概念推广到光的传播中，提出了光量子论。1909 年英国物理学家卢瑟福做了 α 粒子轰击金箔的实验，即 α 粒子散射实验，1911 年卢瑟福提出原子的核式结构学说。1913 年，英国物理学家玻尔把量子概念推广到原子内部的能量状态，提出了一种量子化的原子结构模型，丰富了量子论。

在 19 世纪末，日臻成熟的原子理论逐渐盛行，根据原子理论的看法，物质都是由微小的粒子——原子构成。例如，原本被认为是一种流体的电，由汤姆生的阴极射线实验证明是由被称为电子的粒子所组成。因此，人们认为大多数的物质是由粒子所组成。而与此同时，波被认为是物质的另一种存在方式。波动理论已经被相当深入地研究，包括干涉和衍射等现象。由于光在托马斯·杨的双缝干涉实验中，以及夫琅和费衍射中所展现的特性，明显地说明它是一种波动。

不过在 20 世纪来临之时，这个观点面临了一些挑战。1905 年由阿尔伯特·爱因斯坦研究的光电效应展示了光粒子性的一面。随后，电子衍射被预言和证实了。这又展现了原来被认为是粒子的电子波动性的一面。

二、基本模型

1. 原子结构模型（见表9-4）

表9-4

模型图	根据和结论
汤姆生模型	实验基础：电子的发现
	原子是一个球体，正电荷均匀分布在整个球内，电子像枣糕里的枣子一样镶嵌在原子里面
卢瑟福的核式结构模型	实验基础：α粒子散射实验
	（1）原子的中心有一个很小的核，它集中了全部正电荷和几乎所有质量；
	（2）电子绕核做匀速圆周运动（轨道任意）
玻尔氢原子轨道模型 轨道量子化：核外电子只能在一些分立轨道上做匀速圆周运动： $k\dfrac{e^2}{r_n^2}=m\dfrac{v_n^2}{r_n}$ ① 动能 $E_{kn}=\dfrac{1}{2}m_e v_n^2=\dfrac{ke^2}{2r_n}$ ② 电势能 $E_{pn}=-\dfrac{ke^2}{r_n}$ ③ 总能量 $E_n=E_{kn}+E_{pn}$ ④ $m_e v_n r_n=n\dfrac{h}{2\pi}$ ⑤ $h=6.63\times10^{-34}\text{J}\cdot\text{s}$	玻尔氢原子能级图 能量量子化：原子只能处于一系列不连续的能量状态中 $r_n=n^2\left(\dfrac{h}{2\pi e}\right)^2\dfrac{1}{km_e}=n^2 r_1$ $v_n=\dfrac{2\pi ke^2}{nh}=\dfrac{v_1}{n}$ $E_n=-\dfrac{ke^2}{2r_n}=-\dfrac{ke^2}{2n^2 r_1}=\dfrac{E_1}{n^2}$ $v_1=2.18\times10^6\text{m/s}$ $r_1=0.53\times10^{-10}\text{m}$ $E_1=-13.6\text{eV}$ （$n=1、2、3\cdots$）	跃迁：原子从一个定态跃迁至另一个定态时辐射或吸收一定频率的光子：$h\nu=E_m-E_n$ ⑥ 注意：（1）原子的跃迁条件只适用于光子在各定态之间跃迁的情况； （2）至于实物粒子和原子碰撞情况，由于实物粒子的动能可全部或部分地被原子吸收，所以只要入射粒子的动能大于或等于原子某两定态能量之差，也可以使原子受激发而向较高能级跃迁。 （3）发光种数 $N=n(n-1)/2$

续表

模型图	根据和结论
量子力学电子出现方式结构模型： （1）因玻尔理论中保留了"轨道"概念，故不能解释复杂原子发光；（2）量子论认为，电子在核外的运动没有固定的轨道，它时而在这里出现，时而又在那里出现，在某些地方出现的概率大，在某些地方出现的概率小，出现概率大的地方就是玻尔理论中的"轨道"。原子核好像被电子云雾笼罩着	

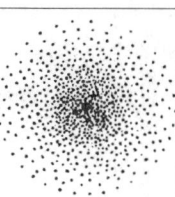

2. 原子核的变化

（1）几种现象的比较见表 9 – 5。

表 9 – 5

现象	物理特点
衰变规律	每经一个半衰期质量减半，即 $m_余 = m_原 \left(\frac{1}{2}\right)^{t/\tau}$（$\tau$ 为半衰期）。 $^A_Z X \rightarrow ^{A-4}_{Z-2} Y + ^4_2 He$（α） 本质：$2 ^1_1 H + 2 ^1_0 n \rightarrow ^4_2 He$. $^A_Z X \rightarrow ^A_{Z+1} Y + ^0_{-1} e$（β） 本质：$^1_0 n \rightarrow ^1_1 H + ^0_{-1} e$。新核 $^{A-4}_{Z-2} Y$、$^A_{Z+1} Y$ 不稳定，变成稳定核时，会放出 γ 光子，即 γ 射线总是伴随着 α、β 射线出现
重核裂变	原料：铀 $^{235}_{92} U$，用慢中子打击时发生链式反应： $^{235}_{92} U + ^1_0 n \rightarrow ^{141}_{56} Ba + ^{92}_{36} Kr + 3 ^1_0 n$ 裂变前的质量： $m_U = 390.3139 \times 10^{-27}$ kg $m_n = 1.6749 \times 10^{-27}$ kg 裂变后的质量： $m_{Ba} = 234.0016 \times 10^{-27}$ kg $m_{Kr} = 152.6047 \times 10^{-27}$ kg $3 m_n = 5.0247 \times 10^{-27}$ kg 质量亏损： $\Delta m = 0.3578 \times 10^{-27}$ kg 释放原子能 $\Delta E = \Delta m c^2 = 0.3578 \times 10^{-27} \times (3.0 \times 10^8)^2$ J $= 201$ MeV 反应条件：①铀浓度足够大；②体积大于临界体积
轻核聚变	反应方程： $^2_1 H + ^2_1 H \rightarrow ^3_2 He + ^1_1 H + 4$ MeV $^2_1 H + ^3_1 H \rightarrow ^4_2 He + ^1_0 n + 17.6$ MeV 平均每个核子释放能量 3MeV 以上，约为裂变反应释放能量的 3~4 倍 反应条件：温度达到几百万摄氏度（太阳内部不断进行这种反应）

137

续表

现象	物理特点
释放核能的规律	平均结合能大的核变成平均结合能小的核，或核子平均质量大的核变成平均质量小的核

(2) 各种放射线性质的比较见表9-6。

表9-6

种类	本质	质量/u	电荷/e	速度/c	电离能力	贯穿能力
α射线	氦核（$_2^4He$）	4	+2	0.1	最强	最弱，纸能挡住
β射线	电子（$_{-1}^0e$）	1/1840	-1	0.99	较强	较强，穿几毫米铝板
γ射线	光子 $\varepsilon = h\nu$	0	0	1.0	最弱	最强，穿几厘米铝板

(3) 三种射线在电场、磁场中的偏转情况比较。

如图9-29所示，在匀强磁场和匀强电场中都是β比α的偏转大，γ不偏转；区别是在磁场中偏转轨迹是圆弧，在电场中偏转轨迹是抛物线。图9-29(c) 速度选择器中γ肯定打在 O 点；如果α也打在 O 点，则β必打在 O 点下方；如果β也打在 O 点，则α必打在 O 点下方。

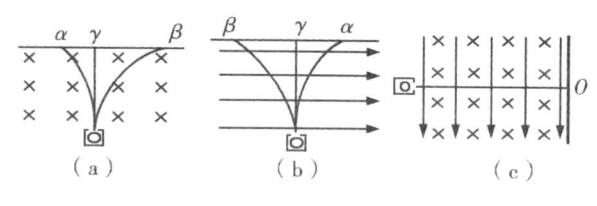

图9-29

3. 对核力与质能方程的理解（见表9-7）

表9-7

项目	内容
核力的特点，短程强相互作用	①核力是强相互作用的一种表现，在它的作用范围内，核力远大于库仑力；②核力是短程力，作用范围在 1.5×10^{-15}m 之内；③每个核子只跟相邻的核子发生核力作用，这种性质称为核力的饱和性
质能方程 $E = mc^2$ 的理解	①质量数与质量是两个不同的概念。核反应中质量数、电荷数都守恒，但核反应中依然有质量亏损；②核反应中的质量亏损，并不是这部分质量消失或质量转化为能量，质量亏损也不是核子个数的减少，核反应中核子的个数是不变的；③质量亏损不是否定了质量守恒定律，生成的γ射线虽然静质量为零，但动质量不为零，且亏损的质量以能量的形式辐射出去

4. 康普顿效应模型（见表 9-8）

表 9-8

项目	康普顿效应
内容	1923 年康普顿在做 X 射线通过物质散射的实验时，发现散射线中除有与入射线波长相同的射线外，还有比入射线波长更长的射线，其波长的改变量与散射角有关，而与入射线波长和散射物质都无关。散射中出现 $\lambda \neq \lambda_0$ 的现象，称为康普顿散射
实验装置与规律	康普顿散射曲线的特点： (1) 除原波长 λ_0 外出现了移向长波方向的新的散射波长 λ； (2) 新波长 λ 随散射角的增大而增大； 波长的偏移为 $\Delta\lambda = \lambda - \lambda_0$。 波长的偏移只与散射角 φ 有关，而与散射物质种类及入射的 X 射线的波长 λ_0 无关。$\Delta\lambda = \lambda - \lambda_0 = \lambda_e(1-\cos\varphi)$ $\lambda_e = 0.0241\text{Å} = 2.41 \times 10^{-3}$ nm（实验值）称为电子的康普顿波长。只有当入射波长 λ_0 与 λ_e 可比拟时，康普顿效应才显著，因此要用 X 射线才能观察到康普顿散射，用可见光观察不到康普顿散射
经典电磁理论在解释康普顿效应时遇到的困难	(1) 根据经典电磁波理论，当电磁波通过物质时，物质中带电粒子将做受迫振动，其频率等于入射光频率，所以它所发射的散射光频率应等于入射光频率； (2) 无法解释波长改变及它与散射角的关系
光子理论对康普顿效应的解释	(1) 若光子和外层电子相碰撞，光子有一部分能量传给电子，散射光子的能量减少，于是散射光的波长大于入射光的波长； (2) 若光子和束缚很紧的内层电子相碰撞，光子将与整个原子交换能量，由于光子质量远小于原子质量，根据碰撞理论，碰撞前后光子能量几乎不变，波长不变； (3) 碰撞中交换的能量和碰撞的角度有关，所以波长改变和散射角有关
康普顿散射实验的意义	(1) 有力地支持了爱因斯坦"光量子"的假设； (2) 首次在实验上证实了"光子具有动量"的假设； (3) 证实了在微观世界的单个碰撞事件中，动量和能量守恒定律仍是成立的

5. 光电效应模型（见表9-9）

表9-9

内容	光电效应现象
光电效应实验	
光电效应实验规律	①光电流与光强的关系：饱和光电流强度与入射光强度成正比。 ②截止频率 ν_c ——极限频率。 ③光电效应是瞬时的。 ④光电效应实验表明：饱和电流不仅与光强有关而且与频率有关，光电子初动能也与频率有关。详见第129页。
光电效应理论的验证	美国物理学家密立根，花了十年时间做了"光电效应"实验，结果在1915年证实了爱因斯坦光电效应方程，h 的值与理论值完全一致，又一次证明了"光量子"理论的正确性。 由于爱因斯坦提出的光子假说成功地说明了光电效应的实验规律，荣获1921年诺贝尔物理学奖。密立根由于研究基本电荷和光电效应，特别是通过著名的油滴实验，证明电荷有最小单位，获得1923年诺贝尔物理学奖
光电效应在近代技术中的应用	①光控继电器可以用于自动控制、自动计数、自动报警、自动跟踪等；②光电倍增管可对微弱光线进行放大，可使光电流放大 $10^5 \sim 10^8$ 倍，灵敏度高，用在工程、天文、科研、军事等方面

6. 光的波粒二象性（见表9-10）

表9-10

项目	光的波粒二象性
内容	①我们所学的大量事实说明：光是一种波，同时也是一种粒子，光具有波粒二象性，光的分立性和连续性是相对的，是不同条件下的表现，光子的行为服从统计规律； ②光子在空间各点出现的概率遵从波动规律，物理学中把光波称为概率波
光子	光能量的最小单元，$\varepsilon = h\nu$，动量 $p = h/\lambda$
基本粒子的波动性	①德布罗意波，实物粒子也具有波动性，这种波称为物质波，也叫德布罗意波； ②物质波波长 $\lambda = \dfrac{h}{P} = \dfrac{h}{mv}$

三、模型应用

例1：氢原子部分能级的示意图如图9-30所示，不同色光的光子能量见表9-11。

表9-11

色光	红	橙	黄	绿	蓝-靛	紫
光子能量范围（eV）	1.61~2.00	2.00~2.07	2.07~2.14	2.14~2.53	2.53~2.76	2.76~3.10

处于某激发态的氢原子，发射的光谱线在可见光范围内仅有2条，其颜色分别为（ ）。

A. 红、蓝靛　　　　　　B. 黄、绿
C. 红、紫　　　　　　　D. 蓝靛、紫

解析：由题表可知处于可见光范围的光子的能量范围为 1.61 ~3.10 eV，可见光都在能级图：激发态→2 线系，当3→2时，$\varepsilon_1 = h\nu_1 = E_3 - E_2 = 1.89$eV，是红光；当4→2时，$\varepsilon_2 = h\nu_2 = E_4 - E_2 = 2.25$eV，是蓝（靛）光，选择 A。

例2：氢原子从能级 m 跃迁到能级 n 时辐射红光的频率为 ν_1，从能级 n 跃迁到能级 k 时吸收紫光的频率为 ν_2，已知普朗克常数为 h，若氢原子从能级 k 跃迁到能级 m，则（ ）。

A. 吸收光子的能量为 $h\nu_1 + h\nu_2$　　B. 辐射光子的能量为 $h\nu_1 + h\nu_2$
C. 吸收光子的能量为 $h\nu_2 - h\nu_1$　　D. 辐射光子的能量为 $h\nu_2 - h\nu_1$

图 9-30

n	E/eV
∞	0
4	-0.85
3	-1.51
2	-3.40
1	-13.6

解析：氢原子从 m 能级跃迁到 n 能级辐射能量，即 $E_m - E_n = h\nu_1$，氢原子从 n 能级跃迁到 k 能级吸收能量，即 $E_k - E_n = h\nu_2$，氢原子从 k 能级跃迁到 m 能级，$E_k - E_m = (h\nu_2 + E_n) - (h\nu_1 + E_n) = h\nu_2 - h\nu_1$，因紫光的频率 ν_2 大于红光的频率 ν_1，所以 $E_k > E_m$，即辐射光子，能量为 $h\nu_2 - h\nu_1$，D 正确。

例3：(1) 研究光电效应的电路如图 9-31 所示，用频率相同、强度不同的光分别照射密封真空管的钠极板（阴极 K），钠极板发射出的光电子被阳极 A 吸收，在电路中形成光电流。下列光电流 I 与 A、K 之间的电压 U_{AK} 的关系图像中，正确的是（ ）。

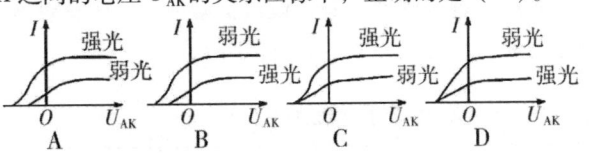

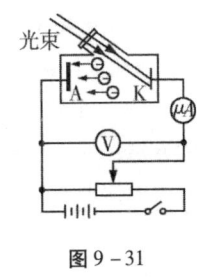

图 9-31

A．　　B．　　C．　　D．

(2) 钠金属中的电子吸收光子的能量，从金属表面逸出，这就是光电子。光电子从金属表面逸出的过程中，其动量的大小_____（选填"增大"、"减小"或"不变"），原因是_____。

(3) 已知氢原子处在第一、第二激发态的能级分别为 -3.4 eV 和 -1.51 eV，金属钠的截止频率为 5.53×10^{14} Hz，普朗克常量 $h = 6.63 \times 10^{-34}$ J·s。请通过计算判断，

氢原子从第二激发态跃迁到第一激发态过程中发出的光照射金属钠板,能否发生光电效应。

解析:(1)入射光的频率相同,则光电子的最大初动能相同,由 $-eU = -\frac{1}{2}mv_m^2$ 知,两种情况下遏止电压相同,故选项 A、B 错误;光电流的强度与入射光的强度成正比,所以强光的光电流比弱光的光电流大,故选项 C 正确,选项 D 错误。

(2)减小。因离光照面越深的电子,逸出时需要克服引力做的功越多,飞离 K 时的速度就越小,动量 $m_e v$ 也越小。离光照面越浅的电子越容易逸出,且动量越大。

(3)氢原子放出的光子能量 $E = E_2 - E_1$,代入数据得 $E = 1.89 \text{eV}$。

金属钠的逸出功 $W_0 = h\nu_0$,代入数据得 $W_0 = 2.3 \text{eV}$。因为 $E < W_0$,所以不能发生光电效应。

例4:氮核 $^{14}_7\text{N}$ 俘获一个速度为 $2.3 \times 10^7 \text{m/s}$ 的中子,发生核反应后若只产生了两个新粒子,其中一个粒子为氦核(^4_2He),它的速度大小是 $8.0 \times 10^6 \text{m/s}$,方向与反应前的中子速度方向相同。

(1)写出此核反应的方程式,求反应后产生的另一个粒子的速度大小及方向。

(2)此反应过程中是否发生了质量亏损,说明依据。

解析:(1)$^{14}_7\text{N} + ^1_0\text{n} \rightarrow ^{11}_5\text{B} + ^4_2\text{He}$

用 m_1、m_2 和 m_3 分别表示中子(^1_0n)、氦核(^4_2He)和新核($^{11}_5\text{B}$)的质量,由动量守恒有 $m_1 v_1 = m_2 v_2 + m_3 v_3$,注意到 $m_2 = 4m_1$,$m_3 = 11m_1$,代入数值得 $v_3 = -8.2 \times 10^5 \text{m/s}$,方向与反应前中子的速度方向相反。

(2)反应前的总动能 $E_{k1} = \frac{1}{2}m_1 v_1^2$;反应后的总动能 $E_{k2} = \frac{1}{2}m_2 v_2^2 + \frac{1}{2}m_3 v_3^2$。

经计算知 $E_{k1} > E_{k2}$,可知反应中发生了质量亏损。

例5:(1)能量为 E_i 的光子照射基态氢原子,刚好可使该原子中的电子成为自由电子,这一能量 E_i 称为氢的电离能,现用一频率为 ν 的光子从基态氢原子中击出了一电子,该电子在远离核以后速度的大小为_____(用光子频率 ν、电子质量 m、氢原子的电离能 E_i 和普朗克常量 h 表示)。

(2)在核反应堆中,常用减速剂使快中子减速,假设减速剂的原子核质量是中子的 k 倍,中子与原子核的每次碰撞都可看成弹性正碰,设每次碰撞前原子核可认为是静止的,求 N 次碰撞后中子速率与原速率之比。

解析:(1)由能量守恒 $\frac{1}{2}mv^2 = h\nu - E_i$ 得电子速度为 $v = \sqrt{\frac{2(h\nu - E_i)}{m}}$。

(2)设中子质量 m_n、减速剂原子核 A 的质量为 m_A,碰撞后速度分别为 v'_n 和 v'_A,由碰撞前后总动量和总能量守恒,有

$$m_n v_n = m_n v'_n + m_A v'_A \quad ①$$

$$\frac{1}{2}m_n v_n^2 = \frac{1}{2}m_n v'^2_n + \frac{1}{2}m_A v'^2_A \quad ②$$

$$v'_n = \frac{m_n - m_A}{m_n + m_A} v_n \qquad ③$$

$$m_A = km_n \qquad ④$$

由①②③④式得：经 1 次碰撞后中子速率与原速率之比为 $\left|\dfrac{v'_n}{v_n}\right| = \dfrac{k-1}{k+1}$，经 N 次碰撞后中子速率与原速率之比为 $\left(\dfrac{k-1}{k+1}\right)^N$。

四、模型练习

练习 1：以下是物理学史上三个著名的核反应方程：$x + {}_3^7\text{Li} \rightarrow 2y$，$y + {}_7^{14}\text{N} \rightarrow x + {}_8^{17}\text{O}$，$y + {}_4^9\text{Be} \rightarrow z + {}_6^{12}\text{C}$，$x$、$y$ 和 z 是 3 种不同的粒子，其中 z 是（　　）。

A. α 粒子　　　B. 质子　　　C. 中子　　　D. 电子

解析：将上述三个方程相加，整理后得 ${}_3^7\text{Li} + {}_7^{14}\text{N} + {}_4^9\text{Be} \rightarrow {}_8^{17}\text{O} + {}_6^{12}\text{C} + z$，根据电荷数守恒和质量数守恒，$z$ 的质量数为 1，电荷数为 0，为中子 ${}_0^1\text{n}$，C 正确。

练习 2：如图 9-32 所示，为红光或紫光通过双缝或单缝所呈现的图样，则（　　）。

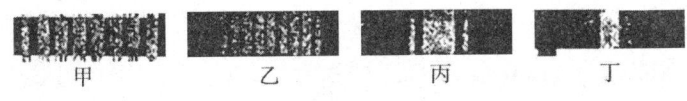

图 9-32

A. 甲为紫光的干涉图样　　　B. 乙为紫光的干涉图样
C. 丙为红光的干涉图样　　　D. 丁为红光的干涉图样

解析：当单色光通过双缝时形成的干涉图样为等间距，通过单缝时的图样是中间宽两边窄的衍射图样，因此甲、乙为干涉图样；而丙、丁为衍射图样。并且红光的波长较长，干涉图样中，相邻条纹间距较大，而紫光的波长较短，干涉图样中相邻条纹间距较小，因此 B 选项正确。

练习 3：与原子核内部变化有关的现象是（　　）。

A. 电离现象　　　B. 光电效应现象
C. 天然放射现象　　　D. α 粒子散射现象

解析：电离现象是原子核外的电子脱离原子核的束缚，与原子核内部无关，因此 A 不对；光电效应说明光的粒子性同样也与原子核内部无关，B 不对；天然放射现象是从原子核内部放出 α、β、γ 三种射线，说明原子核内部的复杂结构，放出 α、β 后原子核就变成了新的原子核，因此 C 正确；α 粒子散射现象说明原子有核式结构模型，与原子核内部变化无关，D 错误。

练习 4：在轧制钢板时需要动态地监测钢板厚度，其检测装置由放射源、探测器等构成，如图 9-33 所示。该装置中探测器接收到的是（　　）。

图 9-33

A. X 射线　　　B. α 射线
C. β 射线　　　D. γ 射线

解析：首先，放射源放出的是α射线、β射线、γ射线，无X射线，A不对；另外α射线穿透本领最弱，一张纸就能挡住，而β射线穿透本领较强，能穿透几毫米厚的铅板，γ射线穿透本领最强，可以穿透几厘米厚的铅板，而要穿过轧制钢板只能是γ射线，因此D正确。

练习5：能源是社会发展的基础，发展核能是解决能源问题的途径之一，下列释放核能的反应方程，表述正确的有（　　）。

A. $_1^3H + _1^2H \rightarrow _2^4He + _0^1n$ 是核聚变反应

B. $_1^3H + _1^2H \rightarrow _2^4He + _0^1n$ 是β衰变

C. $_{92}^{235}U + _0^1n \rightarrow _{54}^{140}Xe + _{38}^{94}Sr + 2_0^1n$ 是核裂变反应

D. $_{92}^{235}U + _0^1n \rightarrow _{54}^{140}Xe + _{38}^{94}Sr + 2_0^1n$ 是α衰变

解析：两个轻核聚合成一个较重的核的反应为核聚变反应，故A对B错。重核被中子轰击后分裂成两个中等质量的原子核并放出若干个中子的反应为核裂变反应，故C对D错。原子核放出α或β粒子后变成另一种原子核的反应称为原子核的衰变。故A、C选项正确。

练习6：一静止的 $_{92}^{238}U$ 核经α衰变成为 $_{90}^{234}Th$ 核，释放出的总动能为4.27MeV。问此衰变后 $_{90}^{234}Th$ 核的动能为多少MeV（保留1位有效数字）？

解析：根据题意知，此α衰变的衰变方程为 $_{92}^{238}U \rightarrow _{90}^{234}Th + _2^4He$。根据动量守恒定律得，$m_\alpha v_\alpha = m_{Th} v_{Th}$ ①，式中，m_α 和 m_{Th} 分别为α粒子和 $_{90}^{234}Th$ 核的质量，v_α 和 v_{Th} 分别为α粒子和 $_{90}^{234}Th$ 核的速度的大小。由题设条件知，$\frac{1}{2}m_\alpha v_\alpha^2 + \frac{1}{2}m_{Th} v_{Th}^2 = E_总$ ②，$\frac{m_\alpha}{m_{Th}} = \frac{4}{234}$ ③，联立解得：$\frac{1}{2}m_{Th}v_{Th}^2 = \frac{m_\alpha}{m_\alpha + m_{Th}} E_总$. 代入数据得，衰变后 $_{98}^{234}Th$ 核的动能为 $\frac{1}{2}m_{Th}v_{Th}^2 = 0.07MeV$。

练习7："约瑟夫森结"由超导体和绝缘体制成。若在结两端加恒定电压U，则它会辐射频率为ν的电磁波，且与U成正比，即 $\nu = kU$。已知比例系数k仅与元电荷e的2倍和普朗克常量h有关。你可能不了解此现象的机理，但仍可运用物理学中常用的方法，在下列选项中，推理判断比例系数k的值可能为（　　）。

A. $\frac{h}{2e}$ 　　B. $\frac{2e}{h}$ 　　C. $2eh$ 　　D. $\frac{1}{2eh}$

答案：B（利用量纲）。

练习8：(1) 图9-34所示是某原子的能级图，a、b、c为原子跃迁所发出的三种波长的光. 在下列该原子光谱的各选项中，谱线从左向右的波长依次增大，则正确的是（　　）。

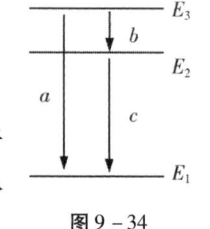

图9-34

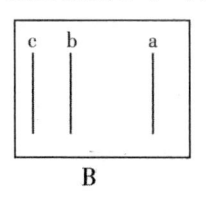

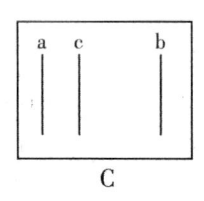

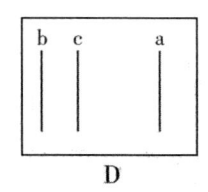

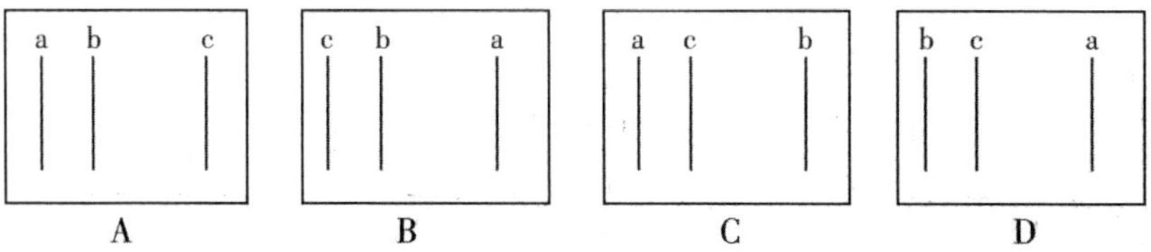

（2）一个中子与某原子核发生核反应，生成一个氚核，其核反应方程式为_____。该反应放出的能量为 Q，则氚核的比结合能为_____。

（3）A、B 两种光子的能量之比为 2∶1，它们都能使某种金属发生光电效应，且所产生的光电子最大初动能分别为 E_A、E_B。求 A、B 两种光子的动量之比和该金属的逸出功。

解析：（1）C。

（2）$_0^1 n + _1^1 H = _1^2 H$；$Q/2$.

（3）光子能量 $\varepsilon = h\nu$，动量 $p = \dfrac{h}{\lambda}$ 且 $\nu = \dfrac{c}{\lambda}$，得到 $P = \dfrac{\varepsilon}{c}$，则 $p_A : p_B = 2 : 1$。

A 照射时光电子的最大初动能 $E_A = \varepsilon_A - W_0$，同理 $E_B = \varepsilon_B - W_0$，解得 $W_0 = E_A - 2E_B$。

练习 9：（1）氘核和氚核可发生热核聚变而释放巨大的能量，该反应方程为 $_1^2 H + _1^3 H \to _2^4 He + x$，式中 x 是某种粒子。已知：$_1^2 H$、$_1^3 H$、$_2^4 He$ 和粒子 x 的质量分别为 2.0141u、3.0161u、4.0026u 和 1.0087u；$1u = 931.5 MeV/c^2$，c 是真空中的光速。由上述反应方程和数据可知，粒子 x 是_____，该反应释放出的能量为_____MeV（结果保留 3 位有效数字）。

（2）如图 9-35 所示，小球 a、b 用等长细线悬挂于同一固定点 O。让球 a 静止下垂，将球 b 向右拉起，使细线水平。从静止释放球 b，两球碰后粘在一起向左摆动，此后细线与竖直方向之间的最大偏角为 60°。忽略空气阻力，求：

①两球 a、b 的质量之比。

②两球在碰撞过程中损失的机械能与球 b 在碰前的最大动能之比。

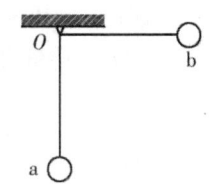

图 9-35

答案：（1）$_0^1 n$ 或中子，17.6. （2）① $\dfrac{m_1}{m_2} = \sqrt{2} - 1$；② $1 - \dfrac{\sqrt{2}}{2}$.

解析：（1）根据核反应方程遵循的规律可得

$$_1^2 H + _1^3 H \to _2^4 He + _0^1 n$$

根据爱因斯坦质能方程 $\Delta E = \Delta m c^2$ 可得

$\Delta E = (2.0141 + 3.0161 - 4.0026 - 1.0087) \times 931.5 MeV \approx 17.6 MeV$

（2）①设球 b 质量为 m_2，细线长为 L，球 b 下落到最低点碰 a 前的速度为 v，由机械能守恒有 $m_2 g L = \dfrac{1}{2} m_2 v^2 = E_{km}$ ①。设 a 球质量为 m_1，两球碰后的共同速度为 V，由动量守恒有 $m_2 v = (m_2 + m_1) V$ ②。设两球共同运动到最高处时，细线与竖直方向的夹角为 θ，由机械能守恒有 $\dfrac{1}{2}(m_2 + m_1) V^2 = (m_2 + m_1) g L (1 - \cos\theta)$ ③。

解得 $\dfrac{m_1}{m_2} = \dfrac{1}{\sqrt{1 - \cos\theta}} - 1 = \sqrt{2} - 1$ ④.

②两球碰撞过程中机械能的损失为 $Q = m_2 g L - (m_1 + m_2) g L (1 - \cos\theta)$ ⑤.

$$\frac{Q}{E_{km}} = 1 - \frac{m_1 + m_2}{m_2}(1-\cos\theta) = 1 - \frac{\sqrt{2}}{2} \quad ⑥.$$

练习 10：已知氢原子的基态能量为 E_1，激发态能量 $E_n = E_1/n^2$，其中 $n = 2, 3\cdots$。用 h 表示普朗克常量，c 表示真空中的光速。能使氢原子从第一激发态电离的光子的最大波长为（ ）。

A. $-\dfrac{4hc}{3E_1}$　　B. $-\dfrac{2hc}{E_1}$　　C. $-\dfrac{4hc}{E_1}$　　D. $-\dfrac{9hc}{E_1}$

解析：原子从 $n = 2$ 跃迁到 $+\infty$，所以 $\dfrac{hc}{\lambda} = E_{+\infty} - E_2 = -\dfrac{E_1}{4}$，$\lambda = -\dfrac{4hc}{E_1}$，选 C。

练习 11：（1）2011 年 3 月 11 日，日本发生九级大地震，造成福岛核电站的核泄漏事故。在泄露的污染物中含有 ^{131}I 和 ^{137}Cs 两种放射性核素，它们通过一系列衰变产生对人体有危害的辐射。在下列四个式子中，有两个能分别反映 ^{131}I 和 ^{137}Cs 衰变过程，它们分别是_____ 和_____（填入正确选项前的字母）。^{131}I 和 ^{137}Cs 原子核中的中子数分别是_____ 和_____。

A. $X_1 \to {}^{137}_{56}B_a + {}^{1}_{0}n$　　　　B. $X_2 \to {}^{131}_{54}B_e + {}^{0}_{-0}e$

C. $X_3 \to {}^{137}_{56}B_a + {}^{0}_{-1}e$　　　　D. $X_4 \to {}^{131}_{54}B_e + {}^{0}_{1}p$

解析：由质量数和核电荷数守恒可以得出正确选项 B、C，78、82。

（2）一质量为 $2m$ 的物体 P 静止于光滑水平地面上，其截面如图 9 - 36 所示。图中

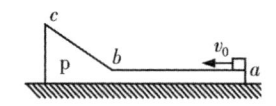

图 9 - 36

ab 为粗糙的水平面，长度为 L；bc 为一光滑斜面，斜面和水平面通过与 ab 和 bc 均相切的长度可忽略的光滑圆弧连接。现有一质量为 m 的木块以大小为 v_0 的水平初速度从 a 点向左运动，在斜面上上升的最大高度为 h，返回后在到达 a 点前与物体 P 相对静止。重力加速度为 g。求：

①木块在 ab 段受到的摩擦力 f。

②木块最后距 a 点的距离 s。

解析：①设木块和物体 P 共同速度为 v，两物体从开始到第一次到达共同速度过程。由动量和能量守恒得 $mv_0 = (m+2m)v$　①，$\dfrac{1}{2}mv_0^2 = \dfrac{1}{2}(m+2m)v^2 + mgh + fL$　②.

由①②得 $f = \dfrac{m(v_0^2 - 3gh)}{3L}$　③.

②木块返回与物体 P 第二次达到共同速度与第一次相同（动量守恒），由全过程能量守恒得 $\dfrac{1}{2}mv_0^2 = \dfrac{1}{2}(m+2m)v^2 + f(2L-s)$　④，由②③④得 $s = \dfrac{v_0^2 - 6gh}{v_0^2 - 3gh}L$.

练习 12：（1）在光电效应试验中，某金属的截止频率相应的波长为 λ_0，该金属的逸出功为_____。若用波长为 λ（$\lambda < \lambda_0$）单色光做实验，则其截止电压为_____。已

知电子的电荷量、真空中的光速和普朗克常量分别为 e、c 和 h。

（2）如图 9-37 所示，ABC 三个木块的质量均为 m。置于光滑的水平面上，BC 之间有一轻质弹簧，弹簧的两端与木块接触可不固连，将弹簧压紧到不能再压缩时用细线把 BC 紧连，使弹簧不能伸展，以至于 BC 可视为一个整体，现 A 以初速度 v_0 沿 BC 的连线方向朝 B 运动，与 B 相碰并粘合在一起，以后细线突然断开，弹簧伸展，从而使 C 与 AB 分离，已知 C 离开弹簧后的速度恰为 v_0，求弹簧释放的势能。

图 9-37

解析：（1）由 $W_{逸} = h\nu_0$ 和 $\nu_0 = \dfrac{c}{\lambda_0}$ 得 $W_{逸} = h\dfrac{c}{\lambda_0}$。

由爱因斯坦质能方程 $E_k = h\dfrac{c}{\lambda} - W_{逸}$ 和 $E_k = Ue$ 得 $U_{截止} = \dfrac{hc(\lambda_0 - \lambda)}{e\lambda_0\lambda}$。

（2）设碰后 A、B 和 C 的共同速度的大小为 v，由动量守恒得 $3mv = mv_0$ ①。
设 C 离开弹簧时，A、B 的速度大小为 v_1，由动量守恒得 $3mv = 2mv_1 + mv_0$ ②。
设弹簧的弹性势能为 E_p，从细线断开到 C 与弹簧分开的过程中机械能守恒，有
$\dfrac{1}{2}(3m)v^2 + E_p = \dfrac{1}{2}(2m)v_1^2 + \dfrac{1}{2}mv_0^2$ ③。

由①②③式得弹簧所释放的势能为 $E_p = \dfrac{1}{3}mv_0^2$。

9.4 振动与波动模型

一、简谐运动模型

（一）模型背景

1656 年开始，惠更斯首先将摆引入时钟，发明了摆钟。他于 1637 年发表了论文《摆式时钟或用于时钟上的摆的运动的几何证明》，于 1658 年发表了《摆钟论》。他又研究了简谐运动及弹簧振动，并用游丝代替挂摆，设计出许多种钟表等时结构（例如海上用以测量地理经度的怀表等）。振动是自然界中一种很常见的运动形式，如微风中树枝的颤动、心脏的跳动、丝弦的振动、水中浮标的上下运动、担物行走时扁担的闪动、声带的振动、地震时大地在水平、竖直方向的剧烈晃动⋯⋯研究振动和波动的方法是：从最简单、最基本的简谐运动、简谐波开始，把复杂的振动、波动等效成许多简谐振动、简谐波叠加而成。弄清简谐运动的规律，是进一步学习机械波、电磁振荡、电磁波的基础。

（二）基本模型（简谐振动模型）

水平弹簧振子即一个轻质弹簧连接一个物体（视为质点），不计一切阻力（理想

化），弹簧的另一端固定，就构成了一个弹簧振子。

1. 特殊点起始的全振动（见表9-12）

表9-12

模型图	物理量	特殊点起始的全振动			
		A→O	O→A'	A'→O	O→A
弹簧振子的振动 动力学特点：回复力（加速度）跟质点偏离平衡位置的位移大小成正比，并且总指向平衡位置，即 $F = -kx$，k 叫回复系数。$a = -\frac{k}{m}x = -\omega^2 x$，是一种变加速运动，$\omega = \sqrt{\frac{k}{m}}$，$\omega$ 叫角频率	对O点的位移 x	向右减小	向左增大	向左减小	向右增大
	回复力 F	向左减小	向右增大	向右减小	向左增大
	加速度 a	向左减小	向右增大	向右减小	向左增大
	速度 v	向左增大	向左减小	向右增大	向右减小
	动量 P	向左增大	向左减小	向右增大	向右减小
	动能 E_k	增大	减小	增大	减小
	势能 E_p	减小	增大	减小	增大
	总能量 E	不变	不变	不变	不变

2. 图像和特殊性（见表9-13）

表9-13

振动图像（$x-t$）	特殊性		
	往复性	周期性	路程特点
（1）形式：正（余）弦曲线。（2）意义：反映的是某振动质点在各个时刻相对于平衡位置的位移及其变化情况。（3）信息：振幅 A，周期 T，某时刻质点相对于平衡位置的位移；某时刻质点的振动方向；某一阶段质点的位移、速度、加速度、回复力、振动的能量形式等物理量的变化情况	质点总是在平衡位置附近（与平衡位置相距不超过振幅 A 的范围内）往复运动着，后一周期内的运动总是和前一周期相同，图像具有延续性	做简谐运动的质点，总是周而复始地进行着，而每一个循环的运动情况和历时都是相同，周期公式为 $T = \frac{2\pi}{\omega} = 2\pi\sqrt{\frac{m}{k}}$，第二周期的图像和第一周期相同	一次全振动（T）内的路程 $4A$；半次（$\frac{T}{2}$）内的路程 $2A$；$\frac{T}{4}$ 内的路程：①若从特殊位置（如平衡位置、最大位移处）开始计时，则 $\frac{T}{4}$ 内的路程等于 A；②若从一般位置开始计时，当经过平衡位置时，$\frac{T}{4}$ 内的路程大于 A，当经过最大位移处时，$\frac{T}{4}$ 内的路程小于 A

3. 迁移模型（见表 9–14）

表 9–14

迁移模型	物理特征				
	平衡位置	力的作用	周期	条件
竖直的弹簧振子	在小球受力平衡处的 O 点，即 $kx_0 = mg$，$x_0 = \dfrac{mg}{k}$	从 O 处向下（设为正向）发生位移 x 时，则合力为 $F = mg - k(x_0 + x) = -kx$，恰好说明做简谐振动	回复系数为弹簧的劲度系数：$T = 2\pi\sqrt{\dfrac{m}{k}}$	振幅 A 只要在弹性限度内，周期与振幅就无关
单摆（类单摆问题中对应等效摆长和等效重力加速度）	在 $\theta = 0$ 处，回复力为零（假设静止时的位置），$F_1 = mg\sin\theta = 0$ 在振动过程中，该处绳上的拉力最大	指向悬点（圆心）的合力充当向心力，重力沿切向的分力为回复力。$F - mg\cos\theta = m\dfrac{v^2}{l}$，由 $v = \sqrt{mgl(1-\cos\theta)}$ 知 $\theta = 0$ 时，v 和 F 都最大	单摆做简谐振动的回复系数为 k：$\dfrac{mg}{l}$。$T = 2\pi\sqrt{\dfrac{l}{g}}$	$\theta \leqslant 10°$ 时满足两个近似 $\sin\theta \approx \theta$，$= \dfrac{\widehat{S}}{l} \approx \dfrac{x}{l}$，$F = \dfrac{mg}{l} \cdot x$ 或 $F = kx$

4. 综合模型——匀速圆周运动与简谐振动的关系（见表 9–15）

表 9–15

匀速圆周运动	投影点做简谐振动〔$t=0$ 时质点在（$+A$, 0）处，即特殊点起振；x 轴上的最大位移处、y 轴上的平衡位置处〕	
情景：质点以 O 点为圆心做半径为 A、角速度为 ω 的逆时针匀速圆周运动，则线速度为 $v = \omega A$，向心加速度为 $a = \omega^2 A$，$\theta = \omega t$，从表中推导易知：$a_x = -\omega^2 x = -\dfrac{k}{m}x$，$\omega = \sqrt{\dfrac{k}{m}}$	x 轴上的投影点左→左右→右如同水平弹簧振子	y 轴上的投影点上→下→下→上如同竖直弹簧振子
	$x = A\cos\omega t$	$y = A\sin\omega t$
	$v_x = -\omega A\sin\omega t$	$v_y = \omega A\cos\omega t$
	$v_x = \dfrac{dx}{dt}$（导数）	$v_y = \dfrac{dy}{dt}$（导数）
	$a_x = -\omega^2 A\cos\omega t = -\omega^2 x$	$a_y = -\omega^2 A\sin\omega t = -\omega^2 y$
	$a_x = \dfrac{dv_x}{dt}$（导数）	$a_y = \dfrac{dv_y}{dt}$（导数）
	$t=0$ 时质点在第 Ⅰ 象限，半径与 x 轴夹角 φ_0，即非特殊点起振	
	$x = A\cos(\omega t + \varphi_0)$	$y = A\sin(\omega t + \varphi_0)$
	$t=0$ 时质点在第 Ⅳ 象限，半径与 x 轴夹角 φ_0，即非特殊点起振	
	$x = A\cos(\omega t - \varphi_0)$	$y = A\sin(\omega t + \varphi_0)$
	$\omega t - \varphi_0$ 叫相位，φ_0 叫初相	$\omega t + \varphi_0$，φ_0 叫初相
	相位反映振动质点步调的先后顺序	

说明：①非特殊点起始的全振动：在水平弹簧振子的 O、A 之间任选一点 C，找出它关于 O 点的对称点 C'，则 $C \to A \to O \to C'$ 为半次全振动，$C \to A' \to O \to C$ 为一次全振动；或 $C \to O \to A' \to C'$ 为半次全振动，$C \to O \to A \to C$ 为一次全振动。

②简谐运动的能量：一个做简谐运动的振子的能量由动能和势能构成，即 $E = \frac{1}{2}mv^2 + \frac{1}{2}kx^2 = \frac{1}{2}kA^2$。振子的势能是由 k（回复力系数）和相对平衡位置位移决定的一个抽象的概念，而不是具体地指重力势能或弹性势能。当我们计量了振子的抽象势能后，其他的具体势能不能再做重复计量。

5. 受迫振动和共振（见表 9-16）

表 9-16

振动类型 项目	自由振动	受迫振动	共振
受力情况	仅受回复力	周期性驱动力作用	周期性驱动力作用
振动周期或频率	由系统本身性质决定，即固有周期或固有频率	由驱动力的周期或频率决定，即 $T = T_{驱}$ 或 $f = f_{驱}$	$T_{驱} = T_{固}$ 或 $f_{驱} = f_{固}$
振动能量	振动物体的机械能不变（守恒）	由产生驱动力的物体提供，机械能不守恒	振动物体获得的能量最大
常见例子	弹簧振子或单摆（摆角 $\theta < 5°$）	机械工作时底座发生的振动	共振筛、转速计等
模型图	水平和竖直振子及单摆在无阻力时 $T = \frac{2\pi}{\omega} = 2\pi\sqrt{\frac{m}{k}}$，$k$ 为劲度系数。单摆 $T = 2\pi\sqrt{\frac{l}{g}}$	摇动手柄，竖直振子做受迫振动	A 球前后振动时，其余小球都做受迫振动，其中 B 球振幅最大

例1：一立方体木块边长为 L、密度为 ρ，静止浮于水中，浸入部分深度为 a。今用手沿竖直方向将木块压入水内微小距离 y，而后放手任其运动，若水的密度为 $\rho_水$ 且不计水的黏度，证明其振动为简谐振动，并求出其周期。（重力加速度为 g）

解析：取自由浮于水面的位置为 O 点，向下为 y 轴正方向，因浸入水中深度为 a，底面积为 $S = L^2$，平衡时 $\rho L^3 g = \rho_水 L^2 a g$。

当物体有向下的位移 y 时合力（回复力）：

$$F = -\rho_{水} L^2 (a+y) g + \rho L^3 g = -\rho_{水} L^2 gy = -ky \quad (k = \rho_{水} L^2 g)$$

说明木块做简谐振动，且周期为 $T = 2\pi \sqrt{\dfrac{m}{k}} = 2\pi \sqrt{\dfrac{\rho L^3}{\rho_{水} L^2 g}} = 2\pi \sqrt{\dfrac{\rho L}{\rho_{水} g}}$.

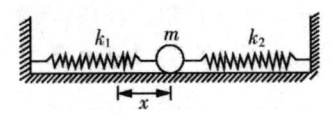

图 9-38

迁移：如图 9-38 所示，在光滑水平面上，用两根劲度系数分别为 k_1、k_2 的轻质弹簧系住一个质量为 m 的小球。开始时，两弹簧均处于原长，后使小球向左偏离 x 后放手，可以看到小球将在水平面上做往复振动。试问小球是否做简谐运动？

解析：以小球为研究对象，竖直方向受力平衡，水平方向受到两根弹簧的弹力作用，设小球位于平衡位置 O 左方某处时，偏离平衡位置的位移为 x，则左方弹簧受压，对小球的弹力方向向右，大小为 $F_1 = k_1 x$；右方弹簧被拉伸，小球所受的弹力方向向右，大小为 $F_2 = k_2 x$；小球所受的回复力等于两个弹力的合力，其方向向右，大小为

$$F = F_1 + F_2 = (k_1 + k_2) x$$

令 $k = k_1 + k_2$，上式可写成 $F = kx$。

由于小球所受的回复力方向与物体位移 x 的方向相反，故考虑方向后上式可表示为 $F = -kx$。所以小球将在两根弹簧的作用下沿水平方向做简谐运动。

例 2：图 9-39 所示是某弹簧振子的振动图像，试由图像判断下列说法中正确的是（　　）。

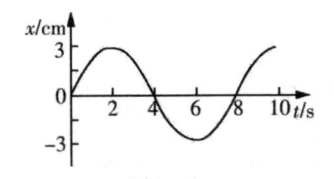

图 9-39

A. 振幅为 3m，周期为 8s

B. 4s 末振子速度为负，加速度为零

C. 14s 末振子加速度为正，速度最大

D. 4s 末和 8s 末时振子的速度相同

解析：由图像可知振幅 $A = 3$cm，周期 $T = 8$s，故选项 A 错误。

4s 末图线恰与横轴相交，位移为零，则加速度为零。过这一点作图线的切线，切线与横轴的夹角大于 90°（或根据下一时刻位移为负），所以振子的速度为负，故选项 B 正确。

根据振动图像的周期性，可推知 14s 末质点处于负的最大位移处（也可以把图线按原来的形状向后延伸至 14s 末），因此质点的加速度为正的最大，但速度为零，故选项 C 错误。

4s末和8s末质点处在相邻的两个平衡位置,则速度方向显然相反(或根据切线斜率判断),所以选项D错误。

迁移:有一弹簧振子在水平方向上的BC之间做简谐运动,已知BC间的距离为20cm,振子在2s内完成了10次全振动。若从某时刻振子经过平衡位置时开始计时($t=0$),经过$\frac{1}{4}$周期振子有正向的最大加速度。

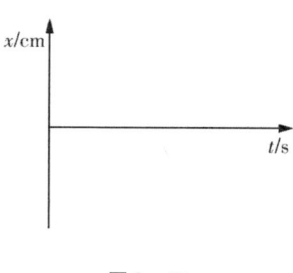

图9-40

(1)求振子的振幅和周期。
(2)在图中作出该振子的位移-时间图像。
(3)写出振子的振动表达式。

解析:由题意可知BC间距离等于振幅的2倍,完成一次全振动的时间即为周期,这是解题的突破口。

(1)振子的振幅$A=10$cm;

振子的周期$T=\frac{t}{n}=0.2$s。

(2)如图9-41所示。

(3)$\omega=\frac{2\pi}{T}$,$x=-A\sin\omega t=-0.1\sin 10\pi t$(m)。

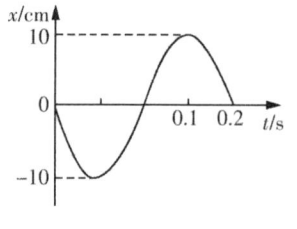

图9-41

例3:如图9-42所示,轻弹簧的一端固定在地面上,另一端与木板B相连,木板A放在木板B上,两木板质量均为m,现加竖直向下的力F作用于A,A与B均静止。求:

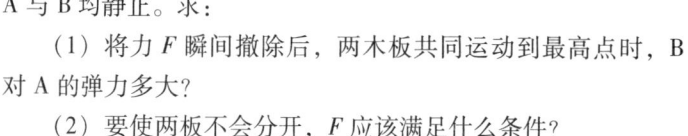

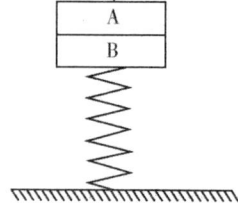

(1)将力F瞬间撤除后,两木板共同运动到最高点时,B对A的弹力多大?

(2)要使两板不会分开,F应该满足什么条件?

解析:(1)把没有外力F作用时物体所处的位置设为平衡位置,则物体被外力压下去后,根据对称性,当两木板到达最高点时,其回复力和最低点的回复力大小相等,也为F。此时共同的加速度由牛顿第二定律求得$a=F/2m$。

图9-42

A物体受到重力与支持力F_N,再应用牛顿第二定律有
$$mg-F_N=ma$$
所以$F_N=mg-ma=mg-F/2$。

(2)要使两板不分离,则$F_N\geq 0$,由上式得$F\leq 2mg$。

点评:此题利用了简谐运动的对称性来解题,关于平衡位置对称的两点,回复力大小和加速度大小相等。

迁移:如图9-43所示,一升降机在箱底有若干个弹簧,设在某次事故中,升降机吊索在空中断裂,忽略摩擦力,则升降机在从弹簧下端触地后直到最低点的一段运

动过程中（　　）。

A. 升降机的速度不断减小

B. 升降机的加速度不断变大

C. 先是弹力做的负功小于重力做的正功，然后是弹力做的负功大于重力做的正功

D. 到最低点时，升降机加速度的值一定大于重力加速度的值

解析：当升降机吊索断裂后升降机先做自由落体运动，当底部弹簧刚触地后，由于重力 mg 大于弹力 F_N，所以升降机仍向下做加速运动，随着弹簧压缩形变越大，向上的弹力也随之增大，所以向下的合力及加速度不断变小，直至 $mg = F_N$ 时，$a = 0$，速度达到最大值 v_m，这段运动是速度增大、加速度变小的运动。根据动能定理 $W = \Delta E_k$，即 $W_G - W_{F_N} = \Delta E_k > 0$，所以 $W_G > W_{F_N}$，重力做的正功大于弹力做的负功，当升降机从 $a = 0$ 的平衡位置继续向下运动时，由于弹力大于重力，所以加速度方向向上，且不断变大，而速度 v 不断变小直至为 0，这段过程中，$W_G - W_{F_N} = \Delta E_k < 0$，所以 $W_G < W_{F_N}$，重力做的正功小于弹力做的负功。由此可知，选项 AB 错，而 C 正确。

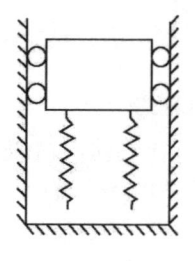

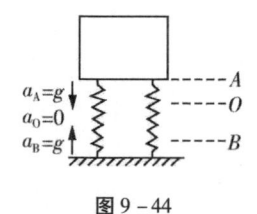

图 9 - 43

把升降机视为一个竖直弹簧振子，如图 9 - 44 所示。

弹簧刚触地时升降机的位置在 A 点，升降机向下运动到的最低点位置为 B 点，速度最大的平衡位置为 O 点。在 A 点时有向下的速度，A 点为最大位移处到平衡位置中的一点，即 A 点并非最大位移点。而 B 点速度为零，就是振子平衡位置下方的最大位移点，故 $\overline{BO} > \overline{AO}$。既然 A 点的加速度 $a_A = g$，方向向下，根据弹簧振子的对称性，那么最大位移 B 点的最大加速度 $a_B = a_m > a_A = g$，方向向上，选项 D 正确。

图 9 - 44

例 4：如图 9 - 45 所示，弹簧振子以 O 点为平衡位置做简谐运动，从经过 O 点开始计时，振子第一次到达某点 P 时用了 0.3s，又经过 0.2s 第二次经过 P 点，则振子第三次经过 P 点还要经过的时间是_____。

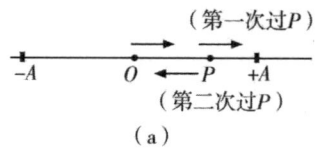

解析：依题设，如图 9 - 45（a）所示，$O \to P$ 历时 0.3s，$P \to +A \to P$ 历时 0.2s，故由简谐振动的对称性有 $0.3s + 0.2s/2 = T_1/4$，得 $T_1 = 1.6s$。则 $P \to O \to -A \to P$ 第三次经 P 点，历时 $2 \times 0.3s + T_1/2 = 1.4s$

图 9 - 45

依题设，如图 9 - 45（b）所示，$O \to +A \to P$ 历时 0.3s，$P \to -A \to P$ 历时 0.2s，则有 $0.3s + 0.2s/2 = 3T_2/4$，得 $T_2 = \dfrac{8}{15}s$。则 $P \to O \to +A \to O \to P$ 第三次经 P 点，历时 $T_2 - 0.2s = \dfrac{1}{3}s$

二、机械波模型

（一）模型背景

这是一个波动的世界：我们日常生活中的水波，每天听到的各种声音，手机用到的无线电波……我们用超声波清洗眼睛，用"B超"诊断疾病……狂风巨浪使船舶颠簸，地震波对建筑物造成破坏……波传递能量、携带信息。所以我们应该认识波，了解波的特性和规律，以便更好地利用它，并预防和减轻它造成的破坏。

（二）模型特点

1. 机械波综述（见表9-17）

表9-17

	机械波的产生	分类	物理特点
机械波	波源：引起介质振动的质点或物体。 介质：内部各质点间存在着相互作用的弹力，各质点依次被带动。 振源和介质是波动的两个要素	横波：所有振动质点在某一时刻所在位置连成的一条曲线，就是波的图像	质点的振动方向跟波的传播方向垂直；表现为凹凸相间的波形，凹下部分的最低点叫波谷，凸起部分的最高点叫波峰，如绳波、红旗飘扬等
		纵波：	质点的振动方向跟波的传播方向在同一直线上的波；表现为疏密相间的波形，质点分布较稀的部分叫疏部，质点分布较密的部分叫密部；纵波的图像与纵波的"形状"并无相同之处，如沿弹簧传播的波、声波等

2. 绳波的产生——简谐横波的形成模型（重中之重）

$t=0$ 时刻，图9-46中A图：各质点均在平衡位置，质点1以最大速度向上运动（相当于振源），使质点1和质点2之间的距离变大，1、2之间表现为分子引力，即1带动2、2带动3、…。$t=\dfrac{T}{4}$ 时刻，质点连线图9-46中B图：在 $0\to\dfrac{T}{4}$ 内，质点1振动到最高点，瞬时速度为零；质点2振动了 $\dfrac{T}{6}$，振动到 $y=A\sin\dfrac{2\pi}{T}\dfrac{T}{6}=\dfrac{\sqrt{3}}{2}A$ 位置，正在向上运动；质

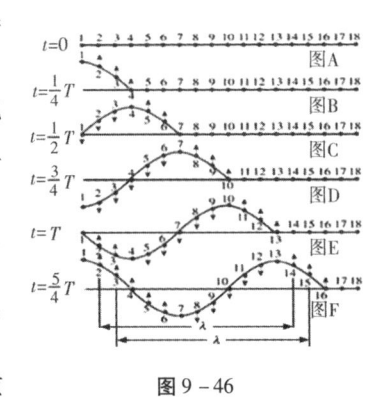

图9-46

点 3 振动了 $\frac{T}{12}$，振动到 $y=A\sin\frac{2\pi}{T}\frac{T}{12}=\frac{1}{2}A$，正在向上运动；质点 4 刚开始向上以最大速度运动；质点 2、3、4 都在重复质点 1 的振动，但质点 2 比质点 1 迟了 $\frac{T}{12}$，质点 3 比质点 2 又迟了 $\frac{T}{12}$，质点 3 比质点 1 迟 $\frac{T}{6}$，质点 4 比质点 1 迟 $\frac{T}{4}$，波传播了 $\frac{\lambda}{4}$。$t=\frac{T}{2}$ 时刻，质点连线图 9-46 中 C 图：在 $0\to\frac{T}{2}$ 内质点 1 振动到平衡位置，瞬时速度是向下的最大，质点 2 振动了 $\frac{5T}{12}$，振动到 $y=A\sin\frac{2\pi}{T}\frac{5T}{12}=\frac{1}{2}A$，质点 3 振动了 $\frac{T}{3}$，振动到 $y=A\sin\frac{2\pi}{T}\frac{T}{3}=\frac{\sqrt{3}}{2}A$，质点 4 在最高点，质点 7 才开始以最大速度向上运动，波传播了 $\frac{\lambda}{2}$，等效于沿波传向平移 B 图 $\frac{\lambda}{4}$ 再补全 1、2、3 的连线。$t=\frac{3T}{4}$ 时刻质点连线图 9-46 中 D 图：在 $0\to\frac{3T}{4}$ 内质点 1 振动到最低点，瞬时速度为零，质点 2 振动了 $\frac{2T}{3}$，振动到 $y=A\sin\frac{2\pi}{T}\frac{2T}{3}=-\frac{\sqrt{3}}{2}A$，质点 3 振动了 $\frac{7T}{12}$，振动到 $y=A\sin\frac{2\pi}{T}\frac{7T}{12}=-\frac{1}{2}A$，质点 4 振动了 $\frac{T}{2}$，回到平衡位置正在以最大速度向下运动，质点 7 振动到最高点，质点 10 才开始向上以最大速度振动，波传播了 $\frac{3\lambda}{4}$，等效于沿波传向平移 C 图 $\frac{\lambda}{4}$、平移 B 图 $\frac{\lambda}{2}$，再补全各点。$t=T$ 时刻质点连线图 9-46 中 E 图：在 $0\to T$ 内质点 1 完成了一次全振动，且正在以最大速度向上运动，通过路程 $4A$，质点 2 振动了 $\frac{11T}{12}$，振动到 $y=A\sin\frac{2\pi}{T}\frac{11T}{12}=-\frac{1}{2}A$，正在向上运动，质点 3 振动了 $\frac{10T}{12}$，振动到 $y=A\sin\frac{2\pi}{T}\frac{10T}{12}=-\frac{\sqrt{3}}{2}A$，正在向上运动，质点 4 到最低点，质点 7 到平衡位置，且向下以最大速度运动，质点 10 振动到最高点，质点 13 开始以最大速度向上运动，波传播了 λ，等效于沿波传向平移 D 图 $\frac{\lambda}{4}$、C 图 $\frac{\lambda}{2}$、B 图 $\frac{3\lambda}{4}$。$t=T+\frac{T}{4}$ 时刻质点连线图 9-46 中 F 图：在 $0\to\frac{5T}{4}$ 内质点 1 完成了一次全振动后又振动了 $\frac{T}{4}$，之后重复图 B，质点 4 刚好完成了一次全振动才开始向上运动，质点 7 振动了 $\frac{3T}{4}$ 到最低点，质点 10 振动了 $\frac{T}{2}$ 到平衡位置正在以最大速度向下运动，质点 13 振动了 $\frac{T}{4}$ 到最高点，质点 16 才开始以最大速度向上运动，F 图是 B 图和 E 图的组合！波传播到 16 点，传播了 $\frac{5\lambda}{4}$……

3. 简谐横波的规律（见表 9–18）

表 9–18

形成规律	①前面的质点领先，后面的质点紧跟——各质点重复振源的振动； ②介质中各质点只在各自平衡位置附近做简谐振动，并不沿波的方向发生迁移（立场坚定），传播的只是振动形式和能量； ③波峰、波谷点瞬时速度为零、加速度最大（$a = \dfrac{k}{m}A$）但反向，波峰点下一时刻向下振动，波谷点下一时刻向上振动； ④在波峰与波谷之间的质点振动方向一致，在波峰（或波谷）的两侧质点的振动方向相反； ⑤波上各质点振动的频率都等于振源的频率，在均匀介质中波是匀速传播的，$v = \dfrac{\lambda}{T} = \lambda f = \dfrac{\Delta x}{\Delta t}$，$\dfrac{v_1}{\lambda_1} = \dfrac{v_2}{\lambda_2} = \cdots = \dfrac{v_n}{\lambda_n}$，由介质本身的性质和波的类型决定，同一列波在不同介质中传播波速可以不同，波长可以不同
振向与传向关系	振向：指振动质点瞬时速度的方向。 传向：振动在前的质点指向振动在后的质点，即先→后的方向。 关系：振向与传向垂直，且在曲线（图像）的同一侧——同侧原理。 "阳坡上、阴坡下"；"上坡下、下坡上"。
平移性	将某一时刻波的图像沿波的传播方向移动一段距离 $\Delta x = v\Delta t$，就得到 $t = t + \Delta t$ 时刻的波形图像；若沿波传播方向的反方向移动一段距离 $\Delta x = v\Delta t$，就可以得到 $t - \Delta t$ 时刻的波形图
周期性	从绳波的产生知 $\dfrac{T}{4}$ 时刻与 $T + \dfrac{T}{4}$ 时刻的波形有一部分重合，只是多了一个完整波形，由此推知 t（$t<T$）时刻与 $nT+t$ 时刻的波形也有一部分重合，只是多了 $n\lambda$（$n \in N$）个完整波形，这种特点叫波的周期性
双向性	在绳波的产生模型中，如果让质点10先振动，则会产生沿绳向右和向左传播的两列波（因为同一介质，故这两列波是左右对称的）。如果波形图中只有前后两个时刻的波形（如图示），而传向（或振向）未知，则有两种可能的传向（或振向）：向左（沿 x 轴负方向），向右（沿 x 轴正方向），这种特点叫波的双向性，当 $\Delta t = t_2 - t_1 < T$ 时有 $\Delta x_{左} + \Delta x_{右} = \lambda$；$\Delta t = t_2 - t_1 > T$ 时，找出最近的 $\Delta x_{左\min}$ 和 $\Delta x_{右\min}$，$\Delta x_{左\min} + \Delta x_{右\min} = \lambda$，由周期性知 $\Delta x_{左} = n\lambda + \Delta x_{左\min}$，$(n \in N)$，$\Delta x_{右} = k\lambda + \Delta x_{右\min}$，$(k \in N)$，即因双向性和周期性造成多解性

4. 横波图像的理解及应用（见表9-19）

表9-19

项目	内容
坐标轴	以横轴表示各质点的平衡位置，纵轴表示该时刻各质点的位移
物理意义	表示在波的传播方向上，某时刻各质点离开平衡位置的位移。①波长：在波动中，振动相位总是相同的两个相邻质点间的距离，用 λ 表示；②波速：反映波在介质中单位时间内传播的距离；③频率：由波源决定，等于波源的振动频率，波从一种介质进入另一种介质时频率不变；④波长、波速和频率的关系：$v=\dfrac{\lambda}{T}=\lambda f=\dfrac{\Delta x}{\Delta t}$
图像	
应用	①直接读取振幅 A 和波长 λ，以及该时刻各质点的位移；②确定某时刻各质点加速度和速度的方向，并能比较大小；③结合波的传播方向可确定各质点的振动方向或由各质点的振动方向确定波的传播方向

5. 振动图像与波动图像的比较（见表9-20）

表9-20

	振动图像	波动图像
研究对象	振源或介质中的单个振动质点	介质中的多个振动质点
坐标含义	用横坐标表示时间 t，纵坐标表示振动物体相对平衡位置的位移	用横坐标表示各质点的平衡位置，纵坐标表示某一时刻各质点偏离各自平衡位置的位移
研究内容	质点在振动过程中，位移随时间的变化	某一时刻介质中各质点的空间分布
物理意义	表示单个质点振动位移随时间的变化规律，能表示振动质点在一段时间内的运动情况	表示大量质点在同一时刻偏离平衡位置的位移，能直观地表示一列波在时刻 t 的波形
图线		
运动特点	质点做简谐运动	波形匀速传播，各质点做简谐运动
反映信息	质点各时刻的位移、速度、加速度（包括大小、方向）、振幅和周期	任意一质点此刻的位移和加速度方向，振幅和波长
图线变化	已画出的部分不随时间而变，随时间推移图像延展，但原有形状不变；第 n 个 T 内的图像和第一个 T 内完全一样；具有延续性和周期性	在一个 T 内所选时刻 t 不同，图线不同；随时间推移，图像沿传播方向平移；第 $nT+t$ 时刻和第一个 T 内的 t 时刻波形有重复的部分，但多了 $n\lambda$ 个完整波形；具有瞬时性和周期性

续表

	振动图像	波的图像
一完整曲线横坐标	一个周期 T	一个波长 λ
相同点	均为正弦或余弦曲线	

6. 波特有的现象（见表 9-21）

表 9-21

现象	定义	物理特征及条件	
波的叠加	几列波相遇时能够保持各自的运动状态，继续传播，在它们重叠的区域里，介质的质点同时参与这几列波引起的振动	（1）两列波相遇后，保持各自原来的状态，互不干扰（波的独立性）； （2）在两列波重叠的区域里，任何一个质点同时参与两个振动，其振动位移等于这两列波分别引起的位移的矢量和； （3）两列振动方向相同的波叠加，振动加强；两列振动方向相反的波叠加，振动减弱	机械波、电磁波、光波都能发生叠加、衍射、干涉、多普勒效应
波的衍射	波绕过障碍传播到直线以外空间的现象	小孔或障碍物仿佛是一个新的波源，由它发出与原来频率相同的波（称为子波）在孔或障碍物后传播。波长较大的波容易产生显著的衍射现象，缝、孔或障碍物的尺寸跟波长相差不多或者小于波长，当孔的尺寸远小于波长时尽管衍射十分突出，但由于能量的减弱，衍射现象不容易观察到	
波的干涉	频率相同的两列波叠加，使某些区域的振动加强，某些区域的振动减弱的现象，并且加强区域、减弱区域始终是稳定的，不随时间而变，两列波叠加时特有的现象	区域内各质点的振幅在变化。 $\|A_1-A_2\| \leq A \leq \|A_1+A_2\|$ 干涉图样稳定，振动强弱区域相间分布，加强区、减弱区位置不变。相干波源获取于一源，一分为二，即两列波频率相同，并且同相（或反相），振幅尽量接近，在同一平面内振动	
驻波	两列沿相反方向传播的振幅相同、频率相同的波叠加时，形成驻波；驻波是特殊的干涉现象，管（弦）乐器发声原理都是利用驻波现象的		

续表

现象	定义	物理特征及条件
多普勒效应：由于波源和观察者之间有相对运动，使观察者感到频率发生变化的现象 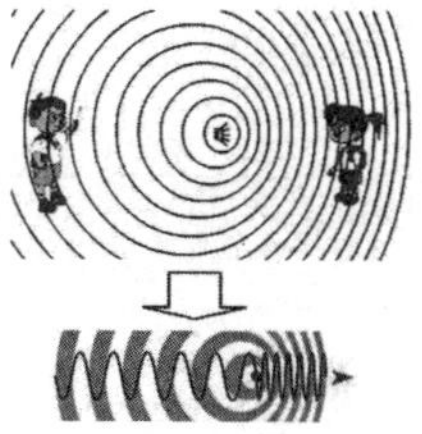	(1) 波源不动： $\begin{cases}观察者向波源运动，接收频率增大\\观察者背离波源运动，接收频率减小\end{cases}$ (2) 观察者不动： $\begin{cases}波源向观察者运动，接收频率增大\\波源背离观察者运动，接收频率减小\end{cases}$ (3) 波源振动的频率不变，在均匀介质中的传播速度不变，因相对运动而使单位时间内接收的波数（频率）改变	
	横波通过与振向平行的狭缝 纵波与狭缝的放置无关 横波不能通过与振向垂直的狭缝	偏振是横波特有的现象，即能发生偏振现象的波一定是横波

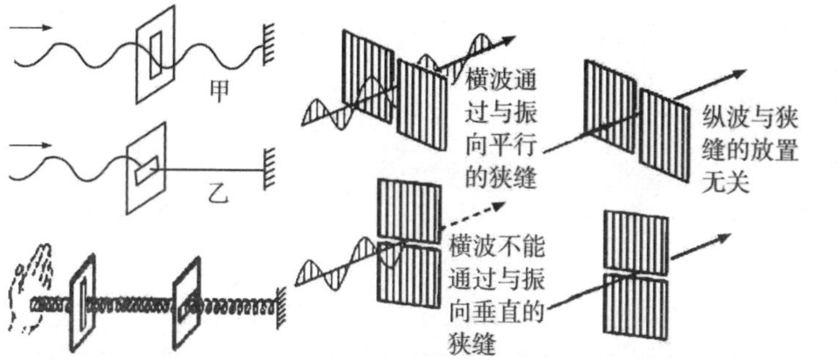

（三）模型应用

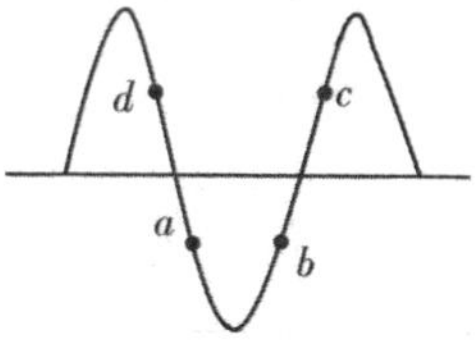

例 1：一列波沿水平方向传播，某时刻的波形如图 9 - 47 所示，则图中 a、b、c、d 四点在此时刻具有相同运动方向的是（ ）。

A. a 和 c B. b 和 c

C. a 和 d D. b 和 d

图 9 - 47

答案：BC。

例 2：一列波由一种介质进入另一种介质中继续传播，则（ ）。

A. 传播方向一定改变   B. 其频率不变

C. 波速增大，频率也会增大   D. 波长变小，频率也会变小

解析：正确答案是 B。因为频率是由波源决定的，与介质及波速无关，因 $v = \lambda f$，f 不变，λ 会随 v 成正比例变化，波由一种介质垂直于界面进入另一介质，波速的大小会变，但方向却不变。

例3：如图9-48所示，实线是一列简谐波在某一时刻的波形曲线，经0.5s后，其波形如图中虚线所示，设该波的周期T大于0.5s。

（1）如果波是向左传播的，波速是多大？波的周期是多大？

（2）如果波是向右传播的，波速是多大？波的周期又是多大？

解析：（1）如果波是向左传播的，从图9-48可以看出，虚线所示的波形相当于实线所示的波形向左移动了$\frac{1}{4}$个波长，又因为$\lambda = 24\text{cm}$，所以$\Delta x = \frac{1}{4}\lambda = 0.06$（m）。

由此可求出波速为$v = \frac{\Delta x}{\Delta t} = 0.12$（m/s），波的周期为$T = \frac{\lambda}{v} = 2.00$（s）．

（2）如果波是向右传播的，从图9-48可以看出，虚线所示的波形相当于实线所示的波形向右移动了$\frac{3}{4}$个波长，所以$\Delta x = \frac{3}{4}\lambda = 0.18$（m）。由此可求出波速为$v = \frac{\Delta x}{\Delta t} = 0.36$（m/s），波的周期为$T = \frac{\lambda}{v} = 0.67$（s）．

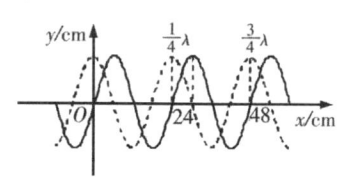

图9-48

例4：如图9-49所示，一列机械波沿直线ab向右传播ab=2m，ab两点的振动情况如图，下列说法正确的是（　　）。

A. 波速可能是$\frac{2}{43}$m/s

B. 波长可能是$\frac{8}{3}$m

C. 波速可能大于$\frac{2}{3}$m/s

D. 波长可能大于$\frac{8}{3}$m

图9-49

解析：考虑$t=0$时刻、质点a在波谷，质点b在平衡位置且向y轴正方向运动，又波由a传向b，则可描绘出a、b之间最简的波形图，如图9-50所示。

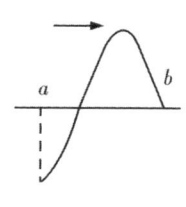

又由图可知：λ满足$\frac{3}{4}\lambda + n\lambda = 2$（$n = 0, 1, 2\cdots$），由此可得$\lambda = \frac{8}{4n+3}$（m）．

图9-50

可知波长不可能大于$\frac{8}{3}$m，由振动图像知$T=4$s，对应的波速也不可能大于$\frac{2}{3}$m/s，当$n=0$时，$\lambda = \frac{8}{3}$m；当$n=10$时，$\lambda = \frac{8}{43}$m.

由$v = \frac{\lambda}{T}$得，对应的波速$v = \frac{2}{43}$m/s.

故 AB 正确。

总结：在解决波的图像问题时，一定要抓住"双向性"和"周期性"。本题若未明确波沿直线 ab 向右传播，也需讨论波向左传播的情况，在考虑两点之间波的形状时，一定要注意传播方向与质点振动方向之间的关系。

例 5：图 9-51 所示为一列在均匀介质中传播的简谐横波在某时刻的波形图，波速为 2m/s，此时 P 点振动方向沿 y 轴负方向，则（　　）。

A. 该波传播的方向沿 x 轴负方向
B. P 点的振幅比 Q 点的小
C. 经过 $\Delta t = 4s$，质点 P 将向右移动 8m
D. 经过 $\Delta t = 4s$，质点 Q 通过的路程是 0.4m

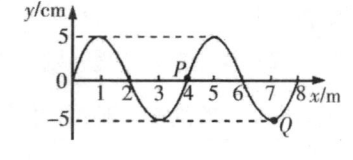

图 9-51

解析：由 P 点振动方向沿 y 轴负方向可判断该波传播的方向沿 x 轴正方向，选项 A 错误；均匀介质中传播的简谐横波各质点振幅相同，因此选项 B 错误；各质点只在自己的平衡位置附近振动，并没有随波移动，而且 $\Delta t = 4s = 2T$，路程 $s = 8A = 0.4m$，选项 C 错误、D 正确。

迁移：如图 9-52 所示，一列简谐横波沿 x 轴正方向传播，实线和虚线分别表示 $t_1 = 0$、$t_2 = 0.5s$ 时的波形，$t_2 < T$，能正确反映 $t_3 = 7.5s$ 时波形的图是（　　）。

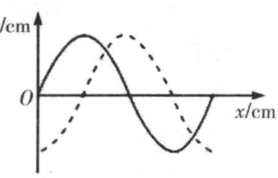

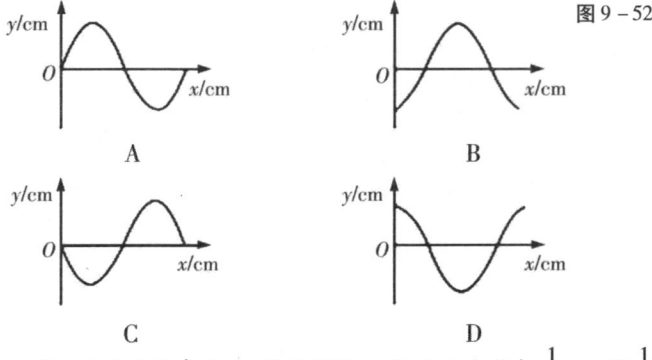

图 9-52

A   B   C   D

解析：因为 $t_2 < T$，可确定波在 0.5s 的时间沿 x 轴正方向传播 $\frac{1}{4}\lambda$，即 $\frac{1}{4}T = 0.5s$，所以 $T = 2s$，$t_3 = 7.5s = 3\frac{3}{4}T$，波峰沿 x 轴正方向传播 $\frac{3}{4}\lambda$，从 $\frac{1}{4}\lambda$ 处到 λ 处，选 D。

例 6：一列简谐横波在 $t = 0$ 时刻的波形如图 9-53 中的实线所示，$t = 0.02s$ 时刻的波形如图中虚线所示。若该波的周期 T 大于 0.02s，则该波的传播速度可能是（　　）。

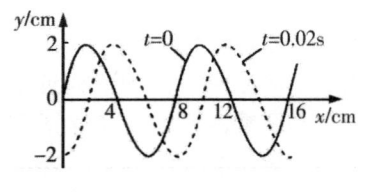

A. 2m/s B. 3m/s
C. 4m/s D. 5m/s

图 9-53

解析：这类问题通常有两种解法：

161

(1) 设波向左传播，则在 0 时刻 $x=4\text{m}$ 处的质点往上振动，设经历 Δt 时间时质点运动到波峰的位置，则 $\Delta t = \left(\dfrac{1}{4}+n\right)T$，即 $T=\dfrac{4\Delta t}{4n+1}=\dfrac{0.08}{4n+1}$。当 $n=0$ 时，$T=0.08\text{s}>0.02\text{s}$，符合要求，此时 $v=\dfrac{\lambda}{T}=\dfrac{0.08}{0.08}\text{m/s}=1\text{m/s}$；当 $n=1$ 时，$T=0.016\text{s}<0.02\text{s}$，不符合要求。

(2) 设波向右传播，则在 0 时刻 $x=4\text{m}$ 处的质点往下振动，设经历 Δt 时间时质点运动到波峰的位置，则 $\Delta t = \left(\dfrac{3}{4}+n\right)T$，即 $T=\dfrac{4\Delta t}{4n+3}=\dfrac{0.08}{4n+3}$。当 $n=0$ 时，$T=\dfrac{0.08}{3}\text{s}>0.02\text{s}$，符合要求，此时 $v=\dfrac{\lambda}{T}=\dfrac{0.08}{0.08/3}\text{m/s}=3\text{m/s}$；当 $n=1$ 时，$T=\dfrac{0.08}{7}\text{s}<0.02\text{s}$，不符合要求。综上所述，只有 B 选项正确。

点拨：波的多解问题来源，波在传播过程中，因空间的周期性和时间的周期性，常常因时间间隔 Δt 与周期 T 的关系不明确、波传播方向不确定、波传播的距离 Δx 与波长 λ 的关系不明确造成多解问题。

迁移：一列简谐横波沿直线由 A 向 B 传播，AB 相距 0.45m，图 9-54 是 A 处质点的振动图像。当 A 处质点运动到波峰位置时，B 处质点刚好到达平衡位置且向 y 轴正方向运动，这列波的波速可能是（ ）。

A. 4.5m/s 　　　　　B. 3.0m/s
C. 1.5m/s 　　　　　D. 0.7m/s

图 9-54

解析：在处理相距一定距离的两个质点关系时必须尝试作出两质点间在该时刻的最少波形，然后根据间距和波长关系求波长（注意波的周期性）。波是由 A 向 B 传播的，而且在 A 到达波峰的时刻，B 处于平衡位置向上运动，则 A、B 间最少 $\dfrac{1}{4}$ 波长，所以有

$$l=n\lambda+\dfrac{1}{4}\lambda,\ \lambda=\dfrac{4l}{4n+1},\ v=\dfrac{\lambda}{T}=\dfrac{4l}{T(4n+1)}=\dfrac{4\times 0.45}{0.4\times(4n+1)}=\dfrac{4.5}{4n+1}$$，当 $n=0$ 时，$v=4.5\text{m/s}$，当 $n=1$ 时，$v=0.9\text{m/s}$，当 $n=2$ 时，$v=0.5\text{m/s}$ 等，A 正确。

例 7：图 9-55 所示为某一报告厅主席台的平面图，AB 是讲台，S_1、S_2 是与讲台上话筒等高的扬声器，它们之间的相互位置和尺寸如图所示。报告者的声音放大后经扬声器传回话筒再次放大时可能会产生啸叫。为了避免啸叫，话筒最好摆放在讲台上适当的位置，在这些位置上两个扬声器传来的声音因干涉而相消。已知空气中声速为 340m/s，若报告人声音的频率为 136Hz，问讲台上这样的位置有多少个？

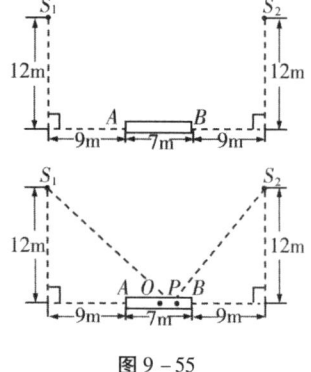

图 9-55

解析：对应于声频 $f = 136$ Hz 的声波的波长是

$$\lambda = \frac{v}{f} = 2.5 \text{m}$$

式中，$v = 340$ m/s，是空气中的声速。在图中，O 是 AB 的中点，P 是 OB 上任一点。将 $S_1P - S_2P$ 表示为

$$\overline{S_1P} - \overline{S_2P} = k\frac{\lambda}{2}$$

式中，k 为实数，当 $k = 0, 2, 4, \cdots$ 时，从两个扬声器来的声波因干涉而加强；当 $k = 1, 3, 5, \cdots$ 时，从两个扬声器来的声波因干涉而相消。由此可知，O 是干涉加强点；对于 B 点，$\overline{S_1B} - \overline{S_2B} = 20 \text{ m} - 15 \text{ m} = 4 \times \frac{\lambda}{2}$。

所以，B 点也是干涉加强点。因而 OB 之间有两个干涉相消点，由对称性可知，AB 上有四个干涉相消点。

点拨：波的干涉和衍射题目的解决要清楚两种现象的产生条件，并且加以应用。

例8：以速度 $u = 20$ m/s 奔驰的火车，鸣笛声频率为 275 Hz，已知常温下空气的声速 $v = 340$ m/s。求：

（1）当火车驶来时，站在铁道旁的观察者听到的笛声频率是多少？

（2）当火车驶去时，站在铁道旁的观察者听到的笛声频率是多少？

解析：（1）观察者相对介质静止，波源以速度 u 向观察者运动，以介质为参考系，波长将缩短为 $\lambda' = (v - u)T$，则观察者听到的频率为

$$f' = \frac{v}{\lambda'} = \frac{v}{(v-u)}f = 292 \text{Hz}$$

（2）同上分析，观察者听到的频率为

$$f' = \frac{v}{\lambda'} = \frac{v}{(v+u)}f = 260 \text{Hz}$$

例9：如图 9-56 所示，S_1、S_2 是两个相干波源，它们振动同步且振幅相同。实线和虚线分别表示在某一时刻它们所发出的波的波峰和波谷。关于图中所标的 a、b、c、d 四点，下列说法中正确的有（ ）。

A. 该时刻 a 质点振动最弱，b、c 质点振动最强，d 质点振动既不是最强也不是最弱

B. 该时刻 a 质点振动最弱，b、c、d 质点振动都最强

C. a 质点的振动始终是最弱的，b、c、d 质点的振动始终是最强的

D. 再过 $T/4$ 后的时刻 a、b、c 三个质点都将处于各自的平衡位置，因此振动最弱

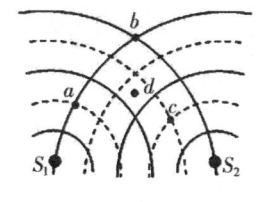

图 9-56

解析：该时刻 a 质点振动最弱，b、c 质点振动最强，这不难理解。但是 d 既不是波峰和波峰叠加，又不是波谷和波谷叠加，如何判定其振动强弱？这就要用到充要条件："到两波源的路程之差是波长的整数倍"时振动最强，从图中可以看出，d 是 S_1、S_2 连线的中垂线上的一点，到 S_1、S_2 的距离相等，所以必然为振动最强点。

描述振动强弱的物理量是振幅，而振幅不是位移。每个质点在振动过程中的位移

是在不断改变的，但振幅是保持不变的，所以振动最强的点无论处于波峰还是波谷，振动始终是最强的。BC 正确。

例10：如图 9-57 所示，图中实线和虚线表示振幅、周期、起振方向都相同的两列正弦波（都只有一个完整波形）沿同一条直线向相反方向传播，在相遇阶段（一个周期内），试画出每隔 $T/4$ 后的波形图。并分析相遇后 $T/2$ 时刻叠加区域内各质点的运动情况。

解析：根据波的独立传播原理和叠加原理可作出每隔 $T/4$ 后的波形图，如图 9-57①~④所示。

相遇后 $T/2$ 时刻叠加区域内 abcde 各质点的位移都是零，但速度各不相同，其中 a、c、e 三质点速度最大，方向如图 9-57②所示，而 b、d 两质点速度为零。这说明在叠加区域内，a、c、e 三质点的振动是最强的，b、d 两质点振动是最弱的。

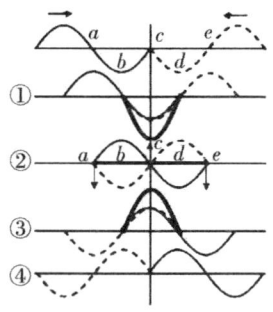

图 9-57

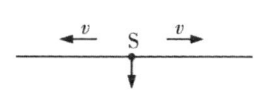

图 9-58

例11：如图 9-58 所示，在均匀介质中有一个振源 S，它以 50Hz 的频率上下振动，该振动以 40m/s 的速度沿弹性绳向左右两边传播。开始时刻 S 的速度方向向下，试画出在 $t=0.03$s 时刻的波形。

解析：从开始计时到 $t=0.03$s 经历了 1.5 个周期，波分别向左、右传播 1.5 个波长，该时刻波源 S 的速度方向向上，所以波形如图 9-59 所示。

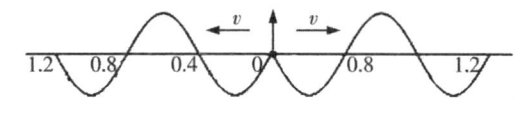

图 9-59

例12：图 9-60 所示为一列简谐横波在 $t=0$ 时刻的波形图，已知这列波沿 x 轴正方向传播，波速为 20m/s。P 是离原点为 2m 的一个介质质点，则在 $t=0.17$s 时刻，质点 P 的：①速度和加速度都沿 $-y$ 方向；②速度沿 $+y$ 方向，加速度沿 $-y$ 方向；③速度和加速度都正在增大；④速度正在增大，加速度正在减小。

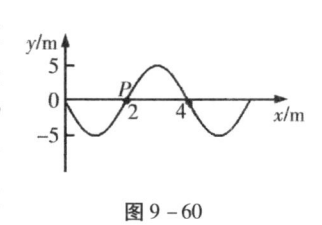

图 9-60

以上四种判断中正确的是（　　）。

A. 只有①
B. 只有④
C. 只有①④
D. 只有②③

解析：由图 9-60 已知，该波的波长 $\lambda=4$m，波速 $v=20$m/s，因此周期为 $T=\lambda/v=0.2$ (s)；因为波向右传播，所以 $t=0$ 时刻 P 质点振动方向向下；$0.75T<0.17$s $<T$，所以 P 质点在其平衡位置上方，正在向平衡位置运动，位移为正，且正在减小；速度为负，正在增大；加速度为负，正在减小。①④正确，选 C。

第10章　方法和能力

10.1　抓纲务本的压轴题

——2013年高考题理综第25题的分析启示

2013年高考已然过去，纵观理综·物理题，显示出试题重视基础知识及知识间的内在联系，重视物理思想和方法的迁移应用，重视学生思维能力在物理过程中的体现，试题也突出了对中学物理教学的引导作用。

一、压轴题分析

题25（18分）一长木板在水平地面上运动，在 $t=0$ 时刻将一相对于地面静止的物块轻放到木板上，以后木板运动的速度-时间图像如图10-1所示。已知物块与木板的质量相等，物块与木板间及木板与地面间均有摩擦，物块与木板间最大静摩擦力等于滑动摩擦力，且物块始终在木板上。取重力加速度的大小 $g=10\text{m/s}^2$，求：（ⅰ）物块与木板间、木板与地面间的动摩擦因数；（ⅱ）从 $t=0$ 时刻到物块与木板均停止运动时，物块相对于木板的位移大小。

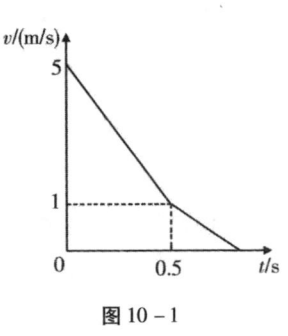

图10-1

解析：（ⅰ）在 $0\sim0.5\text{s}$ 内，木板2初速度为 $v_0=5\text{m/s}$，物块1初速度为零，根据滑动摩擦力阻碍相对运动知木板和物块的受力图，如图10-2所示，以物块1（质量为 m）为对象有

$$N_{21}=mg \quad\quad ①$$
$$f_{21}=\mu_1 N_{21} \quad\quad ②$$
$$f_{21}=ma_1 \quad\quad ③$$

解得

$$a_1=\mu_1 g \quad\quad ④$$

由牛顿第三定律有

$$N_{21}=N_{12} \quad\quad ⑤$$
$$f_{21}=f_{12} \quad\quad ⑥$$

图10-2

以木板2（质量为 m）为对象有

$$N_{地2} = mg + N_{12} = 2mg \qquad ⑦$$

$$f_{地2} = \mu_2 N_{地2} \qquad ⑧$$

$$f_{12} + f_{地2} = ma_2 \qquad ⑨$$

由图像的斜率知：

$$a_2 = \frac{5-1}{0.5} = 8 \text{（m/s}^2) \qquad ⑩$$

可解得

$$\mu_1 + 2\mu_2 = 0.8 \qquad ⑪$$

由图像知，木板运动过程的变化点发生在 $t_1 = 0.5$s 时刻，且 $V = 1$m/s，隐含着，此时二者等速，即

$$v_1 = v_2 = V \qquad ⑫$$

由物块匀加速至

$$v_1 = \mu_1 g t_1 \qquad ⑬$$

知 $\mu_1 = 0.2$，再由⑪式知 $\mu_2 = 0.3$.

（ii）$t_1 = 0.5$s 时刻，由⑫式出发，对之后的运动我们假设为物块和木板一起减速，则对二者组成的整体，由牛顿第二定律有

$$f'_{地2} = 2ma \qquad ⑭$$

由力的关系有

$$f'_{地2} = \mu_2 N_{地2} \qquad ⑮$$

可得

$$a = \mu_2 g = 3\text{m/s}^2 \qquad ⑯$$

注意到 $a < a_2$ 是符合图像斜率关系的。

若再隔离出物块，由牛顿第二定律有

$$f'_{21} = ma = 3m \qquad ⑰$$

显然有 $f'_{21} = 3m > f_{21} = 2m$，即与 $0 \leq f_{静} \leq f_{\max 静}$ 相矛盾。

可见假设不成立，二者不能相对静止！结合图像斜率（加速度）变小，只能是：在 $t_1 = 0.5$s 时刻，动摩擦力瞬间变向，故物块和木板的受力情况如图 10-3 所示，$t_1 = 0.5$s 后，物块的加速度仍为 $a_1 = \mu_1 g = 2\text{m/s}^2$，但却做匀减速运动，设经时间 t'_1 速度减为零。

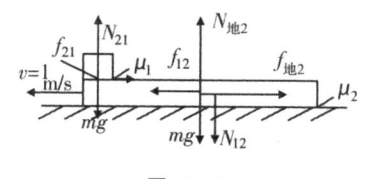

图 10-3

由 $v_1 = a_1 t'_1$ 得 $t'_1 = 0.5$s.

而木板的加速度由 $f_{地2} - f_{12} = ma'_2$ 得 $a'_2 = (2\mu_2 - \mu_1)g = 4$（m/s^2）.

设经时间 t'_2 速度减为零，由 $v_2 = a'_2 t'_3$ 得 $t'_2 = 0.25$s.

由 $t'_2 < t'_1$ 知木板停止运动时物块还在运动！且在 $\Delta t = t'_1 - t'_2 = 0.25$s 时间内 $f_{地静} = f_{12} < f_{地2}$，即木板保持静止。

综上所述从 $t = 0$ 起，物块的运动时间为 $t = t_1 + t'_1 = 1$（s），且先匀加速后匀减速，最大速度为 $v_1 = V$，所以对地的位移为 $S = \frac{v_1}{2}t = 0.5$（m）；木板对地的运动位移为 $v-t$

图像所围的面积：$S_2 = \frac{v_0+v_2}{2}t_1 + \frac{v_2}{2}t_2 = 1.625$m，物块相对木板的位移为 $S_{12} = S_1 - S_2 = -1.125$（m），"-"表示方向与物块或木板前进方向相反，即物块相对木板是后退的。

点评：本题设置的难点：①木块的运动情况非常隐含；②判断木板与物块之间摩擦力的瞬间变化；③学生头脑中要构建清晰的物理过程情景。求解时，首先要知道$v-t$图像斜率（木板的加速度）的物理意义，清楚木板在0~0.5s内先做匀减速直线运动，在0.5s后做加速度更小（木板所受合力变小）的匀减速运动直至停止运动，结合物块初速度为零且轻放于木板，易知物块在0~0.5s先做匀加速直线运动，0.5s时刻，$v_{物块} = v_{木板} = 1$m/s，物块与木板之间的摩擦力发生了变化！但是由动摩擦变为静摩擦？还是因速度相等而摩擦力消失？或是摩擦力改变方向？需要分析判断。

二、试题的启示

（1）命题立足于匀变速直线运动模型和相对运动模型，有利于学生入手，体现出低起点高落点。

（2）题目涉及参考系、弹力、摩擦力、速度、加速度等基本概念，涉及牛顿第二、第三定律及匀变速运动的基本规律；涉及受力分析和运动分析的基本方法，体现出试题高度重视基础知识和基本能力这个"宗旨"。

（3）题目涉及$v_{物块} = v_{木板} = 1$m/s这个临界状态点所隐含的物理条件的分析判断，要求学生在头脑中要构建出木板和物块的运动过程，体现出试题注重物理过程和情景的新课程理念，突出了物理过程中思维的连续性、批判性、敏捷性和全面性。

（4）题目能更好的考察学生的物理综合能力（理解能力、推理能力、利用数学图像解决物理问题的能力），实现了试题"以能力立意"的意图。

（5）题目考点突出了必修内容中的主干知识，体现出命题者的良苦用心——老老实实教物理、学物理，把能力培养落实到分析具体的物理情境中。

三、试题的导向

（1）教师要充分认识物理学科的特点，从高一开始首先要培养学生学习物理的兴趣；其次教师要能高度概括物理精华（即模型），使学生的思维能显性化、感悟化、深刻化、具体化；再次就是要加强知识的"迁移"应用，使学生在解决物理问题时能抽象出物理模型。

（2）物理概念、物理规律、物理思想、物理方法和物理过程是解决问题的五大要素，教学中能够真正落实这些根本性问题，就能"以不变应万变"，就能切实为学生减负，就能提高课堂的效益。

（3）教师要能高瞻远瞩，就要加强课后反思、内容提炼、习题归类、举一反三，加强和学生的沟通联系，能随时掌握学情，把"教学相长"落实。

（4）在分析物理问题时，要细致入微和注重物理过程，特别要注意物理过程转折点的"取样"分析,在上复习课时教师一定要善于从多角度、多思维、多方法去处理同一问题,要使学生养成良好的受力分析、运动分析、能量分析的"规范解题习惯"。

总之,"新"高考曾被吵闹的沸沸扬扬,各种信息也在充斥着课堂,但高考题目如此重视基本知识、基本能力和过程分析,使"万变不离其宗"落到实处,使物理教学能够抓纲务本有章可循,使师生在体验物理情境中乐教乐学,这也是新一轮课改所追求的本质。

10.2 重基础 求变化 含思想
——2014全国高考理综卷·物理部分题赏析

2014高考已经闭幕,纵观理综·物理题,体现出叙述简练、注重基础、联系实际,突显思想(微元累加、量的探究)和方法,对学生的思维能力、数据运算和科学计数能力要求显著提高的特点。

一、重视基础知识

基础知识是由物理概念和物理规律组成,无扎实的基础就难以构建"物理"大厦,选择题第14、15、16、17、18、19、20、22题都要求学生具有深厚的物理功底。

请看第16题:一物体静止在粗糙水平面上。现用一大小为F_1的水平拉力拉动物体,经过一段时间后其速度变为v。若将水平拉力的大小改为F_2,物体从静止开始经过同样的时间后速度变为$2v$。对于上述两个过程,用W_{F_1}、W_{F_2}分别表示拉力F_1、F_2所做的功,W_{f_1}、W_{f_2}分别表示前后两次克服摩擦力所做的功,则( )。

A. $W_{F_2} > 4W_{F_1}$, $W_{f_2} > 2W_{f_1}$
B. $W_{F_2} > 4W_{F_1}$, $W_{f_2} = 2W_{f_1}$
C. $W_{F_2} < 4W_{F_1}$, $W_{f_2} = 2W_{f_1}$
D. $W_{F_2} < 4W_{F_1}$, $W_{f_2} < 2W_{f_1}$

解析:两个过程中,物体在水平面均做初速度为零的匀加速直线运动,由牛顿第二定律有

$$F_1 - \mu mg = m\frac{v-0}{t} \quad ①, \quad F_2 - \mu mg = m\frac{2v-0}{t} \quad ②$$

两式相比有

$$\frac{F_2 - \mu mg}{F_1 - \mu mg} = 2 \quad ③$$

或

$$F_2 = 2F_1 - \mu mg \quad ④,$$

由动能定理有

$$(F_1 - \mu mg)x_1 = \frac{1}{2}mv^2 - 0 \quad ⑤$$

$(F_2 - \mu mg)x_2 = \frac{1}{2}m(2v)^2 - 0$ ⑥,结合③式得(或由$x_2 = \frac{2v}{2}t$, $x_1 = \frac{v}{2}t$ 得)

$$\frac{x_2}{x_1} = 2 \quad ⑦$$

由功的概念知 $W_{F_2} = F_2 x_2$，$W_{F_1} = F_1 x_1$，$W_{f_2} = \mu m g x_2$，$W_{f_1} = \mu m g x_1$，故有 $W_{f_2} = 2W_{f_1}$，$W_{F_2} = (2F_1 - \mu mg)2x_1 = 4W_{F_1} - 2W_{f_1}$。

$W_{F_2} < 4W_{F_1}$，选择 C。

点评：考察知识之全面，数学运算之技巧跃然纸上，是难得的考察基础的题。

二、母题求变联系实际

理论联系实际（STS）问题是新课程"学以致用"思想方法的载体，在试题第 20、21、23、24 题都有呈现，作答此类问题，平时教学中就要在知识应用、思想方法、抽象模型（抓住主要因素，忽略次要因素）、近似计算（估算）和科学计数等方面打下坚实的基础。

请看第 21 题：如图 10-4 所示，一理想变压器原、副线圈的匝数分别为 n_1、n_2。原线圈通过一理想电流表 A 接正弦交流电源，一个二极管和阻值为 R 的负载电阻串联后接到副线圈的两端。假设二极管的正向电阻为零，反向电阻为无穷大。用交流电压表测得 ab 端和 cd 端的电压分别为 U_{ab} 和 U_{cd}，则（　　）。

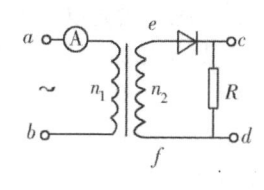

A. $\dfrac{U_{ab}}{U_{cd}} = \dfrac{n_1}{n_2}$

B. 增大负载电阻的阻值 R，电流表的读数变小

C. 负载电阻的阻值越小，cd 间的电压 U_{cd} 越大

D. 将二极管短路，电流表的读数加倍

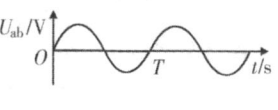

图 10-4

解析：设 ab 间输入图 10-5 所示电压，则由变压器的工作原理知 ef 间的电压如图 10-6 所示，当 e 正 f 负时二极管导通，e 负 f 正时二极管截止，故 cd 间的电压如图 10-7 所示（脉动直流），电压表、电流表的读数（是有效值）满足 $\dfrac{U_{ab}}{U_{ef}} = \dfrac{n_1}{n_2}$　①，由有效值的定义（把交流和直流分别加在同一电阻 R_0 上，经相同时间 T 产生的焦耳热相同）有图 10-6 中的有效值为 $U_{ef} = \dfrac{U_m}{\sqrt{2}}$　②，图 10-7 中的有效值由 $\dfrac{U_{cd}^2}{R_0}T = \dfrac{(U_m/\sqrt{2})^2}{R_0}\dfrac{T}{2} = \dfrac{U_m^2}{4R_0}T$ 得

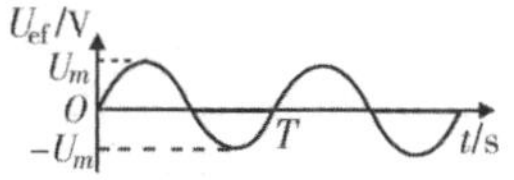

图 10-5

图 10-6

$$U_{cd} = \dfrac{U_m}{2} \quad ③$$

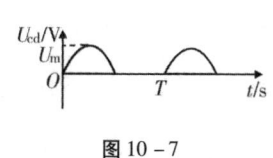

可见 $U_{ef} = \sqrt{2}U_{cd}$　④，$\dfrac{U_{ab}}{U_{cd}} = \dfrac{\sqrt{2}n_1}{n_2}$ 或 $U_{cd} = \dfrac{n_2}{\sqrt{2}n_1}U_{ab}$　⑤，即

图 10-7

A、C 选项均错，由单位时间内的能量守恒（输入功率等于输出功率）有 $U_{ab}I_1 = \dfrac{U_{cd}^2}{R}$

(I_1 为 n_1 中的电流,即 A 表示数)⑥,得 $I_1 = \frac{1}{2}(\frac{n_2}{n_1})^2 \frac{U_{ab}}{R}$ ⑦,$R \uparrow I_1 \downarrow$ 即 B 选项正确;将二极管短路时,$U_{ab}I'_1 = \frac{U_{ef}^2}{R}$ ⑧,$I'_1 = (\frac{n_2}{n_1})^2 \frac{U_{ab}}{R}$ ⑨,显然 $I'_1 = 2I_1$,D 正确,本题选择 BD。

点评:本题在传统母题的基础上巧妙的加上二极管的整流作用,给学生设置了极深的陷阱!其思维量、物理量关系式大大增加,如果在平时教与学中不重视物理量之间的联系过程的话,这样的题因时间限制就很难作答,真是一变深万丈!

三、重视物理思想和基本功

物理思想和方法是物理学的灵魂,物理学重大成就来源于物理学家敏锐的思想和正确的方法。每个人在生活和工作中,真正终身受益的东西其实是在学习中获得的思想和方法,并加以自我完善和"迁移"。

请看第 25 题:半径分别为 r 和 $2r$ 的同心圆形导轨固定在同一水平面内,一长为 r、质量为 m 且质量分布均匀的直导体棒 AB 置于圆导轨上面,BA 的延长线通过圆导轨中心,装置的俯视图如图 10-8 所示。整个装置位于一匀强磁场中,磁感应强度的大小为 B,方向向下。在内圆导轨的 C 点和外圆导轨的 D 点之间接有一阻值为 R 的电阻(图中未画出)。直导体棒在水平外力作用下以角速度 ω 绕 O 逆时针匀速转动,在转动过程中始终与导轨保持良好接触。设导体棒与导轨之间的动摩擦因数为 μ,导体棒和导轨的电阻均可忽略。重力加速度为 g。求(1)通过电阻 R 的感应电流的方向和大小;(2)外力的功率。

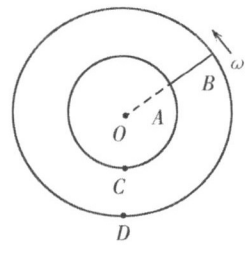

图 10-8

解析:(1)求感应电动势考察微元累加(微积分)或平均到瞬时(无限逼近)的思想。

如图 10-9 所示,长为 L 的导体棒 Oa 绕其一端在匀强磁场 B 中转动(切割磁感线),在微小时间 Δt 内从位置 Oa 运动到 Oa',扫过的面积为 $\Delta S = \frac{\omega \Delta t}{2\pi} \pi L^2 = \frac{1}{2}\omega L^2 \Delta t$ ①(或利用扇形面积公式 $\Delta S = \frac{1}{2}$ 半径 × 弧长 $= \frac{1}{2}L\omega L\Delta t$),磁通量的变化量为 $\Delta \Phi = B\Delta S$,故感应电动势为 $E = \frac{\Delta \Phi}{\Delta t} = \frac{1}{2}B\omega L^2$ ②。由右手定则知 $\varphi_O > \varphi_a$ ③(电源内部电流从低电势到高电势)。

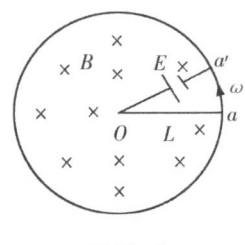

图 10-9

说明:在导出②式时,也可设棒匀速转动一周,历时 $T = \frac{2\pi}{\omega}$,切割磁感线的条数为 $\Phi = B\pi L^2$,平均电动势为 $E = \frac{\Phi - 0}{T} = \frac{1}{2}B\omega L^2$(若 ω 变化即为非匀速运动,这时就表示瞬时电动势)。

迁移：至本题第（1）问：知 AB 棒切割产生 B→A 的感应电动势 $E = \frac{1}{2}B\omega[(2r)^2 - r^2] = \frac{3}{2}B\omega r^2$ ④，感应电流从 C→R→D，大小为 $I = \frac{E}{R} = \frac{3B\omega r^2}{2R}$ ⑤。

（2）既要物理基本功又要能量守恒和微元法思想。

对 AB 棒：受力（重力——重心在几何中心，内外轨支持力——因重心在中点而等大，外力，动摩擦力—— $f_B = f_A = \mu N$，安培力共六个力）分析如图 10-10（顺着转向看）和图 10-11（顺着磁场——俯视）所示，它处于平衡状态，故满足 $2N = mg$ ⑥，$f = f_B + f_A = 2\mu N$ ⑦。

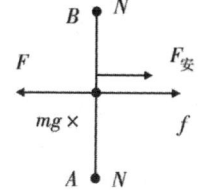

在微小时间 Δt 内，B 端转过弧长 $l_B = \omega 2r \Delta t$，A 端转过弧长 $l_A = \omega r \Delta t$。

棒克服摩擦力做功为 $W_f = f_B l_B + f_A l_A = \frac{1}{2}\mu mg 3\omega r\Delta t$ ⑧。

棒克服安培力做的功转化成电能，又以焦耳热的形式呈现 $W_安 = Q = I^2 R \Delta t = \frac{9B^2\omega^2 r^4}{4R}\Delta t$ ⑨。

由能量守恒定律知外力做的功 $W = W_f + W_安 = \frac{3}{2}\mu mg\omega r\Delta t + \frac{9B^2\omega^2 r^4}{4R}\Delta t$ ⑩。

外力的功率（平均和瞬时相等）$P = \frac{W}{\Delta t} = \frac{3}{2}\mu mg\omega r + \frac{9B^2\omega^2 r^4}{4R}$，或由单位时间内的能量关系式 $P = I^2 R + f_A v_A + f_B v_B$ 来求得。

点评：本题包含着受力分析、运动分析、功能分析和重要的物理思想，完全体现了新课程改革理念，对学生的要求很高。

反思 2014 年理综物理必作和选作卷，其"中难+难题量大，容易题偏少，但都不超纲"。真让人喜忧参半，喜的是它能指挥中学物理教学只能老老实实重概念、重联系、重应用、重思维、重实验。忧的是理综考试时间只有 150 分钟，平均每分钟得 2 分，物理答题时间应在 55~75 分钟之间，加之理清思路、数据运算及有效数字的取舍也要时间！在这么短的时间内，别说学生了就是教师能答完吗？学生真是太厉害了，他们要在 2.5 小时内答完三科题目的"哈达卷"真是太不容易了！众所周知，试题偏难会导致"题海战"和"信息战"愈演愈烈，会打击学生学习的积极性，使"减负"成为空话。

10.3　知识过程做利剑　思维能力显神通

——2015 年全国新课标 Ⅱ 卷理综·物理选择题赏析

2015 年高考的闭幕，又敲响了 2016 年备考的钟声。如何使备考更加有效？得仔细琢磨考题，充分发挥高考题指挥教学的功用。撰文抛开作答的"技术"，力图发掘考题所辐射的知识点和命题"立意"的能力,从而使读者感悟如何进行有效的高考复习教学工作。

下面来看试卷的 14~21 题。

选择题:本题共 8 小题,每小题 6 分。在每小题给出的四个选项中,第 14~17 题只有一项符合题目要求,第 18~21 题有多项符合题目要求。全部选对的得 6 分,选对但不全的得 3 分,有选错的得 0 分。

14. 如图 10-12 所示,两平行的带电金属板水平放置。若在两板中间 a 点从静止释放一带电微粒,微粒恰好保持静止状态。现将两板绕过 a 点的轴(垂直于纸面)逆时针旋转 45°,再由 a 点从静止释放一同样的微粒,该微粒将( )。

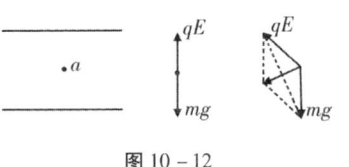

A. 保持静止状态
B. 向左上方做匀加速运动
C. 向正下方做匀加速运动
D. 向左下方做匀加速运动

解析:微粒保持静止,电场力与重力平衡,满足的关系式有 $qE = mg$ ①,$E = \dfrac{U}{d}$ ②,$U = \dfrac{Q}{C}$ ③,$C = \dfrac{\omega S}{4\pi kd}$ ④。

将两板绕过 a 点的轴(垂直于纸面)逆时针旋转 45°,②③④式的成立并未影响,电场力大小不变,方向却逆时针旋转 45°,qE 与 mg 的合力仍为恒力,产生恒定的加速度,方向与 mg 成 67.5°偏左,故 D 选项正确。

点评:本题叙述简练,巧妙的综合了平行板电容器、二力平衡、二力合成(平行四边形——菱形)、牛顿第二定律知识;如果不明白"两板绕过 a 点的轴(垂直于纸面)逆时针旋转 45°"告诉的信息:qE 大小不变,方向逆时针转 45°,则会陷入瞎碰乱当的境地。

15. 如图 10-13 所示,直角三角形金属框 abc 放置在匀强磁场中,磁感应强度大小为 B,方向平行于 ab 边向上。当金属框绕 ab 边以角速度 ω 逆时针转动时,a、b、c 三点的电势分别为 U_a、U_b、U_c。已知 bc 边的长度为 l。下列判断正确的是( )。

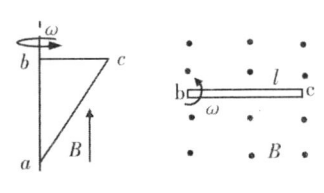

A. $U_a > U_c$,金属框中无电流
B. $U_b > U_c$,金属框中电流方向沿 $a \rightarrow b \rightarrow c \rightarrow a$
C. $U_{bc} = -\dfrac{1}{2}Bl^2\omega$,金属框中无电流
D. $U_{ac} = \dfrac{1}{2}Bl^2\omega$,金属框中电流方向沿 $a \rightarrow c \rightarrow b \rightarrow a$

解析:产生感应电流条件是电路闭合、磁通量发生变化。本题虽然满足电路闭合,但穿过金属框 abc 的磁通量却始终为零,故肯定不产生感应电流,答案应在 AC 中选

择。注意到 ac 边切割磁感线的有效长度和 bc 边相等，金属框 abc 等效于两个 bc 边并联，进而等效为一根长为 l 的金属棒转动切割磁感线，如俯视图所示，设棒匀速转动一周，历时 $T = \dfrac{2\pi}{\omega}$，切割磁感线的条数为 $\Delta\Phi = B\pi l^2$，平均电动势为 $E = \dfrac{\Delta\Phi}{T} = \dfrac{1}{2}B\omega l^2$（若 ω 变化即为非匀速运动，这时就表示瞬时电动势），并用右手定则判知 $U_b < U_c$（四指指向：低电势到高电势，本质是洛伦兹力把电子搬运至 b 端），或 $U_{bc} < 0$，故 C 选项正确。或利用微元法有，棒扫过的微小面积为 $\Delta S = \dfrac{\omega \Delta t}{2\pi}\pi l^2 = \dfrac{1}{2}\omega l^2 \Delta t$（可利用扇形面积公式 $\Delta S = \dfrac{1}{2}$ 半径 × 弧长 = $\dfrac{1}{2}l\omega l\Delta t$），磁通量的变化量为 $\Delta\Phi = B\Delta S$，故感应电动势为 $E = \dfrac{\Delta\Phi}{\Delta t} = \dfrac{1}{2}B\omega l^2$.

点评：本题考查的知识非常基础，是感应电流产生的条件、金属棒转动切割磁感线产生感应电动势（法拉第电磁感应定律）的推导计算及右手定则；考查的方法是等效法，命题体现重基础、重过程、重方法的物理新课程理念。

16. 由于卫星的发射场不在赤道上，同步卫星发射后需要从转移轨道经过调整再进入地球同步轨道。当卫星在转移轨道上飞经赤道上空时，发动机点火，给卫星一附加速度，使卫星沿同步轨道运行。已知同步卫星的环绕速度约为 3.1×10^3 m/s，某次发射卫星飞经赤道上空时的速度 1.55×10^3 m/s，此时卫星的高度与同步轨道的高度相同，转移轨道和同步轨道的夹角为 30°，如图 10-14 所示，发动机给卫星的附加速度的方向和大小约为（ ）。

A. 西偏北方向，1.9×10^3 m/s　　B. 东偏南方向，1.9×10^3 m/s
C. 西偏北方向，2.7×10^3 m/s　　D. 东偏南方向，2.7×10^3 m/s

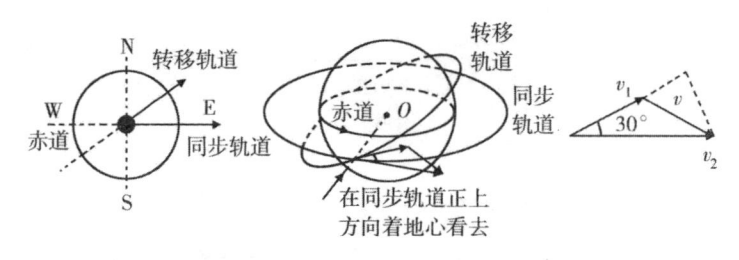

图 10-14

解析：我国地处北半球，有西昌、酒泉等卫星发射基地。所有地球卫星由于要绕地心做圆周或椭圆运动，故轨道只有三种：运转时通过地极正上方的多条极地轨道，与赤道平面成一定夹角的多条倾斜轨道，还有赤道正上方的多条轨道。但周期 $T = 24\text{h}$ 或角速度 $\omega = \dfrac{2\pi}{T} = 2.7 \times 10^{-5}$ rad/s 的同步轨道只能在赤道正上方高度 $h = 3.6 \times 10^4$ km 处（轨道半径 $r = R_{地} + h = 4.2 \times 10^4$ km），其线速度大小 $v_2 = 3.1$ km/s。发射卫星的变轨过程是：近圆轨道点火加速→（离心）椭圆轨道→远地点再点火加速→远圆轨道，回收卫星时正好相反。一般把椭圆轨道叫转移轨道，由开普勒第二定律知，在椭圆上卫星从近地点向远地点运动时,速率将变小。本题情景:使倾斜转移轨道的远地点与同步轨道相交,在"交点处"实现瞬间点火反冲!经空间想象后画出立体图(图10-14),远地点速率 $v_1 = 1.55 \text{km/s} = \dfrac{v_2}{2}$ 和反冲附加速度 v 正好合成 v_2,题目给图正是在交点正上方向着地心观看时的俯视图,其速度矢量图如图10-14所示。v 的方向是东偏南,大小由解直角三角形有 $v = \sqrt{(v_2\sin30°)^2 + (v_2\cos30° - v_1)^2}$,代入数据并用估算得 $v = \dfrac{v_2}{2}\sqrt{5 - 2\sqrt{3}}$ $\approx \dfrac{v_2}{2}\sqrt{1.54}$,而 $1.2 < \sqrt{1.54} < 1.3$,$0.6v_2 < v < 0.65v_2$,$1.86\text{km/s} < v < 2.02\text{km/s}$,或 $v \approx \dfrac{v_2}{2}\sqrt{1.54} \approx \dfrac{v_2}{2}\sqrt{\dfrac{3}{2}} = \dfrac{v_2}{2} \times \dfrac{1.73}{1.41} = 1.9$(km/s),选择B选项。

点评:本题看似以"卫星"变轨为背景,实质考察运动的合成。但对学生用空间想象能力构图的要求之高是空前的!要能清楚明白的作答本题,就必须弄清"解析"中所涉及的知识点,还要使学生有较强的数字运算能力。"创新"命制本题又体现了"高起点,低落点"的思想,着重考查学生从看似"深难"的信息中能快速捕捉"物理本质"的能力。

17. 一汽车在平直公路上行驶。从某时刻开始计时,发动机的功率 P 随时间 t 的变化如图10-15所示。假定汽车所受阻力的大小 f 恒定不变。下列描述该汽车的速度 v 随时间 t 变化的图像中,可能正确的是( )。

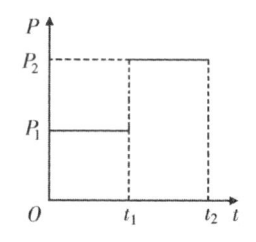

图10-15

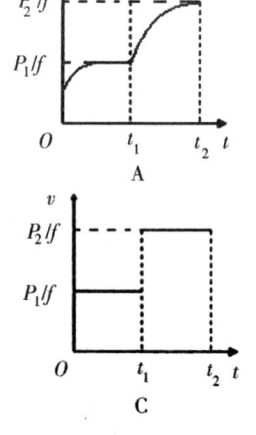

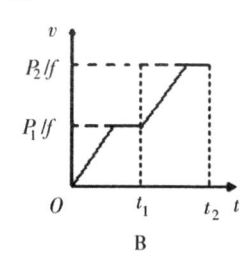

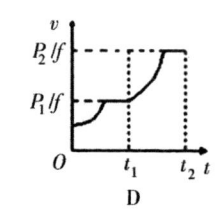

A

B

C

D

解析：如图10-16所示，以汽车在水平路面上运动为例，设发动机的额定功率为 P_0。

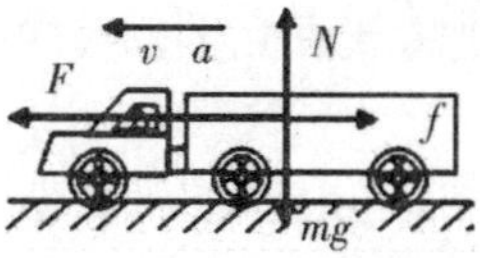

(1) 以恒定功率启动。

① 启动过程。

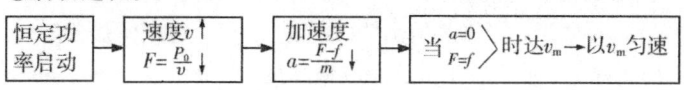

恒定功率启动 → 速度 $v\uparrow$，$F=\dfrac{P_0}{v}\downarrow$ → 加速度 $a=\dfrac{F-f}{m}\downarrow$ → 当 $a=0$，$F=f$ 时达 v_m → 以 v_m 匀速

② 机车功率和速度变化图像如图10-17所示。

至此，本题 $0\to t_1$ 内维持功率 P_1 不变，$t_1\to t_2$ 内又维持较大功率 P_2 不变，故"答案"只能选A。

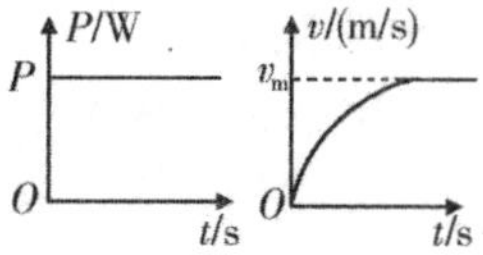

(2) 以恒定加速度启动。

① 启动过程。

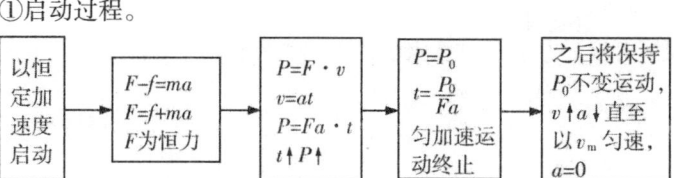

以恒定加速度启动 → $F-f=ma$，$F=f+ma$，F 为恒力 → $P=F\cdot v$，$v=at$，$P=Fa\cdot t$，$t\uparrow P\uparrow$ → $P=P_0$，$t=\dfrac{P_0}{Fa}$ → 之后将保持 P_0 不变运动，$v\uparrow a\downarrow$ 直至以 v_m 匀速，匀加速运动终止，$a=0$

② 机车功率和速度变化图像如图10-18所示。

18. 指南针是我国古代四大发明之一。关于指南针，下列说明正确的是（　　）。

A. 指南针可以仅具有一个磁极
B. 指南针能够指向南北，说明地球具有磁场
C. 指南针的指向会受到附近铁块的干扰
D. 在指南针正上方附近沿指针方向放置一直导线，导线通电时指南针不偏转

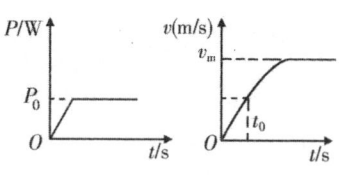

解析：如图10-19所示，电子运动一周，形成 $i=\dfrac{e}{T}=\dfrac{ev}{2\pi r}$，产生一个环形电流，形成上N下S的磁极，这就是最小磁单元，建立在安培"分子电流"学说上的N、S极是不可分的，即不存在独立的N极或S极。指南针内有许多整齐有序（同向平行）排列的分子电流，形成较强N、S极。早在战国时期，人们就发现"司南"有指向地理南面的作用，北宋就制成软盘针——指南针，因为地球内部相当于一条形磁铁，当安装小磁针的

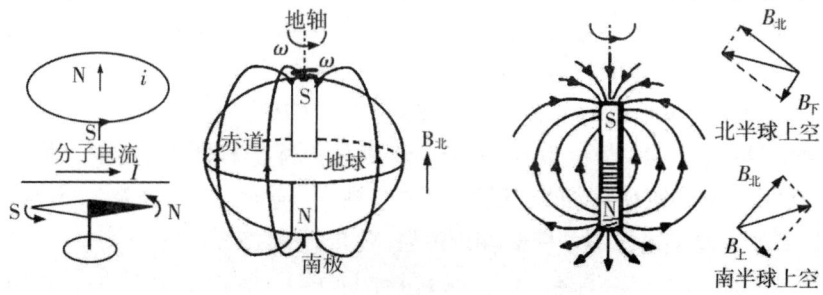

船在大海中航行时，小磁针的N极要指向于"条形磁铁"外部磁感线的切线方向（如图示的$B_北$，磁倾角不计），B选项正确；由奥斯特实验（图10-19）知，通电导线下方的磁针会转动，"小磁针"易受电流或磁铁的影响，C选项正确，D选项错误。

点评：本题可谓"送分"题，但要识记："分子电流"学说、奥斯特实验、条形磁铁的磁感线及地磁场的相关知识，否则心里仍然"没底"；还要有空间想象能力。

19. 有两个匀强磁场区域Ⅰ和Ⅱ，Ⅰ中的磁感应强度是Ⅱ中的k倍，两个速率相同的电子分别在两磁场区域做圆周运动。与Ⅰ中运动的电子相比，Ⅱ中的电子（　　）。

　　A. 运动轨迹的半径是Ⅰ中的k倍

　　B. 加速度的大小是Ⅰ中的k倍

　　C. 做圆周运动的周期是Ⅰ中的k倍

　　D. 做圆周运动的角速度是Ⅰ中的k倍

解析：如图10-20所示，电子在匀强磁场中以v顺时针转动，由洛伦兹力充当向心力$eBv = m\dfrac{v^2}{r}$得$r = \dfrac{mv}{eB}$。

本题中$B_Ⅰ = kB_Ⅱ$，而两个电子的质量、电量、速率都相同，应用控制变量法，有$\dfrac{r_Ⅱ}{r_Ⅰ} = \dfrac{B_Ⅰ}{B_Ⅱ} = k$，A选项正确；加速度$a = \dfrac{f}{m} = \dfrac{eBv}{m}$，$\dfrac{a_Ⅱ}{a_Ⅰ} = \dfrac{B_Ⅱ}{B_Ⅰ} = \dfrac{1}{k}$，B选项错误；周期$T = \dfrac{2\pi r}{v} = \dfrac{2\pi m}{eB}$，$\dfrac{T_Ⅱ}{T_Ⅰ} = \dfrac{B_Ⅰ}{B_Ⅱ} = k$，C选项正确；角速度$\omega = \dfrac{v}{r} = \dfrac{eB}{m}$，$\dfrac{\omega_Ⅱ}{\omega_Ⅰ} = \dfrac{B_Ⅱ}{B_Ⅰ} = \dfrac{1}{k}$，D选项错误。

图10-20

点评：本题考查$v \perp B$（题目虽然没有明确说明，但选项的叙述在暗示。若v与B有夹角，则做螺距$d = v_\parallel T$的螺旋线运动——是匀速直线与匀速圆周运动的合运动，不影响对题的分析）时，磁场力作用下的匀速圆周运动。考查的方法是控制变量法。因情景简单，学生作答困难不大。

20. 如图10-21所示，在一东西向的水平直铁轨上，停放着一列已用挂钩链接好的车厢。当机车在东边拉着这列车厢以大小为a的加速度向东行驶时，连接某两相邻车厢的挂钩P和Q间的拉力大小为F；当机车在西边拉着这列车厢以大小为$\dfrac{2}{3}a$

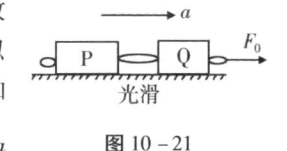

图10-21

的加速度向西行驶时，P和Q间的拉力大小仍为F。不计车厢与铁轨间的摩擦，每节车厢质量相同，则这列车厢的节数可能为（　　）。

　　A. 8　　　　B. 10　　　　C. 15　　　　D. 18

解析：设每节车厢的质量为m，把挂钩P西侧的所有车厢当成整体，则$m_p = pm$（p为正整数），把挂钩Q东侧的车厢当成整体，则$m_q = qm$（q为正整数），设向东以a行驶时，机车对Q的力为F_0，根据如图模型，对P+Q整体有

$$F_0 = (m_p + m_q)a = (p+q)ma \qquad ①$$

对P有

176

$$F = m_p a = pma \qquad ②$$

如图 10-22 所示，向西以 $\frac{2}{3}a$ 行驶时对 P+Q 整体有

$$F_{西} = (m_p + m_q)\frac{2}{3}a = \frac{2}{3}(p+q)ma \qquad ③$$

对 Q 有

$$F = m_q \frac{2}{3}a = \frac{2}{3}qma \qquad ④$$

由式①②③④得：$q = \frac{3}{2}p$ 或 $m_q = \frac{3}{2}m_p$，要使 q 为整数，只能 $p = 2n$，$q = 3n$（$n = 1$，2，3，…）．

车厢总质量 $M = m_p + m_q = (p+q)m = 5nm$，车厢节数 $N = 5n$（$n = 1$，2，3，…）⑤．

本题是多解问题，$N = 5$，10，15，20…都行，所给选项中选择 BC。

点评：本题考查的知识点仅是牛顿第二定律。考查的方法是整体法、隔离法。考查的能力首先是依题设建立物理模型的能力（学生应该从平时所学的连接体受到启发）；其次是选择对象的能力：模型图中的 P、Q 分别代表题设 P 挂钩以西、Q 挂钩（不计质量）以东的所有车厢；再考查的是根据物理情景来应用简单数学知识回答物理问题的能力。

21. 如图 10-23 所示，滑块 a、b 的质量均为 m，a 套在固定直杆上，与光滑水平地面相距 h，b 放在地面上。a、b 通过铰链用刚性轻杆连接，由静止开始运动，不计摩擦，a、b 可视为质点，重力加速度大小为 g，则（ ）。

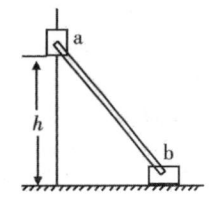

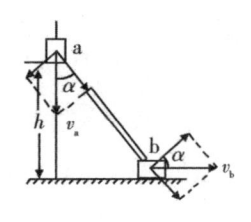

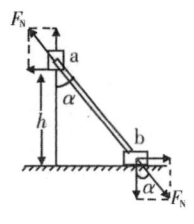

图 10-23

A. a 落地前，轻杆对 b 一直做正功

B. a 落地时速度大小为 $\sqrt{2gh}$

C. a 下落过程中，其加速度大小始终不大于 g

D. a 落地前，当 a 的机械能最小时，b 对地面的压力大小为 mg

解析：在不计摩擦时，a、b、轻杆（$m_{杆} = 0$）系统机械能守恒，有

$$mgh = \frac{1}{2}mv_a^2 + \frac{1}{2}mv_b^2 \qquad ①$$

v_a 沿固定直杆向下，把它沿连接 a、b 的刚性轻杆方向和垂直杆方向正交分解，得 $v_{a\parallel} = v_a\cos\alpha$（$\alpha$ 为固定直杆与刚性连接轻杆间的夹角），$v_{a\perp} = v_a\sin\alpha$；$v_b$ 沿地面向右，

177

也沿连接 a、b 的刚性轻杆方向和垂直杆方向正交分解，得 $v_{b\parallel} = v_b\sin\alpha$，$v_{b\perp} = v_b\cos\alpha$；注意到刚性杆长度不变有 $v_{a\parallel} = v_{b\parallel}$ 或 $v_a\cos\alpha = v_b\sin\alpha$　②。

当 a 落地时，$\alpha = 90°$，$\cos\alpha = 0$，$\sin\alpha = 1$，$v_b = 0$　③。

利用极端思维法知 b 滑块从静止开始先加速后减速运动，进而判断出：刚性连接轻杆对二滑块先"推"再"拉"。"推"的过程中，轻杆对 b 做正功，b 的机械能增加，对 a 做负功，a 的机械能减少；"拉"的过程中，轻杆对 b 做负功，b 的机械能减少，对 a 做正功，a 的机械能增加；可见选项 A 是错误的。把③代入①得：$v_a = \sqrt{2gh}$，B 选项正确。

由上述分析可知，a 的加速度表达式为 $a_a = \dfrac{mg \mp F_N\cos\alpha}{m}$（负为推力，正为拉力，竖直杆的弹力先向右后向左，但不影响 a_a），显然取正时，$a_a > g$，C 选项错误。易知推力满足 $F_N\cos\alpha = mg$ 时会有 $a_a = 0$，达 v_{a0}，利用极端思维知 v_a 由零开始，增加到 v_{a0}，再增加至 $v_a = \sqrt{2gh}$。考虑到速率的连续性，并和自由落体运动 $v = gt$ 做比较，可定性得知 a 的 $v-t$ 图像如图 10-24 所示，其中 A 点对应 $F_N = 0$（轻杆由推变拉的瞬间），B 点表示着地点。A→B 表示 $a_a > g$。

b 滑块的 $v-t$ 图像如图 10-25 所示，其中 C 点对应 $F_N = 0$ 处。

图 10-24

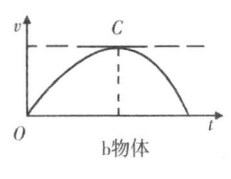

图 10-25

因 $\Delta E_{a减} = \Delta E_{b增}$，故当 a 的机械能最小时，b 的机械能应最大，考虑到 b 的重力势能不变（可视为零），故 b 的动能达到最大。因 b 只沿地面的方向运动，故垂直地面方向合力为零：

$$N_{地b} = mg \pm F_N\cos\alpha \qquad ④$$

b 的加速度只由轻杆上力的水平分力产生，即有 $a_b = \dfrac{F_N\sin\alpha}{m} = 0$，$a = 0$ 必有 $F_N = 0$（推力变拉力的瞬间 $\sin\alpha \neq 0$）时 $a_b = 0$，由④知 $N_{地b} = mg$，可见选项 D 正确。

点评：本题考查的知识点是机械能守恒条件、受力分析、功能分析、牛顿第二定律、运动的合成与分解、用 $v-t$ 图像来粗略描述 a、b 滑块的运动。可谓"包罗万象"。考查的能力为①能把"人在岸上拉船"的基本模型迁移应用（图 10-26），弄懂它，才能理解 a、b 滑块的速度为什么沿轻杆方向和垂直轻杆方向分解；②深刻理解系统机械能守恒；③深刻理解力和运动的关系，明确加速度为零是 b 滑块速度最大的条件；④考查对物理过程分析的能力，突出表现物理学科特点；⑤考查开放思维能力；⑥辅以 $v-t$ 图像能更好考查细节问题。

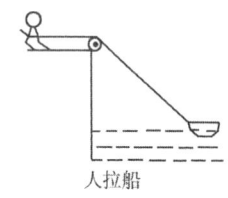

人拉船

图 10-26

启发：解答这样"难题"的功夫在平时，而不是"信息和题海"战。只有注重过程中的细节分析、注重思维迁移、注重方法归纳梳理、注重积累点滴模型，才能"化难为易"。

综上所述，八个选择题考查了成百个知识点，渗透了理解能力、分析综合能力和用数学知识解决物理问题的能力，落实了考查"学科主干"的目标，充分发挥了考题对中学物理教学的引导作用，是难得的好题。这启发我们，"高考成功"重点是扎实搞好平时的物理课堂教学，要落实基础知识是能力之源、过程分析是能力的载体、学会思维是析理之本的教学思想。

10.4 注重过程细分析 抓住关联难化易

——2015 全国理综 Ⅱ 物理压轴题分析

谈"难题"而"色变"，此言不虚！谈到物理压轴题尤为如此。考场上，许多学生因怕"压轴题"而退却，考后给师弟师妹们的"如何……怎么……难"给今后物理教与学带来严重的负面影响，在"决胜"高考的"功过"面前，高三物理教师无疑面临巨大的压力，如何化解压力？如何让学生知难而进？笔者认为从学科实际出发，尽力于"过程分析，使难化易"，是减轻自身压力，让学生知难而进的最好办法。

例（2015 全国Ⅱ理综 25，20 分）：下暴雨时，有时会发生山体滑坡或泥石流等地质灾害。某地有一倾角为 $\theta = 37°$（$\sin 37° = \frac{3}{5}$）的山坡 C，上面有一质量为 m 的石板 B，其上下表面与斜坡平行；B 上有一碎石堆 A（含有大量泥土），A 和 B 均处于静止状态，如图 10-27 所示。假设某次暴雨中，A 浸透雨水后总质量也为 m（可视为质量不变的滑块），在极短时间内，AB 间的动摩擦因数 μ_1 减小为 $\frac{3}{8}$，BC 间的动摩擦因数 μ_2 减小为 0.5，A、B 开始运动，此时刻为计时起点；在第 2s 末，B 的上表面突然变为光滑，μ_2 保持不变。已知 A 开始运动时，A 离 B 下边缘的距离 $l = 27$m，C 足够长。设最大静摩擦力等于滑动摩擦力，取重力加速度大小 $g = 10$m/s²。求：

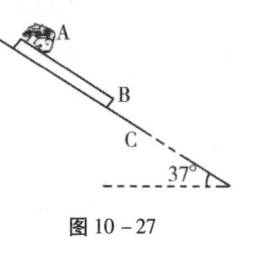

（1）在 0~2s 时间内 A 和 B 加速度的大小；

（2）A 在 B 上总的运动时间。

图 10-27

解析：$\cos 37° = \sqrt{1-\sin^2 37°} = \frac{4}{5}$，$\tan 37° = \frac{\sin 37°}{\cos 37°} = \frac{3}{4}$.

（1）因 $\mu_1 = \frac{3}{8} < \tan 37° = \frac{3}{4}$，故浸雨后的 A 一定下滑，受力如图 10-28（a）所示，沿斜坡向下和垂直斜坡向下分解重力 G_A，知各力满足的关系为 $mg\sin 37° - f_{BA} = ma_A$ ①，$N_{BA} = mg\cos 37°$ ②，$f_{BA} = \mu_1 N_{BA}$ ③，由此得 $a_A = g(\sin 37° - \mu_1 \cos 37°) = 3$（m/s²）④，可见 A 做初速为零，$a_A = 3$m/s² 的匀加速直线运动，$t_1 = 2$s 内的位移 $x_{A1} = \frac{1}{2}a_A t_1^2 = 6$（m）⑤，2s 末达到速度 $v_1 = a_A t_1 = 6$（m/s）⑥，而石板 B，受力

示意如图 10-28（b）所示，如上述分解重力 G_B 后有 $mg\sin37° + f_{AB} - f_{CB} = ma_B$ ⑦

$N_{CB} = mg\cos37° + N_{AB}$ ⑧，题设 $f_{CBmax} = f_{动} = \mu_2 N_{CB}$ ⑨，考虑到牛顿第三定律有

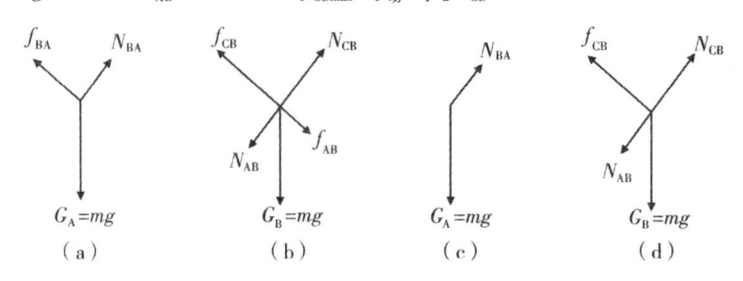

图 10-28

$N_{AB} = N_{BA}$ ⑩，$f_{AB} = f_{BA}$ ⑪，假设 $f_{CB} = f_{CBmax}$ ⑫。

把式②③⑧⑨⑩⑪⑫代入⑦得

$$mg\sin37° + \mu_1 mg\cos37° - \mu_2 2mg\cos37° = ma_B \quad ⑬$$

解得 $a_B = 1$（m/s²）> 0 ⑭。亦说明假设成立。可见 B 做初速为零，$a_B = 1 \text{m/s}^2$ 的匀加速直线运动，2s 末达到速度 $v_2 = a_B t_1 = 2\text{m/s}$ ⑮。

0～2s 时间内的位移 $x_{B1} = \dfrac{v_2}{2} t_1 = 2$（m）⑯ 因 $x_{A1} - x_{B1} = 4$（m）$< l = 27\text{m}$，故 A 在 B 上继续运动，仍有 $N_{AB} = N_{BA} = mg\cos37°$，$N_{CB} = mg\cos37° + N_{AB} = 2mg\cos37°$。

此后，题设"B 的上表面突然变为光滑，μ_2 保持不变"，A、B 受力图如图 10-28（c）、（d）所示，即 $f_{BA} = f_{AB} = 0$ ⑰，A 的加速度变为 $a'_A = \dfrac{mg\sin37°}{m} = 6$（m/s²）⑱。

A 做初速度 $v_1 = 6\text{m/s}$，加速度 $a'_A = 6\text{m/s}^2$ 的匀加速直线运动，设再经时间 t_2 从 B 下端滑离，$x_{A2} = v_1 t_2 + \dfrac{1}{2} a'_A t_2^2$ ⑲。

接着看 B：因有 $v_2 = 2\text{m/s}$ 存在，B 也在继续运动，但由 $mg\sin37° - \mu_2 2mg\cos37° = ma'_B$ ⑳。

知 $a'_B = -2\text{m/s}^2$，"$-$"说明方向沿斜面向上，与 v_2 相反，即做匀减速直线运动。设速度减为零历时 t_0，由 $v_2 = a'_B t_0$ 得 $t_0 = 1\text{s}$，B 又发生位移 $x_{B2} = \dfrac{v_2}{2} t_0 = 1$（m）㉒。

之后，因 $f_{CBmax} = \mu_2 2mg\cos37° > mg\sin37°$（$\dfrac{4}{5}mg > \dfrac{3}{5}mg$）㉓，故 B 只能保持静止不动（合力为零），且 $f_{CB静} = mg\sin37° = \dfrac{3}{5}mg$ ㉔。

由上述分析知，当 A（质点）相对 B 发生位移 l 时，A 离开 B 的下端，有 $x_{A1} + x_{A2} - (x_{B1} + x_{B2}) = l$ ㉕，代入数据化简得 $t_2^2 + 2t_2 - 8 = 0$ ㉖，解得 $t_2 = 2\text{s}$（$t_2 = -4\text{s}$ 舍去），A 在 B 上的总运动时间 $t = t_1 + t_2 = 4\text{s}$ ㉗。

由上述求解过程可见，本题考查的知识点为弹力、摩擦力（特别是动摩擦、静摩擦的判断）分析，重力的正交分解，受力分析，牛顿第二、第三定律，匀变速运动的位移和速度，相对运动；考查的能力是应用牛顿第二定律和匀变速运动公式来综合解

决现实中抽象出来的问题；求解的过程要从时空的先后顺序入手，紧紧抓住"力是产生加速度的原因"——力变，运动状态变，抓住物理情景的"连续性"原则——从一个物理过程变到另一物理过程时，速度不能突变，弄清 A 有两段匀加速直线运动，前段的末速即为后段的初速，B 的前段匀加速、后段匀减速，共运动 3s，再一直保持静止，A 离开它时，已经静止了 1s。

对今后教学的启示：①分析物理问题，一定要注重特定情境或条件下的物理过程分析，要能把复杂问题简单化，并关注简单问题相互连接点的物理特点；②受力分析、运动分析是解决力与运动的两个关键；③匀变速直线运动是直线运动中最重要的"物理模型"，牛顿第二、第三定律是动力学问题的基本规律，要牢固掌握；④本题若要求：第（2）问的时间内，共损失多少机械能？

斜面 C 对石板 B 的动摩擦力做功为

$W_{CB} = -\mu_2 2mg\cos37° (x_{B1} + x_{B2}) = -\dfrac{12}{5}mg$（J）　使 B 的机械能减小

A 对 B 的摩擦力做功为　$W_{AB} = \mu_1 mg\cos37° x_{B1} = \dfrac{3}{5}mg$（J），使 B 的机械能增加

B 对 A 的摩擦力做功为

$W_{fA} = -\mu_1 mg\cos37° x_{A1} = -\dfrac{9}{5}mg$（J）　使 A 的机械能减少

故 A、B 系统机械能共减少　$\Delta E = \dfrac{12}{5}mg - \dfrac{3}{5}mg + \dfrac{9}{5}mg = \dfrac{18}{5}mg$（J）

而 A、B 间内能的增量（热量）　$Q_{AB} = \mu_1 mg\cos37° (x_{A1} - x_{B1}) = \dfrac{6}{5}mg$（J）

B、C 间产生的热量　$Q_{BC} = \mu_2 2mg\cos37° (x_{B1} + x_{B2}) = \dfrac{12}{5}mg$（J）

显见 $\Delta E = Q_{AB} + Q_{BC}$，即总能量守恒。

显然，此时需要进行功与能的分析，如果涉及电磁感应问题，就有场与路的分析了。物理教学中"受力分析、运动分析、功能分析、场路分析"是化解相关难题的必备分析，应该贯穿于"讲题、练习"的始终；⑤要努力培养学生仔细审题、规范解题的好习惯；⑥要精选习题，以培养学生思维的缜密性、灵活性、发散性为主，要举一反三，融会贯通；⑦以"精准思维、稳当快速"为目标，适当训练解题速度；⑧要培养学生从实际问题中提炼物理模型的能力。

10.5　抽象物理模型　速解物理难题

分析综合能力的培养与提高，离不开求解物理"难题"，而解题就要分析题意，即确定研究对象、对其进行受力与运动的分析、头脑中展现出清晰的物理过程图景（最好能画出草图），再应用物理模型和数学知识求解。学生的"卡点"：①平时学习中积累的物理模型概念不清、规律不明；②审题时缺乏联想、对比、灵活、发散性思维。

现举一例：如图 10-29 所示，光滑水平面上有一小车 B，右端固定一砂箱，砂箱左侧连接一水平弹簧，小车和砂箱的总质量为 M，车上放一质量也是 M 的小物体 A，A 随小车以速度 v_0 向右匀速运动，此时弹簧处于自由长度状态且与 A 没有连接，A 与左侧车面间的摩擦因数为 μ，与其他车面间无摩擦。在匀速运动时，距砂面 H 高处有一质量为 m 的泥球自由下落，恰好落在砂箱中。求：(1) 小车在前进中，弹簧弹性势能的最大值？(2) 弹簧回至原长时，A、B 各自的速度？(3) 为使 A 不从车上滑下，车面粗糙部分至少应为多长？

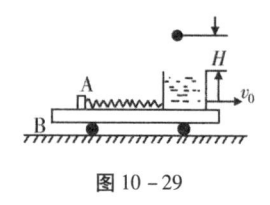

图 10-29

一、为便于理解求解过程，我们先回归基本问题中隐含的物理模型

如图 10-30 所示，在光滑水平面上，质量为 m_1 的小球以 v_1 追赶等大的质量为 m_2 以 v_2 运动的小球（$v_1 > v_2$ 才能追上！），在 A 处开始碰撞、在 B 处形变量最大（二者瞬间相对静止）、在 C 处完全恢复形变（无机械能损失），求：(1) B 处时的速度 V_B 及转化成的最大弹性势能 E_{Pm}；(2) 分离后各自的速度 v_1'、v_2'（$v_2' > v_1'$ 才能分离）。

由碰撞前后及其 A 到 C 过程中的任意时刻动量守恒，抓住 A、B、C 三状态列式：

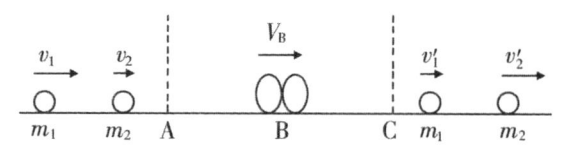

图 10-30

$$m_1 v_1 + m_2 v_2 = (m_1 + m_2) V_B = m_1 v_1' + m_2 v_2' \qquad ①$$

A→B，机械能转化为弹性势能，B→C 理想状态下弹性势能全部转化为机械能，有

$$\frac{1}{2} m_1 v_1^2 + m_2 v_2^2 = \frac{1}{2} m_1 {v_1'}^2 + m_2 {v_2'}^2 \qquad ②$$

对完全非弹性碰撞解得

$$V_B = \frac{m_1 v_1 + m_2 v_2}{m_1 + m_2} \qquad ③$$

$$E_{Pm} = \frac{1}{2} m_1 v_1^2 + \frac{1}{2} m_2 v_2^2 - \frac{1}{2}(m_1 + m_2) V_B^2 = \frac{1}{2} m_1 v_1^2 \frac{m_2}{m_1 + m_2} + \frac{1}{2} m_2 v_2^2 \frac{m_1}{m_1 + m_2}$$

$$- \frac{m_1 m_2 v_1 v_2}{m_1 + m_2} = \frac{1}{2} \left(\frac{m_1 m_2}{m_1 + m_2} \right)(v_1 - v_2)^2 \qquad ④$$

对弹性碰撞通过降次法可导出 $v_1 + v_1' = v_2' + v_2$ ⑤，解得

$$v_1' = \frac{m_1 - m_2}{m_1 + m_2} v_1 + \frac{2 m_2}{m_1 + m_2} v_2 \quad ⑥, \quad v_2' = \frac{2 m_1 v_1}{m_1 + m_2} + \frac{m_2 - m_1}{m_1 + m_2} v_2 \quad ⑦$$

特殊地：$v_2 = 0$ 即碰前小球 m_2 静止，这是最常见的题型情景。此时对完全非弹性碰撞（碰后粘合在一起）有：$V = \dfrac{m_1 v_1}{m_1 + m_2}$ ⑧，$E_{损} = \dfrac{1}{2} m_1 v_1^2 \dfrac{m_2}{m_1 + m_2}$ ⑨

对弹性碰撞有 $v_1' = \dfrac{m_1 - m_2}{m_1 + m_2} v_1$ ⑩，$v_2' = \dfrac{2m_1}{m_1 + m_2} v_1$ ⑪

二、按例题中物理过程发生的先后顺序来进行分析

（1）车 B（包括砂箱在内）以 v_0 在水平方向和小球 m（水平速度为零）发生完全非弹性碰撞（简化为瞬间完成，未影响到 A 的运动），设 B、m 黏合体的共同速度为 v_1，则有

$$Mv_0 = (M+m) v_1 \quad ①, \quad \Delta E_{损} = \dfrac{1}{2} Mv_0^2 \dfrac{m}{M+m} + mgH \quad ②$$

（2）A 物体通过弹簧和 B、m 黏合体再次发生完全非弹性碰撞，把弹簧压至最短，使弹性势能有最大值。这一过程中，渐增（形变量增大）的弹力使 B 由 v_1 变加速至 v_2，使 A 由 v_0 变减速至 v_2。有：$Mv_0 + (M+m) v_1 = (2M+m) v_2$ ③，得 $v_2 = \dfrac{2M}{2M+m} v_0$ ④。

$$E_{Pm} = \dfrac{1}{2} Mv_0^2 + \dfrac{1}{2} (M+m) v_1^2 - \dfrac{1}{2} (2M+m) v_2^2 = \dfrac{1}{2} Mv_0^2 \dfrac{m^2}{(M+m)(2M+m)} \quad ⑤$$

（3）弹簧回至原长的瞬间，等效于 A 与 B 发生了弹性碰撞，渐减的弹力（形变量在减小）使 B 向右变加速至 v_B，使 A 向右变减速至 v_A，有

$$Mv_0 + (M+m) v_1 = Mv_A + (M+m) v_B \quad ⑥$$

$$\dfrac{1}{2} Mv_0^2 + \dfrac{1}{2} (M+m) v_1^2 = \dfrac{1}{2} Mv_A^2 + \dfrac{1}{2} (M+m) v_B^2 \quad ⑦$$

利用前述推论得

$$v_A = \dfrac{[M - (M+m)]}{2M+m} v_0 + \dfrac{2(M+m)}{2M+m} v_1 = \dfrac{2M-m}{2M+m} v_0 \quad ⑧$$

$$v_B = \dfrac{2M}{2M+m} v_0 + \dfrac{(M+m-M)}{2M+m} v_1 = \dfrac{(2M+3m) M}{(2M+m)(M+m)} v_0 \quad ⑨$$

比较①④知 $v_2 = 2v_1 < v_0$，$v_A < v_2$，$v_B > v_2$ 是符合所述力和运动关系的。

（4）A 与 B 通过滑动摩擦力碰撞，当 A 相对 B 滑至 B 的最左端时，设恰不滑下，又等效为完全非弹性碰撞，共同速度仍为 v_2，方向向右。在地面上看 $a_A = \dfrac{\mu Mg}{M} = \mu g$ 向右，即 A 由 v_A 匀加速至 v_2，$a_B = \dfrac{\mu Mg}{M+m}$ 向左，B 由 v_B 匀减速至 v_2。这一过程转化成的内能为 $\Delta E_{内} = \mu Mgd$ ⑩，d 为粗糙部分的长度。由能量守恒有：$\Delta E_{内} = E_{Pm}$ ⑪，得 d

$$= \dfrac{m^2 v_0^2}{2\mu g (M+m)(2M+m)} \quad ⑫.$$

可见，解难题的过程就是抽象题中所隐含的物理模型的过程，只有平时多总结、多归纳、多"迁移"应用，审题时才能通过联想、对比性的思维把实际问题抽象成"熟悉"的模型，从而把大题化解为小题，要注意：求解结果一定要符合物理情景的可行性。

三、模型练习

练习1： 一平直木板 C 静止在光滑水平面上，今有两小物块 A 和 B 分别以 $2v_0$ 和 v_0 的初速度沿同一直线从长木板 C 两端相向水平地滑上长木板，如图 10-31 所示。设物块 A、B 与长木板 C 间的动摩擦因数为 μ，A、B、C 三者质量相等。

（1）若 A、B 两物块不发生碰撞，则由开始滑上 C 到 A、B 都静止在 C 上为止，B 通过的总路程多大？经历的时间多长？

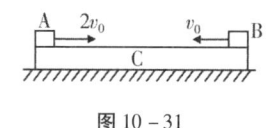

（2）为使 A、B 两物块不发生碰撞，长木板 C 至少多长？

解析： （1） $S = \dfrac{11v_0^2}{18\mu g}$，$t = \dfrac{5v_0}{3\mu g}$；（2） $L = \dfrac{7v_0^2}{3\mu g}$。

提示： 当 B 由 v_0 向左减速至 0 的时间内，A 就由 $2v_0$ 向右减速至 v_0，这一过程 C 保持不动；然后，B 相对 C 静止，A 由 v_0 向右减速至 $v_0/3$，B、C 整体向右加速至 $v_0/3$。

练习2： 竖直平面内的轨道 ABCD 由水平滑道 AB 与光滑的四分之一圆弧滑道 CD 组成，AB 恰与圆弧 CD 在 C 点相切，轨道放在光滑的水平面上，如图 10-32 所示。一个质量为 m 的小物块（可视为质点）从轨道的 A 端以初动能 E 冲上水平滑道 AB，沿着轨道运动，由 DC 弧滑下后停在水平滑道 AB 的中点。已知水平滑道 AB 长为 L，轨道 ABCD 的质量为 3m。求：

（1）小物块在水平滑道上受到摩擦力的大小。

（2）为了保证小物块不从滑道的 D 端离开滑道，圆弧滑道的半径 R 至少是多大？

（3）若增大小物块的初动能，使得小物块冲上轨道后可以达到最大高度是 $1.5R$，试分析小物块最终能否停在滑道上？

答案： （1） $f = \dfrac{E}{2L}$；（2） $\dfrac{E}{4mg}$；（3）能；且在距 C 点 $\dfrac{3L}{4}$。

提示： （3）中，动能要增大到 $\dfrac{7E}{6}$，在粗糙面上滑行路程 $\dfrac{7L}{4}$。

10.6 对称性模型的迁移应用

在研究和解决物理问题时，从对称性的角度去考查过程的物理实质，可以避免繁冗的数学推导，迅速而准确地解决问题。

对称法是从对称性的角度研究、处理物理问题的一种思维方法，有时间和空间上的对称。它表明物理规律在某种变换下具有不变的性质。用这种思维方法来处理问题可以开拓思路，使复杂问题的解决变得简捷。例如，一个做匀减速直线运动的物体在至运动停止的过程中，根据运动的对称性，从时间上的反演，就能看做一个初速度为零的匀加速直线运动，于是便可将初速度为零的匀加速直线运动的规律和

特点用于处理末速度为零的匀减速运动,从而简化解题过程。具体如竖直上抛运动中的速度对称、时间对称。沿着光滑斜面上滑的物体运动等具有对称性;简谐振动中|v|、|a|、|F|、动能和势能关于平衡位置的对称性;光学中的球型对称等,总之物理问题通常有多种不同的解法,利用对称性解题不失为一种科学的思维方法。

利用对称法解题的思路:①领会物理情景,选取研究对象,②在仔细审题的基础上,通过题目的条件、背景、设问,深刻剖析物理现象及过程,建立清晰的物理情景,选取恰当的研究对象,如运动的物体、运动的某一过程或某一状态;③透析研究对象的属性、运动特点及规律;④寻找研究对象的对称性特点;⑤利用对称性特点,依物理规律,对题目求解。

1. 简谐运动中的对称性

例1:劲度系数为 k 的轻质弹簧,下端挂一个质量为 m 的小球,小球静止时距地面的高度为 h,用力向下拉球使球与地面接触,然后从静止释放小球(弹簧始终在弹性限度以内),则( )。

A. 运动过程中距地面的最大高度为 $2h$
B. 球上升过程中势能不断变小
C. 球距地面高度为 h 时,速度最大
D. 球在运动中的最大加速度是 kh/m

解析:因为球在竖直平面内做简谐运动,球从地面上由静止释放时,先做变加速运动,当离地面距离为 h 时合力为零,速度最大,然后向上做变减速运动,到达最高点时速度为零,最低点速度为零时距平衡位置为 h,利用离平衡位置速度相同的两点位移具有对称性,最高点速度为零时距平衡位置也为 h,所以球在运动过程中距地面的最大高度为 $2h$,由于球的振幅为 h,由 $a = -\dfrac{k}{m}x$ 可得,球在运动过程中的最大加速度为 $a = \dfrac{k}{m}h$,球在上升过程中动能先增大后减小,由整个系统机械能守恒可知,系统的势能先减小后增大。所以正确选项为 ACD。

2. 静电场中的对称性

例2:如图 10-33 所示,带电量为 $+q$ 的点电荷与均匀带电薄板相距为 $2d$,点电荷到带电薄板的垂线通过板的几何中心。若图中 a 点处产生的电场强度为零,根据对称性,带电薄板在图中 b 点处产生的电场强度大小为多少,方向如何?(静电力恒量为 k)

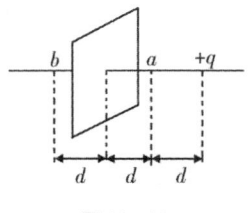

图 10-33

解析:对电场中 a 点:

$$E_a = E_{板} + E_{+q} = 0,\ E_{板} = -E_{+q},\ E_{+q} = k\dfrac{q}{d^2}$$

板上电荷在 a、b 两点的电场关于带电薄板对称,带电薄板在 b 点产生的场强大小

为 $k\dfrac{q}{d^2}$，方向水平向左。

点评：题目中要求带电薄板产生的电场，根据中学物理知识仅能直接求点电荷产生的电场，无法直接求带电薄板产生的电场；由 $E_a = 0$，可以联想到求处于静电平衡状态的导体的感应电荷产生的场强的方法，利用 $E_板 = -E_{-q}$ 来间接求出带电薄板在 a 点的场强，然后根据题意利用对称性求出答案。

例3：静电透镜是利用静电场使电子束会聚或发散的一种装置，其中某部分静电场的分布如图 10-34 所示。虚线表示这个静电场在 xOy 平面内的一簇等势线，等势线形状相对于 Ox 轴、Oy 轴对称，等势线的电势沿 x 轴正向增加，且相邻两等势线的电势差相等。一个电子经过 P 点（其横坐标为 $-x_0$）时，速度与 Ox 轴平行。适当控制实验条件，使该电子通过电场区域时仅在 Ox 轴上方运动。在通过电场区域过程中，该电子沿 y 方向的分速度 v_y 随位置坐标 x 变化的示意图是（　　）。

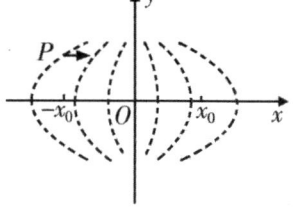

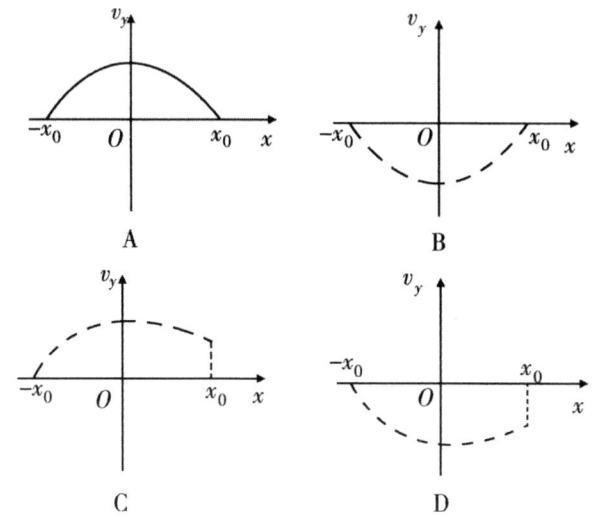

图 10-34

A

B

C

D

解析：由于静电场的电场线与等势线垂直，且沿电场线电势依次降低，由此可判断 Ox 轴上方区域 y 轴左侧各点的场强方向斜向左上方，y 轴右侧各点的场强方向斜向左下方。电子运动过程中，受到的电场力的水平分力沿 x 轴正方向，与初速度方向相同，因此，电子在 x 方向上的分运动是加速运动，根据空间对称性，电子从 $x = -x_0$ 运动到 $x = x_0$ 过程中，在 y 轴左侧运动时间比在 y 轴右侧运动的时间长。电子受到电场力的竖直分力先沿 y 轴负方向，后沿 y 轴正方向。因此电子在 y 方向上的分运动是先向下加速后向下减速，但由于时间的不对称性，减速时间比加速时间短，所以，当 $x = x_0$ 时，v_y 的方向应沿 y 轴负方向。正确答案为 D。

3. 电磁现象中的对称性

例4：如图 10-35 所示，在一水平放置的平板 MN 的上方有匀强磁场，磁感应强度的大

小为 B，磁场方向垂直于纸面向里。许多质量为 m，带电量为 $+q$ 的粒子以相同的速率 v 沿位于纸面内的各个方向，由小孔 O 射入磁场区域。不计重力，不计粒子间的相互影响。下列图中阴影部分表示带电粒子可能经过的区域，其中 $R = \dfrac{mv}{Bq}$。正确的图是（　　）。

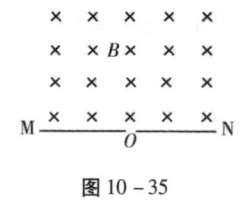

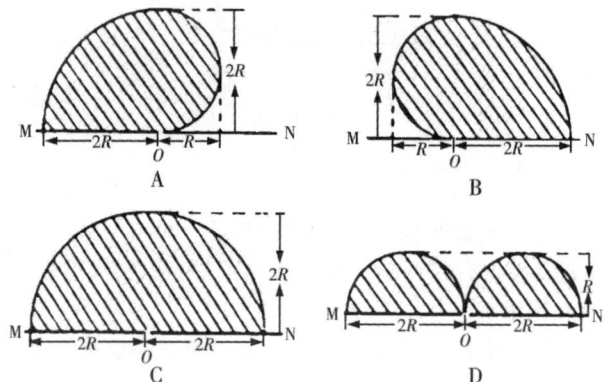

图 10 - 35

A B C D

解析：由于是许多质量为 m，带电量为 $+q$ 的粒子以相同的速率 v 沿位于纸面内的各个方向，由孔 O 射入磁场区域。所以，重点是考虑粒子进入磁场的速度方向。

在考虑时，想到速度方向在空间安排上是具有"空间对称性"的，所以，本题就要在分析过程用到对称性。

①当粒子沿垂直 MN 的方向进入磁场时，由其所受到的"洛伦兹力"的方向可以知道，其做圆周运动的位置在左侧。由"洛伦兹力"公式和圆周运动"向心力"公式可以得到：$Bqv = \dfrac{mv^2}{R}$，解得 $R = \dfrac{mv}{Bq}$。所以在左侧可能会出现以 O 为一点的直径为 $2R$ 的半圆。

②当粒子沿水平向右的方向进入磁场时，其应该在 MN 的上方做圆周运动，且另外的半圆将会出现在点 O 的左边，直径也是 $2R$。

③利用对称性，所有可能的轨迹将会涉及以点 O 为转动点，以 $2R$ 为直径从右扫到左的一片区域，如图 10 - 36 所示，选项 A 正确。

图 10 - 36

4. 光学中的对称性

例 5：1801 年，托马斯·杨用双缝干涉实验研究了光波的性质。1834 年，洛埃利用单面镜同样得到了杨氏干涉的结果（称洛埃镜实验）。

（1）洛埃镜实验的基本装置如图 10 - 37 所示，S 为单色光源，M 为一平面镜。试用平面镜成像作图法在答题卡上画出 S 经平面镜反射后的光与直接发出的光在光屏上相交的区域。

图 10 - 37

（2）设光源 S 到平面镜的垂直距离和到光屏的垂直距离分别为 a 和 L，光的波长

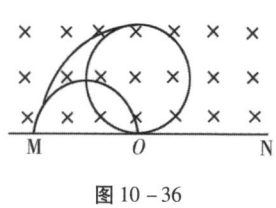

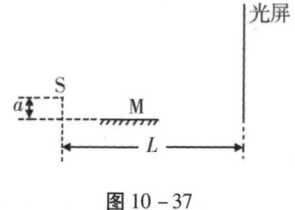

为 λ，在光屏上形成干涉条纹。写出相邻两条亮纹（或暗纹）间距离 Δx 的表达式。

解析：（1）如图 10-38 所示。（2）$\Delta x = \dfrac{L}{d}\lambda$.

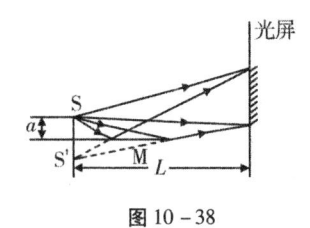

图 10-38

因为 $d = 2a$，所以 $\Delta x = \dfrac{L}{2a}\lambda$.

点评：试题以托马斯·杨的双缝干涉实验为引导，以洛埃镜实验为载体，将平面镜对光的反射与光的干涉综合在一起，考查考生对"一分为二"及干涉过程的理解和对课本知识的"迁移"能力。

例6：将一测力传感器连接到计算机上就可以测量快速变化的力。图 10-39（b）表示小滑块（可视为质点）沿固定的光滑半球形容器内壁在竖直平面的 AA' 之间来回滑动。A、A' 点与 O 点连线与竖直方向之间夹角相等且都为 θ，均小于 $10°$，图 10-39（b）表示滑块对器壁的压力 F 随时间 t 变化的曲线，且图中 $t = 0$ 为滑块从 A 点开始运动的时刻。试根据力学规律和题中（包括图中）所给的信息，求小滑块的质量、容器的半径及滑块运动过程中的守恒量。（g 取 10m/s^2）

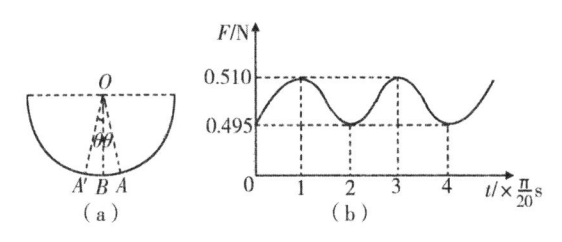

图 10-39

解析：由图 10-39（b）得小滑块在 A、A' 之间做简谐运动的周期 $T = \dfrac{\pi}{5}\text{s}$.

由单摆振动周期公式 $T = 2\pi\sqrt{\dfrac{R}{g}}$，得球形容器半径 $R = \dfrac{T^2 g}{4\pi^2}$，代入数据，得 $R = 0.1\text{m}$.

在最高点 A，有 $F_{\min} = mg\cos\theta$，式中 $F_{\min} = 0.495\text{N}$.

在最低点 B，有 $F_{\max} - mg = m\dfrac{v^2}{R}$，式中 $F_{\max} = 0.510\text{N}$.

从 A 到 B 过程中，滑块机械能守恒：$\dfrac{1}{2}mv^2 = mgR(1 - \cos\theta)$，联立解得 $\cos\theta = 0.99$，则 $m = 0.05\text{kg}$.

滑块机械能 $E = \dfrac{1}{2}mv^2 = mgR(1 - \cos\theta) = 5\times10^{-4}$（J）.

10.7 高中物理常见临界条件归纳表

高中物理常见临界条件归纳表见表 10-1。

表 10-1

临界情况	临界条件
速度达到最大	物体所受合外力为零，加速度为零
刚好不相撞	两物体最终速度相等或者接触时速度相等
刚好不分离	两物体仍然接触、弹力为零。原来一起运动的两物体分离时不只弹力为零，而且速度和加速度相等
运动到某一极端位置	
粒子刚好飞出（飞不出）两个极板间的匀强电场	粒子运动轨迹与极板相切
粒子刚好飞出（飞不出）磁场	粒子运动轨迹与磁场边界相切
物体刚好滑出（滑不出）小车	物体滑到小车一端时与小车的速度刚好相等
刚好运动到某一点（"等效最高点"）	到达该点时速度为零
绳端物体刚好通过最高点	物体运动到最高点时重力（"等效重力"）等于向心力，速度大小为 $\sqrt{Rg}$ 或 $\sqrt{Rg_{等效}}$
杆端物体刚好通过最高点	物体运动到最高点时速度为零
某一量达到极大（小）值	
双弹簧振子弹簧的弹性势能最大	弹簧最长（短），两端物体速度为零
圆形磁场区的半径最小	磁场区是以公共弦为直径的圆
使通电导线在倾斜导轨上静止的最小磁感应强度	安培力平行于斜面
两个物体距离最近（远）	速度相等
动与静的分界点	
转盘上"物体刚好发生滑动"	向心力为最大静摩擦力
刚好不上（下）滑；保持物体静止在斜面上的最小水平推力；拉动物体的最小力	静摩擦力为最大静摩擦力，物体平衡
关于绳的临界问题	
绳刚好被拉直	绳上拉力为零
绳刚好被拉断	绳上的张力等于绳能承受的最大拉力

续表

临界情况	临界条件
运动的突变	
天车下悬挂重物水平运动，天车突停	重物从直线运动转为圆周运动，绳拉力增加
绳系小球摆动，绳碰到（离开）钉子	圆周运动半径变化，拉力突变

10.8 功能关系模型的迁移应用

从功和能的关系出发来分析解决物理问题，是一种非常有效的思维方法。概念上，力使物体沿力的方向发生位移，就说这个力对物体做了功，功反映力关于物体空间位移的累积效应；能够做功的物体才具有能，能反映物体将要做功的本领，功和能不可割裂而谈。弄清下列九种功能情况，可以帮助读者建立明晰的功能关系，从而在解决物理问题时有的放矢。

一、重力做功与重力势能模型

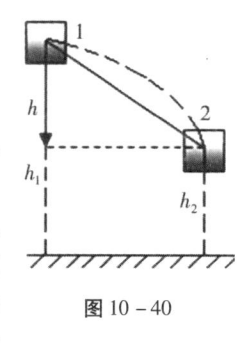

如图 10-40 所示，物体从位置 1 至位置 2，不管路径如何，以什么方式运动，重力做功只由始末位置的高度差决定，即 $W_G = mgh = mg(h_1 - h_2) = mgh_1 - mgh_2 = E_{p1} - E_{p2}$。

在规定 $E_{p地} = 0$ 时，$E_{p1} = mgh_1$，$E_{p2} = mgh_2$ 分别叫物体在 1、2 位置的重力势能（含地球）。可见，只要物体从高处到低处，重力做正功，重力势能减少；只要物体从低处到高处，重力做负功（物体克服重力做功），重力势能增加，且数值上始终相等；若物体在零势能面以下 h_3 处，则由 $0 - E_{p3} = mgh_3$ 得 $E_{p3} = -mgh_3$；同一水平面上移动物体，重力势能不变。

图 10-40

注意：研究重力势能，不考虑因高度变化而引起的重力加速度 g 的变化（是次要因素），因为高度 h 远远小于地球半径 R。

二、引力做功与引力势能模型

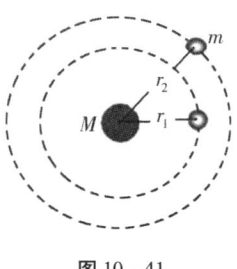

如图 10-41 所示，在卫星 m 绕中心天体 M 做圆周运动的模型中，卫星从远轨到近轨，万有引力做正功，引力势能减少；$W_{引} = \int_{r_2}^{r_1} G\frac{Mm}{r^2}dr = -G\frac{Mm}{r}\Big|_{r_2}^{r_1} = -GMm\left(\frac{1}{r_1} - \frac{1}{r_2}\right)$，若规定离中心天体无限远处引力势能为零，即 $E_{p\infty} = 0$，则"引力场内"距离中心天体为 r 处的引力势能为 $E_{pr} = -G\frac{Mm}{r}$，故在 M

图 10-41

表面处物体的引力势能为 $E_{pR} = -G\dfrac{Mm}{R}$（R 为中心天体的半径）。

质量为 M、半径为 R 的地球上发射一颗能挣脱地球引力的卫星 m，其发射速度 v_2 叫第二宇宙速度，由能量守恒有 $\dfrac{1}{2}mv_2^2 = 0 - (-G\dfrac{Mm}{R})$，得出 $v_2 = \sqrt{\dfrac{2GM}{R}}$，因第一宇宙速度 $v_1 = \sqrt{\dfrac{GM}{R}} = \sqrt{Rg} = 7.9\text{km/s}$（$g$ 为地球表面的重力加速度），故 $v_2 = \sqrt{2}v_1 = 11.2\text{km/s}$。

需要注意的是，卫星在任意轨道上做匀速圆周运动时满足供需平衡，即 $G\dfrac{Mm}{r^2} = m\dfrac{v^2}{r}$；要实现远轨至近轨的变轨，先要减速（制动），使 $F_{引} > F_{需}$，卫星做向心运动才行，同理，要实现近至远的变轨，则要加速，使 $F_{引} < F_{需}$，卫星做离心运动。

卫星从近轨到远轨，万有引力做负功（克服引力做功），引力势能增加。

注意：①卫星在变轨时，或在椭圆轨道上运动时，离地面高度 h 的变化可以和地球半径 R 相比较，故重力加速度的变化是明显的，不能忽略；②氢原子的玻尔轨道模型与此类似。

例1：2011 年 8 月，"嫦娥二号"成功进入了环绕"日地拉格朗日点"的轨道，我国成为世界上第三个造访该点的国家。如图 10 – 42 所示，该拉格朗日点位于太阳和地球连线的延长线上，一飞行器处于该点，在几乎不消耗燃料的情况下与地球同步绕太阳做圆周运动，则此飞行器的（　）

A. 线速度大于地球的线速度　　B. 向心加速度大于地球的向心加速度
C. 向心力仅由太阳的引力提供　　D. 向心力仅由地球的引力提供

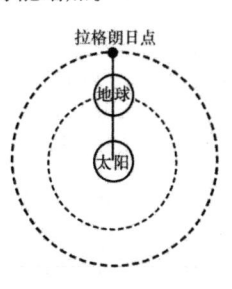

图 10 – 42

解析：依题意，飞行器、地球绕太阳做匀速圆周运动的角速度 ω 或周期 T 相同，由 $v = \omega r$ 或 $v = \dfrac{2\pi r}{T}$ 知 $r_{飞} > r_{地}$ 时，$v_{飞} > v_{地}$，A 选项正确，由 $a = \omega^2 r$ 知 B 选项正确，飞行器既要受太阳的引力，还要受地球的引力，其合力充当向心力，故 C、D 选项错误。

三、弹力做功与弹性势能模型

弹簧的弹力在弹性限度内满足胡克定律：$F = -kx$（x 为形变量——伸长或压缩量），显然在伸长和压缩（外力使之形变）过程中，弹力均做负功（克服弹力做功），弹性势能增加；由伸长至原长或由压缩至原长（恢复形变）过程中，弹力做正功，弹性势能减少；弹力做功是变力做功，利用示功图及微元累加思想可知形变量由 $x_2 \to x_1$ 弹力做的正功为图中（图 10 – 43）梯形（阴影部分）的面积：$W = \dfrac{kx_1 + kx_2}{2}(x_1 - x_2) = \dfrac{1}{2}k$

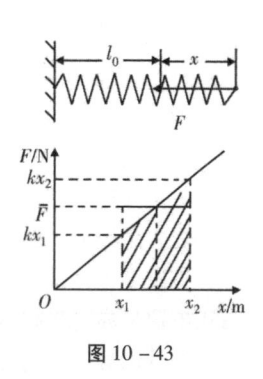

图 10 – 43

$(x_2^2 - x_1^2) = E_{p2} - E_{p1}$，由割补法知 $W = \overline{F}(x_2 - x_1)$，$\overline{F} = \dfrac{kx_1 + kx_2}{2}$，这样的力叫线性变力，即线性变力做功可用平均力做功来代替；中学里不要求用 $E_p = \dfrac{1}{2}kx^2$ 来求解。

四、摩擦力做功与内能模型

例2：如图 10-44 所示，小物块在倾角为 θ 的粗糙斜面上的 a 点，由静止释放，经过 b 处的光滑小圆弧，最终停在水平面上的 c 点，设物体与接触面的动摩擦因数 μ 到处相同，试探讨 h 与 S 的关系。

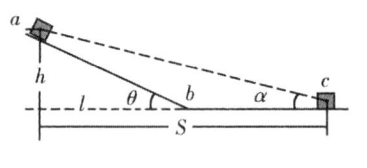

解析：设 a、b 间的水平距离为 l，则 ab 斜面长为 $\dfrac{l}{\cos\theta}$，由动能定理 $mgh - \mu mg\cos\theta \dfrac{l}{\cos\theta} - \mu mg(S - l) = 0 - 0$，有 $mgh = \mu mgS$，$\mu = \dfrac{h}{S} = \tan\alpha$，该过程把机械能全部转化为内能。

图 10-44

例3：如图 10-45 所示，一物体质量 $m = 2$kg，在倾角为 $\theta = 37°$ 的斜面上从 A 点以初速度 $v_0 = 3$m/s 下滑。A 点距弹簧上端 B 的距离 $AB = 4$m，当物体到达 B 后将弹簧压缩到 C 点，最大压缩量 $BC = 0.2$m，然后物体又被弹簧弹至最高位置 D 点，D 点距 A 点距离 $AD = 3$m，挡板和弹簧质量不计，$g = 10$m/s²，$\sin37° = 0.6$，求：（1）物体与斜面间的动摩擦因数 μ；（2）弹簧的最大弹性势能 E_{pm}。

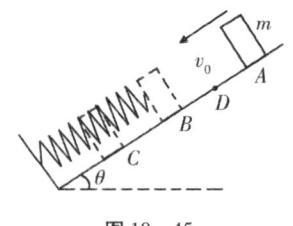

图 10-45

解析：（1）对 $A \to C \to D$ 的全过程，物体的动能及重力势能减少，弹性势能为零，把克服摩擦力做功（内能增量）投影在水平面上，有 $\dfrac{1}{2}mv_0^2 + mgl_{AD}\sin37° = \mu mg(S_{AC} + S_{CD})$ ①，$S_{AC} = l_{AC} \cdot \cos37°$ ②，$S_{CD} = l_{CD}\cos37°$ ③，代入数据解得 $\mu = 0.52$。

（2）对 $A \to C$ 的过程，物体的动能和重力势能减少，而弹性势能和内能增加，由能量守恒定律有 $\dfrac{1}{2}mv_0^2 + mgl_{AC}\sin37° = E_{pm} + \mu mgS_{AC}$ ④，代入数据解得 $E_{pm} = 24.4$J。

五、电场力做功与电势能模型

典型静电场有六种：正点电荷场（电场线光芒四射状）、负点电荷场（电场线万箭穿心状）、等量同种（正或负）点电荷场（电场线背道而驰状）、等量异种点电荷场（电场线藕断丝连状）、匀强电场（电场线齐头并进状）。带电粒子只有在匀强电场中运动时，所受电场力才是恒力。但六种场中，只要电场力做正功，电势能减少，克服电场力做功，电势能增加，这种特征是相同的，进而有正电荷从高电势到低电势，电场力一定做正功，负电荷从高电势到低电势，电场力做负功。

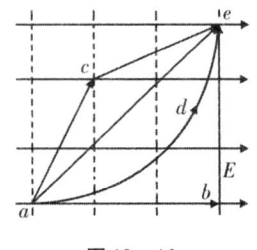

图 10-46

在匀强电场中，如图10-46所示，$-q$ 从 $a\to e$ 可有无数条路径（图画四条），电场力均做负功，电势能增加，且为 $W=qEl=qU$（l 为 a、b 两点间即沿场强方向的距离或过 a、b 两点的等势面间的距离，且有 $U=El$），当然 $-q$ 不会主动地从 $a\to e$，要么靠外力拉动，要么靠自身动能的减少来换取电势能的增加。

在点电荷（如 $-Q$）场中，如图10-47所示，$+q$ 从 $a\to b$，电场力做正功，电势能减少，其值也与路径无关。因库仑定律 $F=k\dfrac{Qq}{r^2}$ 与万有引力定律 $F=G\dfrac{Mm}{r^2}$ 类似，故 $W_{ab}=kQq$

图10-47

$(\dfrac{1}{r_2}-\dfrac{1}{r_1})=qU_{ab}=q(\varphi_a-\varphi_b)$，若规定 $E_\infty=0$ 或 $\varphi_\infty=0$，显然从 $\infty\to a\to b$，电场力做正功，电势能依次减少，有 $E_b<E_a<0$，$\dfrac{E_b}{+q}<\dfrac{E_a}{+q}<\dfrac{0}{+q}=0$，即 $\varphi_b<\varphi_a<0$；而 $-q$ 从 $\infty\to a\to b$，电场力做负功，电势能依次增加，有 $E_b>E_a>0$，但 $\dfrac{E_b}{-q}<\dfrac{E_a}{-q}<0$ 或 $\varphi_b<\varphi_a<0$ 关系不变。

例4： 如图10-48所示，虚线框内有匀强电场，AA'、BB'、CC' 是该电场的三个等势面。相邻等势面间的距离为 0.5cm，其中 BB' 为零势面。一个质量为 m、电荷量为 q 的粒子沿 AA' 方向以初动能 E_k 自图中的 P 点进入电场，刚好从 C' 点离开电场。已知 $PA'=2\text{cm}$，粒子的重力忽略不计，下列说法正确的是（ ）。

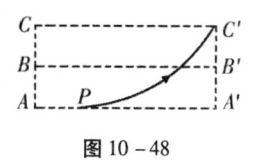

图10-48

A. 该粒子通过零势面的动能是 $1.25E_k$
B. 该粒子在 P 点的电势能是 $0.5E_k$
C. 该粒子到达 C' 点时的动能是 $\sqrt{2}E_k$
D. 该粒子到达 C' 点时的电势能是 $0.5E_k$

解析： 粒子从 $P\to C'$ 的运动是类平抛，设历时为 t，匀速运动 $X=PA'=v_0t$ ①，匀加速运动的侧位移 $y=A'C'=\dfrac{1}{2}\dfrac{qE}{m}t^2$ ②．

把 $PA'=2\text{cm}=2\times10^{-2}\text{m}$，$A'C'=2\times0.5\text{cm}=1.0\times10^{-2}\text{m}$ 代入，并结合 $E_k=\dfrac{1}{2}mv_0^2$ 得 $qE=100E_k$ ③．

粒子从 $P\to B'$ 面由动能定理：$E_{kB'}-E_k=qEA'B'=0.5E_k$ ④，得 $E_{kB'}=1.5E_k$，A 选项错误；由于粒子仅受电场力作用，故电场力做正功，电势能的减少转化为动能的增加，或各处的动能和电势能之和保持不变（守恒），有 $E_{kB'}+0=E_k+E_{P电}$ ⑤，得粒子在 P 点的电势能是 $E_{P电}=0.5E_k$，即 B 选项正确；粒子从 $P\to C'$ 有 $E_{kC'}-E_k=qEA'C'$ ⑥，$E_{kC'}=2E_k$，C 选项错误；$E_{kC'}+E_{C'}=E_{kB'}+0$ ⑦，得 $E_{C'}=-0.5E_k$，D 选项错误；本题选择 B。

六、电流做功与其他形式的能——电动机模型

对于纯电阻：电流做功（减少的电势能——电能）全部转化为内能（热能），由

$q = It$ 和 $W = qU$ 及 $I = \dfrac{U}{R}$ 知，$W = Q = I^2Rt = \dfrac{U^2}{R}t$，功率关系 $P_电 = P_热$，即 $P = UI = I^2R = \dfrac{U^2}{R}$。

对于电动机：电流做功少部分转化为线圈的热能，大部分转化为机械能，即 $W = Q + E_机$ 或 $UI = I^2r + P_机$，如果电动机被卡住，即 $P_机 = 0$，$W = Q$，电动机变成电热器（被烧）。

例5：有一小型直流电动机，把它接入电压为 $U_1 = 2.0V$ 的电路中时，电动机不转，测得流过电动机的电流是 $I_1 = 0.4A$；若把电动机接入 $U_2 = 2.0V$ 的电路中，电动机正常工作，且电流为 $I_2 = 1.0A$；则电动机正常工作时的输出功率多大？如果在电动机正常工作时，转子突然被卡住，此时电动机的发热功率是多大？

解析：电动机不转时，其内阻为 $r = \dfrac{U_1}{I_1} = 0.5$（Ω）。

正常工作时的输出功率为 $P = U_2I_2 - I_2^2r = 1.5$（W）。

转子突然被卡住时，电动机变成电热器（纯电阻），发热功率为 $P_r = \dfrac{U_2^2}{r} = 8$（W）。

七、安培力做功与电能模型

例6：如图 10-49 所示，质量为 m、长为 l、电阻为 R 的 ab 棒置于水平轨道（内阻不计）右端，轨道处于磁感应强度为 B、方向竖直向上的匀强磁场中，电源电动势为 E、内阻为 r，当通电后，棒落在 $a'b'$ 处，下落高度 h、水平射程 s。求：通电时间 Δt 和电源消耗的电能 $\Delta E_电$。（重力加速度为 g，一切阻力不计）

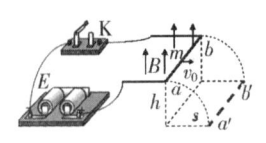

图 10-49

解析：对棒竖直方向有 $N = mg$，闭合电键 K，棒在水平方向受向右的安培力（合力）$F = BIl$，它在 Δt 内产生冲量 $F\Delta t$，改变棒的动量，即 $BIl\Delta t = mv_0$ ①，而 $I = \dfrac{E}{R+r}$ ②，$h = \dfrac{1}{2}gt^2$ ③，$s = v_0t$ ④（t 为棒从 $ab \to a'b'$ 的时间），联立解得 $\Delta t = \dfrac{ms(R+r)}{BEl}\sqrt{\dfrac{g}{2h}}$，

$\Delta E_电 = EI\Delta t = \dfrac{Ems}{Bl}\sqrt{\dfrac{g}{2h}}$ 或 $\Delta E_电 = I^2r\Delta t + \dfrac{1}{2}mv_0^2$。

迁移：ab 棒可以想象成电磁炮弹，上述模型（轨道倾斜时，$F_安 \gg mg$，重力可以忽略不计）即为电磁炮的工作原理。

例7：如图 10-50 所示，$abcd$、$efgh$ 为光滑轨道，宽处间距为 l_1，窄处间距为 l_2，水平部分有竖直向上的匀强磁场，磁感应强度为 B，质量为 m_1、电阻为 R_1 的金属棒从高为 h 的弧形轨道无初速度滑下，一直在宽轨道上运动（不考虑进入窄轨道）；质量为 m_2、电阻为 R_2 的金属棒在释放棒 m_1 时静止于窄轨道（足够长），试探究：二棒的收尾运动情况如何？

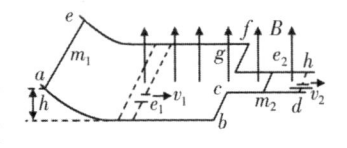

图 10-50

产生的电能 $\Delta E_电$ 如何？各棒产生的热量多少？（轨道电阻不计）

解析：棒 m_1 下落 h，以水平速度 v_0 进入匀强磁场中，由机械能守恒 $m_1gh = \frac{1}{2}m_1v_0^2$ ①，有 $v_0 = \sqrt{2gh}$，它切割磁感线产生感应电动势，闭合电路中产生（俯视）逆时针的感应电流，棒 m_1 受向左的安培力使它做变减速运动，棒 m_2 受向右的安培力使它做变加速运动，当棒 m_1、m_2 的速度分别为 v_1、v_2 时，感应电流 $i = \frac{Bl_1v_1 - Bl_2v_2}{R_1 + R_2}$ ②，可见 v_1 减小、v_2 增加时 i 减小；当 $i = 0$ 时有 $l_1v_{1n} = l_2v_{2m}$ ③，即最终棒 m_1 以 v_{1n}、棒 m_2 以 v_{2m} 都做匀速直线运动。

从棒 m_1 进入磁场至棒 m_1、m_2 都做匀速运动的 Δt 时间内，根据动量定理，对 m_1 有 $-Bil_1\Delta t = m_1v_{1n} - m_1v_0$ ④，对 m_2 有 $Bil_2\Delta t = m_2v_{2m} - 0$ ⑤。

注意：因 $-Bil_1\Delta t + Bil_2\Delta t \neq 0$，故棒 m_1、m_2 系统动量不守恒！（问：$l_1 = l_2$ 时呢？）

由④⑤得 $\dfrac{l_1}{l_2} = \dfrac{m_1(v_0 - v_{1n})}{m_2v_{2m}}$ ⑥，由③⑥解得

$$v_{1n} = \frac{m_1l_2^2}{m_1l_2^2 + m_2l_1^2}v_0 \quad ⑦, \quad v_{2m} = \frac{m_1l_1l_2}{m_1l_2^2 + m_2l_1^2}v_0 \quad ⑧$$

特例：$m_1 = m_2$，$l_1 = 2l_2$ 时，$v_{1n} = \dfrac{1}{5}v_0$，$v_{2m} = \dfrac{2}{5}v_0$，$\Delta E_电 = \dfrac{1}{2}m_1v_0^2 - (\dfrac{1}{2}m_1v_{1n}^2 + \dfrac{1}{2}m_2v_{2m}^2)$.

把①⑦⑧代入并化简得 $\Delta E_电 = Q = Q_1 + Q_2 = \dfrac{m_2l_1^2}{m_1l_2^2 + m_2l_1^2}m_1gh$ ⑨，在特例时，$Q = \dfrac{4}{5}m_1gh$.

棒 m_1、m_2 时刻通过的电流相等，由焦耳定律 $Q = i^2Rt$ 知，棒 m_1 产生的热量 Q_1 与棒 m_2 产生的热量 Q_2 应满足 $\dfrac{Q_1}{Q_2} = \dfrac{R_1}{R_2}$ ⑩，由⑨⑩解得 $Q_1 = \dfrac{R_1}{R_1 + R_2}Q$，$Q_2 = \dfrac{R_2}{R_1 + R_2}Q$.

八、分子力做功与分子势能模型

如图 10-51 所示，甲、乙是两个球形分子（原子的核式模型）刚好接触，间距恰为分子直径 r_0（10^{-10} m 数量级），则甲核与乙核、甲内电子与乙内电子之间均为斥力；甲核与乙内电子、乙核与甲内电子之间均为引力；可见分子间同时存在着引力和斥力，这时对乙分子有 $f_{甲乙斥力} = f_{甲乙引力}$ 或 $f_{甲乙合} = 0$，对甲分子亦然；也看出分子力的本质是电磁力。从分子力曲线知：斥力和引力随分子间距离的变化快慢（$k = \dfrac{\Delta f}{\Delta r}$）不同，斥力变化快（$k_斥 > k_引$）！故 $r < r_0$ 时，合力表现为斥力，使 r 变小（压缩）要克服分子斥力做功，分子势能增加；$r > r_0$ 时，合力表现

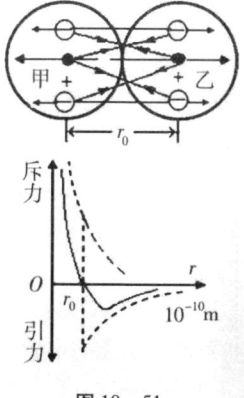

图 10-51

为引力，要使 r 增大（膨胀），要克服分子引力做功，分子势能也在增加。如果规定 $r\to\infty$ 处分子势能为零（事实上当分子间距离 $r\geq 10r_0$ 时，分子间表现出的引力已经很微弱，可以忽略不计，如理想气体）；若甲、乙两个分子由相距"无限远"相互靠近，直至不能再近，分子势能会先减小后增大，故当 $r=r_0$ 时，分子势能取最小值，且为负值。

注意：微观上两分子间距离的变化，宏观上表现为体积的变化。

九、核力做功与结合能模型

例8：如图 10-52 所示，原子核（直径 d 在 $10^{-15}\sim 10^{-14}$m 数量级）由质子（带 $+e$）和中子（不带电）组成，质子之间有静电斥力，是什么力使质子与质子间、中子与中子间、质子与中子间能够"精诚团结"？

强大的核力（吸引力），又叫强相互作用力，存在于相邻（短程力）的质子与质子间（远大于静电力），也存在于相邻的中子与中子之间，还存在于相邻的质子与中子之间，这种力犹如链环把核子（包括质子和中子）相互串联在一起（与古赤壁之战庞统所献连环计很像）。

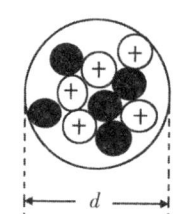

如果要把一个原子核拆散成核子，自然要克服核力做功，需要提供能量（叫该原子核的结合能，平均给每个核子所提供的能量叫平均结合能），显然核子结合成原子核的过程就要放出相同的结合能了。例如，$_2^4\text{He}+\Delta E \rightleftharpoons 2\,_1^1\text{H}+2\,_0^1\text{n}$，$\Delta E$ 就叫氦核的结合能，$\Delta\overline{E}=\dfrac{\Delta E}{4}$ 就叫氦核的平均结

图 10-52

合能。

普遍来看：$_z^A x+\Delta E\rightleftharpoons z\,_1^1\text{H}+(A-z)\,_0^1\text{n}$，根据爱因斯坦质能方程 $\Delta E=\Delta mc^2$ 有 $\Delta E=[zm_p+(A-z)m_n-m_x]c^2$，$\Delta\overline{E}=\dfrac{\Delta E}{A}$。

例9：在太阳内部由 4 个氢核（$_1^1\text{H}$）转化成一个氦核（$_2^4\text{He}$）和两个正电子（$_1^0\text{e}$）并放出能量。已知质子质量 $m_p=1.0073u$，α 粒子质量 $m_\alpha=4.0015u$，电子质量 $m_e=0.0005u$，其中 u 为原子质量单位，且 $1u$ 相当于 931.5MeV 的能量。（1）写出核聚变反应方程；（2）一次这样的核反应过程释放多少能量？

解析：（1）$4\,_1^1\text{H}\rightarrow\,_2^4\text{He}+2\,_1^0\text{e}+\Delta E$

（2）该核反应亏损的质量为 $\Delta m=4m_p-m_\alpha-2m_3=0.0267u$，故释放的能量为 $\Delta E=0.0267\times 931.5\text{MeV}\approx 24.87\text{MeV}$。

由于在核反应过程中，满足质量数和核电荷数守恒，故释放核能的途径是，平均结合能大的核变成平均结合能小的核，如重核的裂变和轻核的聚变——释放多余的结合能。

总之，最普遍的功能关系是动能定理：合外力对物体（系统）所做的功等于物体（系统）动能的增量，$W_{合}=\Delta E_{k增}$ ①，而合力的功等于各力功的代数和，即 $W_{合}=W_1+W_2+\cdots W_n$ ②，故②式中，若只有重力的功、只有弹簧弹力的功、只有万有引力的功或三者有二（三者都有）则机械能守恒；②式中分别只有摩擦力的功、分子力的功、电场力的功、核力的功时，就分别只有机械能与内能、分子势能与分子动能、电势能与动能、结合能与动能（包括所有射线的能量）之间的转化；②式中有众多力做功，则是能量转化与守恒定律。功和能是一对美丽的"孪生姐妹"，一种力做正功，总对应着施力物体能量的减少和受力物体能量的增加，因此依据功能关系来解决物理问题是最重要的思路和方法。

10.9 滑块与滑板连接体模型的分析

滑块与滑板类问题至少涉及两个物体，一般包括多个运动过程，并且物体间还存在相对运动，可见此类问题有一定的难度，解决此类问题的关键是注重过程分析，明晰临界条件。对于这类问题，根据初始运动状态和受力条件的不同，可以分为多种类型，但弄清基本模型，进行迁移应用，不仅有利于掌握问题实质，而且有利于学生分析解决问题能力的构建。

一、木板或木块受到水平拉力

1. 木板受到水平拉力

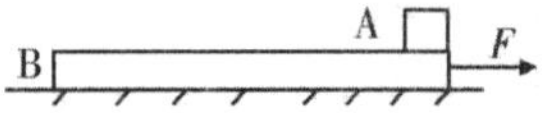

例1：如图 10 - 53 所示，A 是小木块，质量为 m_1；B 是木板，质量为 m_2。木板静止在地面上，木块静止放在木板上右端。从某一时刻起，木板受到一个水平向右的恒力 F 作用开始向右运动。已知 A、B 之间的动摩擦因数为 μ_1，B 与地面间的动摩擦因数为 μ_2，木板的长度为 L，最大静摩擦力与滑动摩擦力相等。

图 10 - 53

问题1：A、B 一起共同运动时 F 满足什么条件？

解析：A 受到的摩擦力 $f_A \leq \mu_1 m_1 g$，因而 A 的加速度 $a_A \leq \mu_1 g$。A、B 间滑动与否的临界条件为 A、B 间的摩擦力为最大静摩擦力，此时 A、B 共同运动的加速度 $a_共$ 等于 A 的最大加速度，即 $a_共 = \mu_1 g$。

若 B 的加速度 $a_B \leq \mu_1 g$，由 A、B 间不会滑动，对 A、B 整体有 $F - \mu_1 (m_1 + m_2) g = (m_1 + m_2) a_共$，$F \leq 2\mu_1 (m_1 + m_2) g$。其中当 $0 < F \leq \mu_2 (m_1 + m_2) g$ 时，整体保持静止；当 $\mu_2 (m_1 + m_2) g < F \leq 2\mu_1 (m_1 + m_2) g$ 时，共同加速。

问题2：A、B 间出现相对运动，A 滑离 B 的时间满足的条件？

解析：若 B 的加速度 $a_B > \mu_1 g$，则 A、B 间发生相对运动，A、B 都做初速度为零的匀加速直线运动，这时 $a_A = \mu_1 g$，对 B 有 $F - \mu_1 m_1 g - \mu_2 (m_1 + m_2) g = m_2 a_B$，从开始滑动到 A 滑离 B 的运动情景如图 10 - 54 所示。

图 10 - 54

$S_B - S_A = L$，即滑离时间满足 $\frac{1}{2} a_B t^2 - \frac{1}{2} a_A t^2 = L$，或 $t = \sqrt{\dfrac{2L}{a_B - a_A}}$。

2. 木块受到水平拉力

例2：如图10-55所示，与例1不同的是，木块A放在木板的左端，恒定外力作用在木块A上，使其向右运动。

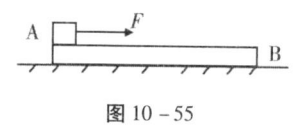

（1）若 $\mu_1 m_1 g \leq \mu_2 (m_1 + m_2) g$，即A对B的滑动摩擦力不大于地面对B的最大静摩擦力，B将会保持静止，这时 $F - \mu_1 m_1 g = m_1 a_A$，$L = \frac{1}{2} a_A t^2$。

图10-55

（2）若 $\mu_1 m_1 g > \mu_2 (m_1 + m_2) g$，则B运动的最大加速度为 $a_{Bm} = \frac{\mu_1 m_1 g - \mu_2 (m_1 + m_2) g}{m_2}$。

①当 $a_A \leq a_{Bm}$ 时，A、B间不会滑动，对A、B整体：$a_{共} = \frac{F - \mu_2 (m_1 + m_2) g}{m_1 + m_2}$。

②当 $a_A > a_{Bm}$ 时，此时 $a_A = \frac{F - \mu_1 m_1 g}{m_1}$，$a_B = \frac{\mu_1 m_1 g - \mu_2 (m_1 + m_2) g}{m_2}$，$\frac{1}{2} a_A t^2 - \frac{1}{2} a_B t^2 = L$。

二、木块或木板具有一个初速度

1. 木块具有初速度

例3：如图10-56所示，仅把图10-55中 F 变为 v_0，讨论A、B的运动情况。

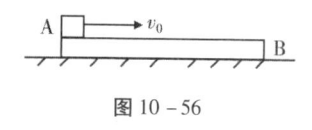

图10-56

解析：（1）若 $\mu_1 m_1 g \leq \mu_2 (m_1 + m_2) g$，则B不会滑动，木块以 $a_A = \mu_1 g$ 做匀减速直线运动，速度减为零时发生位移，$S_A = \frac{v_0^2}{2\mu_1 g}$。当 $S_A \leq L$ 时，在B上停止；当 $S_A > L$ 时，从B上滑落，且满足 $L = v_0 t - \frac{1}{2} \mu_1 g t^2$。

（2）若 $\mu_1 m_1 g > \mu_2 (m_1 + m_2) g$，则木板B会相对地面滑动，A、B各自的加速度为 $a_A = \mu_1 g$，$a_B = \frac{\mu_1 m_1 g - \mu_2 (m_1 + m_2) g}{m_2}$，A做匀减速、B做匀加速直线运动：①如果木板足够长，经过一段时间 t_1 后速度相等，A、B将会以共同的加速度向右匀减速运动，直至停止，满足 $v_0 - a_A t_1 = a_B t_1$ 和 $v_0 t_1 - \frac{1}{2} a_A t_1^2 - \frac{1}{2} a_B t_1^2 = d$，其中 d 为A相对B的位移；②若 $L < d$，经过一段时间 t_2 后，A将会从B上面滑落，满足 $v_0 t_2 - \frac{1}{2} a_A t_2^2 = \frac{1}{2} a_B t_2^2 + L$。

2. 木板突然获得一个初速度

例4：如图10-57所示，与例3不同的是，木块A在木板B的右端，某时刻，B受到一个水平向右的瞬间打击力

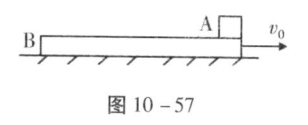

图10-57

而获得了一个向右的速度 v_0。

解析：A 与 B 之间会发生相对滑动，未分离前，A 做匀加速直线运动，B 做匀减速直线运动，加速度分别为 $a_A = \mu_1 g$，且向右；$a_B = \dfrac{\mu_1 m_1 g + \mu_2 (m_1 + m_2) g}{m_2}$，且向左。

（1）假想木板足够长，经过时间 t_1 后速度相等，且 A 相对 B 的位移为 d，则有 $v_0 - a_B t_1 = a_A t_1$ 和 $v_0 t_1 - \dfrac{1}{2} a_B t_1^2 - \dfrac{1}{2} a_A t_1^2 = d$。此后 A、B 间的摩擦力瞬间变向，可能出现两种运动情况：①若 $\mu_1 m_1 g \geq \mu_2 (m_1 + m_2) g$，即 $\mu_1 \geq \left(1 + \dfrac{m_2}{m_1}\right)\mu_2$，A、B 将会以共同的加速度一起向右做匀减速直线运动，直至停止，且 $a_{共} = \mu_2 g$，B 对 A 的静摩擦力为 $f_{BA} = \mu_2 m_1 g$，方向向左；②若 $\mu_1 m_1 g < \mu_2 (m_1 + m_2) g$，即 $\mu_1 < \left(1 + \dfrac{m_2}{m_1}\right)\mu_2$，则 A 以 $a'_A = \mu_1 g$ 匀减速，B 以 $a'_B = \dfrac{\mu_2 (m_1 + m_2) g - \mu_1 m_1 g}{m_2}$ 匀减速，直至分别静止（不在同一时刻）。

（2）如果 $L < d$，经过一段时间 t_2 后，A 将会从 B 左端滑落，有 $v_0 t_2 - \dfrac{1}{2} a_B t_2^2 - \dfrac{1}{2} a_A t_2^2 = L$。

三、模型练习

练习 1：图 10-53 中 $m_1 = m$，$m_2 = M$，$\mu_1 = \mu_2 = \mu$，木板长 L，求：（1）要把长木板从小木块下拉出，拉力 F 满足的条件；（2）若拉力 $F = 5\mu (m + M) g$，求从开始运动到小木块从木板上滑落所经历的时间 t。

答案：（1）$F > 2\mu (m + M) g$；（2）$t = \sqrt{\dfrac{2ML}{3\mu g (m + M)}}$。

练习 2：图 10-53 中，在光滑水平面上，给木板 $m_2 = 8\text{kg}$ 施加 $F = 8\text{N}$ 的水平恒力，使木板速度达 $v_0 = 2\text{m/s}$ 时，在木板的右端轻轻放上一质量 $m_1 = 2\text{kg}$ 的小物块，物块与木板间动摩擦因数 $\mu = 0.2$，$g = 10\text{m/s}^2$，求：（1）求木板应具有的最小长度 L；（2）从小物块放在木板上开始计时，求小车在 $t = 3\text{s}$ 时的速度。

提示：物块和木板加速至共同速度 $\dfrac{8}{3}\text{m/s}$ 后，一起共同加速，摩擦由动变静。

答案：（1）$\dfrac{4}{3}\text{m}$；（2）4m/s。

练习 3：图 10-56 中，$m_A = m_B = 0.2\text{kg}$，$v_0 = 1.2\text{m/s}$，$\mu_1 = 0.4$，$\mu_2 = 0.1$，$g = 10\text{m/s}^2$，求：（1）从滑块滑上长木板到滑块与木板相对静止所需的时间 t；（2）滑块的最大位移 x_A；（3）滑块与木板间产生的热量 Q_1；（4）木板与地面间产生的热量 Q_2。

提示：滑块减速、木板加速至共同减速 0.4m/s 后，就共同减速。

答案：（1）0.2s；（2）0.24m；（3）0.096J；（4）0.048J。

10.10　解答物理题要诀

——兼谈习题教与学

中学物理的主干知识是力学和电学，而一些"电学搭台"问题，往往是"力学唱戏"，所以学好力学是学好中学物理的关键，解决力电综合性问题是离不开受力分析、运动分析和能量分析的，教学实践中引导学生有意识地进行这三个分析，无疑是提高教学效益的有效途径。

一、探明过程，规律先行

仔细、认真地读题、品题及看图，思考题中每一句话、每一个关键词的意义，在头脑中形成清晰的物理过程情景是成功解题的第一步；根据情景来选择物理规律，进行分析运算是第二步；反思总结解题过程是第三步。题不在做得多，而在通透、感悟和迁移。

例1：一根质量分布均匀的长绳AB，在水平外力 F 的作用下，沿光滑水平面做直线运动，如图10-58（a）所示，绳内距A端 x 处的张力 F_T 与 x 的关系如图10-58（b）所示，由图可知（　　）。

A. 水平外力 $F = 6N$
B. 绳子的质量 $m = 3kg$
C. 绳的长度 $l = 3m$
D. 绳子的加速度 $a = 2m/s^2$

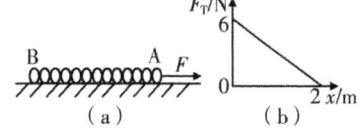

图10-58

分析：本题显然是连接体问题，用牛顿第二定律来解，难点是对图10-58（b）的理解，弄透本题，使学生"迁移"到其他连接体问题。

解析：对绳子整体 $F = ma$　①，对绳子后段 $(l-x)$，其质量为 $m_1 = \dfrac{m}{l}(l-x)$　②，$\dfrac{m}{l}$ 叫绳子的线密度，$F_T = m_1 a$　③，由①②③得 $F_T = F - \dfrac{F}{l}x$　④，这个函数表达式和图10-58（b）比较，易知 $x=0$ 时 $F=6N$，A选项正确；由斜率 $\dfrac{F}{l} = \dfrac{(6-0)}{(2-0)}\dfrac{N}{m} = 3N/m$ 或由 $x=2m$，$F_T = 0$ 得 $l = 2m$，C选项错误。由①式知，在仅知 F，m 未知时，a 无法求出，D选项不能确定，本题只选A。

二、挖掘隐含，找准联系

动态分析问题是物理学中非常典型的一类问题，"动中有静，动中有变"或"牵一发而动全身"是其重要特点，"变量和不变量"是这类问题中"深藏不露"的，需要"瞻前顾后"，找准状态与过程的关联。

例2：如图10-59所示，竖立在水平面上的轻弹簧，下端固定，将一个金属球放在弹簧顶端（球与弹簧不连接）。用力向下压球使弹簧压缩，并用细线把小球和地面拴牢［图10-59（a）］。烧断细线后，发现球被弹起且脱离弹簧后还能继续向上运动［图10-59（b）］。那么该球从细线被烧断到刚脱离弹簧的运动过程中，下列说法正确的是（　　）。

A. 弹簧的弹性势能先减小后增大
B. 球刚脱离弹簧时动能最大
C. 球在最低点所受的弹力等于重力
D. 在某一阶段内，小球的动能减小而小球的机械能增加

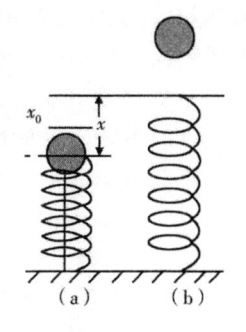

图10-59

分析：小球靠外力下压隐含要和靠重力下压做比较，烧断细线的瞬间隐含着"速度为零而加速度最大"，速度最大隐含着"加速度为零"，小球先做变加速、后做变减速、最后做竖直上抛运动，要理解机械能概念和其守恒、增加、减少的原理。

解析：无外力下压，小球靠自身重力作用到平衡位置 x_0，有 $kx_0 = mg$ ①，$x_0 = \dfrac{mg}{k}$ ②有外力时，小球在最低点不拴绳时有 $F + mg = kx$ ③，拴绳时有 $F_T + mg = kx$，④，显然有 $F = F_T$，$x = \dfrac{F + mg}{k} > x_0$ ⑤。

④式说明，C选项错误；当弹簧对小球的弹力为零时，弹簧回到原长，小球脱离弹簧，故从细线剪断至小球刚脱离弹簧的过程中，小球向上运动，弹力一直做正功、弹簧的弹性势能一直减小，A选项错误；在平衡位置以下（$x > x_0$）$a = \dfrac{kx - mg}{m}$，方向向上，x减小，a减小，而v增大；在平衡位置以上（$x < x_0$）$a = \dfrac{mg - kx}{m}$，方向向下，x减小，a增大，而v减小，故速度、动能最大的位置在 $x = x_0$ 处，B选项错误；在 $x < x_0$ 的阶段，小球的动能减小，但弹力对它所做的功却增加小球的机械能，故D选项正确，题述过程中对小球、弹簧和地球这个系统来说，机械能是守恒的；当小球脱离弹簧后，小球（含地球）的机械能守恒。

三、多方综合，以一敌十

对于多个物体组成的问题，首先要弄清各物体所处的状态，或某一物体的运动过程；其次是要弄清物体相互间是通过什么物理量来关联的；再者要找出问题的临界点；要把问题彻底弄通才能使所解的题起到"以一敌十"的作用。

例3：如图10-60所示，一根不可伸长的轻绳两端分别系着小球A和物块B，跨过固定于斜面顶端的小滑轮O。倾角为 $\theta = 30°$ 的斜面体置于水平地面上，A的质量为 m，B的质量为 $4m$。开始时，用手托住A，使OA段绳恰好处于水平伸直状态（绳中无拉力），OB绳平行

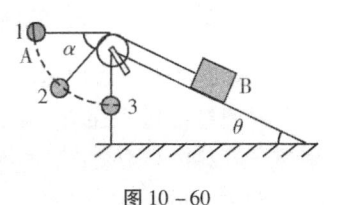

图10-60

于斜面，此时 B 静止不动。将 A 由静止释放，在其下摆过程中，斜面体始终保持静止，下列判断中正确的是（　　）。

A. 物块 B 受到的摩擦力先减小后增大
B. 地面对斜面体的摩擦力方向一直向右
C. 小球 A 的机械能守恒
D. 小球 A 的机械能不守恒，A、B 系统的机械能守恒

分析：斜面、物块 B 处于平衡状态，A 小球做变速圆周运动，细绳连接着两物体；B 物块所受静摩擦力为零是隐含的"临界状态"，假设、判断、隔离、整体是解题方法。

解析：开始时 B 物块处于平衡状态，应有

$$f = 4mg\sin\theta = 2mg \qquad ①$$

可见最大静摩擦力就满足

$$f_m \geq 2mg \qquad ②$$

当小球下摆 α 角（2 位置处）的过程中，如图 10-61 所示，假设物块 B 不动，即悬挂小球的轻绳悬点不动。对小球有

$$F_T - mg\sin\alpha = m\frac{v^2}{l} \quad ③, \quad mgl\sin\alpha = \frac{1}{2}mv^2 \quad ④$$

由③④得

$$F_T = 3mg\sin\alpha \qquad ⑤$$

当 $F_T = 4mg\sin\theta$　⑥　时，B 物块所受的静摩擦力为零。由⑤⑥式得 $\sin\alpha = \frac{2}{3}$　⑦，显然 A 在 1~2 过程中，B 物块所受的静摩擦力沿斜面向上，在减小；至 3 位置，绳上的拉力达到最大值，由⑤知 $\sin\alpha = 1$ 时 $F_m = 3mg$　⑧，这时物块 B 所受的沿斜面向下的静摩擦力满足 $mg\sin\theta + f = F_m$　⑨，即 $f = mg < f_m$　⑩，B 不动的假设成立，C 选项正确，且知在 2~3 的过程中，B 物块受的静摩擦力在增大，A 选项正确；对斜面体（含滑轮）和 B 整体：地面对斜面体的静摩擦力满足 $f_{地静} = F_T\cos\alpha$，起始时 $F_T = 0$，末了时 $\cos\alpha = 0$，故向右的 $f_{地静}$ 先增大后减小，B 选项正确；因 F_T 对 A 球不做功，A 的机械能守恒，故 D 选项错误；本题选择 ABC。

图 10-61

若把 A 球、斜面（含滑轮，设质量为 M）、B 物及细绳当成整体，用质点系的牛顿第二定律得 $N_{地} - (mg + 4mg + Mg) = m\frac{v^2}{l}\sin\alpha = 2mg\sin^2\alpha$，$f_{地静} = m\frac{v^2}{l}\cos\alpha = mg\sin2\alpha$ 当 α 增大时，地面对斜面的支持力增大，当 α = 45° 时，$f_{地静}$ 最大。

四、数理并举，思维迁移

物理题常要根据物理规律把它简化成数学问题，数学分析是对问题的深入探究，数理并举是学好物理的必备条件，思维"迁移"是融会贯通的思维嫁接。

例 4：如图 10-62 所示，一根不可伸长的轻绳两端各系

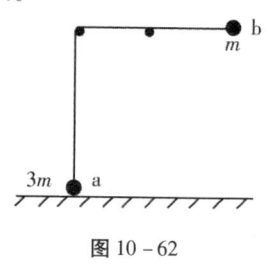

图 10-62

一个小球 a 和 b，跨在两根固定在同一高度的光滑水平细杆上，质量为 $3m$ 的 a 球置于地面上，质量为 m 的 b 球从水平位置静止释放。当 a 球对地面压力刚好为零时，b 球摆过的角度为 θ。下列结论正确的是（　　）。

A. $\theta = 90°$

B. $\theta = 45°$

C. b 球摆动到最低点的过程中，重力对小球做功的功率先增大后减小

D. b 球摆动到最低点的过程中，重力对小球做功的功率先一直增大

解析：假设小球 a 不动，如图 10-63 所示，则小球 b 绕着 O 点做竖直面内的变速圆周运动，其半径为 r（定值），当摆角为 θ 时，其速度为 v，绳拉球 a 和 b 的力为 F_T，对 b 球由机械能守恒有

$$\frac{1}{2}mv^2 = mgr\sin\theta, \quad v = \sqrt{2gr\sin\theta} \quad ①$$

由牛顿第二定律的瞬时性有

$$F_T - mg\sin\theta = m\frac{v^2}{r} \quad ②$$

由①②得

$$F_T = 3mg\sin\theta \quad ③$$

对 a 球有

$$F_T + F_N = 3mg \quad ④$$

离地时有 $F_N = 0$，$F_T = 3mg$ ⑤，由③⑤得 $\sin\theta = 1$，$\theta = 90°$，A 选项正确，同时说明假设成立。

要探究重力的功率变化，因 $P_G = mgv_y$ ⑥.

（1）用极端法：小球 b 在水平位置 $v_{初} = 0$，则 $v_{初x} = 0$，$v_{初y} = 0$ ⑦，摆到 $\theta = 90°$ 的竖直位置时，由①式知：水平速度 $v_{末xmax} = \sqrt{2gr}$，而 $v_{末y} = 0$ ⑧，由⑦⑧式知，球 b 在运动途中某必有 v_{ymax}，由⑥式知 P_G 先增大后减小，即 C 选项是正确的。

（2）用"数理结合"法：把小球 b 的受力和速度沿水平方向和竖直方向分解，如图 10-64 所示，则 $F_{y合} = F_T\sin\theta - mg$，$v_y = v\cos\theta$ ⑨.

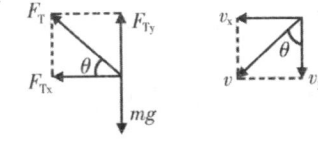

当 $F_{y合} = 0$，$F_T\sin\theta = mg$ ⑩，y 向的加速度 $a_y = 0$，此时有 v_{ymax}，由③⑩式得 $\sin\theta = \frac{\sqrt{3}}{3}$ 或 $\theta = \arcsin\frac{\sqrt{3}}{3}$.

此处 $v_{ymax} = \sqrt{2gr\sin\theta\cos\theta} = \sqrt{2gr\frac{\sqrt{3}}{3}\frac{\sqrt{6}}{3}} = \frac{2}{3}\sqrt{\sqrt{3}gr}$，即重力的功率在此处也最大且

$P_{Gmax} = mgv_{ymax} = \frac{2}{3}mg\sqrt{\sqrt{3}gr}.$

（3）如果由①⑥⑨得 $P_G = mg\sqrt{2gr\sin\theta}\cos\theta$，令 $y = \sqrt{\sin\theta\cos\theta}$，则

$$y^4 = \frac{1}{2} 2\sin^2\theta \cos^2\theta \cos^2\theta$$

显然有

$$2\sin^2\theta + \cos^2\theta + \cos^2\theta = 2$$

利用数学中 $\sqrt[n]{a_1 a_2 \cdots a_n} \leq \frac{a_1 + a_2 + \cdots + a_n}{n}$ 得

$$y^4 \leq \frac{1}{2}\left(\frac{2\sin^2\theta + \cos^2\theta + \cos^2\theta}{3}\right)^3 = \frac{4}{27}, \quad y \leq \frac{\sqrt{2\sqrt{3}}}{3}$$

当 $2\sin^2\theta = \cos^2\theta = 1 - \sin^2\theta$ 即 $\sin\theta = \frac{\sqrt{3}}{3}$ 时取等号，结果同（2）。

(4) 对 $y = \sqrt{\sin\theta\cos\theta}$ 求导数得 $\frac{dy}{d\theta} = \frac{1}{2}\frac{\cos^2\theta}{\sqrt{\sin\theta}} - \sqrt{\sin\theta}\sin\theta = \frac{1-3\sin^2\theta}{2\sqrt{\sin\theta}}$.

当 $\frac{dy}{d\theta} = 0$ 时，$\sin\theta = \frac{\sqrt{3}}{3}$，函数 y 有最大值。

五、体现思想，享受解题

物理题中大多渗透着物理思想方法，如微元、累加（牛顿的微积分，或叫积零为整，化整为零思想），"曲"化"直"或合成、分解的等效思想，整体法、隔离法思想，"和谐对称"的思想……这些思想的集合，体现着物理学的"美"，体验"美"将会使师生的教与学活动充满内在的快乐，也会激发思维的敏捷性。

例5：如图10-65（a）和（b）所示，电荷均匀分布在半球面上，在这半球的中心 O 处电场强度等于 E_0。两个平面通过一条直径，夹角为 α（$\alpha < \frac{\pi}{2}$），从半径中分出这一部分球面，则剩余部分球面上（在"大瓣"上）的电荷（分布不变）在 O 处的电场强度是（　）。

A. $E = E_0 \sin\frac{\alpha}{2}\cos\frac{\alpha}{2}$ 　　B. $E = E_0 \sin\alpha\cos\alpha$

C. $E = E_0 \sin\frac{\alpha}{2}$ 　　D. $E = E_0 \cos\frac{\alpha}{2}$

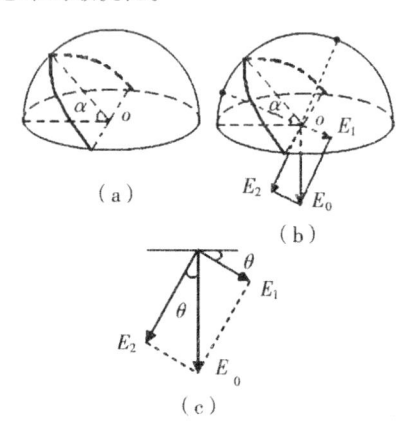

图 10-65

解析：半球面带正电但不是点电荷，利用微元、累加思想和球上分布电荷的对称性知，半球面产生的电场强度 E_0 竖直向下，"小瓣"球产生的电场强度 E_1 斜向右下，与水平方向夹角为 $\theta = \frac{\alpha}{2}$，"大瓣"球产生的电场强度 E_2 斜向左下，与竖直方向成 θ 角，且 $E_1 \perp E_2$（二向垂直），再利用等效思想知，E_0 是 E_1 和 E_2 的合矢量，故由图 10-65（c）有 $E_1 = E_0 \sin\frac{\alpha}{2}$，$E_2 = E_0 \cos\frac{\alpha}{2}$，可见 D 选项正确。

六、构建模型，显性思维

抽象的物理思维常要建立在显见的物理模型上，解题时根据题设条件或图像通过联想常见物理模型，对比其异同，画出粗略符合题设的物理模型（或把它呈现于头脑中），使解题思路显性化、简单化、敏捷化，从而准确、快速地得出解题结果。

例6：空间有一沿 x 轴对称分布的电场，其电场强度 E 随 x 变化的图像如图 10-66（a）所示，下列说法正确的是（ ）。

A. O 点电势最低 B. x_1 和 x_3 两点的电势相等
C. x_2 和 $-x_2$ 两点的电势相等 D. x_2 点的电势低于 x_3 点的电势

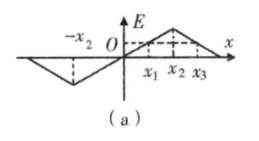

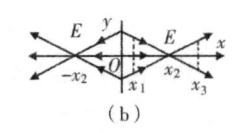

解析：①看懂图像，即 x 负半轴，负向电场强度由零均匀增加，然后又均匀减小至零；x 正半轴正向电场强度由零均匀增加，然后又均匀减小至零；②构建电场：若电场正方向与 x 轴正方向相同，由电场线的疏密程度代表场强的强弱出发，构建图 10-66（b）所示的设想电场；③由电场方向是电势降落最快的方向及电场关于 y 轴的对称性，易知 O 点电势最高，A 错；x_1 点的电势高于 x_3 点的电势，B 错；由 $U=Ed$，应用微元累加思想和对称性知，$\varphi_y - \varphi_{x_2} = \varphi_y - \varphi_{-x_2}$，C 是正确的；$x_2$ 点的电势高于 x_3 点的电势，D 错。

如果把解题比做建金字塔，则物理概念、规律、思想和方法以及扎实的数学知识为塔底，受力分析、运动分析、能量分析为塔腰，解题结果则是塔顶！显然"空中楼阁"是异想天开！新课程教学更需要专业过硬的教师和基础知识雄厚的学生做"塔底"；更需要教师在习题教学中的精编精选和举一反三；还需要从学生中不断的搜集问题，有的放矢的去解决。

10.11 例说对物理概念和规律的理解

"理解能力"指理解物理概念、物理规律的确切含义，理解物理规律的适用条件，以及它们在简单情况下的应用；能够清楚地认识概念和规律的表达形式（包括文字表达和数学表达）；能够鉴别关于概念和规律的似是而非的说法；理解相关知识的区别和联系。

一、要弄清所有公式中物理量的准确意义，养成严谨认真的学风

例1：关于场强的三个公式① $E = \dfrac{F}{q}$；② $E = k\dfrac{Q}{r^2}$；③ $E = \dfrac{U}{d}$，下列说法错误的是（ ）。

A. 式①②③都只对点电荷产生的场才成立

B. 式①表明，电场内某点的场强 E 与放入该点的点电荷所受的外力成正比，与这个点电荷的电荷量成反比

C. 由式②看到，当 $r \to 0$ 时，$E \to \infty$

D. 式③中 d 是匀强电场内任意两点间对应电势差为 U 时的距离

解析：定义式 $E = \dfrac{F}{q}$，对任何电场 E 的大小及方向都适用，q 是所引入的检验电荷的电量（E 并不是由 q 产生的）；决定式 $E = k\dfrac{Q}{r^2}$，只对真空中的点电荷适用。Q 是场源电荷的电量，r 是点到场源电荷的距离，$r \to 0$，场源已不能视为点电荷。关系式 $E = \dfrac{U}{d}$，只对匀强电场适用。U 为电场中两点的电势差，d 为两点间沿电场线方向的距离，或是过这两点的等势面之间的距离。若"迁移"到非匀强场中，用微元法（ΔU、Δd 足够小，数学上是其数值趋于零，可看出等距离时，E 大处，电势差大；等电势差时，间距小处的 E 大。故 E 的方向是电势降落最快的方向）。可见本题四个选项都是错误的。

启发：对于物理学中的定义，必须准确理解其含义，弄清表述中的关键词的意义及有关的实际背景。

切忌：物理量张冠李戴、乱套公式；理解公式似是而非、掌握概念含糊不清。

例2：法拉第电磁感应定律可这样表述，闭合电路中感应电动势的大小与穿过这一闭合电路的（ ）。

A. 磁通量成正比　　　　　　B. 磁感应强度成正比

C. 磁通量的变化率成正比　　D. 磁通量的改变量成正比

解析：物理学中与磁通量 Φ、磁通量的变化量 $\Delta\Phi$、磁通量的变化率 $\dfrac{\Delta\Phi}{\Delta t}$ 这三个概念有相通理解方法的概念很多，它们之间既有联系又有区别，很容易混淆。为了能更加普遍的讨论问题，设物理量 y 随另一物理量 x 而变化，即 $y = f(x)$，y 是 x 的函数，则 Δy 叫物理量（函数）的变化量，Δx 叫自变量的变化量，$\dfrac{\Delta y}{\Delta x}$ 却反映着函数随自变量的变化快慢。当变化相同的 Δx 时，Δy 越大，则函数变化越快（变化相同的 Δy 时，Δx 越小，函数变化越快）。特别要注意：当 Δx、Δy 较大时，$\dfrac{\Delta y}{\Delta x}$ 就表示平均值（$y-x$ 图像上两点间割线的斜率），Δx、$\Delta y \to 0$（极限）时，$\dfrac{\Delta y}{\Delta x}$ 表示瞬时值（割线变为切线，数学上叫导数 y'）。例如，速度 v、速度的变化量 Δv（$\Delta v_{增}$ 和 $\Delta v_{减}$ 方向相反）、速度的变化率 $\dfrac{\Delta v}{\Delta t}$（加速度）；磁感应强度 B、磁感应强度的变化量 ΔB、磁感应强度的变化率 $\dfrac{\Delta B}{\Delta t}$ 等。有个难点是，光从真空（空气）进入介质时，入射角为 i，折射角为 γ，则折射率为 $n = \dfrac{\sin i}{\sin \gamma} > 1$（$90° > i > \gamma$），当入射角增加（或减小）$\Delta i$ 时，折射角增加（或减小）$\Delta \gamma$，

根据正弦函数的特点（锐角内是单调递增，角度小处函数的值变化快），故要使 $n = \dfrac{\sin i}{\sin \gamma} = \dfrac{\sin(i+\Delta i)}{\sin(\gamma+\Delta\gamma)}$ 成立，则一定有 $\Delta i > \Delta \gamma$.

对本题根据法拉第电磁感应定律：

$E = n\dfrac{\Delta \Phi}{\Delta t}$（$n$ 为线圈匝数），结合上述分析知，Δt 较长时，E 表示平均电动势（正比于 $\Phi - t$ 图像上两点间割线的斜率）；$\Delta t \to 0$ 时，则为瞬时电动势（正比于 $\Phi - t$ 图像上点的切线斜率）。单匝线圈内，若 $\Phi = \Phi_m \sin \omega t$，利用导数则有 $\dfrac{\Delta \Phi}{\Delta t} = \Phi_m \omega \cos \omega t$，瞬时电动势应为 $E = n\dfrac{\Delta \Phi}{\Delta t} = n\Phi_m \omega \cos \omega t$. 故本题选 C。

迁移：在有效面积 S 不变、磁感应强度随时间变化的问题中，电动势为 $E = nS\dfrac{\Delta B}{\Delta t}$（$n = 1$ 时，若 $B = B_0 + kt$，则 $\dfrac{\Delta B}{\Delta t} = k$）；在磁感应强度 B 不变而有效面积随时间变化的问题中，则可以表示为 $E = nB\dfrac{\Delta S}{\Delta t}$（$n = 1$ 时，$\Delta S = Lv\Delta t$，则 $E = BLv$ 就是导体切割磁感线的常见问题）；在磁感应强度 B 和有效面积均变的情况下 $E = n(S\dfrac{\Delta B}{\Delta t} \pm B\dfrac{\Delta S}{\Delta t})$，取加号或者减号还要根据楞次定律来判定。

启发：数学公式、图像是用来表示物理概念和规律的，式中符号有特定的物理意义，常用公式反映不出。解题时根据定理、规律列出的"原始"式具有物理意义，该式移项会导致意义的变化。所以用数学手段表述物理问题，重点应放在抓住物理条件、理解物理意义上。

二、懂得概念和规律的含义，弄清其适用的条件

要区分哪些规律或公式具有普遍意义，哪些只能在某些特殊条件下才成立，不可死记一个公式或硬背一段叙述；只有对相关概念和规律间的联系及区别有清晰的认识，才能鉴别似是而非的说法及错误的观点。

例 3：如图 10 - 67 所示，长为 L、倾角 $\theta = 30°$ 的光滑绝缘斜面处于电场中，一带电量为 $+q$、质量为 m 的小球，以初速度 v_0 由斜面底端的 A 点开始沿斜面上滑，到达斜面顶端 B 的速度仍为 v_0，则（　　）。

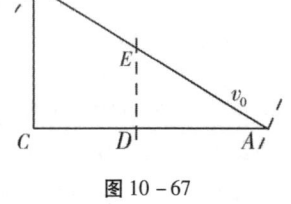

图 10 - 67

A. 小球在 B 点的电势能一定大于小球在 A 点的电势能

B. A、B 两点的电势差一定为 $\dfrac{mgl}{2q}$

C. 若电场是匀强电场，则该电场的场强最小值一定是 $\dfrac{mg}{2q}$

D. 若该电场是 AC 边中垂线上某点的点电荷 Q 产生的，则 Q 一定是正电荷

解析：①+q 从 A 到 B，由动能定理知，动能的增量为零，合外力的功为零；②因弹力不做功（垂直斜面）又无摩擦，故电场力做正功，电势能减少，即小球在 A 点的电势能一定大于在 B 点的电势能，选项 A 错误，重力做负功，重力势能增加；③+q 是从高电势的 A 点运动到低电势的 B 点，若电场是匀强电场，Ⅰ：取 AC 为等势线（等势面水平），过 B 点作 AC 的平行线为等势面，则 $CB = L\sin 30° = \dfrac{L}{2}$ 为这两个等势面间的距离最小值，故场强的最大值为 $E_m = \dfrac{U_{AB}}{CB} = \dfrac{mg}{q}$，方向由 C→B，即竖直向上；Ⅱ：过 A 点作 AB 的垂线为等势线，过 B 点再作其平行线，则从 A→B 的匀强电场 $E = \dfrac{U_{AB}}{L} = \dfrac{mg}{2q}$，因 AB>AC>CB，故 E 为最小值，选项 C 正确；Ⅲ：A→C 的匀强电场 $E_{AC} = \dfrac{U_{AB}}{AC} = \dfrac{\sqrt{3}mg}{3q}$；④过 AC 的中点 D 作其中垂线交 AB 于 E 点，则 EA=EB，中垂线 E 点以下的各点距 A 点近、距 B 点远，联想正负点电荷场的特点知，E 点以下放 +Q 点电荷，E 点以上放 −Q 点电荷时，就有 $\varphi_A > \varphi_B$，可见选项 D 错。

启发：本题考查了动能定理、电势能、电场力做功、电势差概念、$E = \dfrac{U}{d}$ 的应用、正负点电荷场的特点，只有知识记清、理解到位、发散思维才能作答。

三、改变角度或方法，灵活处理问题

要提高这种能力，基础是要把物理学中的一些概念和基本规律理解透彻，对相关知识之间的联系力求融会贯通、举一反三，使解决物理问题的自由度更大。

例 4：已知地球半径 $R = 6.4 \times 10^6$ m，试计算地球大气层空气的总质量，最后结果取一位有效数字。

解析：求大气层的总质量，当然可以设想把大气层看做是由许多小部分组成的，对每一质量为 Δm 的小部分，可求其质量 Δmg，然后把它们加起来（这就是微元累加法，但不同高度处的 g 是不同的），这样做在中学里几乎是不可能的。如果联想到水平地面上自由放置的物体，其重力被支持力平衡，可以把大气层想成被地球表面支持着，其重力被支持力平衡。再想：大气层对地面的压力和地面对大气层的支持力是一对作用力和反作用力，这样就得到大气层的重力大小等于大气层对地面的压力大小。还要想到：大气压强（简称大气压，是大气对地面单位面积施加的力）这个概念，其值约为 $P_0 = 1$atm ≈ 1.0×10^5 N/m²；地球的表面积为 $S = 4\pi R^2$，故 $G = P_0 S = P_0 4\pi R^2 = 5 \times 10^{19}$（N）。

启发：本题使许多学生感到无从下手，即使有学生考虑到大气层分布上面疏下面密，不同高度处的 g 值不同，虽说有思想但不会运算。只有平时养成独立思考习惯的学生，当感觉此路不通时才能掉转思维方向，如上作答。

四、用图像表示物理规律、状态和过程，是一种重要的研究和处理问题的方法

在高中物理课中，有很多这方面的内容，如力学中的 x−t、v−t 图像、振动图像

(y–t) 和波形图（y–x）、电磁学中的 I–U、Φ–t、e–t、I–t 图等。这些图像中，很多并不是观察到的实物图，而是一些量与量之间的关系图或示意图。在学习时要弄清图像中的"点、线、面、切、斜、截"各代表什么物理量？线反映什么规律？能把物理意义用文字、语言表达出来。

例 5：质点所受的力 F 随时间变化的规律如图 10–68 所示，力的方向始终在一条直线上。已知 $t=0$ 时质点的速度为零，在图示的 t_1、t_2、t_3 和 t_4 各时刻中，（　）时刻质点的动能最大。

A. t_1　　B. t_2　　C. t_3　　D. t_4

分析：取题中力 F 的方向为 x 轴正方向，挖掘图像信息：从 F–t 图像可读出下列信息：

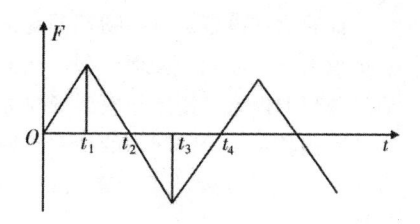

图 10–68

$0 \to t_1$：F 沿 x 轴正方向，由 0 线性增大到 F_0；a 沿 x 轴正方向，由 0 线性增大到最大值 $\dfrac{F_0}{m}$，是变加速运动；v 沿 x 轴正方向，由 0 一直增大到 t_1 时的 v_1 且速度增大加快。

$t_1 \to t_2$：F 沿 x 轴正方向，由 F_0 线性减小到 0；a 沿 x 轴正方向，由最大值 $\dfrac{F_0}{m}$ 线性减小到 0，是变加速运动；v 沿 x 轴正方向，由 v_1 一直增加到 v_2，只是速度增大减慢。

$t_2 \to t_3$：F 沿 x 轴负方向，由 0 线性增大到 F_0；a 沿 x 轴负方向，由 0 线性增大到最大值 $\dfrac{F_0}{m}$，是变减速运动；v 沿 x 轴正方向，质点的速度由 v_2 减小到 v_1，只是减小加快（注意对称性）。

$t_3 \to t_4$：F 沿 x 轴负方向，由 F_0 线性减小到 0；a 沿 x 轴负方向，由最大值 $\dfrac{F_0}{m}$ 线性减小到 0，是变减速运动；质点的速度由 v_1 减小到 0，只是减小减慢。

可见在 $t_1 \to t_4$ 四个时刻中，t_2 时刻的动能最大且为 $E = \dfrac{1}{2}mv_2^2 = 2mv_1^2$，B 选项正确。

本题最简解法是利用图像中"面积"是冲量的含义。在 $0 \to t_2$ 时间内沿 x 轴方向的冲量一直增大，根据动量定理知质点的动量一直增大；而在 $t_2 \to t_4$ 时间内沿 x 轴负方向的动量增大，所以动量逐渐减小；可见在 t_2 时刻动量有最大值，动能也有最大值。

启发：图像是一种数学语言，要结合实际的物理过程分析。平时学习中，要养成在头脑构建情景和用笔画出物理过程草图的好习惯，还要学会把各种图像斜率、面积等所代表的意义进行正向迁移。

理解能力是最基本的能力，不能理解所学的知识，就谈不上应用所学的知识。学习物理的过程中，"识记"是必要的，不记等于没学！在理解的基础上记，就不会"死记硬背"。死记一大堆名词、定义、符号、公式，而不理解它们的含义、联系和区别，一定导致越学越苦恼。只有理解（通过思维加工）了的知识才能真正记住它，才能应用它、才能激发学习的兴趣。要学好物理，得切实提高理解能力，否则，其他方面的能力也就失去了依据。

10.12 巧用模型复合 速解物理难题

抽象物理模型是解答物理问题的关键。在对简单问题进行模型化处理时，常可把它抽象为一个已知的物理模型，然而在对某些比较复杂问题进行模型化处理时，常常通过联想旧模型、创造新模型来构建复合模型（或称模型链）。构建复合物理模型能将复杂问题转化为简单问题的组合，使问题得到顺利解答。本文通过结合具体教学实例就如何构建复合运动模型来巧解物理竞赛中复杂的运动问题，旨在培养学生的创新思维。

一、构建直线运动和圆周运动的复合运动模型

1. 构建同一平面内匀速直线运动和圆周运动的复合模型，解答摆线运动问题

例1：如图 10-69 所示，一质量为 m、带电量为 $+q$ 的小球从磁感应强度为 B 的匀强磁场中 A 点由静止开始下落，试求带电小球下落的最大高度 h（重力加速度为 g）。

解析：这个问题中带电小球因重力作用而开始加速运动，在运动过程中，磁场对小球的作用力大小和方向时刻在变化，故其轨迹是比较复杂的摆线，对高中学生而言，从合运动角度分析这个问题比较困难。现构建模型：小球有两个大小相等、方向相反的水平初速度 v_{10}（设为向右）、v_{20}（设为向左），其合速度为零，和初始条件等效，则小球的分运动 v_{10} 产生的洛伦兹力为 $Bqv_{10} = mg$，则 $v_{10} = \dfrac{mg}{qB} = v_{20}$，因而小球的运动可视为两个"基本运动"的合运动：①沿水平方向以速度 v_{10} 向右做匀速直线运动；②在竖直平面内以速度 v_{20} 做逆时针方向的匀速圆周运动，且由 $Bqv_{20} = m\dfrac{v_{20}^2}{r}$ 得匀速圆周运动的半径 $r = \dfrac{mv_{20}}{qB} = g\left(\dfrac{m}{qB}\right)^2$，可见小球在运动至最低点时下落高度最大，且为 $h = 2r = 2g\left(\dfrac{m}{qB}\right)^2$.

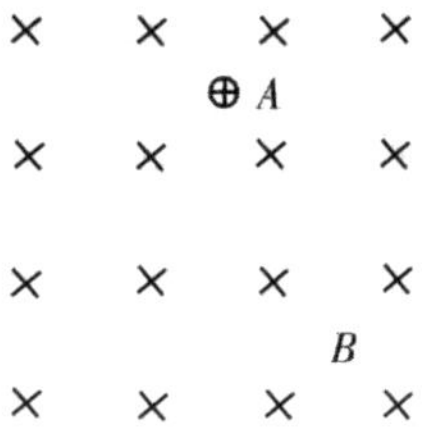

图 10-69

点评：本题通过构建匀速直线运动和匀速圆周运动，使两个基本模型复合在一起，头脑中便形成清晰的物理情景，"巧妙"地解答了这个复杂问题，这种思维无疑是创新的，解决物理问题最怕"想不到"，只有想的多了，才能"熟能生巧"。

2. 构建不同平面内的匀加速直线运动和圆周运动的复合模型，解答螺旋运动问题

例2：如图 10-70 所示，两个平行板内存在互相平行的匀强电场和匀强磁场，电场强度为 E，方向竖直向上，磁感应强度为 B。在平行板的右端处有一荧光屏 MN，中心 O，OO' 既垂直电场方向又垂直荧光屏，长度为 L。在荧光屏上以 O 点为原点建立一直角坐标系，y 轴方向竖直向上，x 轴正方向垂直纸面向外。现有一束具有相同速度

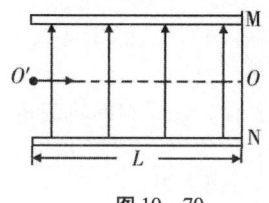

和荷质比的带正电粒子束，沿 $O'O$ 方向从 O' 点射入此电场区域，最后打在荧光屏上。若屏上亮点为 $(\frac{\sqrt{3}L}{3}, \frac{L}{6})$，重力不计。试求：（1）磁场方向；（2）带电粒子的荷质比。

解析：带电粒子在相互平行的匀强电场与磁场中的运动是比较复杂的三维运动（螺旋线运动），根据力和运动独立作用原理，可以把此螺旋运动构建为两个基本运动的合运动：① y 轴方向上的匀加速直线运动；② xOz 平面（俯视水平面）内的匀速圆周运动。在 xOz 平面内构建出图 10-71 所示的几何图景，运用左手定则知，磁场方向竖直向上；由直角三角形有 $(r-\frac{\sqrt{3}L}{3})^2 + L^2 = r^2$，得 $r = \frac{2\sqrt{3}}{3}L$ 且 $\sin\theta = \frac{L}{r} = \frac{\sqrt{3}}{2}$，$\theta = \frac{\pi}{3} = 60°$。

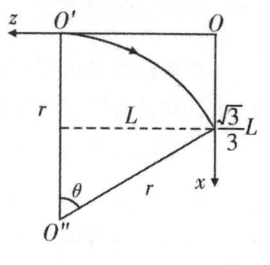

故粒子在磁场中运动的时间为 $t = \frac{T}{6} = \frac{\pi m}{3qB}$。

由在 y 轴上匀加速的位移为 $y = \frac{1}{2}\frac{qE}{m}t^2 = \frac{L}{6}$，得粒子的荷质比为 $\frac{q}{m} = \frac{\pi^2 E}{3B^2 L}$。

点评：本题情景复杂，思维上不仅要能把问题简化为两个基本物理过程模型，而且要有空间想象力。

二、构建简谐运动和圆周运动的复合模型

1. 构建简谐运动和圆周运动的复合模型，巧解"狗追狼"的问题

例3：如图 10-72 所示，一只狼沿半径为 R 的圆形轨道边缘按逆时针方向匀速跑动，当狼经过 A 点时，一只猎狗以相同的速率从圆心 O 点出发追击狼。设追击过程中，狼、狗、O 点始终在同一条直线上。问：狗沿什么轨迹运动？在何处追上狼？

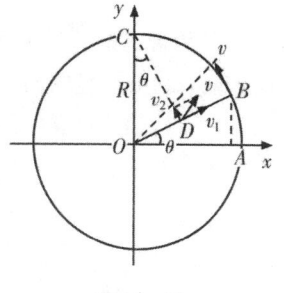

解析：当狼从 A（$t=0$ 时）运动到 B 时，狗从 O 运动到 D，依题意 O、D（x, y）、B 仍在一条直线上，即 D、B 两运动质点相对 O 点角速度 ω 相等。把狗的运动速度 v 沿径向和切向（平行狼的速度方向）分解成 v_1 和 v_2，设 $OD = r$，由 $v = \omega R$ 和 $v_2 = \omega r$ 得 $v_2 = \frac{v}{R}r$ ①，则 $v_1 = \sqrt{v^2 - v_2^2} = \frac{\sqrt{R^2 - r^2}}{R}v$ ②，①式也可由直角 $\triangle ODv_2$ 与直角 $\triangle OBv$ 相似，对应边之比 $\frac{v_2}{v} = \frac{r}{R}$ 得到。注意到直角 $\triangle ODC$（C 点是 v_2 延长线与圆的交点）的一边 CD 长恰好是 $\sqrt{R^2 - r^2}$，即 C 点也在 y 轴上，且 $\angle OCD = \theta = \omega t$，故有 $r = R\sin\omega t$ ③，③式说明，狗沿径向做振幅为 R 的简谐振动。t 时刻，D 点的直角

坐标分别为 $x = r\cos\omega t = \frac{1}{2}R\sin 2\omega t$ ④，$y = r\sin\omega t = R\sin^2\omega t = \frac{1}{2}R(1-\cos 2\omega t)$ ⑤，由④⑤得 $x^2 + (y - \frac{1}{2}R)^2 = (\frac{1}{2}R)^2$ ⑥，即为狗的运动轨迹方程，说明狗的轨迹是以 $(0, \frac{1}{2}R)$ 为圆心，半径为 $\frac{1}{2}R$ 的圆，在圆形轨道的 C 点狗恰好追上狼。

点评：本题运用构建"圆周运动"和"简谐运动"的复合模型，使解答方法简捷明了，并且有助于思维由浅入深的行进。

2. 构建简谐运动和圆周运动的复合运动模型，巧解"有心力作用"问题

例4：如图 10-73 所示，两个同轴的带电无限长半圆柱面，内外圆柱面的半径分别为 a、b。设在图中 $a < r < b$ 区域内只有径向电场，电势分布为 $U = k\ln r$，其中 k 为常量。由此电势分布可得出电场强度分布为 $E = k/r$。现有一质量为 m、初速为 v_0、带电量为 $-q$ 的粒子从左方 A 处射入，且 v_0 既与圆柱面轴线垂直，又与入射处的圆柱的直径垂直（不计带电粒子的重力）。

(1) 试问 v_0 为何值时可使粒子沿半径为 R（$R > a$）的半圆轨道运动？

(2) 若粒子的入射方向与上述 v_0 偏离一个很小的角度 β（仍然在图 10-73 所示的纸面内），其他条件不变，则粒子将偏离 (1) 中的半圆轨道。设新轨道与原圆轨道相交于 P 点。试证明：对于很小的 β 角，P 点的位置与 β 角无关，并求出 P 点的方位角 $\theta = \angle AOP$ 的数值。

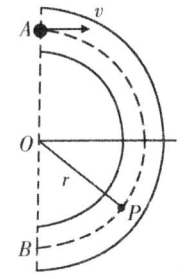

图 10-73

解析：(1) 根据带电粒子在径向电场中做圆周运动的条件，即带电粒子所受的电场力等于粒子沿径向指向圆心 O 的向心力，得 $m\frac{v_0^2}{r} = qE = q\frac{k}{r}$，$v_0 = \sqrt{qk/m}$。

(2) 带电粒子运动轨迹看似比较复杂，但考虑到 β 较小，粒子沿切向的分速度为 $v_2 = v_0\cos\beta \to v_0$，径向的分速度 $v_1 = v_0\sin\beta \to 0$，若运用力和运动独立性原理，则此复杂的运动可构建为沿着半径为 r 的匀速圆周运动和径向的振幅微小的简谐运动的复合运动。设粒子沿径向做简谐运动的平衡位置在 r_0 处，设振动时的微小位移为 x，沿径向的回复力 F_1 将满足 $F_1 + q\frac{k}{r_0+x} = m\frac{v_2^2}{r_0+x}$ 或 $F_1 = -(q\frac{k}{r_0+x} - m\frac{v_2^2}{r_0+x})$。

由角动量守恒 $mv_0 r_0 = mv_2(r_0+x)$ 得 $v_2 = \frac{r_0}{r_0+x}v_0$，则有

$$F_1 = -\left[q\frac{k}{r_0+x} - m\frac{r_0^2 v_0^2}{(r_0+x)^3}\right]$$

由于 $x \ll r_0$，运用泰勒公式有

$$\frac{1}{r_0+x} \approx \frac{1}{r_0} - \frac{x}{r_0^2}; \quad \frac{1}{(r_0+x)^3} \approx \frac{1}{r_0^3} - \frac{3}{r_0^4}x$$

结合 $q\frac{k}{r_0} = m\frac{v_0^2}{r_0}$，有

$$F_1 \approx -\frac{2mv_0^2}{r_0^2}x = -k'x$$

式中 $k' = \frac{2mv_0^2}{r_0^2}$ 叫恢复系数。

故粒子沿径向做简谐运动的周期为 $T = 2\pi\sqrt{\frac{m}{k'}} = \frac{\sqrt{2}\pi r_0}{v_0}$。

粒子第一次到达平衡位置 P 点时经过时间为 $t = \frac{T}{2}$，粒子做匀速圆周运动转过的角度为 $\theta = \frac{v_0 t}{r_0} = \frac{\sqrt{2}\pi}{2}$。

三、构建两个简谐运动模型

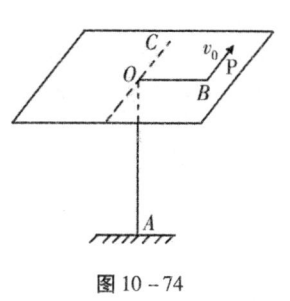

1. 构建两条直线上的复合简谐运动模型

例5：如图 10-74 所示，一弹性细绳穿过水平面上光滑的小孔 O 连接一质量为 m 的小球 P，另一端固定于地面上 A 点，弹性绳的原长为 OA，劲度系数为 k，现将小球拉到 B 位置使 $OB = L$，并给小球 P 以初速度 v_0，且 v_0 垂直 OB。试求：
(1) 小球绕 O 点转动 90° 至 C 点处所需时间；(2) 小球到达 C 点时的速度。

图 10-74

解析：(1) 设 OB 为 x 轴方向，OC 为 y 轴方向，当小球和 O 点的连线与 x 轴成 θ 角且与 O 点相距为 r 时，弹性绳对小球的弹力为 $F = kr$。将力 F 沿着 x、y 两个方向分解，有 $F_x = -F\cos\theta = -kr\cos\theta = -kx$，$F_y = -F\sin\theta = -kr\sin\theta = -ky$。

由此可知，小球在 x 方向做初速度为零的简谐运动，在 y 方向上做初速度为 v_0 的简谐运动，小球运动可视为两个简谐运动组成的复合运动模型。小球到达 C 点时，$F_x = 0$，即小球恰好经过 x 轴方向上做简谐运动的平衡位置，故小球从 B 点运动到 C 点所经过的时间为小球沿 x 轴方向做简谐运动的周期的 1/4，即 $t = \frac{T}{4} = \frac{\pi}{2}\sqrt{\frac{m}{k}}$。

(2) 因为小球到达 C 点时在 y 轴上方速度为零，所以小球在 C 点的速度就是在 x 轴方向上的最大速度，则 $v_C = v_{\max} = \omega L = L\sqrt{\frac{k}{m}}$。

2. 构建双振子复合模型，解答多体振动问题

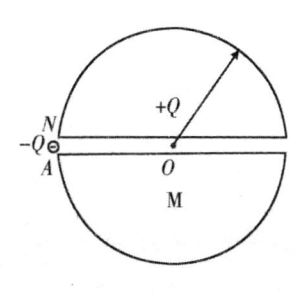

例6：如图 10-75 所示，质量为 $2m$ 的均匀带电球 M 的半径为 R，带电量为 $+Q$，开始静止在光滑的水平面上。在通过直径的直线上开一个很小的绝缘、光滑的水平通道。现在球 M 的最左端 A 处，由静止开始释放一质量为 m、带电量为 $-Q$ 的点电荷 N。若只考虑两电荷间的相互静电力。试求点电荷运动到带电球 M 的球心时两带电体的速度。

图 10-75

解析：均匀带电球 M 在球内离球心距离为 x 处产生的

电场强度为 $F_N = k\dfrac{Q^2 x}{R^3}$，点电荷 N 在此处所受的电场力为 $F_N = k\dfrac{Q^2 x}{R^3}$，此时带电球 M 所受的电场力也为 $F_N = k\dfrac{Q^2 x}{R^3}$，因而可将此系统构建为类似图 10-76 所示的双振子相对质心 O' 点做简谐运动。由质心运动定理可知，系统的质心 O' 点静止不动，质心 O' 点距开始静止的球心 O 点的距离为 x'，则 $x' = \dfrac{mR}{m+2m} = \dfrac{R}{3}$.

图 10-76

以质心 O' 为双振子振动的平衡位置，令 $k_0 = k\dfrac{Q^2}{R^3}$，N 相对质心振动等效弹簧劲度系数为 $k_N = \dfrac{3}{2}k_0$、振幅为 $A_N = \dfrac{2}{3}R$；球 M 相对质心振动等效弹簧劲度系数 $k_M = 3k_0$、振幅为 $A_M = \dfrac{1}{3}R$。N 到达球心时对应于两振子都到达平衡位置，由简谐运动知识得，此时点电荷 N、球 M 的速度分别为 $v_N = A_N\sqrt{\dfrac{k_N}{m}} = \dfrac{2R}{3}\sqrt{\dfrac{3k_0}{2m}}$，$v_M = A_M\sqrt{\dfrac{K_M}{m}} = \dfrac{R}{3}\sqrt{\dfrac{3k_0}{2m}}$.

10.13 小题大作 开放思维

习题教学是高中物理课堂的重要环节，教学效益的高低目前也只能落实到学生作答试题上。试题的命制、例题的选择、习题的讲评等都体现着教师的专业功底和教学艺术，习题教学应该着眼于培养学生的开放思维，使学生在知识应用中体验乐趣，在解题过程中培养理解、推理、数理结合等综合能力。

一、大作"题中含题"的题

"题中含题"的题，系指一个题目中可以包含若干小题，作答这种题，功夫在平时！师生要养成积累基本模型的习惯，并使之熟练。

例1：如图 10-77 所示，一物块每次都以恒定的初速度冲上传送带，当传送带顺时针方向转动时，通过传送带所用时间为 t_1；当传送带逆时针方向转动时，通过传送带所用的时间为 t_2；当传送带不动时，通过传送带所用时间为 t_3。下列判断正确的是（传送带速率恒定）（　　）。

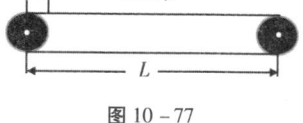

图 10-77

A. 一定有 $t_1 < t_2$　　　　　　B. 一定有 $t_2 > t_3 > t_1$
C. 可能有 $t_1 = t_2 = t_3$　　　　D. 可能有 $t_1 < t_2 = t_3$

解析：传送带逆时针转动和静止不动时，物体要通过（能至另一端）传送带，只能做 $a = \mu g$ 的匀减速直线运动，由 $L = v_0 t - \dfrac{1}{2}at^2$ 可知，一定有 $t_2 = t_3$。显然，当传送带顺时针转动：①当 $v_{带} < v_0$ 时，物块也有可能一直匀减速运动，有 $t_1 = t_2 = t_3$，C 选项正

确；②当 $v_带 > v_0$ 时，物块有一段匀加速直线运动（可能一直匀加速，也可能先匀加速再匀速）；③$v_带 = v_0$，物块匀速，②③都有 $t_1 < t_2$，D 选项正确。

点评：本题的核心模型是水平传送带。学生首先要掌握轻放（静止）物块被匀速运动传送带加速的各种可能情况（刚好加速至另一端达 $v_物 = v_带$，一直加速至另一端 $v_物 < v_带$，先加速后匀速，至另一端 $v_物 = v_带$）。本题的关键词是"通过"（即一定能到达另一端）。本题要透彻理解动摩擦力阻碍相对运动。本题的运动模型是匀加速、匀速、匀减速。

二、大作"状态开放"的题

"状态开放"的题，系指物体的运动状态不明确，或运动状态的改变有多种可能的情况，这种题有利于培养学生思维的全面性、敏捷性、创新性，作答时除认真审题外，还要看选项或设置问题的提示性、隐藏性及条件和结论的倒置性。

例2：如图 10-78 所示，小车内有一质量为 m 的物块，一根弹簧与小车和物块相连，处于压缩状态且在弹性限度内。弹簧的劲度系数为 k，形变量为 x，物块和小车间的动摩擦因数为 μ。设最大静摩擦力等于滑动摩擦力，运动过程中，物块和小车始终保持相对静止，下列说法正确的是（ ）。

A. 若 $\mu mg < kx$，则车的加速度方向一定向左

B. 若 $\mu mg < kx$，则车的加速度 a 的最小值为 $a_{min} = \dfrac{kx - \mu mg}{m}$

C. 若 $\mu mg > kx$，则车的加速度方向可以向左也可以向右

D. 若 $\mu mg > kx$，则车的加速度 a 的最大值为 $a_{max} = \dfrac{kx + \mu mg}{m}$、最小值为 $a_{min} = \dfrac{\mu mg - kx}{m}$

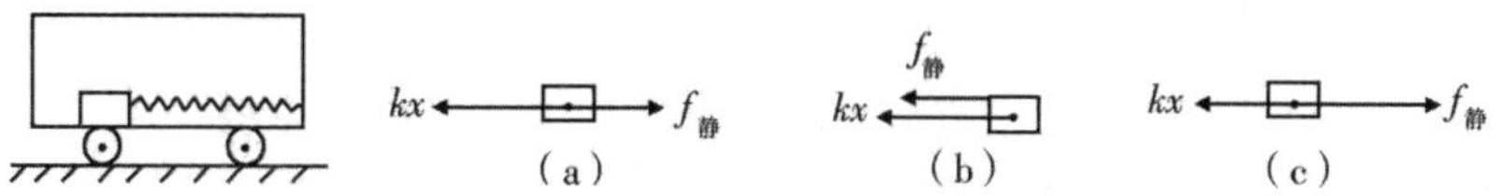

图 10-78

解析：小车的运动只能发生在水平面上，但运动状态及变化（加速度 a 向左、向右、大小多少、弹簧压缩量 x 为何值）均未知。

(1) 当 a 向左时，物块受力可能如图 10-78（a）所示，$a = \dfrac{kx - f_静}{m}$ ①，$a \geq 0$ 时，有 $kx > f_静$，加速度最大值不确定，但 $kx = f_静$ 时 $a_{min} = 0$ ②，受力也可能如图 10-78（b）所示，$a = \dfrac{kx + f_静}{m}$ ③，而静摩擦力满足 $0 \leq f_静 \leq f_{max} = \mu mg$ ④，A、B 选项中 $kx > \mu mg = f_{max}$，a 的方向一定向左，即 A 正确。

由③④式知向左 a 的有极值：$a_{max} = \dfrac{kx + \mu mg}{m}$ ⑤，$a_{min} = \dfrac{kx}{m}$ ⑥.

(2) 当 a 向右时，物块受力只能如图 10-78（c）所示，$a = \dfrac{f_{静} - kx}{m}$ ⑦，$a \geq 0$ $f_{静} \geq kx$。C、D 选项 $f_{max} = \mu mg > kx$ 可能属这种情况，也可能属于图 10-78（b）的情况，故 C 正确；$a_{min} = 0$ ⑧，$a_{max} = \dfrac{\mu mg - kx}{m}$ ⑨，综合来看，a 向左时有最大值⑤式，a 向左、向右时都有最小值②⑧式，D 错。

点评：本题要求透彻理解静摩擦力的概念，还要从选项中条件结论的倒置关系（逆向思维）入手来讨论加速度的各种情况以及极值问题，同时要明确题目中各已知量的决定因素。

三、大作"数理结合"的题

选择题的选项可以从不同角度设置问题，而同一问题可以有不同的处理方法，所以掌握多角度（力与运动、功和能、场和路）分析、多方法解题，把物理问题转化为数学问题，是以物论理的根本。

试探究：真空中等量同种点电荷连线中垂面上的电场强度。

探析 1：

极端法：点电荷 1、2 中点 O 处合场强为零，中垂线上离 O 点无限远（离 1、2 也无限远）处的合场强也为零，故离 O 点距离为 x 处场强有最大值，中垂面上以 O 点为圆心，以 x 为半径的圆周上各点的场强大小都相等，故众条中垂线上 $O \to \infty$，场强先增大后减小。

探析 2：

数理分析法。如图 10-79 所示，P 点处 1、2 产生：$E_1 = E_2 = k\dfrac{Q}{r^2}$。

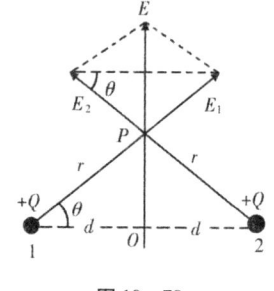

图 10-79

合场强为 $E = 2k\dfrac{Q}{d^2 + x^2}\dfrac{x}{\sqrt{d^2 + x^2}} = 2kQ\dfrac{x}{(d^2 + x^2)^{3/2}}$ ①或 $E = 2k\dfrac{Q}{(d/\cos\theta)^2}\sin\theta = \dfrac{2kQ}{d^2}\sin\theta\cos^2\theta$ ②。①式中，令 $y = \dfrac{x}{(d^2 + x^2)^{3/2}}$，对其求导数有 $y' = \dfrac{(d^2 + x^2)^{3/2} - x\dfrac{3}{2}(d^2 + x^2)^{1/2}2x}{(d^2 + x^2)^3} = \dfrac{d^2 - 2x^2}{(d^2 + x^2)^{5/2}}$，当 $y' = 0$，$x = \dfrac{\sqrt{2}}{2}d$ 时，有 $y_{max} = \dfrac{2\sqrt{3}}{9d^2}$，$E_{max} = \dfrac{4\sqrt{3}kQ}{2d^2}$。

探析 3：

②式中，令 $y = \sin\theta\cos^2\theta$，能否求导数？若再两边平方，即 $y^2 = \sin^2\theta\cos^4\theta = \dfrac{1}{2}2\sin^2\theta\cos^2\theta\cos^2\theta$，如何作答？请参考 10.10 的内容。

四、大作"思维迁移"的题

"思维迁移"是此会彼会的思维贯通，是习题教学的最高境界，是实现"减负"的必由之路，也是学习物理的最大障碍。教学中要善于构建模型、联想对比、诱思探究、反思总结，才能不断提升思维层次，才能实现创新思维。

例3：如图 10-80 所示，在方向水平向右的匀强电场中，一长为 l 的绝缘轻绳（不形变）连着一个质量为 m、带 $-q$ 电量的小球，另一端固定于 O 点，把小球拉起直至轻绳与场强平行，然后无初速度释放，若 $mg = \sqrt{3}qE$，求小球运动的最大速度及此时绳的张力。

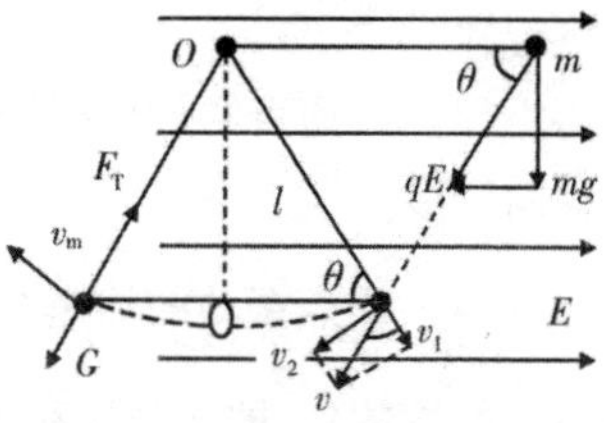

解析：如图 10-80 所示，$\tan\theta = \dfrac{mg}{qE} = \sqrt{3}$，$\theta = 60°$.

图 10-80

从静止释放的小球将沿合力 $G' = \dfrac{mg}{\sin\theta} = \dfrac{2\sqrt{3}}{3}mg$（又叫等效重力）方向做初速度为零的匀加速直线运动。等效重力加速度为 $g' = \dfrac{2\sqrt{3}}{3}g$，运动位移为 l 时速度为

$$v = \sqrt{2g'l} = 2\sqrt{\dfrac{\sqrt{3}}{3}gl} \quad (\text{或由} \quad mgl\sin\theta + qEl\cos\theta = \dfrac{1}{2}mv^2 \quad \text{亦得})$$

轻绳伸直后，小球只能做圆周运动，故伸直瞬间的前后，沿径向的分速度 $v_1 = v\cos\theta$ 对应的动能 $E_{k1} = \dfrac{1}{2}mv_1^2$ 将转化为内能。

当小球沿圆周运动至轻绳与等效重力平行的位置（物理意义上的等效最低点）时达到最大速度 v_m，由 $qE2l\cos\theta = \dfrac{1}{2}mv_m^2 - \dfrac{1}{2}m(v\sin\theta)^2$，$v_m = \sqrt{\dfrac{5}{3}\sqrt{3}gl}$.

由 $F_T - G' = m\dfrac{v_m^2}{l}$，得 $F_T = \dfrac{7\sqrt{3}}{3}mg$.

点评：本题是"电学搭台，力学唱戏"，把所学物理规律和模型在思维上迁移至此，问题就迎刃而解！请再思考：达 v_m 之后的运动如何？

每位教师在自己的教学实际中，肯定做了无数道题，学生因备考也要做许多的题，如果做题后不反思、不归纳、不提炼，那就成了过眼烟云，真正的"会"体现在思维上的"想通、感悟、迁移、拓展"，长期如此，教学就能抓纲务本、轻松愉快，并形成鲜明的个性特色。

10.14 波动图像中的规律及应用

波动图像是中学物理教学的难点之一，其应用体现了思维的全面性、灵活性、深

刻性，学生在解题时常感无章可循，无从下手，特总结出规律，并举例说明其应用，望能起抛转引玉之作用。

一、要明确的问题

（1）波动图像具有瞬时性，是均匀介质中质点在某一时刻的位置排列"照片"。

（2）每一质点在自己的平衡位置附近做简谐振动，并不随波迁移，即具有"立场坚定性"。

（3）各质点的位移都是相对于平衡位置来说的，并非运动学中的初位置指向末位置的位移。

（4）质点振动的加速度 $a = -\frac{k}{m}y$（k 叫回复系数，y 为相对平衡位置的位移，m 为质点的质量），即 a 与位移大小成正比，方向与位移反向。

（5）中学物理主要研究横波，即质点的振动方向与波的传播方向垂直。

例1：如图 10-81 所示，A、B、C……J 等质点中，A 质点为波源，其振动频率为 5Hz，振幅为 4cm，起振方向沿 y 轴正方向，每相邻两个质点之间的距离均为 5cm，在波的传播方向上，后一质点比前一质点落后 0.05s，从质点 A 起振时刻开始计时，试在图中画出第 0.35s 时的波动图像。

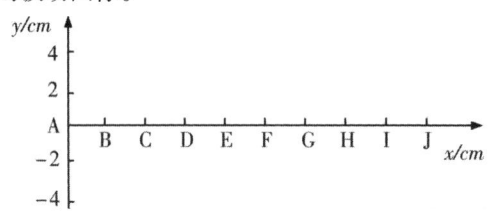

图 10-81

解析：各质点振动的周期与振源的周期相同，为 $T = \frac{1}{f} = \frac{1}{5} = 0.2$（s）$= 4 \times 0.05$s，故 A 点做一次全振动，E 点才开始向 +y 方向起振，$\lambda = 4 \times 5\text{cm} = 20\text{cm}$，$v = \frac{\lambda}{T} = 100\text{cm/s}$，令 $\Delta t = 0.35\text{s} = T + \frac{3}{4}T$，$\Delta x = v\Delta t = 35\text{cm}$，波传到 H 点，此时 A 点在 $y = -4\text{cm}$ 处，C、G 点均在 $y = 4\text{cm}$ 处，故第 0.35s 时的波动图如图 10-82 所示。其中 B 点振动了 $T + \frac{T}{2} = 0.3\text{S}$，C 点振动了 $T + \frac{T}{4} = 0.1\text{S}$，D 点振动了 $T = 0.2\text{s}$，E 点振动了 $\frac{3}{4}T = 0.15\text{s}$，F 点振动了 $\frac{T}{2} = 0.15\text{s}$，G 点振动了 $\frac{T}{4} = 0.05\text{s}$，H 点刚向上起振，I、J 未起动。

图 10-82

二、波动规律

（1）**周期性** ①传播距离的周期性：波在均匀介质中传播时，传播距离 x 总是可以写成：$x = n\lambda + \Delta x$（$n = 0, 1, 2, 3, \cdots\cdots$）式中，$\lambda$ 是波长，Δx 是小于一个波长的部分。②传播时间的周期性：波在介质中的传播时间 t 总可以写成：$t = nT + \Delta t$（$n = 0, 1, 2, 3, \cdots\cdots$）式中 T 是周期，Δt 是小于一个周期的时间。③注意到，x 和 t 是互相对应的：$\Delta x = \dfrac{\lambda}{4}$　$\Delta t = \dfrac{T}{4}$，$\Delta x = \dfrac{3}{4}\lambda$　$\Delta t = \dfrac{3}{4}T$；$\Delta x = \dfrac{\lambda}{2}$　$\Delta t = \dfrac{T}{2}$。

（2）**双向性**：波在介质中传播可以沿各个方向。但在波动图象问题中传播方向就只限在 x 轴正方向或 x 轴负方向。

（3）传播方向与振动方向有两个法则：

法则一：阳坡上，阴坡下。

设想波传向"光明"处"太阳"，则光直射的一面（俗称"阳坡"）上的质点总是向上振动的，背光的一面（俗称"阴坡"）上的质点总是向下振动的。

法则一又叫"上下坡"法则，即顺着传播方向走。"上坡"的点向下振动，"下坡"的点向上振动，简称"上坡下，下坡上"（如图 10-83 所示）。

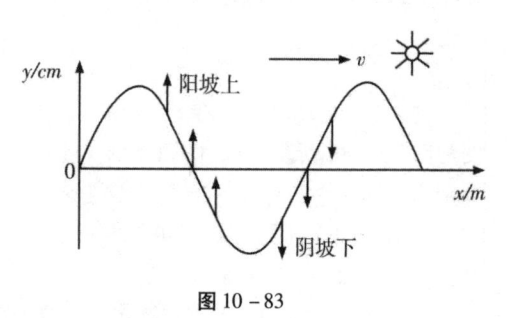

图 10-83

注意：在峰、谷处不能画振动方向，因为该时刻峰、谷处的质点，瞬时速度为零。

法则二：同侧原理

在波动图像上任取一点，沿竖直方向画出一个箭头（实线）表示质点振动方向，沿水平方向画出另一个箭头（虚线）表示波的传播方向，那么两个箭头总是位于图像的同侧（见图 10-84）。

法则一可用来确定二向的关系，法则二可用来检查所确定的二向关系的正误。

（4）在计算振动质点通过的路程和位移时，有"4A 原则"：即一个周期内，振动质点通过的路程是振幅的四倍（但要注意 $\dfrac{1}{4}$ 周期内的路程不一定是 A，只有特殊情况是 A；若 $\dfrac{1}{4}$ 周期内经过振幅点，路程小于 A；若 $\dfrac{1}{4}$ 周期内经过平衡位置点，路程大于 A）。当 $t = nT + \dfrac{T}{2}$ 时，$S = n \times 4A + 2A = (n + \dfrac{1}{2})4A$，$n = 0、1、2、3、\cdots\cdots$；当 $t = nT$ 时，$S = n \times 4A$；从特殊点算起 $t =$

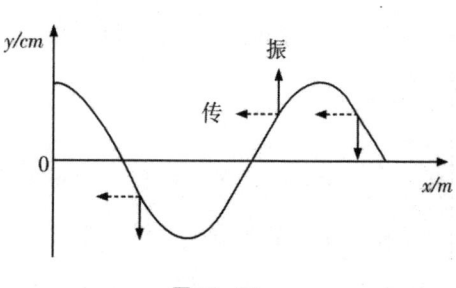

图 10-84

$nT+\dfrac{T}{4}$ 时，$S=(4n+1)$ A，$t=nT+\dfrac{3}{4}T$，$S=(4n+3)$ A。

（5）波速表达式：$v=\dfrac{\lambda}{T}=\dfrac{x}{t}=\dfrac{\Delta x}{\Delta t}=\dfrac{n\lambda+\Delta x}{nT+\Delta t}$，即四种求解途径。

（6）质点的坐标：一简谐横波中，介质中某一质点 t_1 时刻坐标为（x_1，y_1），经时间 Δt 后，即在时刻 $t_2=t_1+\Delta t$ 坐标为（x_1，y_2），y_2 和 y_1 的关系如下：①$y_1=0$ 时，若 $\Delta t=n\dfrac{T}{2}$（$n=0$，1，2，3，……），则 $y_2=y_1=0$，若 $\Delta t=nT+\dfrac{T}{4}$，$y_2=\pm A$，t_1 时刻向上振动取正，向下振动取负，若 $\Delta t=nT+\dfrac{3}{4}T$，$y_2=\pm A$，$t_1$ 时刻向上振动取负，向下振动取正。②$|y_1|=A$ 时，若 $\Delta t=(2n+1)\dfrac{T}{4}$，则 $y_2=0$，若 $\Delta t=n\dfrac{T}{2}$，$y_2=\pm y_1$，n 为偶数取正，n 为奇数取负。

三、例题分析

例 2：一列简谐波，在 $t=0$ 时，波形图如图 10-85 所示，P、Q 两点的 x 坐标分别为 $-1\,\text{m}$，$-7\,\text{m}$，波的传播方向由右向左，已知 $t=0.7\,\text{s}$ 时，P 质点第二次出现波峰，则以下叙述正确的是（　　）

A. $t=1.2\,\text{s}$ 时，Q 质点第一次出现波峰；
B. $t=0.9\,\text{s}$ 时，Q 质点第一次出现波峰；
C. 起源的起振方向一定沿 y 轴正向；
D. 质点 Q 位于波峰时，质点 P 位于波谷。

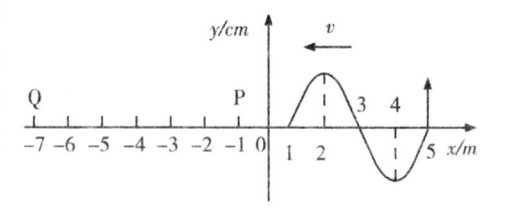

图 10-85

解析：从 x 轴看出 $\lambda=4\,\text{m}$，$x=2\,\text{m}$ 处的波峰"左移" $\Delta x_1=\dfrac{3}{4}\lambda=3\,\text{m}$，P 点第一次出现波峰，历时 $\Delta t_1=\dfrac{3}{4}T$，P 点再经一次全振动，就第二次达到波峰，故 $\dfrac{3}{4}T+T=0.7\,\text{s}$，$T=0.4\,\text{s}$，$v=\dfrac{\lambda}{T}=10\,\text{m/s}$；当 $x=2\,\text{m}$ 处的波峰第一次"传"到 Q 点时 $\Delta x_2=9\,\text{m}$，$\Delta t_2=\dfrac{\Delta x_2}{v}=0.9\,\text{s}$，B 答案正确。$x=5\,\text{m}$ 处的质点，在 $t=0$ 时，向上振动，但此点并非振源（振源在何处未知），故 C 是错的；$\overline{PQ}=6\,\text{m}=\lambda+\dfrac{\lambda}{2}$，P、Q 两点反相，故 D 也正确，本题选 B、D。

例 3：一列机械波某时刻的波形如图 10-86 所示，已知波速的大小为 $v=1\,\text{m/s}$，经过时间 t 后波形图变成如图

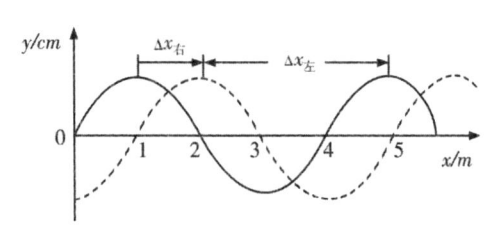

图 10-86

虚线所示，则时间 t 的可能取值为（ ）

A. 1s   B. 3s   C. 5s   D. 7s

解析：从图知 $\lambda = 4m$，由 $v = \dfrac{\lambda}{T}$ 得 $T = \dfrac{\lambda}{v} = 4s$，由波的双向性结合图知：在小于一周期的时间内：$\Delta x_{右} = \dfrac{\lambda}{4} = 1m$，$\Delta x_{左} = \dfrac{3}{4}\lambda = 3m$；由波的周期性知虚线对应的时刻：$t_{右} = nT + \dfrac{T}{4}$；$t_{左} = nT + \dfrac{3T}{4}$（$n = 0, 1, 2, 3, \cdots\cdots$），当 $n = 0$ 时选 A、B；$n = 1$ 时选 C、D；即四个选项都正确。

四、典型练习

1. 一列简谐横波沿直线 AB 传播，已知 A、B 两点间的距离 3m，且在某一时刻，A、B 两质点的位移为零，A、B 之间中有一个波峰，则这列波的波长可能是（ ）

A. 3m   B. 6m   C. 2m   D. 4m

2. 一列横波以 $v = 10$m/s 水平传播，相距 5m 的 A、B 两点，当某时刻 A 质点恰好在平衡位置且向上振动时，B 质点恰好在上方最大的位移处，则这列横波的频率可能为_____。

3. 一列简谐波沿 x 轴正向传播，到达坐标原点时波形如图 10-87 所示．当波传到 M 时，O 点处的质点相对平衡位置的位移 1cm，求：M 点平衡位置的坐标值及 O 点处质点所通过的路程？当点 M 第二次达到 $y = 1$cm 时，O 点通过的路程又为多少？位移是多少？振向如何？

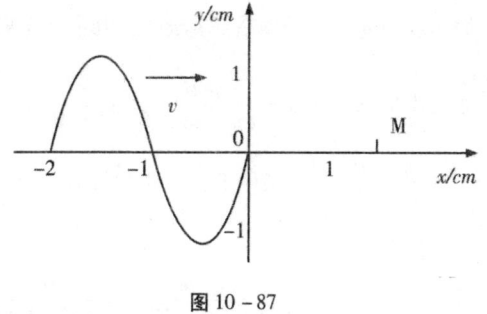

图 10-87

答案：1. 选 A、B、C；

提示：思考 A、B 两点间可能的波形图。

2. $f_1 = 0.5(4n+3)$ Hz，$f_2 = 0.5(4n+1)$ Hz，（$n = 0, 1, 2, 3, \cdots\cdots$）

提示：考虑波的双向性和周期性。

3. 1.5cm，3cm，10cm，0，向上

10.15 子弹打木块模型的综合分析

子弹打木块模型，既综合了匀变速运动知识，又综合了牛顿定律知识，还综合了能量和动量知识，引导学生从不同角度来分析探究该问题，不仅能巩固学生所学的物理知识，更能提高他们综合分析问题的能力。

问题1：如图 10-88 所示，质量为 m（重力不计）的子弹以初速 v_0 击穿静止在光滑的水平面上质量为 M 长为 l 的木块，试讨论：子弹穿过木块的时间、子弹刚穿出的

速度和木块获得的速度各由什么因素决定。

分析：把击穿过程中子弹与木块间的摩擦力 f 设为恒力（理想化），从牛顿定律和运动学知识来看。

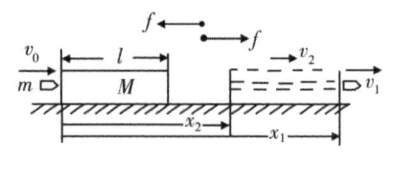

（1）对子弹（视为质点）m：木块对子弹的阻力 f（就是合力）向左，产生向左的加速度 $a_1 = \dfrac{f}{m}$ ①，使子弹做匀减速直线运动，击穿木块时的速度为 v_1，有 $v_1 = v_0 - a_1 t$ ②，子弹对地发生的位移为 $x_1 = v_0 t - \dfrac{1}{2} a_1 t^2$ ③。

（2）对木块 M：子弹对木块的动力 f（合力），产生向右的加速度 $a_2 = \dfrac{f}{M}$ ④，获得的速度 $v_2 = a_2 t$ ⑤，位移为 $x_2 = \dfrac{1}{2} a_2 t^2$ ⑥。

（3）击穿条件：$x_1 - x_2 \geq l$（取等号是刚好击穿），即 $v_0 t - \dfrac{1}{2}\left(\dfrac{f}{m} + \dfrac{f}{M}\right)t^2 = l$ ⑦，其中 $a = \left(\dfrac{f}{m} + \dfrac{f}{M}\right)$ 叫子弹相对木块的加速度（以木块为参考系，木块做初速为 v_0，加速度为 a 的匀减速直线运动）。由⑦式变形得 $\dfrac{(m+M)f}{2mM} t^2 - v_0 t + l = 0$，因穿过时间只能取小值解，故 $t = \dfrac{mM}{(m+M)f}\left[v_0 - \sqrt{v_0^2 - \dfrac{2(m+M)fl}{mM}}\right]$ ⑧；易见，在满足 $v_0 \geq \sqrt{\dfrac{2(m+M)fl}{mM}}$ 的条件下，命题才有意义（t 有实数解）。

代入②式

$$v_1 = \dfrac{m}{(m+M)} v_0 + \dfrac{M}{(m+M)} \sqrt{v_0^2 - \dfrac{2(m+M)fl}{mM}} \quad ⑨$$

代入⑤式

$$v_2 = \dfrac{m}{(m+M)}\left[v_0 - \sqrt{v_0^2 - \dfrac{2(m+M)fl}{mM}}\right] \quad ⑩$$

由⑧⑨⑩知决定 t、v_1、v_2 大小的因素是 m、M、f、v_0 和 l，由⑨⑩还看出，击穿时子弹和木块的速度满足 $v_1 > v_2$。

若把上述过程用 v-t 图像描述出来，如图 10-89 所示，$\tan\alpha = \dfrac{v_0 - v_1}{t} = \dfrac{f}{m}$，$\tan\beta = \dfrac{v_2}{t} = \dfrac{f}{M}$，梯形 $v_0 a b O$ 的面积对应两者间的相对位移 l。

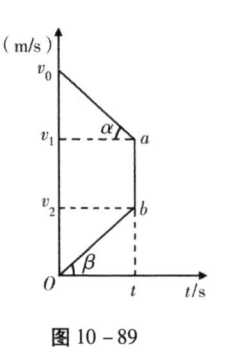

例1：静止在光滑水平面上的木块，被一颗子弹沿水平方向击穿，若子弹击穿木块的过程中子弹受到木块的阻力大小恒定，则当子弹入射速度增大时，下列说法正确的是（　　）。

A. 木块获得的速度变大　　　　B. 木块获得的速度变小

C. 子弹穿过木块的时间变长　　D. 子弹穿过木块的时间变短

解析：若用控制变量法：当 m、M、f 和 l 不变（题目隐含），v_0 增大，由⑧⑩来分析，因数学式子复杂，很难得出 v_2 及 t 的变化结论。但若利用 v-t 图像，如图 10-90 所示，v_0 增大使 $v_0 a$ 线向上平移，ab 线向左平移至 $a_1 b_1$ 时才能保持阴影部分面积相等（前后梯形面积不变）。故 v_0 增大，子弹射穿木块时的速度增大，木块获得的速度减小，子弹穿过木块的时间变短，选择 BD。

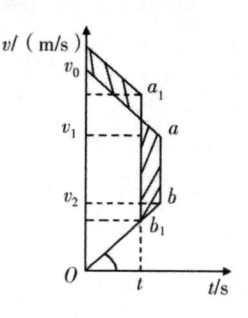

图 10-90

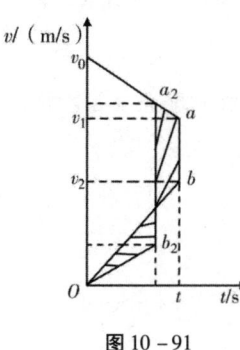

迁移 1：若只增大木块的质量（m、v_0、f、l 均不变，M 增大）呢？

这时如图 10-91 所示，M 增大使 Ob 顺转到 Ob_2，ab 左移到 $a_2 b_2$，而前后梯形面积相等，阴影部分面积必相等，故 M 增大，子弹射穿木块时的速度增大，木块获得的速度减小，子弹穿过木块的时间变短。

图 10-91

迁移 2：若只减小子弹的质量 m 呢？如图 10-92 所示，线 $v_0 a$ 顺转到 $v_0 a_3$，Ob 延长到 Ob_3，ab 线移到 $a_3 b_3$，前后梯形面积要相等，图中阴影部分面积必相等，这时子弹射穿木块时的速度减小，木块获得的速度增大，子弹穿过木块的时间变长。

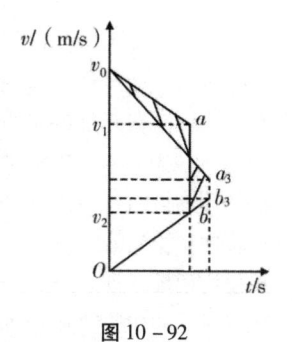

改变其他量时，读者可自行分析。

问题 2：仍如图 10-88 所示，探究子弹与木块作用过程中系统损失的机械能的情况。

图 10-92

分析：以初速 v_0 方向为正，据牛顿第二定律和加速度定义，对 m 有 $-f = m\dfrac{v_1 - v_0}{t}$，或由动量定理有 $-ft = mv_1 - mv_0$　①，对 M 有 $f = M\dfrac{v_2}{t}$ 或 $ft = Mv_2$　②，①②相加有 $mv_0 = mv_1 + mv_2$　③，即水平方向动量守恒。又据动能定理，对子弹有 $-f(x_2 + l) = \dfrac{1}{2}mv_1^2 - \dfrac{1}{2}mv_0^2$　④，对木块有 $fx_2 = \dfrac{1}{2}Mv_2^2 - 0$　⑤。

由④⑤得 $\dfrac{1}{2}mv_0^2 - \dfrac{1}{2}mv_1^2 = \dfrac{1}{2}Mv_2^2 + fl$　⑥　或　$Q = fl = \dfrac{1}{2}mv_0^2 - \dfrac{1}{2}mv_1^2 - \dfrac{1}{2}Mv_2^2$　⑦。

结合能量守恒可知：子弹减少的机械能一部分转移为木块的机械能，另一部分转化为系统的内能（$Q = fl$），或系统减少的机械能转化为子弹与木块间因动摩擦力而产生的内能。

由③式得 $v_2 = \dfrac{m}{M}(v_0 - v_1)$，代入⑥式有 $fl = \dfrac{1}{2}mv_0^2 - \dfrac{1}{2}mv_1^2 - \dfrac{1}{2}M\left[\dfrac{m}{M}(v_0 - v_1)\right]^2$　⑧。

⑧式化简得 $fl = \frac{1}{2}mv_0^2(\frac{M-m}{M}) - [(\frac{M+m}{M})\frac{1}{2}mv_1^2 - \frac{m^2v_0}{M}v_1]$ ⑨。

令 $E = (\frac{M+m}{M})\frac{1}{2}mv_1^2 - \frac{m^2v_0}{M}v_1$，这是关于 v_1 的一元二次方程。

显然当 $v_1 = -\frac{-\frac{m^2v_0}{M}}{2(\frac{M+m}{M})\frac{1}{2}m} = \frac{mv_0}{M+m}$ 时有 $E_{\min} = -\frac{m^2}{M(M+m)}\frac{1}{2}mv_0^2$。

$Q_{\max} = \frac{1}{2}mv_0^2(\frac{M}{M+m}) = \frac{1}{2}mv_0^2(\frac{1}{1+\frac{m}{M}})$ ⑩，可见，m、v_0 一定时，M 越大，Q 越大。这时求得木块的速度为 $v_2 = \frac{mv_0}{M+m}$，故 $v_1 = v_2 = \frac{mv_0}{M+m}$，二者相对静止（是刚好击穿或击不穿的临界状态），即在完全非弹性碰撞时系统损失的机械能最多。

结论：系统损失的机械能等于因摩擦而产生的内能，且等于摩擦力与两物体相对路程的乘积，即 $Q = \Delta E_{系统机损} = fl$（l 为相对路程），其推广式为 $Q = f_1l_1 + f_2l_2 + \cdots + f_nl_n$。

例2：如图10-93（a）所示，质量为 $2m$ 的长木板静止地放在光滑的水平面上，另一质量为 m 的小铅块（可视为质点）以水平速度 v_0 滑上木板的左端，恰能滑至木板的右端且与木板保持相对静止，铅块在运动过程中所受到的摩擦力始终不变，若将木板分成长度与质量均相等（即 $m_1 = m_2 = m$）的两段1、2后，将它们紧挨着放在同一水平面上，让小铅块以相同的初速度 v_0 由木板1的左端开始运动，则下列说法正确的是（ ）。

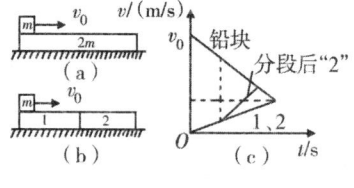

A. 小铅块滑到木板2的右端前就与之保持相对静止

B. 小铅块滑到木板2的右端后与之保持相对静止

C. （a）（b）两图所示的过程中产生的热量相等

D. 图（a）所示的过程产生的热量大于图（b）所示的过程产生的热量

解析：长木板分两段前，铅块和木板的最终速度为 $v_1 = \frac{mv_0}{3m} = \frac{1}{3}v_0$，且有 $Q = fL = \frac{1}{2}mv_0^2 - \frac{1}{2}\times 3m(\frac{v_0}{3})^2 = \frac{1}{3}mv_0^2$。

长木板分两段后，可定量计算出木板1、2和铅块的最终速度（请读者去求），从而可比较摩擦生热和相对滑动的距离；也可用图像法定性分析［图10-93（c）］。比较得到小铅块到达右端之前已与木板2保持相对静止，故图10-93（a）所示的过程产生的热量大于图10-93（b）所示的过程产生的热量，选择AD。

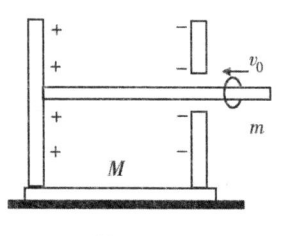

迁移：如图10-94所示，电容器固定在一个绝缘座上，

图10-94

绝缘座放在光滑水平面上，平行板电容器板间的距离为 d，右极板上有一小孔，通过孔有一左端固定在电容器左极板上的水平绝缘光滑细杆，电容器极板以及底座、绝缘杆总质量为 M. 给电容器充电后，有一质量为 m 的带正电小环恰套在杆上以某一初速度 v_0 对准小孔向左运动，并从小孔进入电容器，设带电环不影响电容器板间电场分布。带电环进入电容器后距左板的最小距离为 $0.5d$，试求：

(1) 带电环与左极板相距最近时的速度 v；

(2) 此过程中电容器移动的距离 s；

(3) 此过程中能量如何变化？

解析：(1) 带电环进入电容器后在电场力的作用下做初速度为 v_0 的匀减速直线运动，而电容器则在电场力的作用下做匀加速直线运动，当它们的速度相等时，带电环与电容器的左极板相距最近，由系统动量守恒定律可得：

从动量观点有 $mv_0 = (M+m)v$，$v = \dfrac{mv_0}{M+m}$.

从力与运动观点，设电场力为 F，$v_0 - \dfrac{F}{m}t = \dfrac{F}{M}t = v$，$v = \dfrac{mv_0}{M+m}$.

(2) 从能量观点，对 m 有 $-Eq\left(s+\dfrac{d}{2}\right) = \dfrac{1}{2}mv^2 - \dfrac{1}{2}mv_0^2$ ①，

对 M 有 $Eqs = \dfrac{1}{2}Mv^2 - 0$ ②.

由①+②得 $-Eq\dfrac{d}{2} = \dfrac{1}{2}(m+M)v^2 - \dfrac{1}{2}mv_0^2$，所以 $s = \dfrac{m}{M+m}\dfrac{d}{2} = \dfrac{md}{2(M+m)}$.

或由运动学公式，对 M 有 $\dfrac{v}{2}t = s$，对 m 有 $\dfrac{v+v_0}{2}t = s'$，$s' - s = \dfrac{d}{2}$，解得 $s = \dfrac{md}{2(M+m)}$.

带电环与电容器的速度图像如图 10-95 所示。

由三角形面积可得

$$\dfrac{d}{2} = \dfrac{1}{2}v_0 t_0, \quad s = \dfrac{1}{2}v t_0$$

解得 $s = \dfrac{md}{2(M+m)}$.

(3) 此过程，系统中带电小环动能减少，电势能增加，同时电容器等的动能增加，系统中减少的动能全部转化为电势能。

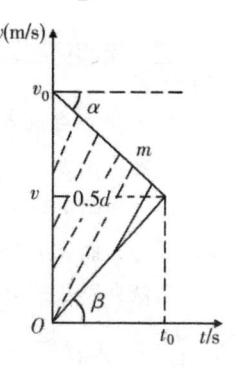

图 10-95

第 11 章 物理实验

11.1 电阻测量的常规方法

一、磁电式电表（表头）的结构原理

电流表 G 是通电线圈在磁场中受磁力矩作用发生偏转，并和螺旋弹簧的反抗力矩相平衡，即 $nBIS = \alpha\theta$（α 为扭转系数），即 $\theta = \dfrac{nBS}{\alpha}I = kI$，指针偏角 θ 与电流强度 I 成正比，故表的刻度是均匀的，如图 11-1 所示。它的主要参数有表头内阻 R_g 即电流表线圈的电阻（几百欧～几千欧），满偏电流 I_g（表所能测的最大电流即量程，几十微安～几百微安），满偏电压 U_g（表所能测的最大电压，即量程），且 $U_g = I_g R_g$，可见，G 表是用指针偏角大小来反映电流大小的。

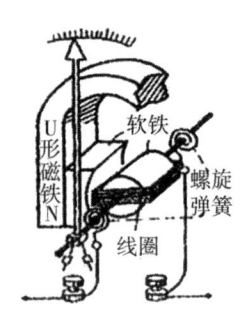

图 11-1

二、电表的改装

1. 小量程电流表改装成大量程电压表

原理：用表头无法直接测量大电压，即无法将大电压直接加在表头两端，须有一个大阻值电阻来分压。即使用串联电路，只需给表头换个表盘，使它不再显示表头两端的电压，而显示表头和分压电阻两端的总电压即可。

方法：串联一个分压电阻 R，如图 11-2 所示，若量程扩大 $n = \dfrac{U}{U_g}$ 倍，则根据分压原理，需串联的电阻值：$R = \dfrac{U - U_g}{U_g}R_g = (n-1)R_g$。故量程扩大的倍数越高，串联的电阻值越大，改装后表的内阻 $R_V = R_g + R = nR_g$ 也越大。显然通过表头的最大电流 I_g 并未变化，只是用小电流值来反映大电压值。

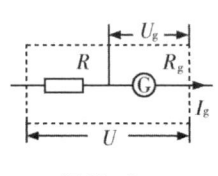

图 11-2

2. 小量程电流表改装成大量程电流表

原理：用表头无法直接测量大电流值时，须用一个小阻值电阻来分流，即使用并联电路，只需给表头换个表盘，使它不再显示表头电流，而显示表头和分流电阻中的

总电流即可。

方法：并联一个分流电阻 R，如图 11-3 所示，若量程扩大 $n = \dfrac{I}{I_g}$ 倍，则根据并联电路的分流原理，需要并联的电阻值 $R = \dfrac{I_g}{I - I_g} R_g = \dfrac{R_g}{n-1}$，由 $\dfrac{1}{R_A} = \dfrac{1}{R_g} + \dfrac{1}{R}$ 得 $R_A = \dfrac{R_g}{n}$，故量程扩大的倍数越高，并联的电阻值越小，改装后表的内阻越小。

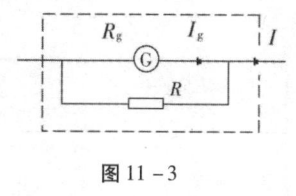

图 11-3

3. 表的校正

若用半偏法（参 11.2）测出的 G 表内阻偏小，则改装成 V 表串联的 R 值偏小，V 表内阻 R_V 偏小，两端加上某一标准电压时，流过 G 内电流偏大，故读数偏大；改装成 A 表并联的电阻 R 值偏小，A 表内阻 R_A 偏小，通过某一标准电流时，流过 G 内的电流偏小，故读数偏小；均应采取给 R 再串联一个合适（远小于 R 值）的电阻来校正。

若用半偏法测出的 G 表内阻偏大，则改装成 V 表串联的 R 值偏大，V 表内阻 R_V 偏大，两端加上某一标准电压时，流过 G 内电流偏小，故读数偏小；改装成 A 表并联的电阻 R 值偏大，A 表内阻 R_A 偏大，通过某一标准电流时，流过 G 内的电流偏大，故读数偏大；均应采取给 R 再并联一个合适（远大于 R 值）的电阻来校正。

三、伏安法测电阻的电路选择

1. 电流表的内接

（1）如图 11-4 所示，电流表测量的电流的确是通过 R_x 的电流，但电压表所测并非 R_x 两端的电压，而是 R_x 与电流表串联后两端的总电压，所以 $R_{x测} = \dfrac{U}{I}$ 比 R_x 实际值偏大（测量值实质为待测电阻与电流表的串联阻值），如果知道电流表的内阻，我们就可以求出待测电阻的阻值（无系统误差）。

（2）在 $R_x \gg R_A$ 时，即 R_x 为大阻值时，电流表的分压作用很弱，则可采用如图 11-4 所示电路。

图 11-4

2. 电流表的外接

（1）如图 11-5 所示，电压表测量的电压的确是 R_x 两端的电压，但电流表所测并非 R_x 的电流，而是 R_x 与电压表并联后的总电流，所以 $R_{x测} = \dfrac{U}{I}$ 比 R_x 实际值偏小（测量值实质为待测电阻与电压表的并联阻值），如果知道电压表的内阻，我们就可以求出待测电阻的阻值（无系统误差）。

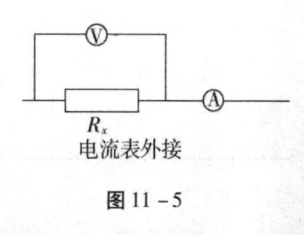

（2）在 $R_V \gg R_x$ 时，即 R_x 为小阻值时，电压表的分流作用很弱，则可采用如图 11-5 所示电路。

图 11-5

3. 内外接的比较（见表 11-1）

表 11-1

比较项目	电流表内接法	电流表外接法
测量电路	（电路图：V表跨接在R_x和A表两端）	（电路图：V表跨接在R_x两端，A表在外）
系统误差来源	电流表的分压	电压表的分流
测量结果	$R_{测} = \dfrac{U}{I} = R_{真} + R_A > R_{真}$ 偏大	$R_{测} = \dfrac{U}{I} = \dfrac{R_V R_{真}}{R_V + R_{真}} < R_{真}$ 偏小
适用条件	$R_x \gg R_A$（测大阻值）	$R_V \gg R_x$（测小阻值）
阻值大小的比较	$R_x > \sqrt{R_V R_A}$ 时为大阻值电阻	$R_x < \sqrt{R_V R_A}$ 时为小阻值电阻
内外接均可时	由两倍数相等 $\dfrac{R_V}{R_x} = \dfrac{R_x}{R_A}$ 得 $R_x = \sqrt{R_V R_A}$	

4. 结论："内大外小"

内接法测量值偏大，外接法测量值偏小，内接法适宜测量大阻值（与电压表内阻接近），外接法适宜测量小阻值（与电流表内阻接近）。

5. 试触法

当待测电阻阻值大小未知时，如图 11-6 所示，电键 S 接 a（外接）时，V、A 表读数分别为 U_1、I_1，电键 S 接 b（内接）V、A 表读数分别为 U_2、I_2，比较 $k_1 = \dfrac{|I_2 - I_1|}{I_2}$ 和 $k_2 = \dfrac{|U_1 - U_2|}{U_1}$ 的大小，若 $k_1 > k_2$，即 A 表读数变化明显，说明电压表分流作用明显，宜采用内接法；若 $k_1 < k_2$，即 V 表读数变化明显，说明电流表分压作用明显，宜采用外接法；$k_1 = k_2$，内外接都行。

图 11-6

四、变阻器的两种接法

1. 限流式接法

如图 11-7 所示，滑动变阻器部分接入电路，负载电阻两端的电压和电流不能从 0 开始变化。实验开始前，应将滑动变阻器的滑片滑到最下端（呈现最大值），保证开始时负载部分电路两端的电压最小。

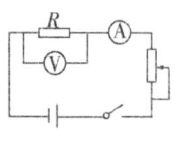

图 11-7

2. 分压电路

滑动变阻器全部接入电路，（aP 部分在支路，Pb 部分在干路）负载部分电压和电流可以从 0 开始变化；实验前，应将滑动变阻器的滑片滑到图 11-8 所示的 a 端，即使负载部分电压为零处。

3. 在以下情况下必须采用分压接法。

(1) 实验要求负载电压从 0 开始。

(2) 实验要求尽可能地多取几组数据进行测量。

(3) 实验给定的滑动变阻器最大阻值远小于待测电阻。

(4) 若采用限流式接法，电路中的可能的最小电流为 $I_{\min} = \dfrac{E}{R_A + r + R_x + R_m} \approx \dfrac{E}{R_x + R_m}$（其中 R_A 为电流表内阻，r 为电源内阻，R_x 为待测电阻，R_m 为滑动变阻器的最大阻值），若此最小电流仍大于电流表的量程或电路元件的额定电流时，必须采用分压接法。

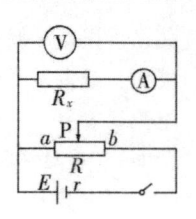

注意：（1）两个滑动变阻器串联使用时，阻值大的做粗调使用，阻值小的做细（微）调；两滑动变阻器并联时，小的做粗调，大的做细（微）调。

（2）电阻箱在带电调节过程中，不允许出现初始值与目标值不符的数值。

4. 变阻器两种接法的比较（见表 11-2）

表 11-2

比较项目	限流式接法	分压式接法
电路图		
电压调节的范围	$\dfrac{R}{R+R_0}E \to E$	$0 \to E$
电源耗能情况分析：$P=IE$ 在相同条件下 $I_{限总} < I_{分总}$ $P_{限总} < P_{分总}$	P 从 $a\to b$ $R_总 = R + R_{Pb}$ $R \leqslant R_总 \leqslant R + R_0$ $\dfrac{E}{R+R_0} \leqslant I_{限总} \leqslant \dfrac{E}{R}$ $R \gg R_0$ 时电流维持 $I_{限总} \approx \dfrac{E}{R}$ 基本不变，R_0 起不到调压作用	P 从 $a\to b$ $R_总 = (R_0 - R_{Pa}) + \dfrac{R R_{Pa}}{R+R_{Pa}} = R_0 - \dfrac{R_{Pa}^2}{R+R_{Pa}}$ $\dfrac{R_0 R}{R_0+R} \leqslant R_总 \leqslant R_0$ $\dfrac{E}{R_0} \leqslant I_{分总} \leqslant \left(1+\dfrac{R_0}{R}\right)\dfrac{E}{R_0}$ $R \gg R_0$ 时 $I_{分总} \approx \dfrac{E}{R_0}$，$U_R \approx \dfrac{E}{R_0}R_{Pa}$ $U_R \propto R_{Pa}$，R_0 起均匀（线性）调压的作用
电路优劣	简便、节能	复杂、耗能

五、器材及电路的选择原则——安全、准确、简便、节能

安全就是保证实验所涉及的器材都能安全使用，即实际电压、电流、功率都小于或等于额定值；准确就是保证实验要有较高的精确度，即在能完成实验的条件下尽量使系统误差、偶然误差、读数误差要小。简便则是在能完成实验时，应该尽可能少用器材，或者使器材摆放合理，便于连实物图，便于操作；节能则是要求通过电源中的电流尽量要小（$P=IE$），从而耗能小（同等条件下变阻器的限流式接法比分压式接法节能）。在具体问题中可以：

（1）先选择出唯一必要的器材。

（2）电压表的量程选择可结合电源的电动势、额定电压和读数误差要小这三个因素来选择，电流表量程可结合额定电流、估算电路中的最大电流 $I \approx E/R_x$、读数误差要小三个因素来选择，变阻器的接法要根据题目要求、尽量使实验次数多（相邻电压、电流值间隔明显，调压范围宽）、保证各器材安全、改变阻值时使测量值能平稳变化等因素来决定。

例：用图 11－9 中的器材测量一待测电阻 R_x 的阻值（900~1000Ω）：电源 E 具有一定内阻，电动势约为 9.0V；电压表 V_1，量程为 1.5V，内阻 $r_1=750$Ω；电压表 V_2，量程为 5V，内阻 $r_2=2500$Ω；滑动变阻器 R，最大阻值约为 100Ω；单刀单掷开关 K，导线若干。

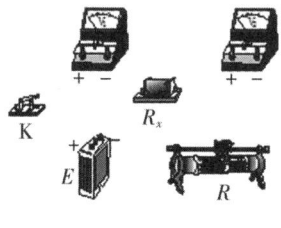

图 11－9

（1）测量中要求电压表的读数不小于其量程的 1/3，试画出测量电阻 R_x 的一种实验电路原理图（原理图中的元件要用题图中相应的英文字母标注）。

（2）根据所画的电路原理图在题给的实物图上画出连线。

（3）若电压表 V_1 的读数用 U_1 表示，电压表 V_2 的读数用 U_2 表示，则由已知量和测得量表示 R_x 的公式为 $R_x=$ _____。

解析：（1）实验电路原理图如图 11－10 所示。

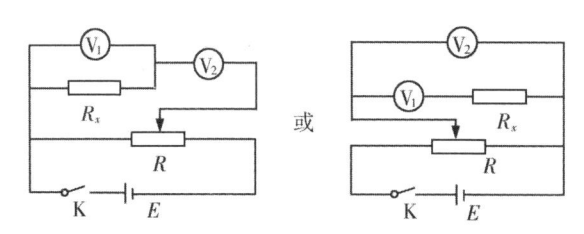

图 11－10

（2）实物图如图 11－11 所示。

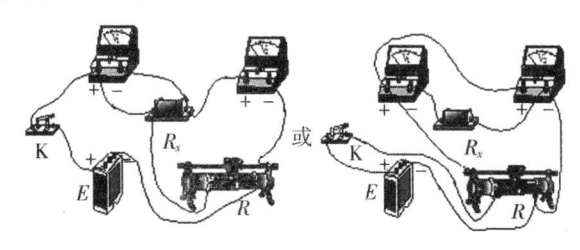

图 11－11

(3) $R_x = \dfrac{U_1 r_1 r_2}{U_2 r_1 - U_1 r_2}$ 或 $R_x = \dfrac{U_2 - U_1}{U_1} r_1$.

六、伏安法的迁移变形

图 11-12（a）：电压表的示数与电流表的示数之比为电压表的内阻，而电压表的内阻很大，所以通过电流表的电流会很小，为减小读数误差，一般应使两表读数均在半偏以上，所以此电路在电流表量程较小时使用。

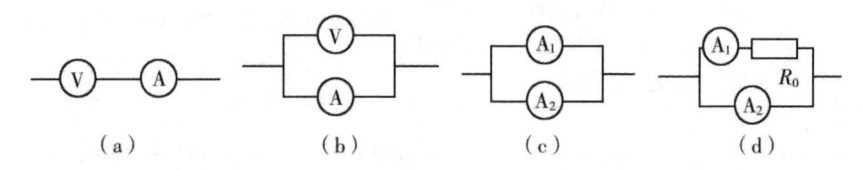

(a)   (b)   (c)   (d)

图 11-12

图 11-12（b）：电压表的示数与电流表的示数之比为电流表的内阻，而电流表的内阻很小，所以加在电压表两端的电压会很小，为减小读数误差，一般应使两读数均在半偏以上，所以此电路在电压表量程较小时使用。

图 11-12（c）：两表中的一只内阻已知，即内阻已知的电流表可作为电压表，由两表示数之比等于电阻反比可得另一表的电阻。为使两表能同时达到半偏以上，需两表内阻之比与两表量程反比接近。

图 11-12（d）：在图 11-12（c）中，若两表内阻之比与两表内阻的反比相差甚远，则须给其中一个串联一个合适的电阻 R_0，扩大量程后才能使两表能同时达到足够的偏转，以减小读数误差。

电阻测量复杂多变，只有立足于基本模型，弄懂电路的设计原则，才能以不变应万变。

11.2 电阻的特殊测量方法

电阻的特殊测量方法见表 11-3。

表 11-3

特殊方法	测量电路	测量原理
分流法	（电路图） 要求：两表量程与两支路电阻之比相差不多（此时两表读数均可达半偏以上），若两表量程相差较多，则可将大量程电表接在干路上测总电流 I	利用并联电路分流的特点，两表读数分别为 I_1、I_2，且已知 R_1、r_1、r_2 时，根据 $I_1 (R_1 + r_1) = I_2 (R_2 + r_2)$ 可得 R_2. 若两电表内阻 r_1、r_2 可忽略或已知时，宜用此电路

续表

特殊方法	测量电路	测量原理
分压法	（图：R_1、R_2 串联，分别并联 V_1、V_2）当表有内阻 R_{V_1}、R_{V_2} 且与两电阻之比相差不多时用（此时两表读数均可达半偏以上），若两表量程相差较多，则可将其中大量程表接在电路两端	(1) 在电路两端电压恒定时，用同一只电压表先后测得 R_1、R_2 的电压分别为 U_1、U_2，若 R_1 已知、表内阻很大时有 $\dfrac{U_1}{U_2}=\dfrac{R_1}{R_2}$； (2) 用两只内阻已知（$R_{V_1}$ 和 R_{V_2}）的电压表分别测量时，读数分别为 U_1、U_2，有 U_1/U_2 $=\dfrac{R_1 R_{V_1}}{R_1+R_{V_1}} \Big/ \dfrac{R_2 R_{V_2}}{R_2+R_{V_2}}$
欧姆表法	（图：欧姆表电路，E、r、R、G，红黑表笔接 R_x）	详见第 11.3 中，下图为刻度概况（刻度示意图：$R=\infty$, $I=0$；$\dfrac{I_g}{4}$ 对应 $3R_内$；$\dfrac{I_g}{2}$ 对应 $R_内$；$\dfrac{3I_g}{4}$ 对应 $R_内/3$；$R=0$, I_g）
等效替代法 — 电流替代法	（图：电流替代法电路，含 R_x、R_0、单刀双掷开关 a/b、电阻箱 R、S_1、电流表 A）电流替代法	实验前，先将滑动变阻器滑片滑到使负载电压最小处，电阻箱调到最大，将单刀双掷开关接 a，调滑动变阻器，使电流表达到足够的偏转，读出示数 I，保持滑动变阻器不变，单刀双掷开关接 b，调电阻箱，使电流表示数再次为 I，读出电阻箱，即为待测电阻值。若滑动变阻器无论怎样滑动，电流表都会超量程，则变阻器应采用分压接法（请读者画出）
等效替代法 — 电压替代法	（图：电压替代法电路，含 R_x、R_0、单刀双掷开关 a/b、电阻箱 R、S_1、电压表 V）电压替代法	实验前，先将滑动变阻器滑片滑到使负载电压最小处，电阻箱调到最小，将单刀双掷开关接 a，调滑动变阻器，使电压表达到足够的偏转，读出示数 U，保持滑动变阻器不变，单刀双掷开关接 b，调电阻箱，使电压表示数再次为 U，读出电阻箱，即为待测电阻值。若滑动变阻器无论怎样滑动，电压表都会超量程，则变阻器应采用分压接法。
等效替代法 — 电阻箱替代电压表	（图：电阻箱 R 与电流表 A_1 串联（I_1），并联电流表 A_2（I_2））	A_1 读数 I_1，A_2 读数 I_2，电阻箱读数 R 由 $(I_1-I_2)R = I_2 r_2$，得 $r_2 = \dfrac{(I_1-I_2)R}{I_2}$
等效替代法 — 电阻箱替代电流表	（图：电阻箱 R 与电流表 A 串联，电压表 V 并联，电流 I，电压 U）	V 表读数 U，A 表读数 I，电阻箱读数 R 由 $\dfrac{U}{R_V}+\dfrac{U}{R}=I$ 得 $R_V=\dfrac{U}{IR-U}R$

续表

特殊方法		测量电路	测量原理
半偏法	测G表	(电路图：G、R₁、R₂、S₂、S₁) 先闭合 S₁，调节 R₁ 使表满偏 $I_g = \dfrac{E}{r + R_g + R_1}$；保持 R₁ 不变，闭合 S₂，调节 R₂ 使表半偏，读出 R₂，即为表头内阻的测量值	S_2 闭合时，$I = \dfrac{E}{(R_g R_2 / R_g + R_2) + r + R_1}$ 要使 $I \approx I_g$，I_g、I 的值主要由 R_1 的值决定，即 $R_1 \gg R_g$，这样才能保持闭合前后回路中电流基本不变，由 $\left(I - \dfrac{I_g}{2}\right) R_2 = \dfrac{I_g}{2} R_g$ 知，当 $I = I_g$ 时，有 $R_2 = R_g$ 实际上 $I > I_g$，$R_2 < R_g$ 即为系统误差
		误差：闭合 S₂ 后回路总电流总要变大，所以表头半偏时，因电阻箱中的电流大于表头中的电流，所以表头内阻测量值偏小。做实验时，因实验室中的滑动变阻器 R₁ 无法满足 $R_1 \gg R_g$，故常用电阻箱替代变阻器。		
	测电压表	(电路图：V、R、P、a、b、K) 测大内阻值的电压表，把待测电压表和变阻箱串联，且变阻器接成分压式	如图先使 R=0，P 从 a 端向 b 端滑动，使电压表满偏为 U_V，然后保持 P 不动，增大 R 直至电压表半偏，若视 $U_{aP} = U_V$ 不变，则由 $\dfrac{U_V}{2} + \dfrac{U_V}{R_V} R = U_{aP}$ 得 $R = R_V$，即 R 的读数就是电压表内阻的测量值
		系统误差：实际上因 R 增大，使得 $U_{aP} > U_V$，故 $R > R_V$	
电桥法	原理	(电路图：C、R₁、R₂、A、B、R₃、D、R₄、U) 通过支路 ACB 的电流 $I_1 = \dfrac{U}{R_1 + R_2}$，通过支路 ADB 中的电流 $I_2 = \dfrac{U}{R_3 + R_4}$	R_1、R_2 两端的电压为 $U_{AB} = I_1 R_1$、$U_{CB} = I_1 R_2$；R_3、R_4 两端的电压为 $U_{AD} = I_2 R_3$、$U_{DB} = I_2 R_4$；当 $U_{AC} = U_{AD}$ 或 $U_{CB} = U_{DB}$ 时，$U_{CD} = 0$，$\varphi_C = \varphi_D$。在 C、D 两点间接上电流表或电压表，读数将为零，接上电容器，将不带电，这时将有 $\dfrac{R_1}{R_2} = \dfrac{R_3}{R_4}$
	应用 I	(电路图：R₁、R₂、G、R₃、R₄)	R_1、R_2 已知，调节电阻箱读数为 R_3，使灵敏电流表示数为零，由 $R_4/R_3 = R_2/R_1$ 得 $R_4 = R_2 R_3 / R_1$
	应用 II	(电路图：R₁、R₂、G、l₁、l₂) 利用均匀电阻丝（ρ、S 一定时，电阻与长度成正比）	当灵敏电流表下端接到滑动端，移动滑片使 G 表示数为 0，用刻度尺量出滑片左右两侧的电阻丝长度 l_1 和 l_2，则由 $\dfrac{l_1}{l_2} = \dfrac{R_1}{R_2}$ 得 $R = \dfrac{l_2}{l_1} R_1$

233

例：在测定电流表内阻的实验中，备用的器材有

A. 电流表（量程 0~100μA）

B. 标准电压表（量程 0~5V）

C. 电阻箱（阻值范围 0~9999Ω）

D. 电阻箱（阻值范围 0~99999Ω）

E. 电源（电动势 2V，有内阻）

F. 电源（电动势 6V，有内阻）

G. 滑动变阻器（阻值范围 0~50Ω，额定电流 1.5A）

还有若干电键和导线。

（1）如果采用图 11-13 所示的电路测定电流表 G 的内阻，并且要想得到较高的精确度，那么从以上备用的器材中，可变电阻 R_1 应选用_____，可变电阻 R_2 应选用_____，电源 E 应选用_____。（用字母代号填写）

（2）如果实验时要进行的步骤有

A. 合上 K_1

B. 合上 K_2

C. 观察 R_1 的阻值是否最大，如果不是，将 R_1 的阻值调至最大

D. 调节 R_1 的阻值，使电流表指针偏转到满刻度

E. 调节 R_2 的阻值，使电流表指针偏转到满刻度的一半

F. 记下 R_2 的阻值

把以上步骤的字母代号按实验的合理顺序填写在下面的横线上。

_____

（3）如果在上述步骤 F 中，所得 R_2 的阻值为 600Ω，则电流表内阻 R_g 的测量值为_____Ω。

（4）如果要将电流表改装为量程 0~5V 的电压表，则改装的方法是给电流表_____联一个阻值为_____Ω 的电阻。

（5）在图 11-14 所示的器材中，一部分是将电流表改装为电压表所需的，其余是为了把改装的电压表跟标准表进行核对所需的。首先画出改装和核对都包括在内的电路图（要求对 0~5V 的所有刻度都能在实验中进行核对），然后将器材按以上要求连接成实验电路。

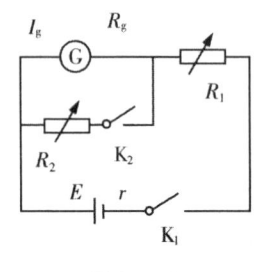

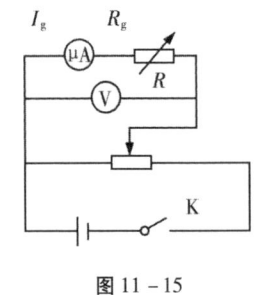

图 11-13

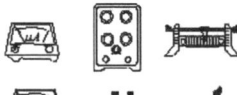

图 11-14

图 11-15

解析：（1）在用并联半偏法"测定电流表内阻"的实验中，电表内阻 $R_g = R_2$ 的条件是 $R_1 \gg R_2$，而保证 $R_1 \gg R_2$ 的条件是 $E \gg I_g R_g$。由此试用电源 F，此种情况回路中的电阻值至少应为 $R = \dfrac{6V}{100\mu A} = 6 \times 10^4 \Omega$，所以可变电阻 R_1 选用 D 可行；R_2 选用 C，电源则选用 F。

（2）实验应按下列合理步骤进行：C、A、D、B、E、F。

(3) 由于满足 $R_1 \ll R_2$ 的条件，所以测量值 $R_g = R_2 = 600\Omega$。

(4) 将电流表改装为电压表，应串联一个大值的分压电阻，以扩大量程，增加内阻，分压电阻的阻值为 49400Ω。

(5) 为了对改装的电压表从 0～5V 的刻度都进行核对，滑动变阻器应接成分压电路，且改装表与标准表并联，电路图、实物图如图 11-15 和图 11-16 所示。

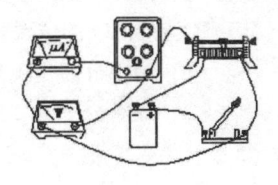

图 11-16

练习：图 11-17 中 R 为已知电阻，R_x 为待测电阻，K_1 为单刀单掷开关，K_2 为单刀双掷开关，V 为电压表（内阻极大），E 为电源（内阻不可忽略），现用图中电路测量电源电动势 E 及电阻 R_x。

(1) 写出操作步骤：_____。

(2) 由 R 及测得的量，可得 $E =$ _____，$R_x =$ _____。

解析：(1) 操作步骤：①K_1 断开，K_2 接到 a 端，记下电压表的读数 U_1；②K_2 仍接到 a 端，闭合 K_1，记下电压表的读数 U_2；③K_1 仍闭合，K_2 接到 b 端，记下电压表的读数 U_3。

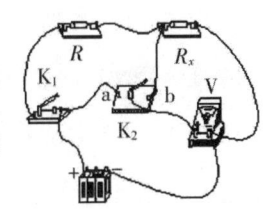

(2) $E = U_1$，$R_x = \dfrac{U_3}{U_2 - U_3}$。

图 11-17

11.3 实验题的解答要领

纵观历年高考实验题，其特点是侧重对题给实验方案的理解，而不是真正意义上的设计；多为教材实验方案的组合和变通，而不是课外陌生内容（如测欧姆表的电动势和内阻、用平抛运动研究弹性势能、安装一个多用电表）；实验器材都是常见的、熟悉的，实验方案是新颖的；重视物理量关系的推导（理解原理）；重视结合图像分析论证，体现基本技能要求，不过分追新而超出《考试纲要》的范围。

按理说，实验题中的叙述、仪器、图像具有提示性，学生答题得分率应该高，但事与愿违。究其原因是学生未掌握实验题的解题要领，撰文将从以下五个方面加以论述。

一、弄清仪器所测物理量

实验题中的已知量都得用仪器的读数来表示，所以一定要熟悉刻度尺、游标卡尺、螺旋测微器、天平、秒表、电火花计时器或电磁打点计时器、弹簧秤、电流表、电压表、多用电表、滑动变阻器、电阻箱等常规仪器，了解这些仪器的结构、性能、工作原理、安全使用方法、注意事项、准确读数（估计方法、有效数据）和使用后如何保管等，对测量仪器的使用和读数不仅是中学物理实验教学的基本要求之一，也是高考实验考查的热点之一。

仪器的读数规则：有效数字的最后一位要与读数误差所在的一位取齐，因而测量误差出现在哪一位，读数就读到哪一位。中学阶段一般可根据测量仪器最小分度来确定读数误差出现的位置。对于常用仪器可以按下述方法读数。

（1）最小分度是 1 的仪器，测量误差出现在下一位，按最小分度的十分之一估读。

（2）最小分度为 2 或 5 的仪器，测量误差一般出现在同一位上，同一位分别按二分之一（取整加半）或五分之一估读。

例 1：如图 11-18 所示，0~3A 挡电流表的读数为_____A，接 0~0.6A 时的读数为_____A；0~15V 电压表的读数为_____V，接 0~3V 时的读数为_____V。

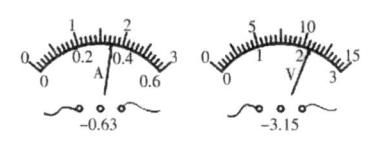

图 11-18

解析：0~3A 挡电流表的最小刻度值为 0.1A，故图中准确读数 1.7A，估读 $7 \times \frac{0.1A}{10} = 0.07A$，总读数为 1.7$\underline{7}$A；接 0~0.6A 时：最小分度 0.02A，准确读数为 0.34A，加上估读 0.01A，应记录 0.3$\underline{5}$A；0~15V 电压表的最小刻度值为 0.5V，图中准确读数 10.5V，估读 $3 \times \frac{0.5V}{5} = 0.3V$，总读数为 10.$\underline{8}$V；接 0~3V 时，最小分度 0.1V，准确读数为 2.1V，加上估读 0.04V，应记录 2.1$\underline{4}$V。

二、弄清实验目的和原理

实验目的（要测量的物理量）往往在叙述中比较明确，如测量某电阻的阻值、测定金属的电阻率、测量电源电动势和内阻等；但题设仪器常不能直接测量，所以要从课本中的基本实验原理出发，结合题给器材能直接测量出来的物理量（相当于计算题中的已知量），沿着知此如何到彼的思路和物理规律，设计简便（操作简单、少用器材）、准确、节能或减损（或控制不损）的实验方法，结合物理量间的联系，推导出用所有直接读数来表示题设测量值的表达式，同时借助物理概念或量纲来表示其单位（能检查正误）；最后再进行实验误差来源的分析，如有几种可行方案，则选误差最小、使用器材最少的，如多用电表的使用，就要弄清如下几点。

1. 多用电表的结构

多用电表的外形如图 11-19 所示，它的上半部为表盘，表盘上有电流、电压、电阻等各种量程的刻度；下半部为选择开关，它的四周刻着各种测量项目和量程，另外，还有欧姆表的调零旋钮、机械调零旋钮和测试笔的插孔。

2. 测量电阻的欧姆表

实验原理：图 11-19 所示为欧姆表原理图，它由电流表串接上内电源和可变电阻（叫调零电阻）改装而成。其工作原理为闭合电路欧姆定律。接上待测电阻 R_x 后，构成闭合电路，流过表头的电流为

$$I = \frac{E}{r + r_g + R + R_x} = \frac{E}{R_内 + R_x}$$

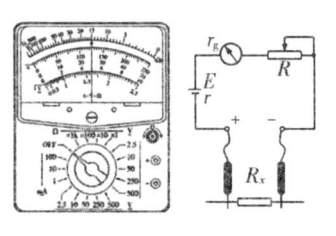

图 11-19

可知 I 与 R_x 成一一对应关系（非线性），依据此关系，在刻度盘上直接标出与电流刻度对应的电阻刻度后，就可以直接测量电阻值。$R_x = 0$ 时，$R_内 = \dfrac{E}{I_g}$；中值电阻：$R_x = R_中 = R_内$ 时，$I = \dfrac{E}{2R_内} = \dfrac{1}{2}I_g$，指针刚好指在刻度的中央（半偏），这时的被测阻值称为欧姆表的中值电阻；已知中值电阻后，可通过公式 $R_x = \dfrac{E}{I} - R_中$ 进行电阻刻度的标定。

3. 多用电表的使用方法

（1）测量前，先检查表针是否停在左端的"0"位置，如果没有停在"0"位置，应用螺钉旋具轻轻地转动表盘下面中间的调整定位螺钉，使指针指零，通常称为机械调零，然后将红表笔和黑表笔分别插入正（+）、负（-）测试笔插孔。

（2）测量时，应把选择开关旋到相应的测量项目和量程上，读数时，要用与选择开关相应的刻度读数。

测量电流和电压时：使用方法同电流表和电压表。

测量电阻时，操作步骤如下：

（1）选挡：把选择开关旋到欧姆挡上，并根据估测电阻的大小，选择好选择开关的倍率。

（2）调零：把两根表笔接触，调整欧姆挡的调零旋钮，使指针指在电阻刻度的零位上（注意：电阻挡的零位在刻度的右端）。

（3）测量（读数）：把两只表笔分别与待测电阻两端相接，进行测量，表针示数乘以量程倍率数，即为待测电阻的阻值。

（4）实验完毕，应将两表笔从插孔中拔出，并将选择开关置于"OFF"挡或交流电压最高挡。如果欧姆表长期不用，应取出表内的电池。

4. 注意事项

（1）测量电阻时，待测电阻要与电源和别的元件断开，且不要用手接触表笔的金属杆。

（2）选择欧姆挡倍率时，应尽可能使指针指在中央刻度的位置附近（发现指针偏角很小，要升挡；偏角很大，要降挡——小升大降）。

（3）换用欧姆挡的另一量程时，一定要重新进行"欧姆调零"后，才能进行测量。

（4）由于欧姆挡表盘刻度不均匀，难以估读，测量结果只需取两位有效数字，读数时不要忘记乘以相应的倍率。

（5）红表笔接内电源的负极，黑表笔接内电源的正极（检测二极管时辨别P、N极；转换成直流电压、电流表时红表笔接高电势）。

例2：在练习使用多用电表的实验中：

（1）某同学连接的电路如图11-20所示。

①若旋转选择开关，使其尖端对准直流电流挡，此时测得的是通过_____的

电流。

②若断开电路中的开关，旋转选择开关使其尖端对准欧姆挡，此时测得的是_____的阻值。

③若旋转选择开关，使其尖端对准直流电压挡，闭合开关，并将滑动变阻器的滑片移至最左端，此时测得的是_____两端的电压。

（2）在使用多用电表的欧姆挡测量电阻时，若( )。

A. 双手捏住两表笔金属杆，测量值将偏大

B. 测量时发现指针偏离中央刻度过大，则必须减小倍率，重新调零后再进行测量

C. 选择"×10"倍率测量时发现指针位于 20 与 30 正中间，则测量值小于 25Ω

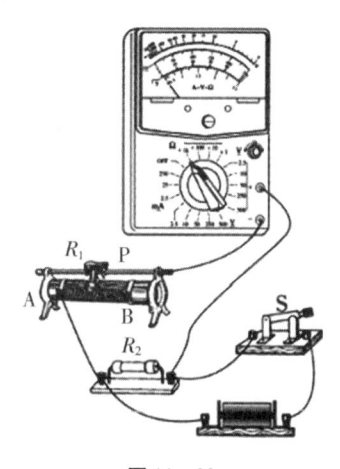

图 11-20

D. 欧姆表内的电池使用时间太长，虽能完成调零，但测量值将略偏大

解析：（1）①R_1 的 AP 部分；②R_1 的 AP 部分与定值电阻 R_2 的并联值；③R_2 两端的电压。

（2）双手捏住两表笔金属杆，则人与电阻会形成并联电路，导致测量值偏小，故 A 选项错误。若发现指针偏离中央刻度过大，则必须增大或减小倍率，使指针在表盘中央附近，故 B 选项错误。选择倍率为"×10"，若指针位于 20 与 30 正中间，则测量值应大于 200Ω，故 C 选项错误，本题选 D。

三、弄清数据的处理方法

要达到实验目的，准确是最重要的原则：每次读数相对误差要小，设计方案中系统误差要小，数据处理使偶然误差要小——算术平均值法或图像法，做到尽量多用记录数据、排除误差最大的个别数据。作图时，若物理量间为线性关系则是直线，必须使该直线尽量经过大多数点，且直线两侧分布均匀，个别离直线最远的点，其误差最大，计算时必须舍去，若物理量间为非线性关系则是曲线，对不能发生突变的物理过程来说，连线要光滑或平滑（一点一斜率）连接，即无论曲直，线是连续的，有些反比例关系——曲线，只要把某物理量变成倒数，则成为正比例关系——直线，这就是曲化直思想。

例3：（2013 安徽卷）根据闭合电路的欧姆定律，用图 11-21 所示电路可以测定电池的电动势和内阻。图中 R_0 是定值电阻，通过改变 R 的阻值，测出 R_0 两端的对应电压 U_{12}，对所得的实验数据进行处理，就可以实现测量目的。根据实验数据在 $\frac{1}{U_{12}} - R$ 坐标系中描述坐标点，如图 11-22 所示。已知 $R_0 = 150\Omega$，请完成以下数据分析和处理。

图 11-21

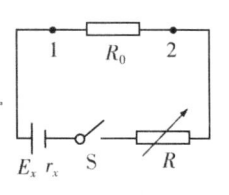

(1) 图 11-22 中电阻为_____Ω 的数据点应剔除。

(2) 在坐标纸上画出 $\dfrac{1}{U_{12}}-R$ 关系图线。

(3) 图线的斜率数值是____，单位是_____，由此可得电源的电动势 $E_x=$ ____V。

解析：（1）根据画图描点原则，应舍掉电阻为 80.0Ω 的数据点（偏离最远）。

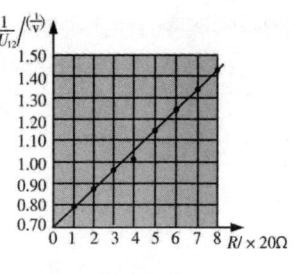

（2）根据闭合电路的欧姆定律：$E_x=U_{12}+\dfrac{U_{12}}{R_0}(R+r_x)$①，结合图像的纵轴——横轴表示的量可变形为 $\dfrac{1}{U_{12}}=\dfrac{1}{R_0 E_x}R+\dfrac{1}{E_x}\left(1+\dfrac{r_x}{R_0}\right)$②，即是 $y=kx+b$（直线方程）的形式，这就是曲化直的思想的体现。由图可知斜率 $k=\dfrac{1}{R_0 E_x}=\dfrac{(0.88-0.70)\dfrac{1}{V}}{2\times 20\Omega}=0.0045\dfrac{1}{V\cdot\Omega}$（或 $k=\dfrac{1.15-0.70}{100}\dfrac{1}{V\cdot\Omega}$，$k=\dfrac{1.43-0.70}{160}\dfrac{1}{V\cdot\Omega}$），再把 $R_0=150\Omega$ 代入解得 $E_x=1.48$V。

四、弄清误差的形成原因

实验误差在所难免，只能相对减小，实验过程中由于人为活动、环境变化等突发性因素造成的误差——偶然误差（时而偏大，时而偏小），可以通过严格的实验操作规程和快速完成来减小，也可通过求平均值或作图来减小；但实验方法、仪器本身造成的系统误差（单方向的偏大或偏小），往往要通过选择最优方案来减小，由于高考评分要标准化，故考题中常考查系统误差。

例 4： 某实验小组欲以图 11-23（a）所示的实验装置"探究加速度与物体受力和质量的关系"。图中 A 为小车，B 为装有砝码的小盘，C 为一端带有定滑轮的长木板，小车通过纸带与电磁打点计时器（图中未画出）相连，小车的质量为 m_1，小车及砝码的质量为 m_2。

(1) 下列说法正确的是（　　）。

A．实验时先放开小车，再接通打点计时器的电源

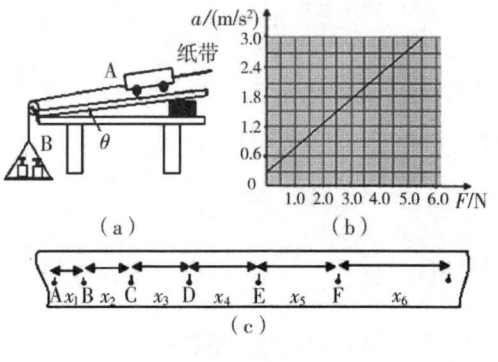

B．每次改变小车质量时，应重新平衡摩擦力

C．本实验中应满足 m_2 远小于 m_1 于这一条件

D．在用图像探究小车加速度与质量的关系时，应作 $a-m_1$ 图像

(2) 实验中，得到一条打点的纸带如图 11-23（c）所示，已知相邻计数点间的时间间隔为 T，且间距 x_1、x_2、x_3、x_4、x_5 和 x_6 已量出，则打点计时器打下 F 点时小车

的瞬时速度的计算式为 $v_F =$ _____，小车加速度的计算式为 $a =$ _____。

（3）某同学平衡好摩擦力后，在保持小车质量不变的情况下，通过多次改变砝码重力，作出小车加速度 a 与砝码重力 F 的图像如图 11－23（b）所示。若牛顿第二定律成立，重力加速度 $g = 10\text{m/s}^2$，则小车的质量为 _____ kg，小盘的质量为 _____ kg。

（4）实际上，在砝码的重力越来越大时，小车的加速度不能无限制地增大，将趋近于某一极限值，此极限值为 _____ m/s^2。

解析：（1）应用打点计时器打点时，应先启动打点计时器，再释放拖着纸带的小车，即 A 选项错误；平衡摩擦力时，应调整斜面倾角使 $m_1 g\sin\theta = \mu m_1 g\cos\theta$ ①（含纸带与限位孔的摩擦）或 $\mu = \tan\theta$ ②成立，可知小车质量 m_1 不是影响平衡摩擦力的因素，故 B 选项错误；小车的动力来源于细绳的拉力 T，对 m_1、m_2 组成的系统有 $m_2 g = (m_1 + m_2)a$ ③，对小车有 $T = m_1 a$ ④，或对小盘和盘中的砝码有 $m_2 g - T = m_2 a$；③④联立解得 $T = \dfrac{1}{1+\dfrac{m_2}{m_1}} m_2 g$，故当 $m_1 \gg m_2$ 时，$\dfrac{m_2}{m_1} \approx 0$，$T \approx m_2 g$，可见 C 选项正确；由 $a = \dfrac{m_2 g}{m_1 + m_2} \approx \dfrac{m_2 g}{m_1}$（$m_1 \gg m_2$）可知，应作 $a - \dfrac{1}{m_1}$ 图像才能得到直线，便于观察和总结其规律性，D 选项错误。

（2）根据匀变速直线运动中某段时间内中间时刻的瞬时速度等于这段时间内的平均速度，有 $v_F = \dfrac{x_5 + x_6}{2T}$；本着把测量值尽量都用上才全面、准确的原则，求加速度时有 $a = \dfrac{(x_6 + x_5 + x_4) - (x_3 + x_2 + x_1)}{(3T)^2}$。

（3）根据 $a = \dfrac{m_{盘} g + F}{m_1 + m_2} \approx \dfrac{m_{盘} g + F}{m_1} = \dfrac{1}{m_1} F + \dfrac{m_{盘} g}{m_1}$ 并对比 $y = kx + b$，由图 11－23（b）有斜率 $k = \dfrac{1}{m_1} = \dfrac{\Delta a}{\Delta F} = \dfrac{(3.0 - 0.3)\ \text{m/s}^2}{(5.5 - 0)\ \text{N}}$，即小车质量 $m_1 = 2.04\text{kg}$，截距 $b = \dfrac{m_{盘} g}{m_1} = 0.3\ (\text{m/s}^2)$ 得盘的质量 $m_{盘} = 0.06\text{kg}$。

（4）对③式配方得 $a = \dfrac{(m_1 + m_2)g - m_1 g}{m_1 + m_2} = g - \dfrac{1}{1 + m_2/m_1} g$，当 m_2 增加到远远大于 m_1 时，$\dfrac{1}{1 + m_2/m_1} \to 0$，$a \to g = 10\text{m/s}^2$，此时已经不能满足本实验的条件了。

五、强化创新能力的养成

对于探究性实验，中学阶段主要是探究某一物理规律是否成立或物理量之间存在何种关系，如"研究匀变速直线运动"、"探究弹力和弹簧伸长的关系"、"探究动能定理"、"描绘小电珠的伏安特性曲线"等，针对这类试题，在平时学习中，要注意不断培养发散思维能力，要根据题设装置和实验目的入手，全方位思考如何做实验——方法、步骤及注意事项，经过对数据的筛选（猜想——不是乱想，而是注重物理概念和规律的启发性和提示性）、论证、分析，才能得出结论。

例5：探究测定电源的电动势和内电阻的方法、原理及系统误差。

解析：测定电源的电动势和内电阻的原理是闭合电路的欧姆定律：$E = U + Ir$ ①，其方法有伏安法、伏阻法和安阻法。

1. 伏安法

伏安法原理如图11-24（a）所示，改变 R 的阻值，从电压表和电流表中读出六组 I、U 值，取第1和第3组数据分别代入①式联立解方程组得 E_1 和 r_1；取第2和第4组数据同法得 E_2 和 r_2；取第3和第6组数据同法得 E_3 和 r_3；最后分别算出平均值 $\bar{E} = (E_1 + E_2 + E_3)/3$ 和 $\bar{r} = (r_1 + r_2 + r_3)/3$。

此外，还可以用作图法来处理数据，即在坐标纸上以 I 为横坐标，U 为纵坐标，用测出的几组 I、U 值画出 $U-I$ 图像，如图11-28（b）所示，所得直线跟纵轴的交点即为电源电动势值，图线斜率的绝对值即为电源内阻 r 的值。

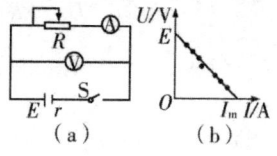

图11-24

2. 系统误差分析

对图11-24（a）所示电路，由于电压表分流，使电流示数 I_A 小于电池的输出电流 $I_真$，且 $I_真 = I_A + I_V$，而电压表分流 $I_V = \dfrac{U}{R_V}$，U 越大，I_V 越大，它们的关系可用图11-25（a）表示。实测的图线为实线，经过 I_V 修正后的图线为虚线，可看出实线的斜率绝对值和在纵轴上的截距都小于虚线的斜率和截距，即实测的 E、r 都小于真实值。

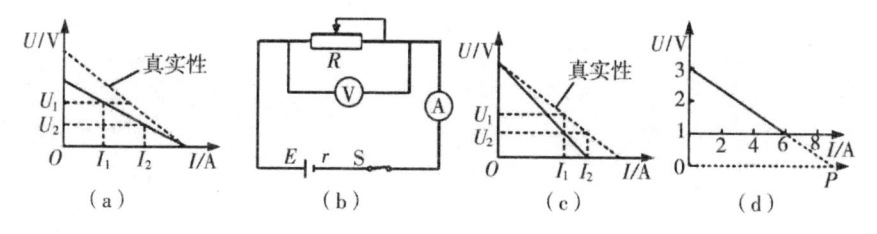

图11-25

对图11-25（b）所示电路，由于安培表的分压作用，电源路端电压 $U = U_V + U_A$，从 $U_A = IR_A$ 知，电流 I 越大，U_A 越大，它们的关系可用图11-25（c）表示。实测的图线为实线，经过 U_A 修正后的图线为虚线，可见电动势测量值等于真实值，实线斜率绝对值大于虚线斜率，即实测 r 大于真实值，相当于 $r_测 = r_真 + r_A$，因 $r_真$ 本身为小值，故 A 表内阻 R_A 对其影响很大。

3. 迁移——安阻法

安阻法原理图如图11-26（a）所示，由①式变形为 $E = I(R + r)$ 或 $R = \dfrac{E}{I} - r$，请思考：$R - \dfrac{1}{I}$ 图像如何？斜率、截距有什么意义？

图11-26

4. 迁移——伏阻法

伏阻法原理如图 11-26（b）所示，由①式得 $E = U(1 + \frac{r}{R})$ 或 $\frac{1}{U} = \frac{r}{ER} + \frac{1}{E}$，改变 R 值，得出一系列 U 值，由 $E = U_1(1 + \frac{r}{R_1})$，$E = U_2(1 + \frac{r}{R_2})$……联立解出 E 和 r；或作出 $\frac{1}{U} - \frac{1}{R}$ 图像，则在 $\frac{1}{U}$ 轴上的截距为电动势的倒数 $\frac{1}{E}$，斜率为 $\frac{r}{E}$，由斜率和截距可求得电动势和内电阻。

通过上述论证知：测量误差较小的实验电路图为图 11-26（a）所示电路。

5. 注意事项

由于干电池的内阻较小，斜率太小，描点及连线所需的 I 轴太长，U 轴却太短，误差太大，为此，可使纵坐标不从零开始，把纵坐标比例放大，以减小误差，但是图线与纵轴相交的示数仍等于 E，而延长图线与横轴的交点，如图 11-25（d）中的 P 点才是 $U_{外} = 0$、达短路电流 $I_m = \frac{E}{r}$ 处。

实验题看似灵活多变，但万变不离其宗，明确仪器"职能"，弄清实验原理，操作基本实验是不能动摇的宗旨。在平时练习中，加强变通实验的操作练习、习题练习，使学生找着想通的"窍门"，达到不怕实验题、靠实验题得分的目的，并养成把实验题当成计算题来做的思维习惯，一定会有好的收效。但命题者的良苦用心——实验不仅要做，更重要的是要想通求变。以讲代做，会使答题效益降低。新课程物理课本中随处可见实验，既体现了物理科学的本质，也给试题来源提供了广阔的天地。

第 12 章　物理教学

12.1　物理复习的误区和对策

高考有两个功能：其一是为高等学校选拔合格的人才，其二是引导中学教学策略的调整，综合近年理综卷（物理）的考题，结合中学物理教学的实际，想给高三物理复习提点注意事项和建议。

一、备考误区

1. 丢本忘纲

课本是最重要的资料，《考试大纲》是高考复习的"指南针"，可惜不少教师挖掘课本中的思想、方法不够，研读考纲太少。把三年课程用两年上完，致使学生吃了"夹生饭"，虽然用了近一年时间复习，但出力不讨好！有的老师也不注意课本的更新、教法的更新、观念的更新和考题的更新，穿着新鞋走着老路。

2. 重外轻内

忽略了挖掘课本资源，忽略了教学的内在规律（温故知新、举一反三），忽略了教师的主导地位，重视了书商的"高考大全"和外地的信息，使教师的能动性和教材的指导性不能有效的发挥，真是让"资料和信息"牵着走。

3. 重量轻理

多年来反对的"题海战"仍然硝烟弥漫，且有愈演愈烈之势，高考复习过程中师生做题千余道，可谓耗九牛力但收效多大？解物理题贵在"理"字，若头脑中不能形成清晰的物理情景，也无基本概念和规律来垫底，解题仅是方法游戏，毫无益处。

4. 丢掉灵魂

什么是物理教学的灵魂？当然是实验，实验不仅培养学生的观察能力、解决问题的能力，还能培养动手能力、形象思维能力。物理教学如果离开了实验就等于丢掉了灵魂，无从培养学生的形象思维能力，"动嘴或电灌"课堂易使学生平淡无味而失去兴趣。我们应该改变，平时教学和备考中对实验"讲多做少"的状况。

5. 忽略基础

物理基础知识是由概念、定则、方法和规律组成的，在备考中极易把这个"轻描淡写"，造成学生功底不扎实、审题不能用概念和规律去"视察"，更不能发现题中所隐含的物理状态和过程，有的学生因缺乏基本处理问题的方法，导致解题半途而废。

6. 加高台阶

备考中，老师总爱讲"难题"！遇到繁杂问题，老师"侃侃而谈"而学生"昏昏欲睡"，效益大打折扣，这种加高台阶的做法不仅"拒绝"了相当一部分学生的学习，而且增加了教师的徒劳，浪费了时间，如果老师练就分解之功，把一道复杂的物理题划分为学生熟知的基本题，学生定会兴趣盎然，跃跃欲试。

7. 信息大战

不知怎的，高考使多少人进行"研讨"，使多少人揣猜"圣"意，各地的题如雪片飞来，转移了教师的视线！把本来"实事求是"的教学渗进了"赌性"脱离了实际，"以不变应万变"的遵旨严重的偏移。

8. 检测大战

考试本来是评价教学得失的手段，在高考前却成了"练兵"作战的手段，好似无"考试"，就不能出"精兵"，当然适度的练兵是必要的，但发现教学漏洞，进而纠正更为重要，过频的检测只能使学生疲于应付！

二、复习对策

如果把物理解题比作打仗，那么，解题人的物理知识就是"兵器"，物理思维就是"兵力"，而运用物理知识和物理思维的物理谋略则是"兵法"。

1. 狠抓基础

注重教材，回归教材，落实《考纲》中所要求的每个考点，并把知识点串联成线，储存在大脑中。

2. 训练思维

以历年的高考题为模板，用物理知识去审查，展现问题情景（形象思维），抽象出物理模型，找到应用规律（抽象思维）。

3. 选题合理

范例和练习要以中低档题为主，使基础知识熟练掌握、基本思维训练灵活，选择题的每一个选项逐一弄懂，以起到以点带面的作用；填空题的解题过程逐步呈现，计算题注重规范解题和物理过程的展现；实验题要注重原理和操作，要加强举一反三，一题多解训练，以便提高效益。

4. 切合实际

从生源和校情的实际出发，制定可行的复习计划，不盲目随从外地资料和信息，努力打造校本化"品牌"。

5. 适度练考

考试是发现薄弱、查缺补漏的环节，也有练兵的作用，故试题的命制和选定是关键，需要研究，需要站高，需突出学科主干、学科能力，符合校情生源，忌用伸手拈来之题；同时考试的次数不易频繁，应以不影响复习进度为原则，否则会加强学生错误惯性的形成。

总之，备考复习有学问，来不得半点虚假，它需要教师研究，充分发挥自身的主动性，有选择地吸收信息，更需要调动学生自主学习的积极性来配合，知识的积累是一个较长的过程，"冰冻三尺非一日之寒"。

12.2 物理教学应遵循的十个原则

物理教学的目标是：中学物理教学必须使学生比较系统地掌握学习现代科学技术和从事国家建设需要的物理基础知识以及这些知识的实际应用；要培养学生观察、实验能力，思维能力，分析和解决实际问题的能力。

在教学中要注意培养学生学习物理的兴趣；要重视科学态度和科学方法的教育；要鼓励独立和创造精神；要结合物理教学进行辩证唯物主义教育和爱国主义教育。

要达到上述之目标，中学物理教学要遵循以下十个原则。

一、激发兴趣　导学为上

（1）古人云："亲其师，信其道"，这告诫我们要构建和谐可亲的师生关系，善于发现每个学生的"闪光点"，树立"服务学生、肯定自我"的观念。

（2）教学要切合学生的"最近发展区——生活实际"，要把现代科学和技术的相关知识及时介绍给学生，使学生树立为科学发展和自我完善而学习的观念。

二、累积知识　循序渐进

这尤其体现在高一年级的物理教学中，这种"入门"教学要努力降低梯度，接轨初中物理知识和数学知识，紧扣教材由浅入深，加强演示实验，纠正学生生活经验中的错误，规范学生的学习行为和解题行为，让选择题、填空题的求解充满论述过程，让学生觉得生活中充满了物理知识；视学生的功底，知识上限应"不封顶"，力求让优秀学生有满足感。

三、举一反三　融会贯通

（1）把同一基本方法应用在不同问题中，使学生懂得万变不离其宗。

（2）同一问题从不同角度，应用不同的方法去讨论，开放性问题要举一反三会、融会贯通，要达到培养学生思维灵活性、全面性、发散性和创新性的目标。

（3）诱导思维正迁移，遏制思维负迁移。

（4）引导学生提出问题、探究问题、琢磨问题、梳理和讨论问题。

四、点拨启发　诱思探究

（1）就物理课的特点讲，我们提倡"抛锚式"教学结构，即创设情境→确定问题→自主学习→协作学习→效果评价；这里的"自主、协作"学习不是削弱教师的主导地位，而是对教师提出了更高的要求，即"点到为师"。

（2）提倡的教学方法：提出问题、进行猜想→指导方法、引导学习→辨疑解难、得出结论→巩固应用、深化知识，即所谓启发式教学。

五、展现情境　抽象思维

学生反映物理难学，难在思维上，尤其是在具体的物理情境中，如何抽象物理模型，这就需要在教学环境中，以具体事例为平台，构建物理模型，用各种图来展现物理模型的特点和规律，在大脑中内化联系，在解题或解释物理现象中升华知识和能力。

六、夯实基础，培养能力

能力是以知识为载体的，离开知识，能力将成"无源之水"故。

（1）让物理概念、原理、法则和定律在学生心里扎根。

（2）物理能力是通过学生而形成的合法的活动方式，具体指完成一定任务的动作和智力操作系统。物理教学要培养学生的理解能力、推理能力、实验能力、分析综合能力及运用数学知识解决物理问题的能力。

（3）物理教学需培养的操作技能有：观察、实验和活动的组织；智力技能有：自学、阅读、记忆、运算、心算、速算和估算。

（4）能力为一种内化了的经验，要通过广泛的迁移、概括、系统化才能获得。

七、实物实验　多做精讲

因物理学研究问题的方法是：提出问题→假设理论→验证假说→修正假说……的过程，验证只有通过实验，可见实验非常重要，当然中学物理实验并非为此，它为了培养学生的动手操作能力和创新意识，故教学实际中，演示实验和学生实验必须加强，还要渗透根据原理来设计实验。

八、注重过程　理清思路

物理规律的建立是针对物理模型，以概念为基础的，有一定的条件和使用范围，展现规律的获得过程，既可以体现学科的思想，也使学生既知其然，也知其所以然。

现在对教学的评价手段还停留在仅有考试上，既然是考试就有试题，平时教学也有例题，而题目中携带着物理情境和信息往往很隐含，展现出过程和隐含，才能讲清思路和方法。

九、加强研究　登高望远

（1）研究教材：以便明确难点、教法、实验方法、思维方法。

（2）专题研究：切中各章重、难点；侧重方法和思路及知识网络的构建。

（3）习题归类研究：便于提高学习的效率，有利于"以少胜多"、游离题海。

（4）解题方法研究：教师要引导学生及时归纳和总结解决物理问题的常规方法和特殊技巧。

（5）具体的思维方法研究：教师要不断学习现代思维理论和教学理论，课堂要能使学生的思维通畅、活泼和发散。

教研的最终目的是使教学能高瞻远瞩，游刃有余。

十、反思教学　累积经验

每节课上过之后，总有不尽人意之处或是令人激动之处，因为临场发挥所出现的灵感也许你在备课中从未涉及，及时记录和总结得失，不仅会查缺补漏，也会积累出属于自己的经验（内化的能力），打造出自我品牌。

教学本无定法，只要得法，其最高境界是为了不教，故研究学生实际，及时反馈教学信息，培养学生的自学能力，激发学生的求知欲望，养成终身学习的习惯和毅力，才是根本所在，为此，我们才要尊重教学规律。